새로운 배움, 더 큰 즐거움

미래엔 콘텐츠와 함께 새로운 배움을 시작합니다!
더 큰 즐거움을 찾아갑니다!

손쉬운
현대 문학

WRITERS

고영호	화곡고 교사 ǀ 고려대 국어교육과
김선호	서울고 교사 ǀ 서울대 국어교육과
김유동	(전)성덕고 교사 ǀ 한양대 교육대학원 국어교육과
노진한	서라벌고 교사 ǀ 서울대 대학원 국어교육과
류해준	(전)잠실여고 교사 ǀ 경희대 국어국문학과
성병모	대신고 교사 ǀ 연세대 교육대학원 국어교육과
신원용	한가람고 교사 ǀ 서울대 국어국문학과
신철수	성보고 교사 ǀ 고려대 국어교육과
윤치명	보성여고 교사 ǀ 연세대 교육대학원 국어교육과
이병민	세화여고 교사 ǀ 서울대 국어교육과
이주희	인천진산과학고 교사 ǀ 인하대 국어국문학과
주용호	보성여고 교사 ǀ 고려대 국어교육과

COPYRIGHT

인쇄일 2024년 7월 16일(5판11쇄) ǀ **발행일** 2017년 10월 23일
펴낸이 신광수 ǀ **펴낸곳** ㈜미래엔 ǀ **등록번호** 제16–67호
교육개발1실장 하남규 ǀ **개발책임** 이충선
개발 정윤숙, 김성훈, 장하연, 김혜진, 심현진, 김정희, 백안나, 박누리, 황혜린, 한솔
디자인실장 손현지 ǀ **디자인책임** 김기욱
CS본부장 강윤구 ǀ **CS지원책임** 강승훈

ISBN 979-11-6413-261-4

머리말

역사를 바로 알자는 취지에서 기획된 어느 TV 프로그램에서
유명 래퍼가 시인 윤동주의 삶과 시 "별 헤는 밤"을
모티프로 하여 만든 랩이 큰 반향을 불러일으켰습니다.
많은 사람들이 그 노래를 듣고 부르며
일제 강점 하에서 시인이 느꼈을 고민에 공감하고
함께 안타까워하고 울분을 토로했습니다.

이렇게 오랜 시간이 흐른 후에도
당시의 감정을 고스란히 느낄 수 있는 것은
문학이 그 시대를 살아가는 사람들의 생각과 현실을 담고 있기 때문입니다.
이것이 바로 문학이 지니는 힘이고, 문학을 학습하는 목표입니다.

『손쉬운 문학』은 여러분이
문학 작품을 가슴으로 이해하고 받아들이기를 바랍니다.
그 시대를 살았던 사람들의 희로애락을 느끼고
오늘을 살아가는 자신의 삶을 성찰할 수 있기를 바랍니다.

『손쉬운 문학』은 문학 세계에 첫발을 내딛는 여러분이
쉽게 이해하고 느낄 수 있도록 기본을 중시하였습니다.
『손쉬운 문학』이 문학의 세계로 여러분을 안내하겠습니다.

손쉬운 문학 학습을 위한 구성과 체재

26 만세전(萬歲前) _염상섭 ❶

'만세전'은 '3·1 만세 운동이 일어나기 전이라는 의미이다. 3·1 운동 직전의 조선을 배경으로 하여 당대의 현실과 그에 대한 서술자의 인식 및 의식의 변화를 보여 주는 소설이다.

❷ 기출 *(24회 기준)*

❸

❹

❺

작품 핵심 단축키

일제 강점기의 지식인	민족의 암담한 현실	'여로형 현전 회귀' 구조

---

❶ **제목 브리핑** 작품 제목이 지닌 의미를 풀이하여 작품의 주제와 내용을 이해하기 쉽게 합니다.

❷ **작품 중요 지수** 교과서 및 EBS 교재 수록 빈도, 모평 및 수능 출제 빈도 등을 분석하여 작품이 중요도를 제시합니다.

❸ **문단 핵심 내용** 작품을 감상하면서 문단의 내용을 요약 정리하며 흐름을 이해할 수 있도록 합니다.

❹ **어휘 풀이** 한자와 함께 제시하여 어려운 낱말의 뜻은 물론 문맥적 의미까지 이해하기 쉽도록 합니다.

❺ **작품 핵심 단축키** 작품을 이해하는 데 중요한 핵심 내용을 감상 원리에 따라 확인합니다.

알아두면 쓸모 있는 신기한 문학 상식

손쉬운 꼼꼼 장치

꼼꼼 1 손쉬운 개념 특강

현대 문학 작품을 감상하고 문제를 해결하는 데 필요한 기본적인 개념들을 제시된 작품을 통해 꼼꼼하게 이해합니다.

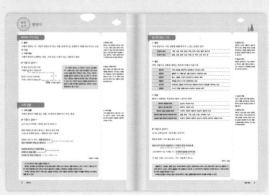

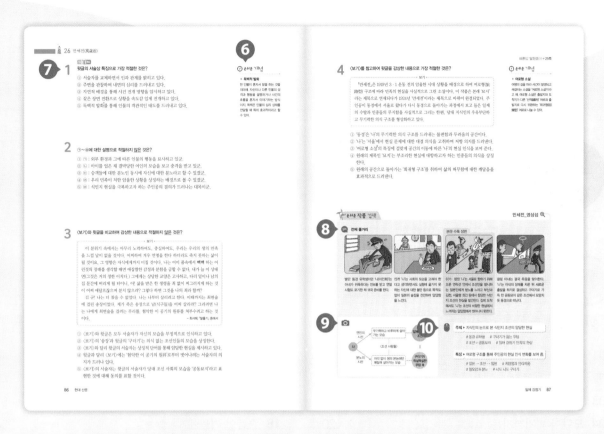

6 손쉬운 개념 발문과 선택지에 제시된 낯선 개념들을 알기 쉽게 풀이하여 자연스럽게 문학 개념어를 익힙니다.

7 기출 문제 학평·모평·수능에서 출제된 기출 문제를 통해 실전 유형에 익숙해지고 실력을 한 단계 향상시킵니다.

8 전체 줄거리 작품 전체의 내용을 알고 앞뒤 맥락을 바탕으로 해당 지문을 이해합니다.

9 한 컷 핵심 작품의 주요 내용을 한 컷의 이미지로 기억합니다.

10 핵심 키워드 작품의 핵심을 정리하며 관련된 연관 키워드를 함께 제시합니다.

꼼꼼 **2** 손쉬운 문학사 시대별 주요 사건과 함께 문학의 흐름을 이해하고, 주요 작가와 주요 작품을 빠르게 확인합니다.

꼼꼼 **3** 바른답 알찬풀이 문제에 대한 꼼꼼한 해설뿐만 아니라, 〈보기〉에 제시된 작품까지 섭렵함으로써 해당 작품을 완벽하게 학습합니다.

시대 흐름이 보이는 **차례**

제**1**장 — 현대시

개념특강 현대시   8

제2장 · 현대 산문

제**1**장 · 현대시

1960년	1961년	1972년	1980년	1987년
4 · 19 혁명	5 · 16 군사 정변	10월 유신	5 · 18 광주 민주화 운동	6월 민주 항쟁

1960~1970년대

- **1960년대** : 순수 문학과 참여 문학이 대립하는 경향을 보임.
- **1970년대** : 산업화로 인한 농촌 공동체의 해체, 도시 변두리의 소외된 삶 등 사회적 모순과 부조리를 참여시로 형상화함.

1980년대 이후

- **1980년대** : 시를 통해 사회 변혁을 꾀하고자 하는 현실 참여시가 주를 이루며, 노동 시, 농민 시 등이 다수 등장함.
- **1990년대** : 현실에 대한 문제의식, 분단, 개인의 내면 성찰 등 소재가 다양화되고, 여성 시인이 창작한 시들이 큰 주목을 받음.

현대시

화자와 시적 대상

● 화자
시에서 말하는 이. 시인이 말하고자 하는 바를 효과적으로 표현하기 위해 의도적으로 설정한 인물

● 시적 대상
시에서 화자가 노래하는 대상. 시의 중심 소재가 되는 사물이나 관념

✏️ **작품으로 공부하기**

먼 훗날 당신이 찾으시면
그때에 내 말이 "잊었노라"
　　　↳ 시 속에서 말을 하는 화자인 '나'
당신이 속으로 나무라면
"무척 그리다가 잊었노라"
　　　　　　　화자≠시인
작품을 실제로 창작한 시인
　　　　　　　　　　　　　　– 김소월, 「먼 후일」 중에서

> 이 시에서 화자는 누구일까? 시인인 김소월일까? 그렇지 않다. 이 시의 화자는 떠나간 임을 그리워하고 있는 사람이다. 시인은 자신의 감정을 효과적으로 전달하고, 표현하고자 하는 바를 효과적으로 드러낼 수 있는 존재를 시적 화자로 설정한다. 따라서 화자와 시인은 동일하다고 할 수 없다.

■ **화자의 위치**
화자는 시의 표면에 드러나는 경우가 있고, 그렇지 않은 경우도 있다. 시에서 '나' 또는 '우리' 등의 1인칭 대명사가 나타나면 화자가 표면에 드러난 경우이고, 그렇지 않으면 화자가 표면에 드러나지 않은 경우이다.

■ **중심 소재의 파악**
중심 소재는 시의 바탕이 되는 주요 재료를 말하는데, 시의 중심 소재를 찾기 위해서는 시인이 시를 통해 표현하고자 하는 것, 즉 시에서 초점을 두어 다루고 있는 사물이나 관념을 찾아야 한다.

시적 상황

● 시적 상황
시에서 화자가 처해 있는 상황, 즉 화자의 형편이나 처지, 환경

✏️ **작품으로 공부하기**

눈이 오는가 북쪽엔 / 함박눈 쏟아져 내리는가

험한 벼랑을 굽이굽이 돌아간 / 백무선 철길 위에
느릿느릿 밤새워 달리는 / 화물차의 검은 지붕에

연달린 산과 산 사이 너를 남기고 온
작은 마을에도 복된 눈 내리는가 ──── 눈을 보며 '너'와 '작은 마을'을 떠올림.

잉크병 얼어드는 이러한 밤에 ────
어쩌자고 잠을 깨어 ──── 몹시 추운 밤에 잠을 깸.
그리운 곳 차마 그리운 곳 ──→ 고향을 그리워하고 있음.

　　　　　　　　　　　　　　– 이용악, 「그리움」

■ **시적 상황**
시적 상황은 화자가 처해 있는 시간적·공간적·심리적·역사적 상황을 모두 포함하기 때문에 다양하게 나타날 수 있다.

> 이 시의 화자가 처한 상황은 어떠한가?
> 　화자는 잉크병이 얼 만큼 몹시 추운 밤에 잠에서 깨어 눈이 내리는 것을 바라보고 있다. 그리고 '너'를 남기고 온 '작은 마을'에도 눈이 내리고 있는지 물으면서 고향을 그리워하는 마음을 드러내고 있다.
> 　이처럼 시에서는 화자가 처해 있는 상황을 파악하는 것이 작품의 전체적인 내용과 주제를 이해하는 데 바탕이 됨을 알 수 있다.

정서와 태도, 어조

● 정서
시적 대상이나 시적 상황에 대해 화자가 느끼는 감정과 생각

긍정적 정서	기쁨, 사랑, 희망, 동경, 극복, 만족, 여유, 풍류, 달관 등
부정적 정서	슬픔, 고통, 절망, 애상, 체념, 한, 허무, 고독, 분노 등

● 태도
어떤 사물이나 상황을 대하는 화자의 자세나 마음가짐

관조적	어떤 대상을 객관적인 입장에서 지켜보는 태도
예찬적	훌륭한 것, 아름다운 것을 존경하고 찬양하는 태도
비판적	옳고 그름을 가리어 판단하거나 밝히는 태도
체념적	희망을 버리고 아주 단념하려는 태도
의지적	부정적인 상황에 적극적으로 대응하여 뜻이나 목표를 이루려는 태도
성찰적	지나간 일을 되돌아보며 반성하고 살피는 태도

● 어조
화자가 사용하는 특징적인 말의 느낌이나 말투

화자의 유형에 따라	남성적, 여성적 어조
말하기 방식에 따라	독백적, 직설적 어조
화자의 감정 상태에 따라	낙천적, 격정적, 영탄적, 애상적, 절망적 어조
청자에 대한 화자의 태도에 따라	명령, 청유, 기원, 순응, 간청, 고백하는 어조
대상에 대한 화자의 태도에 따라	우호적, 친화적, 예찬적, 냉소적, 비판적, 풍자적, 체념적 어조

■ **달관의 정서**
'달관'은 사소한 사물이나 일에 얽매이지 않고 세속을 벗어난 경지를 의미하므로, 현실을 초월한 여유로운 태도로 세상을 바라볼 때 드러나는 정서이다.

■ **애상의 정서**
'애상'은 슬퍼하거나 가슴 아파한다는 뜻으로, 보통 이별의 순간에 느끼는 상실감이나 외로움을 토로할 때 나타나는 정서이다.

■ **어조의 역할**
어조는 작품의 분위기를 형성하고, 시의 주제를 효과적으로 강조하며, 화자의 정서와 태도를 드러내는 역할을 한다.

■ **영탄적 어조**
'영탄'은 '길게 숨을 내쉬며 한탄함'이라는 뜻이다. 따라서 화자의 안타까운 정서를 드러내는 경우가 많지만, 슬픔의 정서뿐만 아니라 기쁨이나 놀라움 등을 나타내는 것도 영탄적 어조에 속한다.

🖊 **작품으로 공부하기**

산그늘 길게 늘이며 / 붉게 해는 넘어가고

황혼과 함께 / 이어 별과 밤은 오리니.

삶을 오직 갈수록 쓸쓸하고, / 사랑은 한갓 괴로울 뿐.
　　　쓸쓸함, 괴로움의 정서가 직접적으로 드러남.

그대 위하여 나는 이제도 이 / 긴 밤과 슬픔을 갖거니와,
　　　　　　슬픔의 정서가 직접적으로 드러남.

이 밤을 그대는 나도 모르는 / 어느 마을에서 쉬느뇨.

― 박두진, 「도봉」

> '쓸쓸하고', '괴로울', '슬픔' 등의 시어에 화자의 심정이 직접적으로 드러나 있다. 붉게 해가 넘어가는 황혼의 시간은 화자가 느끼는 고독과 슬픔을 더욱 심화하고 있으며, 이 시의 마지막 부분에서 이러한 정서가 '그대'의 부재로 인한 것임을 확인할 수 있다.
> 　이처럼 정서를 드러내는 중심 시어와 화자가 처한 상황을 통해 화자의 정서를 파악할 수 있다.

표현 방법과 이미지

● 표현 방법

① 비유법 : 표현하고자 하는 대상을 다른 대상에 빗대어 표현하는 방법

직유법	'같이', '처럼' 등의 연결어를 써서 표현하고자 하는 대상에 다른 대상을 직접 연결하여 빗대는 방법
은유법	'A는 B이다'와 같은 형식으로 대상을 다른 대상과 동일시하며 빗대는 방법
의인법	사람이 아닌 것에 인격을 부여하여 감정이나 품성을 지닌 존재로 표현하는 방법

② 강조법 : 특정 부분을 강조하여 더욱 인상적으로 표현하는 방법

과장법	실제보다 확대하거나 축소하여 표현하는 방법
반복법	같거나 비슷한 시어, 시구, 통사 구조 등을 되풀이하여 표현하는 방법
대조법	서로 반대되는 대상이나 내용을 내세워 의미를 강조하거나 인상을 선명하게 표현하는 방법

③ 변화법 : 문장에 변화를 주어 단조로움을 없애고 의미를 강조하는 표현 방법

반어법	표현하고자 하는 실제의 뜻과 반대가 되게 표현하는 방법
역설법	겉으로는 모순되지만 그 속에 진리를 담고 있는 표현 방법
설의법	의문문의 형식을 취하나 내용상으로는 의문이 아니라 강조의 뜻을 나타내는 표현 방법

● 이미지(심상)

시를 읽을 때 시어에 의해 마음속에 떠오르는 감각적인 형상

시각적 이미지	색채, 모양, 움직임 등 시각을 통해 떠오르는 이미지
청각적 이미지	소리를 통해 떠오르는 이미지
미각적 이미지	맛의 묘사를 통해 떠오르는 이미지
후각적 이미지	냄새를 통해 떠오르는 이미지
촉각적 이미지	촉감 등 피부의 느낌을 통해 떠오르는 이미지
공감각적 이미지	하나의 감각이 다른 감각으로 옮겨져 표현되는 이미지

✏ 작품으로 공부하기

└→ 조국, 부처, 불교적 진리 등을 비유

(님)은 갔습니다. 아아, 사랑하는 나의 님은 갔습니다. →반복법, 영탄법

└→ 시각적 이미지

푸른 산빛을 깨치고 단풍나무 숲을 향하여 난 작은 길을 걸어서, 차마 떨치고 갔습니다. 〈중략〉

그러나 이별을 쓸데없는 눈물의 원천(源泉)을 만들고 마는 것은, 스스로 사랑을 깨치는 것인 줄 아는 까닭에, 걷잡을 수 없는 슬픔의 힘을 옮겨서 새 희망의 정수박이에 들어부었습니다.

우리는 만날 때에 떠날 것을 염려하는 것과 같이, 떠날 때에 다시 만날 것을 믿습니다.

아아, 님은 갔지마는 나는 님을 보내지 아니하였습니다. → 임이 떠났지만 보내지 않았다고 역설적으로 표현함.

   사실   화자의 심정

– 한용운, 「님의 침묵」

> 이 시에서 화자는 임과 이별한 상황이지만 자신은 임을 보내지 아니하였다고 역설적으로 표현함으로써 임에 대한 변함없는 사랑을 강조하고 있다. 시인의 상황을 고려하면 이는 국권 회복에 대한 믿음을 절대적이고 영원한 사랑에 비유하여 상징적으로 표현한 것으로 이해할 수 있다.
>
> 이처럼 시인은 자신의 의도를 효과적으로 드러내기 위해 다양한 표현 방법을 사용하는데, 그 표현 방법과 효과를 파악하면 주제를 파악하는 데 도움이 된다.

■ 직유법과 은유법

직유법과 은유법은 표현하고자 하는 대상을 다른 대상에 빗대어 표현한다는 점에서는 같지만, 직유법은 연결어를 사용하여 빗대고 은유법은 연결어를 사용하지 않는다는 점에서 다르다. 예를 들어, '내 마음과 같은 호수'는 '같은'이라는 연결어가 사용되었으므로 직유법이고, '내 마음은 호수요'는 연결어 없이 내 마음과 호수를 동일시하고 있으므로 은유법이다.

■ 반어법과 역설법의 차이

반어법은 표현 자체에는 아무런 잘못이 없지만, 상황을 고려했을 때에는 반대의 의미를 지닌다. "참 잘했다."라는 정상적인 문장이 실수한 친구에게 한 말이라면 실제로는 반대의 의미를 지니게 되는 것과 같다. 한편, 역설법은 표현 자체에 모순이 드러난다. '소리 없는 아우성'의 경우 일반적으로 '소리 없는'과 '아우성'은 서로 어울리지 않는데, 이 둘을 연결함으로써 표현 효과를 높이고 있다.

감상 관점

● 작품의 소통 구조

한 편의 작품이 창작되어 독자에게 수용되기까지의 과정

→ 작품에 영향을 주는 요소 중 어느 것에 집중해서 감상하느냐에 따라 다양한 감상 방법이 있음.

→ 작품의 소통 구조를 종합적으로 이해하며 시를 감상하는 것이 바람직함.

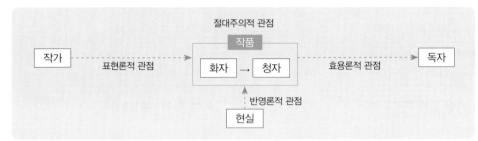

● 감상 방법

① 내재적(절대주의적) 관점에 따른 감상 : 작품 자체에 초점을 두고, 시어, 운율, 표현, 주제 등 작품의 내적 요소를 중심으로 감상하는 방법

② 외재적 관점에 따른 감상 : 작품에 영향을 주는 여러 가지 외부적 요소들과의 관계를 통해 감상하는 방법

표현론적 관점	작품과 작가와의 관련성에 초점을 두고 감상하는 방법
반영론적 관점	문학은 현실의 반영이라는 측면에서 감상하는 방법
효용론적 관점	작품이 독자에게 미치는 영향에 초점을 두고 감상하는 방법

■ **작품에 영향을 주는 요소**

작품 감상에 영향을 주는 요소로 크게 작가, 현실, 독자를 꼽을 수 있다. 작품에는 작가의 사상과 가치관, 정서가 담기는데, 작가의 정신세계는 당대의 현실을 바탕으로 만들어지기에 작품에는 당대의 현실이 반영되기 마련이다. 독자는 능동적인 태도로 작품을 감상함으로써 독자 나름대로 작품에 담긴 의미를 수용하고 해석한다.

■ **현실을 고려한 시의 감상**

화자가 처해 있는 시간적·공간적·심리적 상황을 파악하고, 시대 상황이 드러나는 구체적인 시어를 찾는다. 시적 상황에 대해 화자가 취하는 자세를 파악하고, 시대 상황과 관련지어 시인의 창작 의도를 이해한다.

✏ 작품으로 공부하기

어쩔 수 없는 이 절망의 벽을 ┐ 노동자들이 낮은 임금과
기어코 깨뜨려 솟구칠   │ 빈부 격차로 고통받던
거치른 땀방울, 피눈물 속에 ┘ 1980년대의 시대 상황이
                              반영됨.
새근새근 숨 쉬며 자라는
우리들의 사랑
우리들의 분노
우리들의 희망과 단결을 위해
새벽 쓰린 가슴 위로   ┐
차거운 소주잔을   │ 공장 노동자로 살았던 작가의
돌리며 돌리며 붓는다   │ 실제 삶이 투영됨.
노동자의 햇새벽이   │
솟아오를 때까지   ┘

　　　　　　　- 박노해, 「노동의 새벽」 중에서

　　절대론적 관점에서 보면 이 작품은 '우리들의∼'를 반복하여 시상을 집중시키고, '차거운 소주잔'에서 촉각적 심상을 사용하고 있음을 알 수 있다.

　　표현론적 관점에서 보면, 공장 노동자로 살았던 작가의 실제 삶이 작품에 투영되었음을 알 수 있다.

　　반영론적 관점에서 보면, 낮은 임금과 빈부 격차가 심각한 사회 문제로 대두되던 1980년대의 시대적 상황이 반영되었음을 알 수 있다.

　　실제 문제에서는 시를 감상한 내용 중 감상의 관점이 다른 내용을 찾거나, 〈보기〉의 관점에 따라 시를 감상한 내용을 판단하는 문제가 자주 출제된다.

01 진달래꽃 _김소월

화자는 임이 떠나가는 길에 진달래꽃을 뿌리겠다고 말하고 있다. 따라서 진달래꽃은 이별의 상황에서 보여 주는 임에 대한 자기 희생적 사랑을 상징한다고 할 수 있다.

교과서
다수록 작품

[A]
나 보기가 역겨워˙
가실 때에는
말없이 고이 보내 드리우리다

➔ 1연 : 이별의 상황에 대한 체념

[B]
영변(寧邊)˙에 약산(藥山)˙
진달래꽃
아름 따다 가실 길에 뿌리우리다

➔ 2연 : 떠나는 임에 대한 축복

[C]
가시는 걸음걸음
놓인 그 꽃을
사뿐히 즈려밟고 가시옵소서

➔ 3연 : 임에 대한 희생적 사랑

어휘 풀이
• **역겨워** : 역정이 나거나 속에 거슬리게 싫어
• **영변** : 평안북도 영변
• **약산** : 영변의 서쪽에 있는 산

[D]
나 보기가 역겨워
가실 때에는
죽어도 아니 눈물 흘리우리다

➔ 4연 : 인고를 통한 이별의 슬픔 극복

작품 핵심 단축키

 이별을 대하는 '나'의 태도

화자　표면적으로는 임과의 이별을 담담히 받아들이고 있지만, 이면적으로는 이별이 가져다줄 고통과 ▢▢을 드러냄으로서 임이 떠나지 않기를 바라는 심정을 표현하고 있다.

 임에 대한 사랑

시어　'▢▢▢▢'은 화자의 분신으로, 임에 대한 화자의 자기희생적 사랑과 지극한 정성을 의미하는 것으로 이해할 수 있다.

반복적 표현

표현　'-▢▢▢'라는 종결형 어미를 반복하여 음악적인 효과를 거두고 있으며, 1연과 4연의 형태가 대응하는 ▢▢ ▢▢의 안정적인 구성을 통해 주제를 강조하고 있다.

1 [A]~[D]에 대한 설명으로 적절하지 <u>않은</u> 것은?

① [A]에서는 일어날 수 있는 일을 가정하면서 시적 상황을 제시하고 있다.

② [B]에서는 향토적[*] 소재를 활용하여 [A]에 드러난 화자의 태도를 심화하고 있다.

③ [B]는 [C]와 시간적으로 대립하며 화자의 정서적 갈등을 유발하고 있다.

④ [C]에서는 [B]에서 제시한 소재를 활용하여 시적 대상의 행동을 유도하고 있다.

⑤ [D]에서는 [A]를 반복, 변주[*]하여 작품의 주제를 강조하고 있다.

⊘ 손쉬운 개념

* **향토적**
'향토'는 고향이나 향촌을 의미하는데, 단순히 출생지의 개념이 아니라 지역적 공동성을 지닌 환경과 전통 속에서 정서적·문화적인 연대성을 형성할 수 있는 무대를 뜻해. 즉 특정 지역의 삶의 원형이 담겨 있는 정서라고 할 수 있지.

* **변주**
원래는 어떤 주제를 바탕으로 선율·리듬·화성 따위를 여러 가지로 변형하여 연주하는 음악 용어야. 문학에서는 특정 의미를 여러 가지로 변형하여 전달하는 방식을 의미해.

2 〈보기〉를 참고할 때, 윗글의 표현 방식에 대한 설명으로 적절한 것은?

> ● 보기 ●
>
> 　시의 주제는 시적 화자가 처한 상황에 대한 화자의 정서나 태도 등으로 구현된다. 작가는 이를 형상화하면서 독특한 표현 방식을 활용하는데 대표적인 것으로 반어와 역설이 있다. 반어의 표현 방식은 표면적 의미와 실제 의미가 상반되게 표현하는 것이며, 역설의 표현 방식은 표현된 진술 자체가 모순되는 표현 방식을 말한다. 표현 방식 외에도 다양한 방법이 활용될 수 있는데 예를 들어 상황적 역설은 화자의 태도가 일반적인 상식에 어긋나게 함으로써 작가의 의도를 강조할 때 사용된다.

① '죽어도 아니 눈물 흘리우리다'라는 역설의 표현 방식을 활용하여 화자의 사랑을 강조하고 있군.

② '말없이 고이 보내 드리우리다'라는 역설의 표현 방식을 활용하여 화자의 억울함을 드러내고 있군.

③ 떠나는 임에게 '진달래꽃'을 뿌려 주겠다는 상황적 역설을 통해 임에 대한 사랑을 드러내고 있군.

④ '아름 따다 가실 길에 뿌리오리다'라는 반어의 표현 방식을 활용하여 임에 대한 화자의 원망을 드러내고 있군.

⑤ '사뿐히 즈려밟고 가시옵소서'라는 반어의 표현 방식을 활용하여 이별로 인한 화자의 아픔을 강조하고 있군.

3 〈보기〉는 수업 시간의 일부이다. 선생님의 요청에 대한 학생들의 대답으로 적절하지 <u>않은</u> 것은?

─● 보기 ●─

　　사랑을 다룬 전통 시가인 「가시리」는 모두 4연으로 이루어져 있으며 후렴을 제외하면 매 연은 2행으로, 각 행은 3음보격의 율격을 이루고 있습니다. 「가시리」는 이별로 인한 아픔을 담고 있다는 점에서 '한'의 정서를 형상화한 작품이라고 평가받고 있습니다. 그러면 「진달래꽃」과 「가시리」의 공통점과 차이점을 찾아 발표해 보세요.

　　가시리 가시리잇고 나는
　　 리고 가시리잇고 나는
　　　　위 증즐가 대평셩 (大平盛代)

　　날러는 엇디 살라 고
　　 리고 가시리잇고 나는
　　　　위 증즐가 대평셩 (大平盛代)

　　잡 와 두어리마 는
　　선 면 아니 올셰라 나는
　　　　위 증즐가 대평셩 (大平盛代)

　　셜온 님 보내 노니 나는
　　가시는 듯 도셔 오셔셔 나는
　　　　위 증즐가 대평셩 (大平盛代)

① 「가시리」처럼 「진달래꽃」도 3음보의 율격을 따르고 있어요.
② 「진달래꽃」처럼 「가시리」에서도 임을 떠나보내는 사람이 화자로 등장하고 있어요.
③ 「진달래꽃」과 달리 「가시리」에서는 화자가 자신의 소망을 직접적으로 드러내고 있지 않아요.
④ 「진달래꽃」과 달리 「가시리」는 의문형 진술을 통해 화자의 정서를 강조하고 있어요.
⑤ 「진달래꽃」과 「가시리」 모두 사랑하는 사람을 위해 고통을 감내하며 생기는 '한'의 정서를 다루고 있어요.

손쉬운 **작품 검색**

진달래꽃_김소월 🔍

주제 ▶ 이별의 슬픔과 그 승화

\# 인종과 체념　　\# 떠나는 임에 대한 축복
\# 자기희생적　　\# 반어적 표현

특징 ▶ '이별의 정한'이라는 문학적 전통을 계승함.

\# 여성적 어조
\# 가시리, 서경별곡, 황진이의 시조

02 님의 침묵(沈默)_한용운

'님'은 완전히 사라진 것이 아니라 침묵하고 있을 뿐이다. 일제 강점기 때 우리나라가 일제에 국권을 완전히 빼앗긴 것으로 보지 않고, 잠깐의 시련 뒤에 반드시 국권을 되찾을 것으로 여긴 작가의 생각이 반영된 작품이다.

㉠님은 갔습니다. 아아, 사랑하는 나의 님은 갔습니다.

푸른 산빛을 깨치고 단풍나무 숲을 향하여 난 작은 길을 걸어서, 차마 떨치고 갔습니다.

황금(黃金)의 꽃같이 굳고 빛나던 옛 맹서(盟誓)*는 차디찬 티끌이 되어서 한숨의 미풍(微風)*에 날아갔습니다.

날카로운 첫 키스의 추억(追憶)은 **나의 운명(運命)의 지침(指針)**을 돌려놓고, 뒷걸음쳐서 사라졌습니다.
나는 **향기로운 님의 말소리**에 귀먹고 꽃다운 님의 얼굴에 눈멀었습니다.

➡ 1~4행 : 임과 이별한 상황

사랑도 사람의 일이라 ㉡만날 때에 미리 떠날 것을 염려하고 경계하지 아니한 것은 아니지만, 이별은 뜻밖의 일이 되고, 놀란 가슴은 **새로운 슬픔**에 터집니다.

➡ 5~6행 : 이별의 슬픔

그러나 ㉢이별을 쓸데없는 눈물의 원천(源泉)을 만들고 마는 것은, 스스로 사랑을 깨치는 것인 줄 아는 까닭에, 걷잡을 수 없는 슬픔의 힘을 옮겨서 **새 희망의 정수박이**에 들어부었습니다.

우리는 ㉣만날 때에 떠날 것을 염려하는 것과 같이, 떠날 때에 다시 만날 것을 믿습니다.

➡ 7~8행 : 슬픔의 극복과 재회에 대한 믿음

아아, ㉤님은 갔지마는 나는 님을 보내지 아니하였습니다.

제 곡조를 못 이기는 사랑의 노래는 **님의 침묵(沈默)**을 휩싸고 돕니다.

➡ 9~10행 : 임에 대한 영원한 사랑

어휘 풀이
- **맹서(盟誓)** : '맹세'의 옛말
- **미풍(微風)** : 약하게 부는 바람
- **지침(指針)** : 시계, 나침반, 계량기 등의 바늘
- **정수박이** : '정수리'의 방언. 머리 위에 숨구멍이 있는 자리

 작품 핵심 **단축키**

이별의 슬픔을 극복하는 '나'	'임의 부재'를 드러내는 시어	✒ 역설적 표현
화자 '나'는 임을 잃은 슬픔에 빠지지만 임과 다시 만날 것을 믿으며 새 □□을 갖는다.	시어 '님은 갔습니다.', '맹서는 ~ 날아갔습니다.', '추억은 ~ 사라졌습니다.', '님의 □□' 등을 통해 임의 부재를 강조하고 있다.	표현 '님은 갔지마는 나는 님을 보내지 아니하였습니다.'라는 역설적 표현을 통해 □□에 대한 강한 믿음을 드러내고 있다.

1 윗글의 표현상 특징으로 적절하지 **않은** 것은?

① 기승전결*의 방식으로 시상을 전개하고 있다.
② 점층법을 사용하여 시적 상황을 강조하고 있다.
③ 설의적 표현을 통해 주제 의식을 나타내고 있다.
④ 공감각적 심상을 통해 화자의 정서를 전달하고 있다.
⑤ 경어체를 사용하여 대상에 대한 화자의 태도를 보여 주고 있다.

✐ 손쉬운 **개념**

* 기승전결(起承轉結)
시구를 구성하는 방법 중 하나야. '기'는 시상의 시작, '승'은 시상의 전개, '전'은 시상의 전환, '결'은 시상의 끝맺음이 이루어지는 부분이지.

2 ㉠~㉤ 중 〈보기〉와 관련 있는 부분은?

---- 보기 ----

'역설'은 외견상으로는 모순되지만 본질적으로는 참이 되는 진술을 말한다. 진술된 내용은 일상적 논리로 볼 때 말이 되지 않지만, 그로 인해 보다 철학적이고 깊은 의미를 전달하는 효과를 지닌다.

① ㉠　　　② ㉡　　　③ ㉢　　　④ ㉣　　　⑤ ㉤

3 〈보기〉를 참고하여 윗글을 감상한 내용으로 적절하지 <u>않은</u> 것은?

---- 보기 ----

한용운(1879~1944)은 조국의 국권이 상실된 후 독립을 위해 전심을 다해 투쟁하였다. 3·1 운동 때 민족 대표 33인의 한 사람으로 계획을 주도하였으며, 일제에 체포되어 3년 형을 받았다. 물산 장려 운동 등의 민족 운동에 참여했으며, 승려로서 친일 세력의 불교 운동에 맞서 조선 불교의 개혁과 불교를 통한 청년 운동에도 앞장섰다. 일제 강점기 말에는 창씨개명 반대 운동과 조선인 학병 출정 반대 운동을 전개하기도 했다.

① '나의 운명(運命)의 지침(指針)'은 국권 회복을 위해 일제에 저항하고자 했던 작가의 삶의 태도를 드러내는군.
② 작가의 신분을 고려할 때 '향기로운 님의 말소리'는 작가에게 깨달음을 주는 종교적 가르침으로도 볼 수 있겠군.
③ '새로운 슬픔'은 조선의 국권이 상실되고 친일 세력에 의해 민족정신이 위협받는 데 대한 안타까움을 나타내는군.
④ '새 희망의 정수박이'는 국권 상실 후 조국을 다시금 되찾겠다는 작가의 의지를 드러내는 부분이라고 할 수 있겠군.
⑤ '님의 침묵(沈默)'은 가중되는 일제의 극심한 탄압으로 인해 독립이 점차 멀어지는 현실에 대한 안타까움을 표현한 것이군.

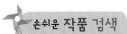

 님의 침묵_한용운

주제 ▶ 임에 대한 영원한 사랑

\# 님의 침묵을 휩싸는 사랑의 노래　　\# 운명, 희망
\# 사랑에 대한 간절한 의지　　\# 거자필반

특징 ▶ 고도의 은유와 상징, 역설법 등의 표현법을 사용함.

\# 다양한 의미를 지닌 '님'　　\# 푸른 산빛 ↔ 단풍나무 숲
\# 님은 갔지마는 나는 님을 보내지 아니하였습니다

03 향수(鄕愁) _정지용

이 작품은 제목 그대로 '고향을 그리워하는 마음'을 노래하고 있다. 그리운 고향의 모습을 다양한 감각적 이미지로 제시한 후, '그 곳이 차마 꿈엔들 잊힐 리야.'라는 후렴구를 반복하여 그리움의 정서를 강하게 드러내고 있다.

교과서 다수록 작품

넓은 벌 동쪽 끝으로
옛이야기 지줄대는˚실개천˚이 휘돌아 나가고,
얼룩백이 황소가
해설피˚ ㉠금빛 게으른 울음을 우는 곳,

— ㉡그곳이 차마 꿈엔들 잊힐 리야.

➡ 1연 : 평화롭고 한가로운 고향을 회상함.

질화로˚에 재가 식어지면
비인 밭에 밤바람 소리 말을 달리고,
엷은 졸음에 겨운 늙으신 아버지가
짚베개를 돋아 고이시는 곳,

— 그곳이 차마 꿈엔들 잊힐 리야.

➡ 2연 : 겨울밤의 풍경과 아버지를 회상함.

흙에서 자란 내 마음
파아란 하늘빛이 그리워
함부로 쏜 화살을 찾으려
풀섶 이슬에 함추름˚ 휘적시던 곳,

— 그곳이 차마 꿈엔들 잊힐 리야.

➡ 3연 : 고향에서 보낸 유년 시절을 회상함.

전설 바다에 춤추는 밤물결 같은
검은 귀밑머리˚ 날리는 어린 누이와
아무렇지도 않고 예쁠 것도 없는
사철 발 벗은 아내가
따가운 햇살을 등에 지고 이삭 줍던 곳,

— 그곳이 차마 꿈엔들 잊힐 리야.

➡ 4연 : 어린 누이와 아내를 회상함.

하늘에는 성근 별
알 수도 없는 모래성으로 발을 옮기고,

★ 어휘 풀이

- **지줄대는** : 낮은 목소리로 자꾸 지껄이는
- **실개천** : 폭이 매우 좁고 작은 개천
- **해설피** : 해가 질 때 빛이 약해진 모양
- **질화로** : 질흙으로 구워 만든 화로
- **함추름** : '함초롬'의 방언. 젖거나 서려 있는 모습이 가지런하고 차분한 모양
- **귀밑머리** : 이마 한가운데를 중심으로 좌우로 갈라 귀 뒤로 넘겨 땋은 머리

서리 까마귀 우지짖고 지나가는 초라한 지붕,

흐릿한 불빛에 돌아앉아 도란도란거리는 곳,

— 그곳이 차마 꿈엔들 잊힐 리야.

➤ 5연 : 가족의 정겨움을 회상함.

작품 핵심 **단축키**

👁 **고향을 그리워하는 화자**	🔍 **고향과 관련된 시어**	🖊 **감각적 표현**
화자 '—그곳이 차마 꿈엔들 잊힐 리야.'라는 □□□를 반복하여 고향에 대한 간절한 □□□을 표출하고 있다.	시어 '실개천, 황소, □□□, 성근 별, 초라한 지붕' 등의 정경과 '늙으신 아버지, 어린 누이, 사철 발 벗은 □□' 등의 가족을 통해 고향의 모습을 형상화하고 있다.	표현 • 금빛 게으른 울음 : □□ □□ 심상 • 옛이야기 지줄대는 실개천 : □□□ 심상 • 하늘에는 성근 별 : □□ □ 심상

1 윗글에 대한 설명으로 적절하지 않은 것은?

① 회상의 방식으로 고향을 그려 내고 있다.
② 토속적 이미지의 시어들을 사용하고 있다.
③ 가족 구성원들을 중심으로 시상을 전개하고 있다.
④ 설의적 표현을 통해 화자의 정서를 강조하고 있다.
⑤ 처음과 끝의 대칭적인 구조*를 통해 형태적 통일성을 이루고 있다.

⏱ 손쉬운 **개념**

* **대칭적 구조**
작품이 형식이나 내용적인 측면이 서로 대응하는 방식으로 전개되는 것을 의미해. 일반적으로 대칭적인 구조는 수미 상관의 구조에서 가장 잘 드러나는데 처음과 끝의 시구가 동일하거나 유사한 형식으로 반복되며 대칭을 이루기 때문이야. 단, 내용적인 면에서의 대칭은 각 작품별로 내용을 파악한 뒤에 판단해야 한다는 것을 기억해야 해!

2 ㉠에 드러난 표현상의 특징과 유사한 것은?

① 미소하는 / 내 얼굴을 보아라.
　얼음과 눈으로 벽을 짜 올린 / 여기는 / 지상.　　　　– 박목월, 「가정」
② 내 어디서 그리 무거운 비애를 지고 왔기에
　길—게 늘인 그림자 이다지 어두워　　　　– 김광균, 「와사등」
③ 먹구름이 깔리면
　하늘의 꼭지에서 터지는 뇌성이 되어
　가루가루의 음향이 된다.　　　　– 박남수, 「종소리」
④ 내 그대를 생각함은 항상 그대가 앉아 있는 배경에서 해가 지고 바람이 부는 일
　처럼 사소한 일일 것이나　　　　– 황동규, 「즐거운 편지」
⑤ 산꿩도 섧게 울은 슬픈 날이 있었다.
　산절의 마당귀에 여인의 머리오리가 눈물 방울과 같이 떨어진 날이 있었다.
　　　　– 백석, 「여승」

3 ⓒ에 대한 설명으로 적절하지 <u>않은</u> 것은?

① 시적 화자의 정서가 집약되어 나타난다.
② 일정한 음보를 통해 음악적 효과를 발휘한다.
③ 시의 주제 의식을 전달하고 연과 연을 이어 준다.
④ 반복적 표현을 바탕으로 시 전체에 통일성을 부여한다.
⑤ 각 연의 시상을 매듭지으면서 시의 내용과 긴밀히 대응한다.

4 〈보기〉에 제시된 선생님의 설명을 참고하여 윗글을 감상했을 때, 학생들의 대답으로 적절하지 <u>않은</u> 것은?

──── 보기 ────

선생님 : 이 시의 구조는 '1연 → 2, 3, 4연 → 5연'으로 나누어 볼 수 있습니다. 화자가 그리고 있는 대상과 이에 따른 시상의 흐름에 대해 살펴보면 이 시를 보다 체계적으로 이해할 수 있습니다. 자, 그럼 이 시의 구조를 중심으로 작품을 감상해 볼까요?

학생 : _____

① 1연은 고향 마을의 전체적인 풍경을 보여 준다는 점에서 다른 연과 차이가 있습니다.
② 1연은 이 작품의 시상을 불러일으키는 역할을 한다는 점에서 다른 연과 구별됩니다.
③ 2, 3, 4연은 그리운 얼굴을 대상으로 한다는 점에서 하나로 묶인다고 볼 수 있습니다.
④ 5연은 가난한 삶을 시적 대상으로 하여, 어려웠던 시절을 안타까운 시선으로 그려 내고 있습니다.
⑤ 이 시의 구조로 볼 때, 작가는 어린 시절 고향 마을의 정경과 가족들의 모습을 차례로 형상화하고 있습니다.

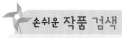 손쉬운 작품 검색

향수_정지용

 주제 ▶ 고향을 그리워하는 마음

\# 그리움 \# 향수 \# 고향에 대한 추억
\# 농촌 마을 \# 유년 시절

특징 ▶ 감각적 이미지로 고향의 모습을 생생히 묘사함.

\# 의인법 \# 활유법 \# 향토적 이미지
\# 금빛 게으른 울음

04 모란이 피기까지는 _김영랑

화자는 모란이 피고 지는 모습을 통해 소망이 이루어지기를 바라는 마음을 형상화하고 있다. 꽃이 지는 것은 영원한 소멸이 아니고 때가 되면 꽃은 다시 필 것이며, 인생도 이와 같다는 깨달음을 바탕으로 하고 있다.

모란이 피기까지는,

나는 아직 나의 봄을 기다리고 있을 테요.　　　　　➔ 1~2행 : 모란이 피기를 기다림.

모란이 **뚝뚝** 떨어져 버린 날,

나는 **비로소** 봄을 여읜˚설움에 잠길 테요.　　　　➔ 3~4행 : 모란이 질 때의 서러움

오월 어느 날, 그 하루 무덥던 날,

떨어져 누운 꽃잎마저 시들어 버리고는

천지에 모란은 자취도 없어지고,

어휘 풀이
- **여읜** : 이별한, 멀리 떠나 보낸
- **하냥** : '늘', '함께'의 방언
- **우옵내다** : '우옵나이다'의 준말, 혹은 '우옵니다'의 방언

뻗쳐 오르던 내 보람 서운케 무너졌느니,

모란이 지고 말면 그뿐, 내 한 해는 **다** 가고 말아,

삼백예순 날 **하냥**˚섭섭해 우옵내다.˚　　　　　➔ 5~10행 : 모란을 잃은 섭섭함

모란이 피기까지는,

나는 **아직** 기다리고 있을 테요, ㉠찬란한 슬픔의 봄을.　➔ 11~12행 : 모란이 다시 피기를 기다림.

작품 핵심 단축키

소망 성취를 기다리는 '나'	**'모란'의 의미**	**역설적 표현**
화자	시어	표현
'나'는 ☐☐이 피고 지는 과정을 통해 소망을 실현하겠다는 집념을 보이고 있다.	'천지에 모란은 자취도 없어지고, / 뻗쳐 오르던 내 보람 서운케 무너졌느니'로 보아 모란의 없어짐은 ☐☐의 무너짐을 의미한다.	'찬란한 슬픔의 봄'은 소망의 성취와 무너짐의 ☐☐을 나타내는 역설적 표현이다.

---

1 윗글에 대한 설명으로 적절하지 <u>않은</u> 것은?

① 여성적 어조를 통해 화자의 섬세한 감정을 드러내고 있다.
② 과장된 표현으로 화자의 정서를 효과적으로 드러내고 있다.
③ 자연물에게 말을 건네는 방식을 통해 화자의 의지를 강조하고 있다.
④ 문장 성분의 서술 순서를 바꾸어 화자의 간절한 심정을 나타내고 있다.
⑤ 작품의 처음과 끝에 유사한 시행을 배치하여 형태적인 안정감을 주고 있다.

2 윗글에서 의미상 서로 대응되는 시어끼리 바르게 묶인 것은?

① 모란 – 봄 – 보람
② 모란 – 봄 – 슬픔
③ 봄 – 설움 – 슬픔
④ 모란 – 꽃잎 – 슬픔
⑤ 모란 – 봄 – 천지

3 ⊙에 대한 이해로 가장 적절한 것은?

① 반어적 표현을 사용하여 자신의 의도를 강조하고 있다.

② 모순 형용*을 통해 현실의 부조리한 모습을 비판하고 있다.

③ 모란이 지는 것에 대한 슬픔을 극복하고자 하는 마음을 담고 있다.

④ 역설적 표현을 통해 대상에서 느끼는 기쁨과 슬픔을 부각하고 있다.

⑤ 앞뒤가 어울리지 않는 표현을 통해 자책의 심정을 효과적으로 표출하고 있다.

 손쉬운 **개념**

＊ **모순 형용**

의미상 상반되거나 연관성이 희박한 단어를 함께 사용하는 표현 방법을 말해. 예를 들면, '외로운 황홀한 심사'(정지용, 「유리창1」)처럼 '외로운'이라는 부정적 의미의 단어가 '황홀한' 같은 긍정적 의미의 단어를 수식하는 것과 같은 모순된 경우를 말해.

기출 문제

4 〈보기〉를 참조하여 윗글을 이해한 내용으로 적절하지 <u>않은</u> 것은?

━━ 보기 ━━

「모란이 피기까지는」에는 모란이 피면 기뻐하고, 모란이 지면 절망에 빠지면서도 또다시 모란이 피기를 기다리는 화자의 심정이 드러나 있다. 특히 부사어를 통해 이런 화자의 심정이 강조되어 나타난다.

① 3행의 '뚝뚝'은 모란이 떨어지는 모습을 바라보는 화자의 안타까움을 강조한다.

② 4행의 '비로소'는 모란이 완전히 져버린 것에 대한 화자의 상실감을 강조한다.

③ 9행의 '다'는 모란이 피지 못할 것이라는 화자의 불안감을 강조한다.

④ 10행의 '하냥'은 모란을 보지 못하는 것에 대한 화자의 슬픔을 강조한다.

⑤ 12행의 '아직'은 모란이 다시 피기를 기다리는 화자의 간절함을 강조한다.

 손쉬운 **작품 검색**

모란이 피기까지는_김영랑 🔍

📷

주제 ▶ 소망이 이루어지기를 기다리는 마음

\# 모란 ＝ 삶의 보람이자 의미
\# 기다림 \# 상실감 \# 설움

특징 ▶ 수미 상관식 구성과 역설적 표현을 통해 기다림의 의지를 강조함.

\# 봄을 기다린다는 말의 반복 \# 의지적 태도
\# 찬란한 슬픔의 봄_관념의 시각화, 역설법

05

우라지오 가까운 항구에서 _이용악

'우라지오'는 러시아의 블라디보스토크를 의미하는 말로 화자가 어린 시절 고향에서 동경하던 곳이다. 화자는 우라지오 가까운 항구에서 고향을 떠올리며 고향에 돌아가고픈 소망을 드러내고 있다. 그러므로 우라지오에 가고픈 마음은 곧 고향에 가고픈 마음이라고 할 수 있다.

[A]
┌ 삽살개 짖는 소리

  눈보라에 얼어붙는 섣달 그믐

  밤이 / 얄궂은 손을 하도 곱게 흔들길래

└ 술을 마시어 불타는 소원이 이 부두로 왔다

┌ 걸어온 길가에 **찔레 한 송이** 없었대도

  나의 **아롱범**°은 / 자옥자옥을 뉘우칠 줄 모른다

└ 어깨에 쌓여도 **하얀 눈**이 무겁지 않고나   ➔ 1~2연 : 그리움을 안고 찾아온 부두

[B]
┌ 철없는 누이 고수머릴랑 어루만지며

  우라지오°의 이야길 캐고 싶던 밤이면

  울어머닌 / 서투른 마우재말°도 들려 주셨지

  졸음졸음 귀밝히는 누이 잠들 때꺼정

└ 등불이 깜빡 저절로 눈감을 때꺼정

┌ 다시 내게로 헤여드는 / 어머니의 입김이 무지개처럼 어질다

  나는 그 모두를 살뜰히 담았으니

  어린 기억의 새야 귀성스럽다°

  거사리지 말고 마음의 은줄에 작은 날개를 털라   ➔ 3~4연 : 어린 시절에 대한 추억

[C]
┌ 드나드는 배 하나 없는 지금

  부두에 호젓 선 나는 ㉠멧비둘기 아니건만

  날고 싶어 날고 싶어

  머리에 어슴푸레 그리어진 그곳

  우라지오의 바다는 **얼음**이 두텁다

  등대와 나와 / 서로 속삭일 수 없는 생각에 잠기고

  밤은 얄팍한 꿈을 끝없이 꾀인다

└ 가도오도 못할 우라지오   ➔ 5~6연 : 고향에 대한 그리움과 막막한 현실

★ 어휘 풀이

● **아롱범** : 표범
● **우라지오** : 러시아의 블라디보스토크
● **마우재말** : 러시아 말
● **귀성스럽다** : 제법 마음을 끄는 데가 있다.

작품 핵심 단축키

👁 고향을 그리워하는 '나'

화자 '나'는 고향으로 돌아갈 수 없는 ☐☐적인 상황에서 안타까움을 드러내고 있다.

🔍 객관적 상관물

시어 '나'는 자유로운 ☐☐☐가 되어 가족이 있는 고향으로 돌아가기를 바라고 있다.

✒ 과거 회상

표현 이 시는 '☐☐-☐☐-☐☐'의 시상 전개를 통해 고향에 가지 못하는 화자의 처지를 부각하고 있다.

---

1 윗글에 대한 설명으로 적절하지 않은 것은?

① 계절적 이미지를 활용하여 시상을 전개하고 있다.
② 추상적 대상을 의인화하여 화자의 심리를 드러내고 있다.
③ 다양한 감각적 이미지를 활용하여 시상을 구체화하고 있다.
④ 반어의 표현 방식을 활용하여 시상의 전환을 드러내고 있다.
⑤ 직유의 표현 방식을 활용하여 화자의 정서를 드러내고 있다.

> 🧭 손쉬운 개념
>
> **＊ 추상적 대상을 의인화**
> 추상적 대상이란 구체적인 형태를 갖추지 않은 감정이나 시간 같은 것, 즉 '사랑, 원망, 밤, 겨울'과 같은 것들을 말하고, 의인화는 사람이 아닌 것을 사람처럼 표현하는 것을 말해.

---

2 윗글을 이해한 내용으로 적절하지 않은 것은?

① '찔레 한 송이'는 화자가 지향하는 대상으로 화자의 외로움을 심화한다.
② '아롱범'은 화자 자신을 의미하는 존재로 화자의 내면 의지를 드러낸다.
③ '하얀 눈'은 화자가 처한 상황을 드러내는 자연물로 화자의 시련을 상징한다.
④ '얼음'은 화자가 처한 현실적 어려움을 드러내는 사물로 화자의 소망을 가로막는 방해물을 상징한다.
⑤ '등대'는 화자와 외로움을 나누는 사물로 화자의 마음에 위안을 주고 있다.

---

3 ㉠과 〈보기〉의 ㉡에 대한 설명으로 적절한 것은?

─── 보기 ───

펄펄 나는 저 ㉡꾀꼬리
암수 서로 정답구나
외로울사 이내 몸은
뉘와 함께 돌아갈꼬

– 유리왕, 「황조가」

① ㉠과 달리 ㉡은 화자의 처지와 대조되는 자연물로 화자의 고뇌를 심화하고 있다.
② ㉠과 ㉡ 모두 화자의 부러움의 대상으로 화자와 동일시된 대상이다.
③ ㉡과 달리 ㉠은 화자가 지향하는 삶을 살아가는 존재로 화자의 분신이다.
④ ㉠과 ㉡ 모두 화자와 유사한 아픔을 겪는 동병상련의 대상이다.
⑤ ㉠과 ㉡ 모두 화자의 정서를 드러내는 객관적 상관물이다.

> 🧭 손쉬운 개념
>
> **＊ 객관적 상관물**
> 화자의 정서나 사상을 표현하기 위해 동원된 사물, 사건, 정황 등을 말해. 객관적 상관물 중에서 화자와 감정이 일치하는 경우는 감정 이입이라고 해.

4 〈보기〉는 윗글에 대한 수업의 일부이다. 학생들의 의견으로 적절하지 <u>않은</u> 것은?

---●보기●---

선생님 : 이 작품은 이국땅을 떠도는 화자가 블라디보스토크가 가까운 항구를 찾는 것으로 시작됩니다. 항구에서 화자는 후회 없는 자신의 지난 삶을 돌아보고, 어린 시절에 어머니에게 들었던 이야기를 회상합니다. 그리고 화자가 자신의 소망이 실현되기 힘든 현실을 인식하며 시상은 마무리됩니다. 그럼 이 시의 짜임을 바탕으로 자신의 감상을 말해 볼까요?

A	B	C
현재의 부두	과거 회상 속 고향	현재의 부두

① [A]의 '자옥자옥을 뉘우칠 줄 모른다'를 통해 지나온 삶에 대한 화자의 태도를 짐작할 수 있어요.

② [B]의 '우라지오의 이야길 캐고 싶던'을 통해 어린 시절 화자에게 우라지오는 동경의 공간이었음을 짐작할 수 있어요.

③ [C]의 '얼음이 두텁다'와 '가도오도 못할'을 통해 화자가 자신의 처지를 비관적으로 인식함을 추측할 수 있어요.

④ [A]의 '하얀 눈이 무겁지 않으냐', [C]의 '날고 싶어 날고 싶어'를 통해 고향에 대한 화자의 간절한 그리움을 느낄 수 있어요.

⑤ [C]의 '나는 그 모두를 살뜰히 담았으니'를 통해 [B]에 대한 기억을 소중하게 간직하려는 화자의 모습을 느낄 수 있어요.

06 자화상(自畵像)_윤동주

'자화상'은 자신의 모습을 그린 그림을 의미한다. 자신의 모습을 그리기 위해서는 자신을 성찰해야 한다. 그런 의미에서 이 시는 자기 스스로를 성찰한 내용을 담고 있다고 할 수 있다.

산모퉁이를 돌아 논가 외딴 우물을
홀로 찾아가선 **가만히** 들여다봅니다.

➔ 1연 : 자아 성찰을 위해 우물을 들여다봄.

우물 속에는 달이 밝고 구름이 흐르고
하늘이 펼치고 파아란 바람이 불고 가을이 있습니다.

➔ 2연 : 우물 속의 평화로운 정경

그리고 한 사나이가 있습니다.
어쩐지 그 사나이가 미워져 돌아갑니다.

➔ 3연 : 우물 속에 비친 자신에 대한 부끄러움

돌아가다 생각하니 그 사나이가 가엾어집니다. 도로 가 들여다보니 사나이는 그대로 있습니다.

➔ 4연 : 우물 속에 비친 자신에 대한 연민

다시 그 사나이가 미워져 돌아갑니다.
돌아가다 생각하니 그 사나이가 그리워집니다.

➔ 5연 : 자신에 대한 애증의 반복

우물 속에는 달이 밝고 구름이 흐르고 하늘이 펼치고 파아란 바람이 불고 가을이 있고 **추억(追憶)**처럼 사나이가 있습니다.

➔ 6연 : 추억 속 자아에 대한 그리움

작품 핵심 단축키

 내적 갈등에 시달리는 화자

화자   화자는 자신에 대한 애증을 반복하다가 과거의 순수했던 자신의 모습을 발견하며 갈등을 □□하고 있다.

 자아를 나타내는 시어

시어   '□□□'는 우물에 비친 화자 자신으로, 현실에 안주하고 있는 초라한 현실적 자아를 의미한다.

 자아 성찰의 과정 형상화

표현   구체적 □□을 통해 내적 갈등과 자아 성찰의 과정을 형상화하고 있다.

1 윗글에 대한 설명으로 적절하지 않은 것은?

① 화자의 이동에 따라 시상이 전개되고 있다.
② 동일한 종결 어미*를 활용하여 리듬감을 형성하고 있다.
③ 유사한 시구를 반복하여 화자의 내면 심리를 부각하고 있다.
④ 색채 이미지를 활용하여 대상을 시각적으로 형상화하고 있다.
⑤ 과거와 현재를 대비하며 현재에 대한 화자의 정서를 드러내고 있다.

손쉬운 개념

* **종결 어미**
종결 어미는 한 문장을 종결되게 하는 어말 어미를 말해. 동사에는 평서형·감탄형·의문형·명령형·청유형이 있고, 형용사에는 평서형·감탄형·의문형이 있어.

2 윗글을 이해한 내용으로 적절하지 <u>않은</u> 것은?

① '홀로'는 다른 사람이 없는 상태를 의미하므로 화자가 지닌 외로움을 부각하려는 의도로 사용한 것이겠군.
② '가만히'는 조용하고 은은하다는 의미이므로 우물을 들여다보는 화자의 조심스러운 자세를 드러내려는 의도로 사용한 것이겠군.
③ '어쩐지'는 이유를 모른다는 의미이므로 화자의 불안정한 감정을 드러내려는 의도로 사용한 것이겠군.
④ '다시'는 반복을 의미하므로 화자의 정서가 이전 상태로 변하였다는 것을 드러내려는 의도로 사용한 것이겠군.
⑤ '추억처럼'은 과거의 기억과 연관이 있다는 의미이므로 우물에 비친 사나이가 화자의 과거 모습과 관련이 있다는 것을 드러내려는 의도로 사용한 것이겠군.

기출 문제

3 〈보기〉를 참고하여 윗글을 이해한 내용으로 적절하지 <u>않은</u> 것은?

─● 보기 ●─

　「자화상(自畵像)」은 1941년 『문우(文友)』에는 '우물 속의 자상화(自像畵)'라는 제목으로 게재되었다. 이 제목에서는 '우물'과 '그림'이 부각되어 있다. 상징적 관점에서 볼 때, 우물은 자신의 모습을 투영해 볼 수 있는 사물이고, 하늘을 향해 있는 동굴이며, 그 동굴의 원형인 모태(母胎)를 떠올리게 하는 공간이다. 이 점에서 보면, 이 시에서 우물 속의 자상화는 자신의 존재에 대한 화자의 인식과 태도를 다층적으로 담아 내고 있는 그림이다.

① 제1연에서 '외딴', '홀로', '가만히', '들여다봅니다' 등으로 보아, '우물'은 화자의 모습을 투영해 볼 수 있는 내밀한 공간이겠군.
② 제2연에서 '우물 속'에 들어 있는 자연은 하늘을 향해 있는 우물 속의 그림이므로, 화자가 지향해 온 바를 담고 있겠군.
③ 제3연~제5연에서 '한 사나이'에 대한 화자의 반응들로 보아, 화자는 자신을 성찰하는 자세를 지니고 있겠군.
④ 제6연에서 자연과 '사나이'가 함께 나타나는 것은, 우물 속의 자상화를 들여다보는 화자가 존재 탐구를 끝냈음을 의미하겠군.
⑤ 제6연에서 '추억처럼'에는 고향과 같은 모태적 공간을 통해서 자신을 바라보려는 화자의 태도가 내포되어 있겠군.

 손쉬운 **작품 검색**

자화상_윤동주

주제 ▶ 자아 성찰과 자신에 대한 애증

\# 외딴 우물　\# 한 사나이　\# 가만히 들여다봅니다

특징 ▶ 자아에 대한 긍정과 부정을 반복하며 시상을 전개함.

\# 미워져 돌아갑니다　\# 가엾어집니다
\# 다시 미워져 돌아갑니다　\# 그리워집니다

07 광야(曠野) _이육사

'광야'는 '텅 비고 아득히 넓은 들'을 뜻하는 말이다. 이는 우리 민족의 삶의 터전으로, 예로부터 신성한 곳이었다. 눈 쌓인 광야에서 화자는 조국 광복에 대한 기대와 확신을 노래하고 있다.

까마득한 날에

하늘이 처음 열리고

어디 닭 우는 소리 들렸으랴.　　　　　　　➜ 1연 : 광야의 생성과 원시성

모든 산맥들이

바다를 연모(戀慕)해 휘달릴 때도

차마 이곳을 범하진 못하였으리라.　　　　➜ 2연 : 광야의 신성성과 광활함

끊임없는 광음*을

부지런한 계절이 피어선 지고

큰 ⓐ강물이 비로소 길을 열었다.　　　　　➜ 3연 : 역사와 문명의 시작

지금 눈 내리고

매화(梅花) 향기(香氣) 홀로 아득하니

내 여기 가난한 노래의 씨를 뿌려라.　　　➜ 4연 : 부정적 현실에 대한 극복 의지

다시 천고(千古)의 뒤에

백마(白馬) 타고 오는 초인*이 있어

이 광야(曠野)에서 목 놓아 부르게 하리라.　➜ 5연 : 미래에 대한 기대와 확신

어휘 풀이

- **광음(光陰)** : 햇빛과 그늘, 즉 낮과 밤이라는 뜻으로, 시간이나 세월을 이르는 말
- **초인(超人)** : 보통 사람으로는 생각할 수 없을 만큼 뛰어난 능력을 가진 사람

작품 핵심 단축키

굳은 의지를 보이는 화자

화자　화자는 부정적 현실 속에서도 광복에 대한 □□를 드러내고 있다.

부정적 현실을 뜻하는 시어

시어　'□'은 일제 강점기 조국의 현실을 상징하고 있다.

역동적 이미지 표현

표현　□□□을 사용하여 대상의 역동적인 이미지를 드러내고 있다.

1 윗글에 대한 설명으로 가장 적절한 것은?

① 시간의 흐름에 따라 시상을 전개하고 있다.
② 부재하는 대상에 대한 그리움이 드러나 있다.
③ 어순의 도치*를 통해 긴장감을 자아내고 있다.
④ 자연과 인간사의 대비를 통해 정서를 심화하고 있다.
⑤ 유사한 통사 구조를 반복하여 리듬감을 형성하고 있다.

손쉬운 개념

＊ **어순의 도치**
국어의 어순은 '주어-목적어-서술어'와 같이 일정한 배열 순서가 있는데, 이 같은 관용적인 어순을 어기고 문장 성분의 순서를 바꾸는 것을 '어순의 도치'라고 해.

2 〈보기〉를 참고하여 윗글을 감상한 내용으로 적절하지 **않은** 것은?

> ● 보기 ●
>
> 　이육사는 일제 강점기에 항일 운동을 하다 체포되어 베이징에서 옥사한 저항 시인으로, 이 작품에도 이육사의 저항 의지가 투영되어 있다. 그는 조국의 암울한 현실 속에서도 굴하지 않는 지사적인 태도로 조국의 광복을 위한 밑거름이 되어 선구자적인 삶을 살겠다는 단호한 의지를 드러내고 있다. 그는 자신의 이러한 노력이 훗날 조국 광복을 성취할 수 있는 위대한 인물에게 계승되어 광복의 기쁨을 구가하게 될 것이라 확신하고 있다.

① '매화 향기'는 암울한 조국의 시대 현실을 상징하겠군.
② '가난한 노래의 씨'는 조국의 광복을 위해 노력하는 선구자적인 삶을 의미하겠군.
③ '천고의 뒤'는 일제 강점기라는 고통스러운 현실이 끝나는 미래라고 할 수 있겠군.
④ '백마 타고 오는 초인'은 조국 광복을 성취할 수 있는 위대한 인물로 볼 수 있겠군.
⑤ '목 놓아 부르게 하리라.'는 조국 광복의 기쁨을 구가하는 모습을 형상화한 표현이겠군.

3 윗글의 ⓐ와 〈보기〉의 ⓑ를 비교한 내용으로 가장 적절한 것은?

> ● 보기 ●
>
> 내 마음의 어딘 듯 한편에 끝없는
> ⓑ강물이 흐르네.
> 돋쳐 오르는 아침 날빛이 빤질한
> 은결을 도도네.
>
> 가슴엔 듯 눈엔 듯 또 핏줄엔 듯
> 마음이 도른도른 숨어 있는 곳
> 내 마음의 어딘 듯 한편에 끝없는
> 강물이 흐르네.
>
> － 김영랑, 「끝없는 강물이 흐르네」

① ⓐ는 '슬픔'의 정서를, ⓑ는 '기쁨'의 정서를 나타내고 있다.
② ⓐ는 '지속'의 의미를, ⓑ는 '단절'의 의미를 함축하고 있다.
③ ⓐ는 하강적 이미지를, ⓑ는 상승적 이미지를 드러내고 있다.
④ ⓐ는 '인류의 역사'를, ⓑ는 '화자의 내면 상태'를 의미하고 있다.
⑤ ⓐ에는 부정적 현실 인식이, ⓑ에는 긍정적 현실 인식이 내재되어 있다.

손쉬운 작품 검색

광야_이육사

주제 ▶ 이상의 실현(광복)에 대한 신념과 의지

\# 미래 지향적　　\# 천고의 뒤 = 미래
\# 기대와 확신　　\# 백마 타고 오는 초인

특징 ▶ 상징적 시어와 희생양 모티프를 통해 주제를 형상화함.

\# 매화 향기 (광복의 기운) ↔ 눈 (일제 강점기)
\# 가난한 노래의 씨 뿌리기 = 자기희생

08 남신의주 유동 박시봉방(南新義州柳洞朴時逢方) _백석

이 시의 제목은 '남신의주'의 '유동(버드나뭇골)'에 사는 '박시봉'의 '집(방)'이라는 뜻으로, 편지의 주소 형식을 취하고 있다. 현실 상황을 극복하려는 정신적 의지를 편지를 써 내려가듯 독백체의 어조 속에 담아낸 작품이다.

[A]
어느 사이에 나는 아내도 없고, 또,
아내와 같이 살던 집도 없어지고,
그리고 살뜰한˚ 부모며 동생들과도 멀리 떨어져서,
그 어느 바람 세인 ㉠쓸쓸한 거리 끝에 헤매이었다.
바로 날도 저물어서,
바람은 더욱 세게 불고, 추위는 점점 더해 오는데,
나는 어느 목수(木手)네 집 헌 샷을 깐,
한 방에 들어서 쥔을 붙이었다.˚

➔ 1~8행 : 화자가 처한 외롭고 궁핍한 현실

[B]
이리하여 나는 이 습내 나는 춥고, 누긋한˚ 방에서,
낮이나 밤이나 나는 ㉡나 혼자도 너무 많은 것같이 생각하며,
딜옹배기에 북덕불˚이라도 담겨 오면,
이것을 안고 손을 쬐며 재 우에 뜻 없이 글자를 쓰기도 하며,
또 문밖에 나가지두 않구 자리에 누워서,
머리에 손깍지 베개를 하고 굴기도 하면서,
나는 내 슬픔이며 어리석음이며를 소처럼 ㉢연하여 쌔김질하는 것이었다.

➔ 9~15행 : 지나온 삶에 대한 회한

[C]
내 가슴이 꽉 메어 올 적이며,
내 눈에 뜨거운 것이 핑 괴일 적이며,
또 내 스스로 화끈 낯이 붉도록 부끄러울 적이며,
나는 내 슬픔과 어리석음에 눌리어 죽을 수밖에 없는 것을 느끼는 것이었다.

➔ 16~19행 : 운명에 대한 체념

[D]
그러나 잠시 뒤에 나는 고개를 들어,
허연 문창을 바라보든가 또 눈을 떠서 높은 천장을 쳐다보는 것인데,
이때 나는 내 뜻이며 힘으로, 나를 이끌어 가는 것이 힘든 일인 것을 생각하고,
이것들보다 더 크고, 높은 것이 있어서, 나를 마음대로 굴려 가는 것을 생각하는 것인데,

➔ 20~23행 : 운명에 이끌려 온 삶에 대한 인식

[E]
이렇게 하여 여러 날이 지나는 동안에,
내 어지러운 마음에는 슬픔이며, 한탄이며, 가라앉을 것은 ㉣차츰 앙금이 되어 가라앉고,
외로운 생각만이 드는 때쯤 해서는,
더러 나줏손에˚ 쌀랑쌀랑 싸락눈이 와서 문창을 치기도 하는 때도 있는데,
나는 이런 저녁에는 화로를 더욱 다가 끼며, ㉤무릎을 꿇어 보며,
어느 먼 산 뒷옆에 바우 섶에 따로 외로이 서서,
어두워 오는데 하이야니 눈을 맞을, 그 마른 잎새에는,
쌀랑쌀랑 소리도 나며 눈을 맞을,
그 드물다는 굳고 정한˚ ⓐ갈매나무라는 나무를 생각하는 것이었다.

➔ 24~32행 : 자기반성 및 새로운 삶에 대한 다짐

어휘 풀이

★
- **살뜰한** : 사랑하고 위하는 마음이 자상하고 지극한
- **샷** : 샷자리. 갈대를 엮어서 만든 자리
- **쥔을 붙이었다** : 주인집에 세 들었다.
- **누긋한** : 메마르지 않고 좀 눅눅한
- **딜옹배기** : 둥글넓적하고 아가리가 넓게 벌어진 질 그릇. 질옹배기
- **북덕불** : 짚이나 풀 따위를 태워 담은 화톳불
- **나줏손** : 저녁 무렵
- **정한** : 맑고 깨끗한

작품 핵심 **단축키**

👁 화자	가족과 떨어져 있는 '나'
	'나'는 □□와 부모, 동생들과 멀리 떨어져서 어느 목수네 집에 세 들어 살고 있다.

🔍 시어	'갈매나무'의 의미
	'굳고 정한 갈매나무'는 '나'가 □□□하는 대상으로 삶을 포기하지 않는 태도를 의미한다.

✒ 표현	시상의 전환
	20행의 '□□□'에서 절망에서 희망으로 화자의 태도가 바뀌는 시상의 전환이 이루어지고 있다.

1 윗글에 대한 설명으로 적절하지 <u>않은</u> 것은?

① 서간문 형식*의 제목을 사용하고 있다.
② 토속적이고 향토적인 시어를 활용하고 있다.
③ 역설적 표현으로 주제 의식을 강조하고 있다.
④ 자연물을 소재로 화자의 내면 의식을 드러내고 있다.
⑤ 산문적 서술 형태이나 쉼표를 써서 내재율을 형성하고 있다.

🧭 **손쉬운 개념**

＊ 서간문 형식
서간문은 상대방의 안부를 묻거나 자신의 용건과 심정을 전하기 위해 적어 보내는 편지글이야. 서간문은 호칭, 안부, 날짜, 자신의 이름 등 특정한 형식을 갖추어서 써야 해.

기출문제
2 윗글의 공간적 배경 방을 [A]~[E]와 관련하여 이해한 내용으로 적절하지 <u>않은</u> 것은?

① [A] : 화자가 가족이나 고향과 '멀리 떨어져서' 외롭게 지내는 자신의 처지를 확인하는 공간이다.
② [B] : '나 혼자' 누워 있는 단절된 공간으로, 화자가 자신의 삶에 대해 끊임없이 고뇌하는 공간이다.
③ [C] : '죽을 수밖에 없'다고 느낄 만큼 화자의 절망감이 심화되는 공간이다.
④ [D] : 화자가 '천장'을 쳐다보며 운명론에서 벗어나 타인에 대한 책임감을 느끼는 공간이다.
⑤ [E] : 화자가 '굳고 정한 갈매나무'를 생각하며 현실 극복의 의지를 드러내는 공간이다.

3 ㉠~㉤에 대한 설명으로 적절하지 <u>않은</u> 것은?

① ㉠ : 객지에서 떠돌아다니는 화자의 처지를 보여 준다.
② ㉡ : 자신 하나도 추스르지 못하는 상황임을 드러낸다.
③ ㉢ : 자신의 지나온 삶을 되돌아보는 과정에 해당한다.
④ ㉣ : 차츰 정화되어 가는 화자의 마음 상태를 나타낸다.
⑤ ㉤ : 과거의 삶에 대한 화자의 후회와 좌절을 형상화하고 있다.

4 윗글의 ⓐ와 〈보기〉의 ⓑ를 비교한 내용으로 가장 적절한 것은?

> ● 보기 ●
>
> 가난이야 한낱 남루에 지나지 않는다.
> 저 눈부신 햇빛 속에 갈매빛의 등성이를 드러내고 서 있는
> 여름 산 같은
> 우리들의 타고난 살결, 타고난 마음씨까지야 다 가릴 수 있으랴.
>
> ⓑ청산이 그 무릎 아래 지란을 기르듯
> 우리는 우리 새끼들을 기를 수밖엔 없다.
>
> ― 서정주, 「무등을 보며」 중에서
>
> ● **남루(襤褸)** : 낡아 해진 옷
> ● **갈매빛** : 짙은 초록색

① ⓐ와 ⓑ 모두 화자가 추구하는 초월적 존재이다.
② ⓐ와 ⓑ 모두 현실의 모순을 깨닫게 하는 매개체이다.
③ ⓐ와 ⓑ 모두 화자가 삶을 긍정적으로 인식하게 하는 표상이다.
④ ⓐ는 화자를 위로하는 대상이고, ⓑ은 화자를 슬픔에서 벗어나게 하는 대상이다.
⑤ ⓐ는 화자가 동질감을 느끼는 대상이고, ⓑ는 화자가 이질감을 느끼는 대상이다.

 남신의주 유동 박시봉방_백석

주제 ▶ 일제 강점하의 무기력한 지식인의 삶

\# 상실감   \# 회한   \# 운명에 대한 수용
\# 갈매나무＝의지적 삶의 표상

특징 ▶ 토속적인 고유어를 사용하여 향토성을 드러냄.

\# 삿, 딜옹배기, 북덕불, 나줏손
\# 평안도 사투리   \# 향토적 소재

09

해 _박두진

'해'는 세상을 밝게 비추는 광명을 상징한다. 이 작품에서도 '해'는 갈등과 대립의 상황에서 벗어나 화합과 공존의 가치가 실현된 평화의 상태를 상징하고 있다.

해야 솟아라. 해야 솟아라. 말갛게* 씻은 얼굴 고운 해야 솟아라. 산 넘어 산 넘어서 어둠을 살라 먹고*, 산 넘어서 밤새도록 어둠을 살라 먹고, ㉠이글이글 앳된* 얼굴 고운 해야 솟아라.

➔ 1연 : 광명의 세계에 대한 소망

달밤이 싫여, 달밤이 싫여, ㉡눈물 같은 골짜기에 달밤이 싫여, 아무도 없는 뜰에 달밤이 나는 싫여…….

➔ 2연 : 어둠의 세계에 대한 거부

해야, 고운 해야, 니가 오면, 니가사 오면, 나는 나는 청산이 좋아라. ㉢훨훨훨 깃을 치는 청산이 좋아라. 청산이 있으면 홀로래도 좋아라.

➔ 3연 : 새로운 세계에 대한 동경

사슴을 따라 사슴을 따라, 양지로 양지로 사슴을 따라, 사슴을 만나면 사슴과 놀고,

칡범을 따라 칡범을 따라, 칡범을 만나면 칡범과 놀고…….

➔ 4, 5연 : 화합과 공존을 이룬 삶의 구체적 모습

해야, 고운 해야, 해야 솟아라. 꿈이 아니래도 너를 만나면, ㉣꽃도 새도 짐승도 한자리 앉아, 워어이 워어이 모두 불러 한자리 앉아 ㉤앳되고 고운 날을 누려 보리라.

➔ 6연 : 이상적 세계에 대한 소망과 의지

어휘 풀이

- **말갛게** : 산뜻하고 맑게
- **살라 먹고** : 불태워 없애 버리고
- **앳된** : 애티가 있어 어려 보이는
- **칡범** : 몸에 칡덩굴 같은 어룽어룽한 줄무늬가 있는 범

작품 핵심 **단축키**

 밝은 미래를 희망하는 '나'

화자　'나'는 모든 생명체가 평화롭게 공존하는 □□의 세계를 소망하고 있다.

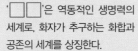 **이상향을 나타내는 시어**

시어　'□□'은 역동적인 생명력의 세계로, 화자가 추구하는 화합과 공존의 세계를 상징한다.

 대립적 이미지 사용

표현　'어둠', '□□', '눈물 같은 골짜기', '아무도 없는 뜰'과 '해', '청산', '양지' 등의 대립 구도를 통해 주제를 드러내고 있다.

---

1 윗글에 대한 설명으로 적절하지 않은 것은?

① 4음보의 리듬을 사용하여 운율을 형성하고 있다.
② 대립적 이미지의 사용을 통해 주제를 강화하고 있다.
③ 과거와 현재의 대비를 통해 화자가 지닌 그리움의 정서를 심화하고 있다.
④ 가정적 상황*을 설정하여 긍정적인 삶의 모습을 구체화하여 드러내고 있다.
⑤ 동일한 통사 구조를 반복적으로 사용하여 화자가 지향하는 바를 강조하고 있다.

손쉬운 개념

＊ 가정적 상황

'가정'은 아직 일어나지 않은 일이나 앞으로 일어날 법한 일들을 미리 상정하는 것을 말해. 따라서 시에서의 '가정적 상황'이라 함은 긍정적이든 부정적이든 화자가 앞으로의 일들에 대해 미리 생각해 보는 것을 의미한다고 할 수 있지.

2 ㉠~㉣에 대한 이해로 적절하지 <u>않은</u> 것은?

① ㉠ : 현실 상황에 대한 분노를 표현하고 있다.

② ㉡ : 고통스러운 현실에 대한 거부의 태도를 드러내고 있다.

③ ㉢ : 의태어를 사용하여 대상의 역동적 모습을 나타내고 있다.

④ ㉣ : 자연물을 제시하여 조화로운 삶의 모습을 형상화하고 있다.

⑤ ㉤ : 새로운 상황의 도래에 대한 의지적인 태도를 보여 주고 있다.

3 〈보기〉를 바탕으로 윗글의 시어가 지닌 상징적 의미를 이해한 내용으로 적절하지 <u>않은</u> 것은?

> ● 보기 ●
>
> 이 작품은 광복 이후인 1946년에 발표된 것으로 알려져 있으나 그 시기가 정확하지 않아 다양한 관점에서 해석이 가능하다. 특히 일제 말기에 창작되었다는 의견과 민족 간 좌우익의 이념적 대립이 심했던 광복 후에 창작되었다는 의견 중 어느 시기를 맞는 것으로 보느냐에 따라 작품이 지닌 상징적 의미가 달라진다고 볼 수 있다.

	창작 시기	시어	상징적 의미
①	일제 말기	어둠	일제 강점하에서의 암담한 시대 현실을 상징한다.
②	일제 말기	청산	일제 강점하의 핍박에서 벗어나 맞이한 조국의 광복을 상징한다.
③	광복 후	어둠	광복 후 이념 대립으로 인해 혼란스러웠던 시대 현실을 상징한다.
④	광복 후	청산	민족 간의 갈등과 불화가 해소된 이상적인 상태의 조국을 상징한다.
⑤	광복 후	칡범	시대의 혼란 속에서도 화합의 의지를 잃지 않는 강인한 민족성을 상징한다.

손쉬운 **작품 검색**

해_박두진 🔍

 주제 ▶ 화합과 평화의 세계에 대한 소망과 의지

\# 청산 = 화합과 공존의 세계 　\# 의지적 태도
\# 꽃도 새도 짐승도 한자리에 앉아

특징 ▶ 대립적 이미지를 사용하여 주제 의식을 효과적으로 드러냄.

\# 어둠, 달밤, 눈물 같은 골짜기, 아무도 없는 뜰
\# 해, 청산, 양지, 앳되고 고운 날

10

꽃덤불 _신석정

'꽃덤불'은 꽃이 마구 엉클어진 수풀을 뜻하는데, 이 시에서는 진정한 화해와 평화를 이룬 민족 국가를 의미한다. 시적 화자는 그 곳에 '안겨 보리라'라고 하는데, 이는 미래에 대한 추측이면서 그렇게 하겠다는 강한 의지의 표현이다.

태양을 의논하는 거룩한 이야기는
항상 **태양을 등진 곳**에서만 비롯하였다.　　　➔ 1연 : 일제 강점기의 암담한 현실에서 광복을 이야기함.

달빛이 흡사 비오듯 쏟아지는 밤에도
우리는 헐어진 성터를 헤매이면서
언제 참으로 그 언제 우리 하늘에
오롯한 태양을 모시겠느냐고
가슴을 쥐어뜯으며 이야기하며 이야기하며
가슴을 쥐어뜯지 않았느냐?　　　➔ 2연 : 조국 광복을 실현하고 싶은 열망

[A] ┌ 그러는 동안에 영영 잃어버린 벗도 있다.
　　│ 그러는 동안에 멀리 떠나버린 벗도 있다.
　　│ 그러는 동안에 몸을 팔아버린 벗도 있다.
　　└ 그러는 동안에 맘을 팔아버린 벗도 있다.　　　➔ 3연 : 국권을 상실한 조국의 비극적 상황

그러는 동안에 드디어 서른여섯 해가 지나갔다.　　　➔ 4연 : 조국 광복의 실현

다시 우러러보는 이 하늘에
겨울밤 달이 아직도 차거니
오는 봄엔 분수처럼 쏟아지는 태양을 안고
그 어느 언덕 **꽃덤불**에 아늑히 안겨 보리라.　　　➔ 5연 : 새로운 민족 국가 수립에 대한 기대

★
어휘 풀이
● **오롯한** : 모자람이 없이 온전한
● **꽃덤불** : 꽃이 마구 엉클어진 수풀

 작품 핵심 **단축키**

👁 **민족 국가를 소망하는 화자**	🔍 **화자의 소망이 담긴 시어**	✍ **대립적 이미지**
화자 화자는 ☐☐을 맞이했지만 이념의 대립으로 혼란한 현실을 비판하며 진정한 민족 국가가 수립되기를 바라고 있다.	시어 '☐☐☐'은 진정한 화합이 이루어진 온전한 민족 국가를 상징한다.	표현 '태양, 봄, 꽃덤불'은 ☐☐을 상징하고, '태양을 등진 곳, 헐어진 성터, 겨울밤'은 ☐☐을 상징한다.

1

윗글의 표현상 특징으로 적절하지 <u>않은</u> 것은?

① 대조적인 시어들을 사용하여 주제 의식을 드러내고 있다.
② 공간의 이동에 따라 시상을 전개하며 통일성을 확보하고 있다.
③ 통사 구조가 같은 시행을 반복함으로써 운율감을 형성하고 있다.
④ 시어의 반복과 설의적 표현을 통해 화자의 정서를 전달하고 있다.
⑤ 하나의 행을 독립된 연으로 구성함으로써 시적 상황을 강조하고 있다.

⏱ 손쉬운 **개념**

✻ **통사 구조가 같은 시행을 반복**
국어에는 일정한 어순이 있어. 그 어순을 통사 구조라고 해. 시에서 통사 구조가 같은 문장을 반복하면 운율을 형성하고 내용을 강조할 수 있지.

2

[A]에 드러난 '벗'의 모습이 <u>아닌</u> 것은?

① 죽음　　② 유랑　　③ 변절　　④ 무지　　⑤ 전향

3

〈보기〉를 참고하여 윗글을 감상한 내용으로 적절하지 <u>않은</u> 것은?

> ● 보기 ●
>
> 　36년 간의 일제 강점기는 가혹한 탄압과 착취로 인해 우리 민족에게는 암담한 시련의 시기였다. 그러나 수많은 지사들이 조국 광복을 위하여 몸과 마음을 다 바치며 노력해 왔고, 그 결과 광복을 맞게 된다. 그러나 우리 민족 앞에 밝은 현실만이 기다리고 있었던 것은 아니다. 좌우익의 극심한 대립으로 나라는 혼란스러웠고 갈등은 극에 달했다. 이에 뜻있는 사람들은 민족의 화합과 화해를 역설하며 하나가 되기를 기대하였다.

① '태양을 등진 곳'은 일제 강점기의 암담함을 느끼게 하는군.
② '오롯한 태양'은 지사들이 간절히 소망했던 조국 광복을 의미하겠군.
③ '가슴을 쥐어뜯으며 이야기하며 이야기하며'에서 광복을 간절히 소망하며 노력했던 지사들의 모습을 떠올릴 수 있군.
④ '달이 아직도 차거니'는 광복 후 우리 민족 앞에 놓인 밝은 현실을 상징하는군.
⑤ '꽃덤불'은 민족의 화합과 화해가 이루어진 상태를 암시하는군.

🎐 손쉬운 **작품 검색**

꽃덤불_신석정 ⊕

주제 ▶ 광복의 기쁨과 새로운 민족 국가 수립에 대한 염원

\# 태양 = 조국의 광복　　\# 꽃덤불 = 화합된 조국
\# 혼란스러운 사회에 대한 안타까움

특징 ▶ 밝음과 어둠의 대립적 이미지를 통해 시적 의미를 형상화함.

\# 태양을 등진 곳, 헐어진 성터, 겨울밤 → 어둠의 이미지
\# 태양, 봄, 꽃덤불 → 밝음의 이미지

11 견우의 노래 _서정주

'견우'는 설화 「견우와 직녀」에 등장하는 주인공이다. 시적 화자인 견우가 청자인 직녀에게 말을 건네는 형식을 통해 참된 사랑의 의미에 대해 노래하고 있는 작품이다.

기출
다수록 작품

우리들의 사랑을 위하여서는
이별이, 이별이 있어야 하네.　　　　　　　　　　→ 1연 : 사랑을 위한 이별의 수용

㉠높았다, 낮았다, 출렁이는 물살과
물살 몰아갔다 오는 바람만이 있어야 하네.　　→ 2연 : 사랑을 위한 장애물의 수용

오 ― 우리들의 그리움을 위하여서는
㉡푸른 은핫물이 있어야 하네.　　　　　　　　→ 3연 : 그리움을 위한 장애물의 수용

돌아서는 갈 수 없는 오롯한 이 자리에
㉢불타는 홀몸°만이 있어야 하네!　　　　　　→ 4연 : 사랑에 대한 갈구과 그리움

직녀여, 여기 번쩍이는 모래밭에
㉣돋아나는 풀싹을 나는 세이고…….

허이언 허이언 구름 속에서
그대는 베틀에 북°을 놀리게.　　　　　　　　→ 5~6연 : 서로를 기다리며 시련을 견디는 삶

눈썹 같은 반달이 중천에 걸리는
칠월 칠석이 돌아오기까지는

검은 암소를 나는 먹이고
㉤직녀여, 그대는 비단을 짜세.　　　　　　　→ 7~8연 : 각자의 본분에 충실하며 재회를 기다림.

★ 어휘 풀이
● 홀몸 : 배우자나 형제가 없이 혼자 있는 사람
● 북 : 베틀에 딸린 기구의 하나. 날실의 틈으로 왔다 갔다 하면서 씨실을 풀어 주며 피륙을 짬.

 작품 핵심 단축키

 이별을 감내하는 '견우'
화자｜화자 '견우'는 성숙한 □□을 위해 이별을 겪어야 한다고 생각하고 있다.

 만남과 이별의 매개물
시어｜'□□□'은 견우와 직녀를 갈라놓은 장애물이자 두 사람을 이어 주는 매개물이다.

 설화 모티프 차용
표현｜1년에 한 번씩 만난다는 □ □□ □□ 설화를 모티프로 시상을 전개하고 있다.

1 윗글에 대한 설명으로 적절하지 <u>않은</u> 것은?

① 특정 시구의 반복을 통해 운율을 형성하고 있다.
② 음성 상징어*를 통해 상황을 생동감 있게 묘사하고 있다.
③ 명령형·청유형 어미를 통해 화자의 의지를 드러내고 있다.
④ 감탄사를 사용하여 간절한 마음을 영탄적으로 표출하고 있다.
⑤ 유사한 의미를 지닌 시어들을 통해 시적 의미를 강조하고 있다.

⏺ 손쉬운 **개념**

＊ **음성 상징어**
모양과 움직임을 나타내는 의태어나 소리를 흉내 낸 의성어가 음성 상징어에 속해. 이를 활용하면 대상을 생동감 있게 묘사할 수 있지.

기출 문제

2 ㉠~㉤에 대한 설명으로 적절하지 <u>않은</u> 것은?

① ㉠ : 대상에 대한 화자의 애정이 변하고 있음을 알 수 있다.
② ㉡ : 화자와 임을 갈라놓는 기능을 하고 있다.
③ ㉢ : 만남을 위해서는 고통을 이겨 내야 함을 말하고 있다.
④ ㉣ : 이별을 참고 견디는 자세가 나타나 있다.
⑤ ㉤ : 만날 때까지 주어진 일에 충실할 것을 권하고 있다.

3 〈보기〉와 윗글을 비교하여 감상한 내용으로 적절하지 <u>않은</u> 것은?

━━━━● 보기 ●━━━━

우리는 다시 만나야 한다.
우리들은 은하수를 건너야 한다.
오작교가 없어도 노둣돌이 없어도
가슴을 딛고 건너가 다시 만나야 할 우리,
칼날 위라도 딛고 건너가 만나야 할 우리,
이별은 이별은 끝나야 한다.
말라붙은 은하수 눈물로 녹이고
가슴과 가슴을 노둣돌 놓아
슬픔은 슬픔은 끝나야 한다, 연인아.

– 문병란, 「직녀에게」 중에서

● **노둣돌** : 말에 오르거나 내릴 때에 발돋움하기 위해 대문 앞에 놓은 돌

① 〈보기〉와 윗글 모두 독백적 어조로 서술되어 있어.
② 〈보기〉와 윗글의 시적 화자는 동일 인물로 해석할 수 있어.
③ 〈보기〉와 윗글 모두 재회에 대한 간절한 소망을 드러내고 있어.
④ 〈보기〉와 달리 윗글에서는 이별의 고통을 수용하는 모습을 보이고 있어.
⑤ 〈보기〉는 윗글과 달리 이별을 극복하기 위해 능동적으로 노력할 것을 강조하고 있어.

4 〈보기 1〉과 〈보기 2〉를 참고하여 윗글을 감상한 내용으로 적절하지 <u>않은</u> 것은?

──● 보기 1 ●──

　　설화를 시에 수용할 때는 인물, 사건 등의 줄거리와 주제 등을 그대로 차용하기도 하고 변용하기도 한다. 그와 동시에 서정 장르로 바꾸기 위한 압축과 요약, 율격화가 이루어지며, 특정 인물과 사건을 부각시키고 나머지는 희생시키는 전경화의 수법이 동원된다. 한편 시인은 설화적 인물과 동일화를 꾀하기도 한다. 시적 화자를 설화 속 인물로 설정하여 줄거리를 전하거나 인물의 심리를 직접 노출시키는 것이다.

● **전경화** : 언어를 비일상적으로 사용하여 두드러지게 보이도록 하는 일. 상투적인 표현을 깨뜨림으로써 새로운 느낌이나 자각이 일어나도록 하는 것

──● 보기 2 ●──

　　직녀는 하느님의 손녀로 길쌈을 잘하고 부지런했다. 이를 어여삐 여긴 하느님은 직녀를 견우라는 목동과 혼인시켰다. 그러나 이들 부부가 신혼 재미에 빠져 게으름을 피우자 노한 하느님은 그들을 하늘의 은하수 동쪽과 서쪽 끝으로 갈라놓았다. 이들은 어쩔 수 없이 떨어져 매일 서로를 그리워하였다. 이들을 불쌍히 여긴 지상의 까치와 까마귀가 칠석날에 이들을 만나게 해 주기 위해 하늘로 올라가 머리를 이어 다리를 놓아 주었는데, 그것이 바로 오작교이다.

① 시인은 시적 화자를 '견우'로 설정하여 설화의 등장인물과 동일화를 꾀하고 있어.

② 설화에서 '은하수'를 인용하고 '오작교'는 배제함으로써 전경화의 수법을 이용하고 있어.

③ 설화에 있는 '하느님의 노함', '혼인' 등의 사건이 반영되지 않은 것은 율격화가 필요했기 때문이겠군.

④ 설화와 달리 '이별이 있어야 하네.'라고 한 것은 '시련을 통한 참다운 사랑'이라는 주제를 전하기 위한 것이겠군.

⑤ '견우'와 '직녀'가 각각 해야 할 일을 '소를 먹이고', '비단을 짜는' 것으로 설정한 것은 설화에서 그대로 차용해 온 것이군.

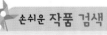

견우의 노래_서정주

주제 ▶ 시련 끝에 완성되는 참된 사랑

\# 출렁이는 물살, 바람, 모래밭과 허이언 구름 속
\# 푸른 은핫물

특징 ▶ 설화를 차용하여 사랑의 참된 의미에 관한 역설적 인식을 드러냄.

\# 견우와 직녀 설화　　\# 칠월 칠석
\# 사랑을 위해 필요한 이별　　\# 사랑을 위한 장애물의 수용

12

꽃 _김춘수

이 시는 구체적 사물인 꽃을 제재로 의미 있는 관계를 소망한다는 추상적 의미를 표현하고 있다. '꽃'은 대상에 대해 인식하고 의미를 부여하는 과정을 통해 '나'에게 의미를 가지게 된 존재를 의미한다.

EBS 다수록 작품

[A]
내가 그의 이름을 불러 주기 전에는
그는 다만
하나의 몸짓에 지나지 않았다.

➔ 1연 : '나'의 명명 이전에는 의미 없는 존재였던 '그'

[B]
내가 그의 이름을 불러 주었을 때
그는 나에게로 와서
꽃이 되었다.

➔ 2연 : '나'의 명명에 의해 의미 있는 존재가 된 '그'

[C]
내가 그의 이름을 불러 준 것처럼
나의 이 빛깔과 향기(香氣)에 알맞은
누가 나의 이름을 불러 다오.
그에게로 가서 나도
그의 꽃이 되고 싶다.

➔ 3연 : 의미 있는 존재가 되고 싶은 '나'

[D]
우리들은 모두
무엇이 되고 싶다.
너는 나에게 나는 너에게
잊혀지지 않는 하나의 눈짓이 되고 싶다.

➔ 4연 : 서로에게 의미 있는 존재가 되고 싶은 '우리들'

작품 핵심 단축키

의미 있는 존재가 되고 싶은 '나'

화자   '나'는 누군가 자신의 □□을 불러 줌으로써 의미 있는 존재가 되고 싶은 소망을 드러내고 있다.

존재의 의미를 나타내는 시어

시어   '하나의 □□'은 의미 없는 존재를, '하나의 □□'은 의미 있는 존재를 뜻한다.

반복법

표현   시구의 반복을 통해 의미 있는 관계에 대한 □□을 강조하고 있다.

1

윗글에 대한 설명으로 적절한 것은?

① 인간과 자연의 대비를 통해 주제를 부각하고 있다.
② 시구의 반복과 변화를 통해 의미를 강조하고 있다.
③ 공간의 이동에 따라 화자의 정서가 변화하고 있다.
④ 설의적 표현을 통해 독자의 공감을 유도하고 있다.
⑤ 계절감이 드러나는 소재를 통해 분위기를 형성하고 있다.

손쉬운 개념

* **설의적 표현**
의문문의 형식을 띠고 있지만 읽는 이에게 대답을 요구하는 것이 아니라 의미를 더 효과적으로 드러내기 위해 사용하는 표현법이야.

2 [기출 문제] [A]∼[D]에 대한 설명으로 적절하지 <u>않은</u> 것은?

① [A]에서 '몸짓'은 '나'에게 의미가 없는 존재이다.
② [B]의 '꽃'은 '이름을 불러 주기'에 의해 의미를 부여받은 존재를 나타낸다.
③ [C]의 '빛깔과 향기'는 '나'라는 존재가 지니고 있는 본질이다.
④ [D]에서 '눈짓'은 서로의 본질을 인식하기 이전의 상태를 의미한다.
⑤ [A]∼[D]를 통해 '나'는 진정한 관계 형성에 대한 소망을 드러내고 있다.

3 윗글을 〈보기〉처럼 바꾸어 썼다고 가정할 때, 고려했을 사항으로 적절하지 <u>않은</u> 것은?

─── 보기 ───

내가 단추를 눌러 주기 전에는
그는 다만 / 하나의 라디오에 지나지 않았다.

내가 그의 단추를 눌러 주었을 때
그는 나에게로 와서 / 전파가 되었다.

내가 그의 단추를 눌러 준 것처럼
누가 와서 나의 / 굳어 버린 핏줄기와 황량한 가슴 속 버튼을 눌러 다오.
그에게로 가서 나도 / 그의 전파가 되고 싶다.

우리들은 모두 / 사랑이 되고 싶다.
끄고 싶을 때 끄고 켜고 싶을 때 켤 수 있는 / 라디오가 되고 싶다.

– 장정일, 「라디오와 같이 사랑을 끄고 켤 수 있다면」

① 풍자적인 의도를 개입시켜 보자.
② 시대 상황을 반영하도록 바꿔 보자.
③ 화자의 갈망하는 듯한 목소리는 그대로 살리자.
④ 원시(原詩)의 진지한 분위기를 좀 더 가볍게 바꿔 보자.
⑤ 타자(他者)에게 다가갈 수 없는 안타까운 심정은 그대로 살리자.

🎐 손쉬운 **작품 검색**

꽃_김춘수 🔍

🖱 **주제** ▶ 의미 있는 존재에 대한 소망

\# 몸짓 → 의미 없는 존재
\# 꽃, 무엇, 눈짓 → 의미 있는 존재

주제 ▶ 반복과 변주를 통해 주제를 점층적으로 강화함.

\# 내가 그의 이름을 불러 ∼
\# ∼이 되고 싶다.

13

초토(焦土)의 시 8 - 적군 묘지 앞에서_구상

'초토'란 불에 타서 검게 그을린 땅을 뜻하는데, 이 시는 6·25 전쟁을 전후로 민족적 비극에서 비롯된 여러 가지 부조리와 비극적 상황을 '초토'라는 말로 나타내고 그에 대한 감회를 드러내고 있다.

㉠오호, 여기 줄지어 누웠는 넋들은
눈도 감지 못하였겠고나.

➜ 1연 : 적군 병사의 죽음을 애도함.

어제까지 너희의 목숨을 겨눠
방아쇠를 당기던 우리의 그 손으로
㉡썩어 문드러진 살덩이와 뼈를 추려
㉢그래도 양지바른 두메를 골라
고이 파묻어 떼마저 입혔거니

➜ 2연 : 적군 병사를 양지바른 두메에 묻어 줌.

㉣죽음은 이렇듯 미움보다도 사랑보다도
더 너그러운 것이로다.

➜ 3연 : 미움과 사랑을 초월하는 죽음에 대한 깨달음

㉤이곳서 나와 너희의 넋들이
돌아가야 할 고향 땅은 삼십(三十) 리면
가로막히고

무인공산(無人空山)의 적막만이
천만 근 나의 가슴을 억누르는데

➜ 4~5연 : 분단 현실에 답답함과 비통함을 느낌.

살아서는 너희가 나와
미움으로 맺혔건만
이제는 오히려 너희의
풀지 못한 원한이
나의 바람 속에 깃들어 있도다.

➜ 6연 : 분단 극복에 대한 염원

어휘 풀이

- **두메** : 도회에서 멀리 떨어져 사람이 많이 살지 않는 변두리나 깊은 곳
- **떼** : 흙이 붙어 있는 상태로 뿌리째 떠낸 잔디
- **무인공산(無人空山)** : 사람이 살지 않는 산
- **포성(砲聲)** : 대포를 쏠 때에 나는 소리
- **은원(恩怨)** : 은혜와 원한을 아울러 이르는 말

손에 닿을 듯한 봄 하늘에
ⓐ구름은 무심히도
북(北)으로 흘러가고

어디서 울려오는 포성(砲聲) 몇 발
나는 그만 이 은원(恩怨)의 무덤 앞에
목 놓아 버린다.

➜ 7~8연 : 통일에 대한 염원과 분단 현실에 대한 통한

작품 핵심 **단축키**

	적군 병사의 묘지 앞에 선 '나'		'은원의 무덤'의 의미		직설적인 정서 표현
화자	'나'는 적군 병사의 묘지 앞에서 그들의 죽음을 □□하고 있다.	시어	'은원의 무덤'은 은혜와 원한의 무덤이라는 뜻으로, 동포로서의 □□과 적으로서의 미움을 의미한다.	표현	'방아쇠, 살덩이와 뼈, 죽음, 무덤' 등의 직설적인 시어를 사용하여 □□의 참혹함을 드러내고 있다.

1 윗글의 표현상 특징으로 적절한 것은?

① 대화체를 활용하여 시상을 전개하고 있다.
② 유사한 시구를 반복하여 운율을 형성하고 있다.
③ 기도하는 어조*로 경건한 분위기를 조성하고 있다.
④ 평범한 시어를 통해 정서를 직설적으로 표출하고 있다.
⑤ 반어적 표현*을 통해 주제를 효과적으로 부각하고 있다.

2 ㉠~㉤에 대한 이해로 적절하지 않은 것은?

① ㉠ : 감탄사를 통해 슬픔을 드러내면서 죽은 넋들을 위로하고 있다.
② ㉡ : 참혹한 죽음을 통해 전쟁의 비극성을 실감 나게 제시하고 있다.
③ ㉢ : 구체적 행위를 통해 동족애를 실천하고 있음을 표현하고 있다.
④ ㉣ : 미움과 사랑을 초월하는 죽음에 대한 깨달음을 나타내고 있다.
⑤ ㉤ : 고향은 서로 다르지만 분단으로 인한 고통은 동질적임을 드러내고 있다.

3 ⓐ에 대한 설명으로 적절한 것은?

① 화자의 처지와 대비되고 있다.
② 문제 해결의 실마리가 되고 있다.
③ 자아 성찰의 매개체로 기능하고 있다.
④ 화자의 연민의 정서가 투영되어 있다.
⑤ 과거와 현재를 연결하는 역할을 하고 있다.

4 〈보기〉를 참고하여 윗글을 감상한 내용으로 적절하지 <u>않은</u> 것은?

─● 보기 ●─

　　이 시는 6·25 전쟁에 참전했던 시인의 체험을 바탕으로 쓴 연작시 「초토의 시」 중 8번째 작품이다. '초토'란 불에 타서 검게 그을린 땅을 뜻하는데, 6·25 전쟁을 전후로 한 민족적 비극에서 비롯된 여러 가지 부조리와 비극적 상황을 '초토'라는 말로 나타낸 것이다. 이 시는 전쟁의 현장에 만들어진 북한군 묘지를 보고 느낀 감회를 표현하면서, 분단에 대한 비극적 인식과 민족 동질성 회복에 대한 열망을 드러내고 있다.

① '적군 묘지 앞에서'라는 부제를 통해 화자의 시적 상황을 집약해서 전달하고 있다.

② '삼십 리'와 '천만 근'이라는 수치를 통해 고통스러운 화자의 심정을 강조하고 있다.

③ '나의 바람'은 분단 상황의 극복과 민족의 통일을 염원하는 화자의 마음을 의미하고 있다.

④ '포성 몇 발'은 남북이 대립하고 있는 비극적 현실이 여전히 계속되고 있음을 드러내고 있다.

⑤ '목 놓아 버린다.'는 분단 현실을 극복하기 위해 자신을 희생하겠다는 화자의 의지를 표현한 것이다.

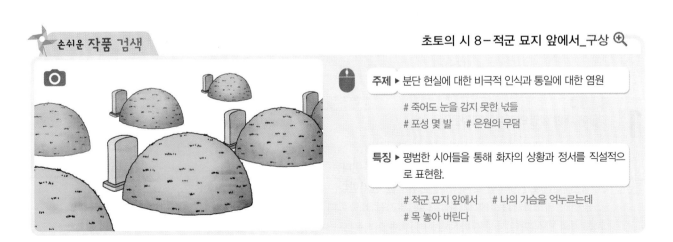

손쉬운 작품 검색

초토의 시 8 – 적군 묘지 앞에서_구상 🔍

주제 ▶ 분단 현실에 대한 비극적 인식과 통일에 대한 염원

\# 죽어도 눈을 감지 못한 넋들
\# 포성 몇 발 　 \# 은원의 무덤

특징 ▶ 평범한 시어들을 통해 화자의 상황과 정서를 직설적으로 표현함.

\# 적군 묘지 앞에서 　 \# 나의 가슴을 억누르는데
\# 목 놓아 버린다

14 폭포(瀑布) _김수영

이 시는 계절과 밤낮을 가리지 않고 곧게 떨어져 내리는 폭포의 모습에서 곧은 삶의 자세를 연상하여 표현하고 있다. 무서운 기색도 없이 쉬지 않고 떨어지는 폭포는 부정적 현실에 안주하지 않는 의지를 의미한다.

폭포는 곧은 절벽을 무서운 기색도 없이 떨어진다 　　　➡ 1연 : 폭포의 외형적 모습

[A]
규정할 수 없는 물결이
무엇을 향하여 떨어진다는 의미도 없이
계절과 주야를 가리지 않고
고매한˙ 정신처럼 쉴 사이 없이 떨어진다 　　　➡ 2연 : 고매한 정신을 나타내는 폭포

금잔화˙도 인가도 보이지 않는 밤이 되면
폭포는 곧은 소리를 내며 떨어진다 　　　➡ 3연 : 곧은 소리를 내며 떨어지는 폭포

[B]
곧은 소리는 소리이다
곧은 소리는 곧은
소리를 부른다 　　　➡ 4연 : 선구적 행동을 하는 폭포

★
어휘 풀이

• **고매한** : 인격이나 품성, 학식, 재질 따위가 높고 빼어난
• **금잔화(金盞花)** : 국화과의 한해살이풀
• **나타(懶惰)** : 나태(懶怠). 행동, 성격 따위가 느리고 게으름.

[C]
번개와 같이 떨어지는 물방울은
취할 순간조차 마음에 주지 않고
나타˙와 안정을 뒤집어 놓은 듯이
높이도 폭도 없이
떨어진다 　　　➡ 5연 : 나타와 안정을 거부하는 폭포

 작품 핵심 **단축키**

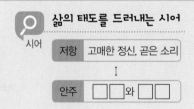

👁 현실과 타협하지 않는 화자	🔍 삶의 태도를 드러내는 시어	✒ 반복법
화자 두려움 없이 곧게 떨어지는 폭포의 모습을 통해 □□□ 현실과 타협하지 않으려는 의지를 드러내고 있다.	시어 저항 고매한 정신, 곧은 소리 ↕ 안주 □□와 □□	표현 '□□□□'는 시어의 반복을 통해 시의 상황을 강조하면서 운율감을 형성하고 있다.

기출 문제

1 윗글에 대한 설명으로 적절한 것은?

① 유사한 어구를 반복하여 시적 상황을 부각한다.
② 영탄법을 사용하여 화자의 고조된 감정을 나타낸다.
③ 색채의 선명한 대조를 통해 시적 분위기를 환기한다.
④ 명령적 어조를 활용하여 화자의 강한 의지를 표출한다.
⑤ 도치의 방식으로 시상을 마무리하여 주제 의식을 드러낸다.

2 [A]~[C]에 대한 설명으로 적절하지 <u>않은</u> 것은?

① [A]에서는 시각적 이미지에, [B]에서는 청각적 이미지에 주목하고 있다.
② [A]는 긴 시간의 흐름 속에서의, [B]는 밤이라는 시간 속에서의 폭포의 모습을
   부각하고 있다.
③ [A]와 [C]에서 대상의 움직임을 역동적으로 형상화하고 있다.
④ [A]와 [C]가 서로 상응*함으로써 형태적인 안정감을 주고 있다.
⑤ [A]~[C]에서 하강적 이미지를 활용하여 이미지의 통일성을 부여하고 있다.

⏱ 손쉬운 개념

* 상응

'상응'은 어울린다는 의미인데, 시
에서 '상응'과 '형태적 안정감'이
라는 말이 나오면 이건 '수미 상
관'을 가리키는 경우가 많아. 수미
상관은 시의 처음과 마지막을 같
거나 비슷하게 표현하는 것을 말
해.

3 〈보기〉를 바탕으로 윗글을 감상한 내용으로 적절하지 <u>않은</u> 것은?

—— ▶ 보기 ◀ ——

　이 작품은 폭포의 외형적인 모습에 화자가 지향하는 정신적 가치를 부여하고 있
다. 즉, 화자는 폭포의 형상에서 현실과 타협하지 않는 삶의 태도를 읽어 내고, 일
체의 억압에서 벗어난 자유를 지향한다. 그리고 이러한 삶의 태도가 더 많은 다른
사람을 각성시킬 수 있다고 믿는다. 결국 폭포는 역설적인 표현을 통해 그 물질적
조건과 형태에서 벗어나는 하나의 정신적인 대상이 된다.

① '규정할 수 없는 물결'로 떨어지는 폭포의 모습은 일체의 억압에서 벗어난 자유
   로움을 느끼게 하는군.
② '계절과 주야를 가리지 않고'라는 역설적인 표현을 통해 폭포가 그 물질적 조건
   과 형태에서 벗어나 있음을 보여 주는군.
③ '고매한 정신'은 화자가 폭포에 부여한 정신적 가치로 볼 수 있군.
④ '곧은 소리는 곧은 / 소리를 부른다'는 다른 사람을 각성시키는 선구자적인 행위
   를 형상화하고 있군.
⑤ '나타와 안정'을 뒤집는 모습은 현실과 타협하지 않는 삶을 연상케 하는군.

✈ 손쉬운 작품 검색　　　　　　　　　　　　　　　　　　폭포_김수영 ⊕

　주제 ▶ 부정적인 현실에 타협하지 않는 삶의 자세

　# 고매한 정신　　# 곧은 소리
　# 나타와 안정을 뒤집음.

　특징 ▶ 폭포의 외형적 모습에서 바람직한 삶의 자세를 표현함.

　# 무서운 기색도 없이 떨어짐.　　# 쉴 사이 없이 떨어짐.
　# 곧은 소리를 부름.　　# 높이도 폭도 없이 떨어짐.

15 성북동 비둘기 _김광섭

성북동은 서울특별시 성북구에 위치해 있다. 성북동을 배경으로 인간에 의한 자연 파괴로 삶의 터전을 잃은 비둘기의 모습을 제시하여, 인간과 자연의 공존을 촉구하고 있는 작품이다.

성북동 산에 번지가 새로 생기면서

본래 살던 성북동 비둘기만이 번지가 없어졌다.

새벽부터 돌 깨는 산울림에 떨다가 / 가슴에 금이 갔다.

그래도 성북동 비둘기는

하느님의 광장 같은 새파란 아침 하늘에

성북동 주민에게 축복의 메시지나 전하듯

성북동 하늘을 한 바퀴 휘 돈다.　　　　➡ 1연 : 자연 파괴로 삶의 터전을 잃은 비둘기

성북동 메마른 골짜기에는

조용히 앉아 콩알 하나 찍어 먹을

널찍한 마당은커녕 가는 데마다

채석장˚포성이 메아리쳐서 / 피난하듯 지붕에 올라앉아

아침 구공탄 굴뚝 연기에서 향수를 느끼다가

산1번지 채석장에 도로 가서

금방 따 낸 돌 온기(溫氣)에 입을 닦는다.　　　　➡ 2연 : 과거를 그리워하는 비둘기

예전에는 사람을 성자(聖者)˚처럼 보고

사람 가까이 / 사람과 같이 사랑하고

사람과 같이 평화를 즐기던

사랑과 평화의 새 비둘기는

이제 산도 잃고 사람도 잃고

사랑과 평화의 사상까지

낳지 못하는 쫓기는 새가 되었다.　　　　➡ 3연 : 사랑과 평화의 사상을 낳지 못하는 비둘기

★ 어휘 풀이
- 채석장(採石場) : 석재(石材)로 쓸 돌을 캐거나 떠내는 곳
- 성자(聖者) : 성인(聖人). 지혜와 덕이 매우 뛰어나 길이 우러러 본받을 만한 사람

 작품 핵심 단축키

 화자의 태도

화자 | 화자는 산업화로 인해 쫓겨난 비둘기를 보며 산업화와 도시화를 ▢▢▢으로 인식하고 있다.

 '비둘기'의 의미

시어 | '비둘기'는 도시화로 인해 파괴된 ▢▢을 상징한다.

 우의적 표현

표현 | 삶의 터전을 상실한 비둘기를 ▢▢▢하여 우의적으로 주제를 드러내고 있다.

1

윗글에 대한 설명으로 적절하지 <u>않은</u> 것은?

① 대상을 의인화하여 주제를 형상화하고 있다.
② 동일한 시구를 반복하여 시상을 전개하고 있다.
③ 비유적 표현을 활용하여 시어의 의미를 구체화하고 있다.
④ 공감각적 이미지를 활용하여 현실의 폭력성을 극대화하고 있다.
⑤ 과거형 어미를 활용하여 대상에 대한 단정적 태도를 드러내고 있다.

2

윗글을 쓴 작가의 창작 의도로 적절하지 <u>않은</u> 것은?

① 우의적 수법*을 활용하여 인간사의 문제점을 비판하자.
② 아이러니한 상황을 제시하여 현실 사회의 모순을 폭로하자.
③ 여운을 남기는 결말*을 통해 독자의 다양한 해석을 유도하자.
④ 도심 속 자연이라는 상징적 의미를 갖는 시적 대상을 제목으로 제시하자.
⑤ 성북동 산이 메마른 골짜기가 되었다고 설정하여 현실의 문제점을 드러내자.

3

〈보기〉를 참고하여 윗글을 감상한 내용으로 적절하지 <u>않은</u> 것은?

> **보기**
>
> 달동네란 도시 외곽의 산비탈 등지에서 가난한 사람들이 모여 사는 동네를 말한다. 산업화 시기의 이농민과 도시 빈민들이 주로 거주했던 달동네는 값싼 주거지인 동시에 생존의 공동체였다. 농촌의 이웃 관계가 지속되는 공동체였으며, 험난한 도시 생활에 함께 적응하기 위한 기착지였다고 볼 수 있다. 그러나 산업화가 시작되며 도시 외곽의 달동네는 개발의 요지가 되는데, 달동네의 판잣집이 전면 철거되고 그 자리에 아파트가 건설되는 재개발이 이루어졌다. 달동네의 도시 빈곤층은 주거비가 싼 곳을 찾아 단독 주택지의 지하방, 옥탑방, 비닐하우스, 쪽방 등으로 흩어졌다.
>
> ● **기착지(寄着地)** : 목적지로 가는 도중에 잠깐 들르는 곳

① 성북동 산에 새로 생긴 번지는 재개발로 들어선 아파트에 해당한다고 할 수 있겠군.
② 비둘기가 누리던 사랑과 평화는 이웃 관계가 지속되는 생존 공동체의 삶을 의미한다고 할 수 있겠군.
③ 비둘기가 살았던 널찍한 마당은 가난한 사람들이 모여 사는 생존 공동체의 공간을 의미한다고 할 수 있겠군.
④ 비둘기가 올라앉은 지붕은 도시 빈민층이 새롭게 정착하게 된 옥탑방, 비닐하우스 같은 공간을 의미한다고 할 수 있겠군.
⑤ 비둘기가 축복의 메시지를 보낸 이유는 달동네의 사람들이 험난한 도시 생활에 적응하기를 소망했기 때문이라고 할 수 있겠군.

4 윗글과 〈보기〉를 비교하여 감상한 내용으로 가장 적절한 것은?

---- 보기 ----

60년대 초 당신이 살던 성북동에서는
비둘기들이 채석장으로 쫓겨 돌부리를 쪼았다지만
20여 년이 지난 지금 성북동에 비둘기는 없는 걸요
채석장도 없어요
요즈음은 비둘기를 보려면
도심으로 들어와 시청 광장쯤에서
팝콘을 뿌리지요
순식간에 몰려드는 비둘기 떼
겁 없이 손등까지 올라와
만져도 도망가지 않고
소리쳐도 그냥 얌전히 팝콘을 먹지만
나머지 부스러기 하나마저 먹으면
올 때처럼 어디론지 사라져 버리는
비둘기를 만날 수 있어요. 그때에는
눈으로 손으로 애원해도
다시 오지 않아요

— 김유선, 「김광섭 시인에게」

① '팝콘'은 '콩알'과 달리 문명과 자연이 조화롭게 공존하는 문화를 상징한다고 할 수 있겠군.
② '채석장'이 사라진 현실은 성북동 산을 파괴한 문명에 대한 반성적 성찰의 결과라고 할 수 있겠군.
③ 비둘기를 볼 수 있는 '시청 광장'과 성북동 비둘기가 살던 '번지'는 모두 문명화된 공간을 의미한다고 할 수 있겠군.
④ 겁 없이 손등까지 올라오는 '비둘기'는 과거의 '성북동 비둘기'처럼 사랑과 평화를 낳는 새를 의미한다고 할 수 있겠군.
⑤ 애원해도 오지 않는 '비둘기'는 성북동에서 쫓겨난 '비둘기'와 달리 문명에 길들여진 이기적인 존재를 의미한다고 할 수 있겠군.

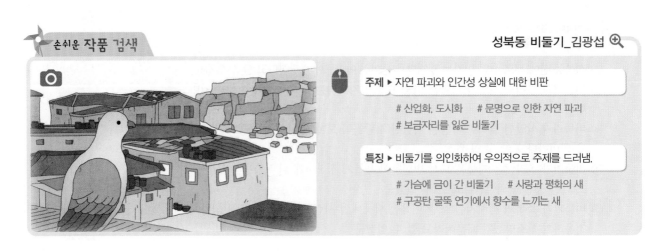

손쉬운 **작품 검색**

성북동 비둘기_김광섭 🔍

주제 ▶ 자연 파괴와 인간성 상실에 대한 비판

\# 산업화, 도시화　　\# 문명으로 인한 자연 파괴
\# 보금자리를 잃은 비둘기

특징 ▶ 비둘기를 의인화하여 우의적으로 주제를 드러냄.

\# 가슴에 금이 간 비둘기　　\# 사랑과 평화의 새
\# 구공탄 굴뚝 연기에서 향수를 느끼는 새

16 농무(農舞)_신경림

'농무'란 농민들이 풍물놀이에 맞추어 추는 춤을 말한다. 그런데 이 시에서는 농민들이 보고 즐기던 놀이인 농무가 비극적인 농촌 현실과 농민의 울분을 드러내는 소재로 쓰이고 있다.

[A]
징이 울린다 막이 내렸다
오동나무에 전등이 매어 달린 가설무대
구경꾼이 돌아가고 난 텅 빈 운동장
우리는 분이 얼룩진 얼굴로
학교 앞 소줏집에 몰려 술을 마신다
ⓐ답답하고 고달프게 사는 것이 원통하다

→ 1~3행 : 공연이 끝난 쓸쓸한 상황

→ 4~6행 : 답답한 마음을 술로 달래는 농민들

[B]
꽹과리를 앞장세워 장거리로 나서면
따라붙어 악을 쓰는 건 쪼무래기들뿐
처녀애들은 기름집 담벽에 붙어 서서
철없이 킬킬대는구나
보름달은 밝아 어떤 녀석은
꺽정이처럼 울부짖고 또 어떤 녀석은
서림이처럼 해해대지만 ⓑ이까짓
산 구석에 처박혀 발버둥 친들 무엇하랴

→ 7~10행 : 장거리에서 느끼는 서글픈 현실 상황

[C]
비료값도 안 나오는 농사 따위야
아예 여편네에게나 맡겨 두고
쇠전을 거쳐 도수장 앞에 와 돌 때
우리는 점점 신명이 난다
ⓒ한 다리를 들고 날라리를 불꺼나
고갯짓을 하고 어깨를 흔들꺼나

→ 11~16행 : 피폐한 농촌 현실에 대한 울분

→ 17~20행 : 농무를 통해 표출하는 분노와 한

★ 어휘 풀이
• **꺽정이** : 조선 명종 때 구월산을 무대로 활동한 백정 출신의 의적 임꺽정(부조리한 사회 현실에 저항한 인물)
• **서림이** : 임꺽정 밑에서 계책을 세우던 사람이었으나 관군의 토벌로 상황이 어려워지자 임꺽정을 배신한 인물(위험에 처하면 의리를 버리는 인물)
• **쇠전** : 소를 사고파는 장
• **도수장** : 도살장. 고기를 얻기 위해 소나 돼지 등의 가축을 잡아 죽이는 곳

작품 핵심 단축키

화자의 태도
화자 | 화자는 ☐☐의 한 사람으로 산업화 과정에서 피폐해진 농촌 현실에 대해 분노하고 있다.

'농무'의 의미
시어 | 화자는 농무를 통해 농촌 현실에 대한 좌절감과 울분 그리고 ☐을 분출하고 있다.

공간 이동에 따른 시상 전개
표현 | '운동장 – ☐☐☐ – ☐☐ – 쇠전 – 도수장' 등 공간의 이동에 따라 시상이 전개되고 있다.

1 윗글에 대한 설명으로 적절하지 <u>않은</u> 것은?

① 이야기 형식의 산문적 어조를 띠고 있다.
② 공간의 이동에 따라 시상을 전개하고 있다.
③ 화자의 정서를 직설적 표현으로 드러내고 있다.
④ 설의적 표현으로 현실에 대한 부정적 인식을 강조하고 있다.
⑤ 명령형 어미를 활용하여 주제 의식을 효과적으로 형상화하고 있다.

2 윗글을 영상으로 제작하기 위한 회의 내용으로 적절하지 <u>않은</u> 것은?

① 공연이 끝난 후의 공허감을 부각하기 위해 텅 빈 운동장의 모습을 롱 숏[*]으로 보여 주는 것이 좋겠군.
② 농민들이 분장이 얼룩진 얼굴로 소줏집에 모여 앉아 술을 마시고 있는 상황을 보여 주어야겠군.
③ 장거리에서 벌어진 농무판에는 농무를 추는 농민과 열심히 호응하는 젊은 청년들을 교차 편집[*]하여 보여 주어야겠군.
④ 보름달이 밝게 비치는 장거리에서 농무를 벌이는 장면에서는 무리 가운데 비통한 표정으로 울부짖는 농민의 모습을 클로즈업[*]하여 보여 주는 게 좋겠군.
⑤ 쇠전을 거쳐 도수장 앞에 올 때는 날라리 부는 소리가 점점 빨라지면서 분위기가 고조되는 모습을 화면에 담아내는 것이 좋겠군.

손쉬운 개념

＊ 롱 숏(long shot)
피사체를 먼 거리에서 넓게 잡아 주는 촬영 기법을 말해. 전체적인 상황이나 인물과 주변 환경의 관계를 한눈에 보여 줄 수 있지.

＊ 교차 편집
같은 시각, 같은 장소에서 벌어지는 인물의 극적 관계나 극적 정황을 번갈아 가며 보여 주는 것을 말해.

＊ 클로즈업(close-up)
등장하는 배경이나 인물의 일부를 확대하여 화면에 크게 나타내는 촬영 기법을 말해.

3 울부짖고 에서 드러나는 울음의 성격으로 가장 적절한 것은?

① 신명으로 절정에 달한 기쁨
② 소외된 이들의 울분과 분노
③ 농무 공연의 실패로 인한 슬픔
④ 보름달이 주는 까닭 모를 애상감
⑤ 농무가 끝나 가는 상황에 대한 아쉬움

4 〈보기〉를 참고하여 윗글을 감상한 내용으로 적절하지 **않은** 것은?

──● 보기 ●──

　　시 「농무」는 1970년 전후의 농촌의 실상과 농민들의 정서를 잘 담아낸 작품이다. 당시 우리 사회는 산업화와 도시화에 힘을 기울였는데, 이로 인해 농촌이 도시와는 다르게 피폐해져 감으로써 삶의 터전을 도시로 옮긴 농민들이 적지 않았다. 이러한 상황에서 시인은 농촌에서 농민들이 삶의 활력과 신명을 얻기 위해 집단적으로 추는 '농무'를 소재로 하여 현실의 암울함을 역설적으로 드러내는 한편, 농촌 공동체의 소중함을 독자들에게 일깨워 주었다.

① [A]에서 화자는 농무를 통해 활력을 얻기보다 오히려 무력감을 느끼고 있는 것 같아.

② [B]에서 '악을 쓰는', '킬킬대는구나', '울부짖고', '해해대지만' 등은 화자가 농무를 흥겨운 축제로 대하지는 못하고 있음을 드러내 줘.

③ [C]에서 화자가 신명을 느끼는 것은 농무의 신명에 힘입어 농촌 현실의 문제를 극복하고자 하는 농민들의 태도를 잘 보여 줘.

④ ⓐ와 ⓑ를 통해 당시의 농민들이 도시로 떠날 수밖에 없었던 사정을 어느 정도 감지할 수 있어.

⑤ ⓒ에서 화자의 물음은 앞날을 낙관하지 못하는 농촌 사람들이 던지는 자조적 물음으로도 이해될 수 있어.

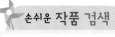 손쉬운 작품 검색

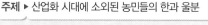 농무_신경림 🔍

 주제 ▶ 산업화 시대에 소외된 농민들의 한과 울분

\# 원통하다　　\# 발버둥 친들 무엇하랴
\# 비료값도 안 나오는 농사　　\# 신명이 난다(반어법)

특징 ▶ 공간의 이동과 시간의 흐름에 따른 서사적 구성으로 이루어짐.

\# 운동장 → 소줏집 → 장거리 → 쇠전 → 도수장
\# 한과 울분의 심화

17 저문 강에 삽을 씻고 _정희성

저물어 가는 강가에서 삽을 씻으며 망연자실한 채 쭈그리고 앉아 있는 화자의 모습을 통해 도시 노동자의 삶을 그려 낸 작품이다. 매일 반복되는 일상에 지친 노동자들의 고달픔과 삶에 대한 체념을 느낄 수 있다.

㉠흐르는 것이 물뿐이랴.

우리가 저와 같아서

강변에 나가 삽을 씻으며

㉡거기 슬픔도 퍼다 버린다. ➔ 1~4행 : 강물을 통해 발견한 삶의 의미

일이 끝나 저물어

㉢스스로 깊어 가는 강을 보며

쭈그려 앉아 담배나 피우고

나는 돌아갈 뿐이다. ➔ 5~8행 : 삶의 비애에 대한 무기력하고 체념적인 태도

삽자루*에 맡긴 한 생애가

이렇게 저물고, 저물어서

㉣샛강*바닥 썩은 물에

달이 뜨는구나. ➔ 9~12행 : 무기력하게 늙어 가는 노동자의 삶

우리가 저와 같아서

㉤흐르는 물에 삽을 씻고

먹을 것 없는 사람들의 마을로

다시 어두워 돌아가야 한다. ➔ 13~16행 : 반복되는 힘겨운 삶에 대한 체념

★ 어휘 풀이
- **삽자루** : 삽날에 끼우는 자루
- **샛강** : 큰 강의 줄기에서 한 줄기가 갈려 나가 중간에 섬을 이루고, 하류에 가서는 다시 본래의 큰 강에 합쳐지는 강

작품 핵심 단축키

 인생을 성찰하는 '나'

화자 '나'는 가난한 □□□로 삽을 씻으며 인생에 대해 성찰하고 있다.

 삶의 비애를 심화하는 소재

시어 '□'은 노동자로서의 고달픈 삶을, '□□□'은 암담한 현실을 의미한다.

 상징적 자연물 활용

표현 '□□□□□'과 '□' 등의 자연물을 통해 노동자의 삶을 형상화하고 있다.

1 윗글에 대한 설명으로 적절하지 않은 것은?

① 시간의 흐름에 따라 시상을 전개하고 있다.
② 차분한 어조로 삶에 대한 화자의 태도를 드러내고 있다.
③ 상징적 시어*를 사용하여 화자의 상황을 보여 주고 있다.
④ 논리적으로 모순된 표현을 활용하여 주제를 강조하고 있다.
⑤ 1인칭 대명사를 써서 시적 상황이 공동체의 문제임을 나타내고 있다.

⏱ 손쉬운 개념

* 상징적 시어

어떤 관념이나 개념 등을 구체적인 사물을 통해 드러내는 것을 말해. 일반적으로 널리 통용되는 상징(관습적 상징, 원형적 상징)도 있지만, 그 시 안에서만 쓰이는 상징(개인적 상징)도 있다는 점을 유의해야 해.

2 〈보기〉를 참고할 때, ㉠~㉤에 대한 설명으로 적절하지 <u>않은</u> 것은?

> ───● 보기 ●───
>
> 이 시는 노동자들의 삶을 '강'의 흐름이라는 심상과 연결하여 표현하고 있다.

① ㉠ : 노동자의 힘겨운 삶도 물처럼 흘러간다는 의미를 지닌다.
② ㉡ : 강은 노동자의 고뇌를 해소해 주는 공간임을 알 수 있다.
③ ㉢ : 노동자의 한과 비애가 심화되어 간다는 것을 나타낸 표현이다.
④ ㉣ : 시적 화자가 처한 암담한 노동 현실을 상징한다.
⑤ ㉤ : 노동자의 삶에서 벗어나려는 의지를 드러낸 표현이다.

3 〈보기〉를 참고하여 윗글을 감상한 내용으로 적절하지 <u>않은</u> 것은?

> ───● 보기 ●───
>
> 이 시는 1970년대 산업화가 본격화되던 시기를 배경으로 도시 노동자들의 삶을 그리고 있다. 당시 대다수의 노동자들은 산업화의 혜택을 받지 못하고 열악한 환경과 저임금에 시달리며 발전 없이 반복되는 삶으로 인해 희망을 잃은 채 살아갔다. 이 시의 화자는 중년의 노동자로, 그의 노동의 대가는 언제나 보잘것없다. 육체적 노동은 항상 천시당하고, 노동자는 그런 현실에 정면으로 대응할 결단이나 용기 없이 무기력함과 체념을 드러낼 뿐이다.

① '쭈그려 앉아 담배나 피우고'는 노동자의 삶에 대한 체념과 무기력함을 드러내는 것이다.
② '삽자루에 맡긴 한 생애'는 시적 화자가 평생을 노동에 바친 중년의 노동자임을 나타내는 것이다.
③ '이렇게 저물고, 저물어서'는 아무런 발전 없이 반복되는 노동자의 희망 없는 삶을 나타내는 것이다.
④ '먹을 것 없는 사람들의 마을'은 화자가 처한 궁핍한 현실을 암시하는 것으로, 산업화의 혜택을 받지 못한 노동자들의 삶을 나타내는 것이다.
⑤ '다시 어두워 돌아가야 한다.'는 화자가 도시 노동자층의 실상을 세상에 알려 노동자들이 처한 문제를 해결하려는 의지를 보이는 것이다.

손쉬운 작품 검색

저문 강에 삽을 씻고_정희성 🔍

주제 ▶ 노동자의 고달픈 삶의 비애

\# 삽자루에 맡긴 한 생애가 저물어 간다
\# 다시 어두워 돌아가야 한다

특징 ▶ 삶의 모습을 자연물에 빗대어 형상화함.

\# 스스로 깊어 가는 강물 = 비애가 깊어 가는 노동자
\# 샛강 바닥 썩은 물 = 암담한 현실

18 슬픔이 기쁨에게 _정호승

화자인 슬픔이 청자인 기쁨에게 말을 건네는 형식을 취하여 타인의 슬픔에 무관심한 이기적인 삶의 자세에 대한 반성을 촉구하고 있는 작품이다.

[A]
 ┌ 나는 이제 너에게도 슬픔을 주겠다
 └ **사랑보다 소중한 슬픔을 주겠다**

　겨울밤 거리에서 ㉠굴 몇 개 놓고
　살아온 추위와 떨고 있는 할머니에게

[B]
 ┌ 굴값을 깎으면서 기뻐하던 너를 위하여
 └ 나는 **슬픔의 평등한 얼굴을** 보여 주겠다　➡ 1~6행 : 이기적인 '너'에게 '슬픔'을 주고자 하는 '나'

　내가 ㉡어둠 속에서 너를 부를 때
　단 한 번도 평등하게 웃어 주질 않은
　가마니에 덮인 동사자˙가 다시 얼어죽을 때
　㉢가마니 한 장조차 덮어 주지 않은
　무관심한 ㉣너의 사랑을 위해

[C]
 ┌ **흘릴 줄 모르는 너의 눈물을** 위해
 └ 나는 이제 너에게도 기다림을 주겠다　➡ 7~13행 : 무관심한 '너'에게 '기다림'을 주고자 하는 '나'

　이 세상에 내리던 ⓐ함박눈을 멈추겠다
　㉤보리밭에 내리던 봄눈들을 데리고

[D]
 ┌ **추워 떠는 사람들의 슬픔에게** 다녀와서
 └ 눈 그친 눈길을 너와 함께 걷겠다

어휘 풀이

● **동사자(凍死者)** : 얼어 죽은 사람

[E]
 ┌ **슬픔의 힘에 대한 이야길** 하며
 └ 기다림의 슬픔까지 걸어가겠다　➡ 14~19행 : '너'와 함께 더불어 살고자 하는 '나'의 의지

 작품 핵심 **단축키**

 더불어 살고 싶은 '나'

화자　'나'는 소외된 사람들에게 무관심한 '□'를 비판하면서 이웃에 대한 사랑과 관심이 필요함을 노래하고 있다.

 '슬픔'의 의미

시어　'□□'은 소외된 이웃의 아픔에 공감하는 따뜻한 마음을 의미한다.

 역설적 표현

표현　'□□'보다 슬픔이 소중하다고 역설적으로 표현함으로써 일반적인 통념을 뒤집고 있다.

1 윗글에 대한 설명으로 적절한 것은?

① 계절의 변화에 따라 시상을 전개하고 있다.
② 어조*의 전환을 통해 시적 긴장감을 주고 있다.
③ 반어적 표현을 통해 화자의 정서를 드러내고 있다.
④ 유사한 통사 구조를 반복하여 의미를 강조하고 있다.
⑤ 공감각적 표현으로 이미지를 선명하게 표현하고 있다.

2 [A]~[E]에 대한 감상으로 적절하지 <u>않은</u> 것은?

① [A] : 화자는 '사랑보다 소중한 슬픔'이라고 함으로써 일반적인 통념을 뒤집어 '슬픔'을 가치 있는 존재로 인식하고 있어.
② [B] : 화자는 '슬픔의 평등한 얼굴'이라고 함으로써 '기쁨'보다 '슬픔'이 인간이 지닐 수 있는 보편적인 감정임을 강조하고 있어.
③ [C] : 화자는 '흘릴 줄 모르는 너의 눈물'을 비판함으로써 타인의 슬픔에 공감할 수 있는 마음이 필요함을 말하고 있어.
④ [D] : 화자는 '추워 떠는 사람들의 슬픔'에게 다녀오겠다고 함으로써 '슬픔'을 겪고 있는 고통스러운 사람을 위로하고 싶은 마음을 표현하고 있어.
⑤ [E] : 화자는 '슬픔의 힘'에 대한 이야기를 나누기를 원함으로써 '너'가 '슬픔의 힘'을 깨닫기를 바라고 있어.

3 ㉠~㉤에 대한 설명으로 적절한 것은?

① ㉠ : 사람들을 향한 할머니의 따뜻한 인심을 의미한다.
② ㉡ : '나'와 '너'가 친밀감을 느낄 수 있는 시간적 배경을 의미한다.
③ ㉢ : 고통받는 사람들을 향한 최소한의 관심과 애정을 의미한다.
④ ㉣ : 자연을 소홀히 다루는 이기적인 태도를 의미한다.
⑤ ㉤ : '나'의 지조 있는 삶을 대변하는 공간이다.

4 윗글의 ⓐ와 〈보기〉의 ⓑ를 비교하여 설명한 내용으로 적절한 것은?

━━● 보기 ●━━

우리가 눈발이라면
허공에서 쭈빗쭈빗 흩날리는
진눈깨비는 되지 말자.
세상이 바람 불고 춥고 어둡다 해도
사람이 사는 마을
가장 낮은 곳으로
따뜻한 ⓑ 함박눈이 되어 내리자.
우리가 눈발이라면
잠 못 든 이의 창문가에서는
편지가 되고
그이의 깊고 붉은 상처 위에 돋는
새 살이 되자.

– 안도현, 「우리가 눈발이라면」

① ⓐ와 ⓑ는 화자가 거리감을 느끼는 대상이다.
② ⓐ와 ⓑ는 화자가 추구하는 가치를 함축하고 있는 대상이다.
③ ⓐ는 사람들에게 고통을 주는 존재이지만, ⓑ는 위로를 주는 존재이다.
④ ⓐ는 화자에게 시름을 유발하는 존재이지만, ⓑ는 화자를 성찰하게 하는 존재이다.
⑤ ⓐ는 화자와 반목하는 존재이지만, ⓑ는 화자로 하여금 과거를 잊게 해 주는 존재이다.

손쉬운 **작품 검색**

슬픔이 기쁨에게_정호승 ⊕

주제 ▶ 이기적인 삶에 대한 반성과 더불어 사는 삶의 추구

\# 슬픔, 눈물, 기다림 → 긍정적
\# 너의 사랑, 함박눈 → 부정적

특징 ▶ 동일한 종결 어미의 반복을 통해 운율감을 형성하고 의지적 태도를 드러냄.

\# 슬픔을 주겠다   \# 기다림을 주겠다
\# 너와 함께 걷겠다

19 새들도 세상을 뜨는구나 _황지우

군부 독재 시절, 극장에서 영화가 시작되기 전 기립하여 들어야 했던 애국가 화면 속의 자유로운 새들을 보며, 암울한 현실에서 벗어나고 싶은 갈망과 그 좌절을 노래한 작품이다.

영화(映畫)가 시작하기 전에 우리는

일제히 일어나 애국가를 경청한다   ➡ 1~2행 : 애국가를 경청하는 우리

삼천리 화려 강산의

을숙도°에서 일정한 군(群)을 이루며

갈대숲을 이륙하는 흰 새 떼들이

자기들끼리 끼룩거리면서

자기들끼리 낄낄대면서

일렬 이열 삼렬 횡대°로 자기들의 세상을

이 세상에서 떼어 메고

이 세상 밖 어디론가 날아간다   ➡ 3~10행 : 새들의 자유로운 비상

우리도 우리들끼리

낄낄대면서 / 깔쭉대면서°

우리의 대열을 이루며 / 한 세상 떼어 메고

이 세상 밖 어디론가 날아갔으면

하는데 대한 사람 대한으로 / 길이 보전하세로

각자 자기 자리에 앉는다

㉠주저앉는다   ➡ 11~20행 : 자유와 이상의 추구와 좌절

어휘 풀이

● **을숙도(乙淑島)** : 부산광역시 사하구에 속하는 섬. 낙동강 하류의 철새 도래지로 널리 알려져 있음.
● **횡대(橫隊)** : 가로로 줄을 지어 늘어선 대형
● **깔쭉대면서** : 쓸데없는 말을 밉살스럽게 지껄이면서

작품 핵심 단축키

👁 **자유를 꿈꾸는 화자**	🔍 **화자가 지향하는 세상**	🖊 **반어적 표현**
화자 화자는 화면 속 '☐☐☐☐☐'의 자유로운 모습을 보며 자유에 대한 소망을 드러내고 있다.	시어 '☐☐☐☐☐☐'는 자유와 소통이 보장되는 이상향으로, 암울한 현실에서 벗어나고 싶은 화자의 심정을 나타낸다.	표현 획일화되고 억압적인 현실을 '☐☐☐☐☐☐'이라고 반어적으로 표현하여 풍자하고 있다.

1 윗글의 표현상 특징으로 적절한 것을 모두 골라 쓰시오.

― 보기 ―

ㄱ. 대상을 의인화하여 시적 의미를 부각하고 있다.
ㄴ. 공감각적 심상°을 활용하여 상황을 묘사하고 있다.
ㄷ. 반어적인 표현을 통해 화자의 정서를 표출하고 있다.
ㄹ. 음성 상징어를 사용하여 화자의 태도를 드러내고 있다.

✍ 손쉬운 개념

★ **공감각적 심상**
심상에는 시각, 청각, 촉각, 후각, 미각과 같은 심상이 있다. 이 중 어떤 하나의 감각이 다른 영역의 감각을 일으키도록 하는 것을 공감각적 심상이라고 해.

바른답 알찬풀이 ●18쪽

2 ㉠의 의미로 가장 적절한 것은?

① 현실에 대한 화자의 좌절감을 드러낸다.
② 부정적 현실에 대한 화자의 당혹감을 드러낸다.
③ 애국가를 대하는 화자의 경건한 자세를 드러낸다.
④ 새들의 모습을 통해 발견한 삶의 기쁨을 드러낸다.
⑤ 평온한 현실에 안주하려는 화자의 태도를 드러낸다.

3 〈보기〉를 참고하여 윗글을 감상한 내용으로 적절하지 <u>않은</u> 것은?

─ 보기 ─

　이 시가 창작된 1980년대는 광주 민주화 운동 이후 군사 정권의 정치적 억압과 획일화된 삶에 대한 강요가 이루어졌던 시기로, 지금과 달리 영화관에서는 영화가 시작되기 전에 애국가가 연주되었다. 작가는 애국가가 울려 퍼지는 동안 화면 속 영상과 현실 상황을 비교하면서 암울한 현실에 대한 비판을 노래하였다.

① '갈대숲을 이륙하는 흰 새 떼들'을 보면서 화자도 비상에 대한 소망을 가졌겠군.
② 화자는 스크린을 보면서 화면의 내용과 다른 자신의 현실에 암담함을 느꼈겠군.
③ '우리도 우리들끼리'에는 획일화된 삶을 강요하는 군사 정권에 대한 비판 의식이 드러나 있군.
④ '이 세상 밖 어디론가 날아갔으면'에는 암울한 현실에서 벗어나고 싶은 화자의 소망이 드러나 있군.
⑤ 영화 시작 전에 기립하여 애국가를 경청하는 모습에서 당시에 군사 정권의 정치적 억압이 존재했음이 드러나 있군.

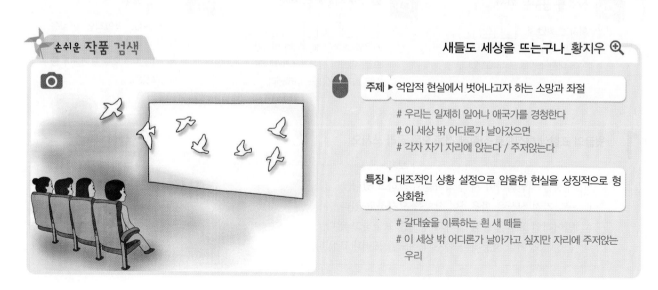

손쉬운 **작품 검색**

새들도 세상을 뜨는구나_황지우

주제 ▶ 억압적 현실에서 벗어나고자 하는 소망과 좌절

\# 우리는 일제히 일어나 애국가를 경청한다
\# 이 세상 밖 어디론가 날아갔으면
\# 각자 자기 자리에 앉는다 / 주저앉는다

특징 ▶ 대조적인 상황 설정으로 암울한 현실을 상징적으로 형상화함.

\# 갈대숲을 이륙하는 흰 새 떼들
\# 이 세상 밖 어디론가 날아가고 싶지만 자리에 주저앉는 우리

20 상한 영혼을 위하여 _고정희

'상한 영혼'은 '상처를 안고 살아가는 존재'를 의미한다. 이들을 위해 화자는 고통과 시련을 대면하고 감내함으로써 스스로를 더욱 강하고 견고하게 만들 수 있을 것이라는 희망의 메시지를 전달하고 있다.

EBS
다수록 작품

㉠상한 갈대라도 하늘 아래선
한 계절 넉넉히 흔들리거니
뿌리 깊으면야
밑둥˚ 잘리어도 새순은 돋거니
충분히 흔들리자 상한 영혼이여
충분히 흔들리며 고통에게로 가자

➔ 1연 : 고통을 적극적으로 수용하는 자세

뿌리 없이 흔들리는 부평초˚ 잎이라도
물 고이면 꽃은 피거니
이 세상 어디서나 개울은 흐르고
이 세상 어디서나 **등불**은 켜지듯
가자 고통이여 살 맞대고 가자
외롭기로 작정하면 어딘들 못 가랴
가기로 목숨 걸면 **지는 해**가 문제랴

➔ 2연 : 고통을 견디는 자세

고통과 설움의 땅 훨훨 지나서
뿌리 깊은 벌판에 서자
두 팔로 막아도 바람은 불듯
영원한 눈물이란 없느니라
영원한 비탄˚이란 없느니라
캄캄한 밤이라도 하늘 아래선
마주 잡을 손 하나 오고 있거니

➔ 3연 : 고통을 수용하고 견뎌 냄으로써 견고해질 삶의 모습에 대한 기대

*어휘 풀이

● **밑둥** : 밑동. 나무줄기에서 뿌리에 가까운 부분
● **부평초(浮萍草)** : 개구리밥. 물 위에 떠 있는 풀이라는 뜻으로, 정처 없이 떠돌아 다니는 신세를 이르는 말
● **비탄(悲歎)** : 몹시 슬퍼하면서 탄식함. 또는 그 탄식

 작품 핵심 단축키

고통에 맞서자는 화자	삶의 희망을 나타내는 시어	✏ 청유형 어조
화자 화자는 고통과 시련을 회피하지 않고 이에 맞서 적극적으로 이겨 내고자 한다면 충분히 □□ 할 수 있다는 의지를 드러내고 있다.	시어 '□□, 꽃, 개울, □□'은 삶의 희망을 의미하고, '마주 잡을 손'은 고통과 시련을 이겨 내도록 도와주는 존재를 의미한다.	표현 '−자'라는 청유형 어미를 사용하여 고통을 피하지 말고 □□ □으로 수용할 것을 요구하고 있다.

바른답 알찬풀이 ● 19쪽

기출 문제

1 윗글의 특징으로 가장 적절한 것은?

① 대구적 표현을 통해 시상을 강조하고 있다.
② 계절의 흐름을 통해 대상의 특성을 부각하고 있다.
③ 사물의 의인화를 통해 냉소적 태도를 드러내고 있다.
④ 공감각적 심상을 통해 관념적인 대상을 묘사하고 있다.
⑤ 과거 회상을 통해 반성적으로 화자 자신을 바라보고 있다.

2 ⊙의 기능에 대한 설명으로 가장 적절한 것은?

① 과거의 삶에 대한 화자의 성찰을 유도한다.
② 화자가 느끼고 있는 삶의 무상감*을 심화한다.
③ 화자가 경계하고 있는 세속적 욕망을 환기한다.
④ 화자에게 의미 있는 삶의 태도를 떠올리게 한다.
⑤ 화자가 자기 연민을 느끼게 되는 계기를 제공한다.

⏱ 손쉬운 개념

＊ 무상감(無常感)

무상감은 '모든 것이 덧없다는 느낌'을 의미해. 인생이 너무 빨리 지나간 것처럼 느껴진다거나, 보람을 느낄 만한 쓸모 있는 일이 생각나지 않고 마음이 헛되고 허전할 때 무상감을 느낀다고 할 수 있어.

3 〈보기〉를 참고하여 윗글을 감상한 내용으로 적절하지 않은 것은?

───── 보기 ─────

이 시는 부정적인 현실 공간에서 고통을 겪고 있는 '상한 영혼'들이 이상적인 공간에 도달하기 위해 가져야 할 바람직한 현실 대응 태도를 노래하고 있다. '상한 영혼'이 이상적인 공간에 도달하기 위해서는 '갈대'와 '부평초'같이 희망을 가지고 삶의 고통을 꿋꿋이 견뎌 내야 함을 강조하고 있다.

① '충분히 흔들리자'는 상한 영혼이 가져야 할 현실 대응 태도를 나타낸다.
② '등불'은 고통을 견뎌 내는 상한 영혼에게 다가올 미래의 희망을 의미한다.
③ '지는 해'는 상한 영혼이 시련을 겪고 있는 부정적인 현실 상황을 상징한다.
④ '두 팔로 막아도 바람은 불듯'은 역경을 뛰어넘은 화자의 모습을 나타낸다.
⑤ '마주 잡을 손'은 상한 영혼과 고통을 함께하며 위안을 줄 존재를 의미한다.

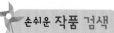 **손쉬운 작품 검색**

상한 영혼을 위하여_고정희

주제 ▶ 고통을 수용하는 성숙한 삶의 자세와 의지

\# 고통에게로 가자　　\# 고통이여 살 맞대고 가자
\# 뿌리 깊은 벌판에 서자

특징 ▶ 자연물에 상징적 의미를 부여하여 주제를 형상화함.

\# 갈대, 부평초 = 상처를 안고 살아가는 존재
\# 새순, 꽃, 개울, 등불 = 삶에 대한 희망
\# 고통의 적극적 수용

21 상행(上行) _김광규

이 작품은 기차를 타고 서울로 올라가는 도중에 본 창밖 풍경을 통해 일상적인 소시민으로 전락해 비판적 의식을 상실한 현대인들에 대해 성찰해 볼 것을 요청하고 있다.

EBS
다수록 작품

[A]
가을 연기 자욱한 저녁 들판으로
　상행˙열차를 타고 평택을 지나갈 때
　흔들리는 차창에서 너는
　문득 낯선 얼굴을 발견할지도 모른다.
　그것이 너의 모습이라고 생각지 말아 다오.
　오징어를 씹으며 화투판을 벌이는
　낯익은 얼굴들이 네 곁에 있지 않느냐.　➜ 1~7행 : 현실에 순응하며 비판 의식이 마비된 자아들

황혼 속에 고함치는 원색의 지붕들과
잠자리처럼 파들거리는 TV 안테나들
흥미 있는 주간지를 보며 /
고개를 끄덕여 다오.
농약으로 질식한 **풀벌레의 울음** 같은
심야 방송이 잠든 뒤의 전파 소리 같은
듣기 힘든 소리에 귀 기울이지 말아 다오.
확성기마다 울려 나오는 힘찬 노래와
고속도로를 달려가는 자동차 소리는 얼마나 경쾌하냐.
예부터 인생은 여행에 비유되었으니
맥주나 콜라를 마시며
즐거운 여행을 해 다오.　➜ 8~19행 : 근대화에 도취되어 비판 의식이 사라진 현실
되도록 생각을 하지 말아 다오.
놀라울 때는 다만
'아!'라고 말해 다오.
보다 긴 말을 하고 싶으면 침묵해 다오.
침묵이 어색할 때는
오랫동안 가문 날씨에 관하여
아르헨티나의 축구 경기에 관하여
성장하는 GNP˙와 증권 시세에 관하여
이야기해 다오.
너를 위하여
그리고 나를 위하여　➜ 20~30행 : 현실 문제를 외면하고 일상에 순응하는 삶

★
어휘 풀이

● **상행(上行)** : 지방에서 서울로 올라감.
● **GNP** : 국민총생산. 한 나라에서 일정 기간(보통 1년간)에 생산된 재화(財貨) 및 용역의 부가 가치를 시장 가격으로 평가한 총액

21 상행(上行)

작품 핵심 단축키

삶을 성찰하는 '나'

화자 | '나'는 ☐☐ ☐☐를 타고 가면서 ☐☐을 보며 현대인의 삶을 성찰하고 있다.

비판의 대상

시어 | '오징어를 씹으며 화투판을 벌이는', '흥미 있는 주간지를 보며', '맥주나 콜라를 마시며', '생각을 하지' 않는 '낯익은 얼굴들'은 ☐☐ 의식이 마비된 소시민을 의미한다.

반어적 표현

표현 | 해야 하는 것은 '☐☐ ☐'라고 표현하고, 하지 말아야 할 것은 '~☐☐'라고 반대로 표현하여 소시민적 의식을 비판하고 있다.

---

1 윗글에 대한 설명으로 적절하지 <u>않은</u> 것은?

① 비유적 표현을 통해 시적 의미를 드러내고 있다.
② 시상이 전개됨에 따라 화자의 어조가 변하고 있다.
③ 화자가 청자에게 직접 요구하는 형식을 취하고 있다.
④ 청각적 심상을 활용하여 사회 현실을 표현하고 있다.
⑤ 어순이 도치된 시행 구성으로 마무리하여 주제를 강조하고 있다.

손쉬운 개념

＊ 시상 전개

시상(詩想)이란 시에 나타난 사상이나 감정을 말해. 시인은 자신이 말하고자 하는 바를 효과적으로 전달할 수 있는 방식으로 시를 구성하는데, 이렇게 시인이 자신의 생각이나 의도를 효과적으로 전달하기 위해 사용하는 질서와 단계를 시상 전개라고 해.

---

2 [기출 문제] 〈보기〉를 참고하여 윗글을 이해한 내용으로 적절하지 <u>않은</u> 것은?

> ── 보기 ──
>
> 　1970년대는 우리 사회가 본격적으로 경제 성장을 추구했던 시기였지만, 그 이면에는 많은 문제점을 내포하고 있었다. 농촌은 외형상으로 발전된 모습을 보여 주고 있었지만 무분별한 성장 추구로 인해 심각한 환경 오염에 물들어 갔으며, 전시 행정에만 급급했던 '지붕 개량화 사업'과 같은 정책들은 실질적인 서민들의 삶과 유리되어 있었다. 또한 사람들은 삶에 대한 진지한 성찰의 자세를 잃어 버렸으며, 자신의 안위만을 걱정하는 소시민적 삶에 매몰되어 갔다.

① '황혼 속에 고함치는 원색의 지붕들'은 서민들의 실질적인 삶과는 분리된 채 전시 행정에만 급급했던 결과물이겠군.
② '흥미 있는 주간지'는 삶에 대한 진지한 성찰 없이 세속적인 문제에만 관심을 갖는 사람들의 모습을 보여 주는 것이겠군.
③ '풀벌레의 울음'은 환경 오염을 방치한 채 경제 성장만을 우선시하던 당대의 사회적 분위기가 만들어낸 부작용이겠군.
④ '맥주나 콜라'는 당시 사회가 내포하고 있던 많은 문제점들을 포괄하여 집약적으로 제시하는 것이겠군.
⑤ '성장하는 GNP와 증권 시세'는 자신의 안위만을 추구하는 당대 사람들의 소시민적 삶의 한 단면을 보여 주는 것이겠군.

3 [A]에 대한 설명으로 적절하지 <u>않은</u> 것은?

① '가을', '저녁'은 일상적 자아들에게 고통을 주는 현실이다.
② '상행 열차'는 자아를 성찰하는 기회를 갖게 되는 공간이다.
③ '차창'은 이질적인 자아를 만나게 하는 매개체이다.
④ '낯선 얼굴'은 현대인들이 상실한 자아이다.
⑤ '낯익은 얼굴'은 일상 속에 살아가는 자아이다.

4 윗글과 〈보기〉를 비교 감상한 내용으로 적절하지 <u>않은</u> 것은?

— 보기 —

껍데기는 가라. / 사월도 알맹이만 남고
껍데기는 가라.

껍데기는 가라. / 동학년 곰나루의, 그 아우성만 살고
껍데기는 가라.
〈중략〉
껍데기는 가라. / 한라에서 백두까지 향그러운 흙가슴만 남고
그, 모오든 쇠붙이는 가라.

– 신동엽, 「껍데기는 가라」

① 윗글은 〈보기〉와 달리 시적 화자와 청자가 모두 겉으로 드러나 있다.
② 윗글과 〈보기〉 모두 똑같은 시구를 반복하여 운율감을 느끼게 하고 있다.
③ 윗글과 〈보기〉 모두 명령형 종결 어미를 사용하여 시적 의미를 전달하고 있다.
④ 윗글과 〈보기〉 모두 긴 호흡의 문장을 사용하여 부드러운 분위기를 만들어 내고 있다.
⑤ 윗글은 〈보기〉와 달리 긍정적인 것과 부정적인 것을 역전시켜 주제 의식을 드러내고 있다.

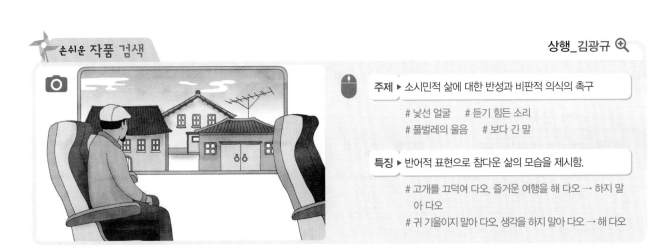

손쉬운 **작품 검색**

상행_김광규 🔍

🖱 **주제 ▶** 소시민적 삶에 대한 반성과 비판적 의식의 촉구

\# 낯선 얼굴   \# 듣기 힘든 소리
\# 풀벌레의 울음   \# 보다 긴 말

특징 ▶ 반어적 표현으로 참다운 삶의 모습을 제시함.

\# 고개를 끄덕여 다오, 즐거운 여행을 해 다오 → 하지 말아 다오
\# 귀 기울이지 말아 다오, 생각을 하지 말아 다오 → 해 다오

22

머슴 대길이 _고은

머슴의 신분이지만 다른 사람이 함부로 대하지 못할 정도의 인품을 갖추고 있고, 가난하지만 남과 더불어 살아야 한다는 생각을
실천했던 '대길이'를 통해 민중의 건강한 삶의 모습을 보여 주고 있는 작품이다.

새터 관전이네 머슴 대길이는 / 상머슴˚으로

누룩 도야지 한 마리 번쩍 들어 / 도야지 우리에 넘겼지요

그야말로 도야지 멱˚ 따는 소리까지도 후딱 넘겼지요

㉠밥때 늦어도 투덜댈 줄 통 모르고

이른 아침 동네 길 이슬도 털고 잘도 치워 훤히 가리마 났지요

그러나 낮보다 어둠에 빛나는 먹눈이었지요

머슴방 등잔불 아래 / 나는 대길이 아저씨한테 가갸거겨 배웠지요

그리하여 장화홍련전을 주룩주룩 비 오듯 읽었지요

어린아이 세상에 눈떴지요

㉡일제 36년 지나간 뒤 가갸거겨 아는 놈은 나밖에 없었지요   ➔ 1연 : 힘세고 근면하며, '나'에게 한글을 가르쳐 준 대길이

대길이 아저씨한테는

주인도 동네 어른들도 함부로 대하지 못하였지요

살구꽃 핀 마을 뒷산 올라가서

㉢홑적삼˚ 처녀 따위에는 눈요기도 안 하고

지겟작대기 뉘어 놓고 먼 데 ⓐ바다를 바라보았지요

나도 따라 바라보았지요

우르르르 달려가는 바다 울음소리 들리는 듯하였지요   ➔ 2연 : 인간적인 성품을 지녔으며, 넓은 세상을 동경하던 대길이

찬 겨울 눈 더미 가운데서도

㉣덜렁 겨드랑이에 바람 잘도 드나들었지요

그가 말하였지요

사람이 너무 호강하면 저밖에 모른단다

남하고 사는 세상이란다   ➔ 3연 : 함께 사는 의미를 가르쳐 준 대길이

대길이 아저씨 / ㉤그는 나에게 불빛이었지요

자다 깨어도 그대로 켜서 밤새우는 긴 불빛이었지요   ➔ 4연 : '나'의 영원한 스승 대길이

★ 어휘 풀이
• 상머슴 : 일을 잘하는 장정
머슴
• 멱 : 목의 앞쪽
• 홑적삼 : 홑겹으로 된 적삼

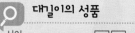

작품 핵심 단축키

🔍 대길이를 예찬하는 '나'		🔍 대길이의 성품		✎ 비유적 표현	
화자	화자는 ☐☐☐☐ 삶을 강조하는 대길이를 삶의 어둠을 밝혀 주는 존재로 여기며 예찬하고 있다.	시어	'어둠에 빛나는 ☐☐'은 대길이의 총명함과 깨어 있는 의식을 의미한다.	표현	인생의 스승이자 희망적인 존재인 대길이에 대한 인식을 '☐☐'이라는 비유적 표현을 사용하여 강조하고 있다.

1 윗글에 대한 설명으로 가장 적절한 것은?

① 공감각적 이미지를 통해 대상을 형상화하고 있다.
② 어조의 전환을 통해 정서의 변화를 드러내고 있다.
③ 대구의 방식을 활용하여 시적 의미를 심화하고 있다.
④ 과거와 현재의 상황을 대비하여 시상을 전개하고 있다.
⑤ 구어체적 표현을 사용하여 친근한 분위기를 형성하고 있다.

2 윗글을 영상물로 만들기 위한 의견으로 적절하지 않은 것은?

① 1연 : 대길이의 총명함을 드러내기 위해 '어둠에 빛나는 먹눈'을 클로즈업해서 보여 주어야겠어.
② 2연 : 먼 바다를 바라보는 대길이의 모습은 사색의 깊이를 드러내기 위해 롱 숏으로 잡아야겠어.
③ 1연, 2연 : 현장감을 높이기 위해 해당 장면에 '돼지 울음소리'와 '파도 소리'를 효과음으로 넣어야겠어.
④ 3연 : 혹독한 현실에 저항했던 대길이의 모습을 보여 주기 위해 대길이가 사람들을 모아 놓고 설득하는 모습을 삽입 화면으로 처리해야겠어.
⑤ 4연 : 화자가 독백하는 내용이니 내레이션*으로 처리하는 것이 좋겠어.

> ⏱ 손쉬운 **개념**
>
> **＊ 내레이션(narration)**
> 영화와 방송, 연극 등에서 장면에 나타나지 않으면서 장면의 내용이나 줄거리를 해설하는 것을 말해.

3 윗글의 ⓐ와 〈보기〉의 ⓑ를 비교한 내용으로 가장 적절한 것은?

> ● 보기 ●
>
> 아무도 그에게 수심(水深)을 일러 준 일이 없기에
> 흰나비는 도무지 ⓑ바다가 무섭지 않다.
>
> 청(靑)무우밭인가 해서 내려갔다가는
> 어린 날개가 물결에 절어서
> 공주(公主)처럼 지쳐서 돌아온다.
>
> 삼월(三月)달 바다가 꽃이 피지 않아서 서글픈
> 나비 허리에 새파란 초생달이 시리다.
>
> — 김기림, 「바다와 나비」

① ⓐ와 ⓑ는 모두 비장함을 자아내는 공간이다.
② ⓐ와 ⓑ는 모두 자신의 처지를 확인하는 공간이다.
③ ⓐ는 과거의 추억이 있는 공간이고, ⓑ는 미래의 희망이 있는 공간이다.
④ ⓐ는 이상 세계를 의미하는 공간이고, ⓑ는 냉혹한 현실을 의미하는 공간이다.
⑤ ⓐ는 지향하는 삶을 상징하는 공간이고, ⓑ는 시련의 극복을 상징하는 공간이다.

4 ㉠~㉤에 대한 설명으로 적절하지 <u>않은</u> 것은?

① ㉠ : 대길이가 인내심 있고 무던한 성격임을 알 수 있다.
② ㉡ : 자신의 능력을 타인에게 인정받고자 하는 화자의 성향이 드러난다.
③ ㉢ : 대길이가 이성에 관심을 보이지 않았음을 알 수 있다.
④ ㉣ : 대길이의 넉넉하지 못한 경제적 상황이 드러난다.
⑤ ㉤ : 대길이가 화자에게 존경의 대상이었음을 알 수 있다.

5 〈보기〉를 참고하여 윗글을 감상한 내용으로 적절하지 <u>않은</u> 것은?

> ● 보기 ●
>
> 　이 작품이 실려 있는 『만인보』는 수많은 인간 군상의 이야기를 담은 연작 시집이다. 시인 고은은 이 시집에서 역사에 기록된 유명한 인물뿐만 아니라 우리의 역사를 묵묵히 담당했던 민중들을 다루어 그들에 대한 애정을 드러내고 있다. 또한 오랜 혈연과 우애로 끈끈하게 맺어진 농업 공동체의 미덕이 더 이상 지속될 수 없게 된 현실을 가슴 아파하며, 이를 단절시킨 일제에 대한 부정적인 인식을 보여 주고 있다.

① '일제 36년'은 일제 치하에서 우리 민족이 우리글을 제대로 배우지 못했던 시절을 의미하는군.
② '대길이'는 힘없는 민중이지만 묵묵히 자신의 역할을 해내는 건강한 삶의 표상이라 할 수 있군.
③ '머슴 대길이'를 시적 대상으로 삼은 것은 이름 없는 민중들에 대한 시인의 애정에서 비롯된 것이로군.
④ '사람이 너무 호강하면 저밖에 모른단다'라는 말은 공동체적 미덕을 중시한 시인의 생각이 반영된 것이군.
⑤ '나'가 '장화홍련전'을 읽는 것은 혈연과 우애로 맺어진 삶에 대한 동경으로, 과거로의 회귀를 소망한 것이군.

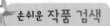

머슴 대길이_고은

주제 ▶ 민중의 건강성과 공동체적 삶의 아름다움

힘이 세고 근면하며 인간적인 대길이
남하고 사는 세상　# 존경　# 예찬

특징 ▶ 이야기 투의 어조로 친근한 분위기를 형성함.

구어체　# 긍정적인 태도
향토적 정서　# 인물에 대한 애정

23 우리가 물이 되어 _강은교

'물'과 '불'의 이미지를 바탕으로 화자의 소망을 드러낸 작품이다. 고독하고 삭막한 현대의 삶에서 벗어나 '우리'가 '물'이 되어 만남으로써 생명력이 충만한 세상을 만들자는 이야기를 전하고 있다.

기출 다수록 작품

우리가 물이 되어 만난다면

㉠가문 어느 집에선들 좋아하지 않으랴.

우리가 키 큰 나무와 함께 서서

우르르 우르르 **비 오는 소리로 흐른다면.**　　➡ 1연 : 물이 되어 만날 것을 기대하는 마음

[A]

흐르고 흘러서 저물녘엔

㉡저 혼자 깊어지는 강물에 누워

죽은 나무뿌리를 적시기도 한다면.

㉢아아, 아직 처녀인

부끄러운 바다에 닿는다면.　　➡ 2연 : 물이 되어 바다에 닿고 싶은 마음

그러나 지금 우리는 / 불로 만나려 한다.

[B]　㉣벌써 숯이 된 뼈 하나가

세상에 불타는 것들을 쓰다듬고 있나니　　➡ 3연 : 불이 되어 만나려는 현재의 상황

㉤만 리 밖에서 기다리는 그대여

저 불 지난 뒤에 / **흐르는 물로 만나자.**

[C]　푸시시* 푸시시 **불 꺼지는 소리로** 말하면서

올 때는 인적* 그친

넓고 깨끗한 하늘로 오라.　　➡ 4연 : 불이 지난 뒤 물로 만나고자 하는 마음

어휘 풀이
- **푸시시** : 불기가 있는 물건이 물 따위에 닿을 때에 나는 소리
- **인적(人跡)** : 사람의 발자취. 또는 사람의 왕래

작품 핵심 단축키

 새로운 세계를 지향하는 화자

화자　화자는 대립과 갈등으로서의 현재의 상황을 극복하고 이상적 세계의 상징인 ☐☐을 지향하고 있다.

생명력을 나타내는 시어

시어　'부끄러운 ☐☐'는 순수한 생명력을, '흐르는 ☐', '넓고 깨끗한 하늘'은 충만한 생명력을 의미한다.

청유, 명령의 어조

표현　청유형, 명령형 어미를 사용하여 ☐☐와 합일을 추구하고자 하는 의지를 드러내고 있다.

1 윗글에 대한 설명으로 적절하지 않은 것은?

① 반어적 표현을 활용하여 의미를 강조하고 있다.
② 음성 상징어를 활용하여 대상의 속성을 나타내고 있다.
③ 대립적 속성을 지닌 시어를 통해 주제를 드러내고 있다.
④ 가정법을 활용하여 화자의 간절한 소망을 표현하고 있다.
⑤ 비유적 표현을 통해 화자가 지향하는 세계를 형상화하고 있다.

손쉬운 개념

* **가정법(假定法)**
'-면'과 같은 어미를 써서 불확실하거나 아직 이루어지지 않은 사실을 가정하여 말하는 문장의 형태를 뜻해.

2 [A]~[C]에 대한 설명으로 적절하지 <u>않은</u> 것은?

① [A], [C]는 미래, [B]는 현재의 모습을 그리고 있다.
② [A]와 달리 [B]에는 안타까움의 정서가 드러나 있다.
③ [B]와 달리 [C]에서는 현실 극복의 의지가 드러나 있다.
④ [A], [B], [C] 모두 이상적인 세계를 상징하는 시어를 사용하고 있다.
⑤ [A]에서 화자가 바라는 것과 대비되는 상황을 [B]에서 보여 주고 있다.

3 〈보기〉를 참고하여 윗글의 '물'과 '불'의 의미를 이해한 내용으로 적절하지 <u>않은</u> 것은?

보기	
물의 원형적 의미	하강, 죽음, 생명, 정화, 재생, 조화, 융합, 순환, 시간의 흐름
불의 원형적 의미	상승, 생명, 사랑, 파괴, 소멸, 부활, 대립, 갈등, 욕망, 열정

① '비 오는 소리로 흐른다면'에서 '물'은 '순환'의 의미를 지니고 있겠군.
② '죽은 나무뿌리를 적시기도 한다면'에서 '물'은 '생명'의 의미를 지니고 있겠군.
③ '세상에 불타는 것들'에서 '불'은 '파괴'의 의미를 지니고 있겠군.
④ '흐르는 물로 만나자'에서 '물'은 '조화'와 '융합'의 의미를 지니고 있겠군.
⑤ '푸시시 푸시시 불 꺼지는 소리'에서 '불'은 '욕망'과 '열정'의 의미를 지니고 있겠군.

4 ㉠~㉤에 대한 설명으로 적절하지 <u>않은</u> 것은?

① ㉠ : 현대 사회의 메마르고 비정한 모습을 나타낸 표현이다.
② ㉡ : 강물이 스스로 성찰함으로써 보다 성숙해지고 있음을 보여 주고 있다.
③ ㉢ : 화자가 내뱉는 탄식으로, 삶에 대한 비애를 직접적으로 표출하고 있다.
④ ㉣ : '숯'이 불씨를 간직한 것이라는 점을 고려할 때 새로운 생명력을 함축하고 있다고 할 수 있다.
⑤ ㉤ : 정서적 거리감*을 표현한 것으로, '그대'와 '물'로 만나기 위해서는 오랜 시간이 필요하다는 것을 암시하고 있다.

☞ 손쉬운 개념

* **정서적 거리감**
화자가 시적 대상이나 상황에 대해 느끼는 감정의 정도나 상태를 의미해. 심리적 거리감이라고도 하는데, 이를 통해 대상이나 상황에 대한 화자의 심리를 알 수 있고 대상이나 상황이 지닌 속성을 파악할 수도 있어.

손쉬운 작품 검색

우리가 물이 되어_강은교 🔍

주제 ▶ 충만한 생명력과 조화로운 합일에 대한 추구

\# 넓고 깨끗한 하늘 = 조화로운 합일의 세계
\# 부정적 현실을 극복하고자 하는 마음   \# 의지적

특징 ▶ '물'과 '불'의 대립적 이미지를 이용하여 주제 의식을 강조함.

\# 물 = 충만한 생명력 ↔ 불 = 파괴와 소멸
\# 불로 만나지 말고 흐르는 물로 만나자

24 성에꽃 _최두석

'성에'는 기온이 영하일 때 유리나 벽 따위에 수증기가 허옇게 얼어붙은 서릿발을 말한다. 시내버스 창가에 생긴 성에를 보고 힘겨운 삶을 살아가는 민중들이 피워 낸 '꽃'이라는 독창적 해석을 보여 주고 있다.

새벽 시내버스는

차창에 웬 찬란한 치장을 하고 달린다.

[A] 엄동 혹한°일수록

　선연히 피는 성에꽃°   ➡ 1~4행 : 새벽 시내버스에 핀 성에꽃

어제 이 버스를 탔던

　처녀 총각 아이 어른

미용사 외판원 파출부 실업자의

[B] 입김과 숨결이

　간밤에 은밀히 만나 피워 낸

번뜩이는 기막힌 아름다움   ➡ 5~10행 : 성에꽃을 통해 느끼는 민중들의 삶의 아름다움

나는 무슨 전람회에 온 듯

　자리를 옮겨 다니며 보고

다시 꽃 이파리 하나, 섬세하고도

[C] 차가운 아름다움에 취한다.

　어느 누구의 막막한 한숨이던가

어떤 더운 가슴이 토해 낸 정열의 숨결이던가

일없이 정성스레 입김으로 손가락으로

[D] 성에꽃 한 잎 지우고

　이마를 대고 본다.   ➡ 11~19행 : 민중들의 삶의 아름다움에 대한 깊은 이해와 공감

덜컹거리는 창에 어리는 푸석한 얼굴

[E] 오랫동안 함께 길을 걸었으나

　지금은 면회마저 금지된 친구여.   ➡ 20~22행 : 그리운 친구의 얼굴

★ 어휘 풀이

- **엄동 혹한(嚴冬酷寒)** : 혹독한 겨울 추위
- **성에꽃** : 추운 날 수증기가 얼어붙어 생긴 성에를 꽃으로 비유한 표현

작품 핵심 단축키

민중에 대한 애정을 지닌 '나'

화자   '나'는 자리를 ☐☐ ☐☐
☐☐ 성에의 아름다움에 ☐
☐☐고 하면서, 그에 대한 애
정을 갖고 있음을 드러내고 있다.

'민중'을 의미하는 시어

시어   '처녀 총각 아이 어른 / 미용사
외판원 ☐☐☐ 실업자'는
모두 민중에 속하는 사람들로서,
평범한 서민들이다.

감각적 비유

표현   '찬란한 치장', '기막힌 아름다움',
'차가운 아름다움', '막막한 한숨',
'정열의 숨결' 등의 시각적·촉각
적 이미지를 활용하여 ☐☐
를 비유하고 있다.

1 윗글에 대한 설명으로 적절하지 <u>않은</u> 것은?

① 의문문의 형식을 활용하여 시적 의미를 강조하고 있다.
② 자연 현상에 시적 의미를 부여하여 주제를 표현하고 있다.
③ 자연과 인간 세계의 대립을 통해 주제 의식을 드러내고 있다.
④ 시적 화자의 행동 묘사를 통해 대상에 대한 태도를 드러내고 있다.
⑤ 부름의 형식을 활용하여 시적 대상에 대한 그리움을 표출하고 있다.

손쉬운 개념

＊ **부름의 형식을 활용**

'돈호법'과 관련이 있는 말이야.
돈호법은 사람이나 사물의 이름
을 불러 주의를 환기시키는 수사
법인데, 호격 조사(-야/아, -(이)
여 등)를 활용하여 만들어 내.

기출 문제

2 [A]~[E]를 이해한 내용으로 적절하지 <u>않은</u> 것은?

① [A] : 계절적 배경과 관련지어 차창에 핀 성에꽃의 속성을 드러내고 있다.
② [B] : 민중들의 입김과 숨결이 만나 이루어진 성에꽃에서 아름다움을 느끼고
있다.
③ [C] : 민중들의 삶에 대한 따뜻한 시선을 바탕으로 성에꽃의 아름다움에 심취하
고 있다.
④ [D] : 현실의 벽에 부딪혀 성에꽃을 지우는 태도를 통해 무력감을 드러내고 있
다.
⑤ [E] : 오랫동안 함께 했던 친구를 떠올리며 안타까움을 느끼고 있다.

3 다음 시구 중 함축적 의미가 나머지와 <u>다른</u> 것은?

① 찬란한 치장
② 번뜩이는 기막힌 아름다움
③ 차가운 아름다움
④ 막막한 한숨
⑤ 푸석한 얼굴

4 〈보기〉를 바탕으로 윗글을 감상한 내용으로 적절하지 <u>않은</u> 것은?

─● 보기 ●─

　　1980년대는 지배층의 기득권을 지키기 위해 군부 독재 정권의 폭압이 극에 달했던 시기이다. 그래서 독재 정권 타도를 외치던 사람들이 수없이 투옥되었다. 이들은 민중의 삶에 대해 애정을 지니고 있었고, 민중의 삶이 건강하다고 믿고 있었다.

① '새벽 시내버스'는 기득권을 갖고 있는 지배층의 삶의 공간이군.
② '엄동 혹한'은 극에 달한 군부 독재 정권의 폭압을 상징하는 것이군.
③ '미용사 외판원 파출부 실업자'는 대표적인 민중들이군.
④ '정열의 숨결'은 민중들의 삶이 건강하다는 믿음에서 나온 표현이군.
⑤ '친구'는 독재 정권 타도를 외치다 투옥된 사람이라 할 수 있군.

손쉬운 **작품 검색**

성에꽃_최두석 🔍

🖱 **주제 ▶** 민중들의 삶에 대한 예찬과 친구에 대한 그리움

\# 기막힌 아름다움　　\# 정열의 숨결
\# 면회마저 금지된 친구

특징 ▶ 감각적 이미지를 비유적으로 활용하여 대상을 표현함.

\# 찬란한 치장　　\# 차가운 아름다움
\# 막막한 한숨

제2장 현대 산문

1960년	1961년	1972년	1980년	1987년
4·19 혁명	5·16 군사 정변	10월 유신	5·18 광주 민주화 운동	6월 민주 항쟁

1960~1970년대

1980년대 이후

- **1960년대** : 급격한 산업화로 인한 농촌 해체 문제가 대두되고, 민주화라는 시대적 과제에 직면하게 됨. 희곡 작가들이 활발하게 작품을 창작하였고, 서구 현대극의 새로운 기법이 전면 도입되어 새로운 경향으로 사회의 모순을 드러내게 됨.
- **1970년대** : 독재 권력에 맞서 자유와 평등을 추구하거나 소외된 민중의 삶을 형상화한 작품들이 주로 창작됨.

36 서울, 1964년 겨울 · 김승옥
37 장마 · 윤흥길
38 삼포 가는 길 · 황석영
39 난쟁이가 쏘아 올린 작은 공 · 조세희
40 파수꾼 · 이강백
41 오발탄 · 이범선 원작 / 나소운, 이종기 각색

- **1980년대** : 산업화로 인한 사회적 모순과 갈등, 노동 계층 문제와 분단에 대한 새로운 인식이 담긴 작품들이 발표됨.
- **1990년대** : 왜곡되고 모순된 현대사에 대한 반성으로 장편 대하소설, 시나리오 등 다양한 작품을 통해 지난 역사를 재조명함. 많은 여성 작가들이 문단의 주목을 받기 시작함.

42 마지막 땅 · 양귀자
43 유자소전 · 이문구
44 황만근은 이렇게 말했다 · 성석제
45 두근두근 내 인생 · 김애란 원작 / 최민석 각색
46 한 그루 나무처럼 · 윤대녕

등장인물

● **등장인물**

작가로부터 특정한 성격을 부여받아 작품 내에서 행동하는 자. 사건과 갈등의 중심에 위치함.

● **등장인물의 유형**

① 등장인물의 역할에 따라

주동 인물	주인공. 사건을 주도적으로 이끌면서 작가가 표현하고자 하는 바를 구현하는 인물
반동 인물	주인공에 맞서 대립하며 갈등을 빚는 인물. 적대자 또는 부정적 인물로 등장하는 경우가 많음.

② 등장인물의 성격에 따라

전형적 인물	특정 부류나 계층의 보편적 성격을 대변하는 인물
개성적 인물	전형적 인물과 달리 보편적 성격에서 벗어나 개성이 두드러지는 인물

③ 등장인물의 성격 변화 여부에 따라

평면적 인물	작품 전체에서 성격이 일정한 인물
입체적 인물	사건이 전개되면서 성격이 변화, 발전하는 인물

● **등장인물의 성격 제시 방법**

	직접적 제시(말하기)	간접적 제시(보여주기)
개념	서술자가 등장인물의 성격이나 특징을 직접적으로 말해 주는 방법	등장인물의 대화나 행동을 통해 성격을 간접적으로 나타내는 방법
특징	등장인물에 대해 쉽게 이해할 수 있으며 사건의 빠른 진행이 가능하지만, 독자의 상상력을 제한할 수 있음.	작품에 대한 흥미와 긴장감을 유발할 수 있지만, 표현상의 제약이 있으며 인물에 대한 작가의 평가나 판단을 드러내기 힘듦.

■ **역할의 중요도에 따른 등장인물의 분류**
작품에서 하는 역할의 중요도에 따라 중심인물(사건을 주도적으로 이끌어 가는 인물)과 주변 인물(이야기의 진행을 돕는 부수적 인물)로 나눌 수 있다.

■ **등장인물의 성격 파악 방법**
인물의 말과 행동을 통해서 인물의 성격을 파악할 수 있다. 말과 행동에는 인물 고유의 개성이 담겨 있기 때문이다. 더불어 인물의 외양, 즉 생김새와 옷차림으로 인물의 성격을 짐작할 수도 있다.

✎ **작품으로 공부하기**

일제 강점기의 농민으로, 힘겨운 삶을 살고 있음.

악착한 운명이 던져 준 깊은 슬픔을 술로 녹이려는 듯이 연거푸 다섯 잔을 마신 그는 다시 말을 계속하였다. 그 후 그는 부모 잃은 땅에 오래 머물기 싫었다. 신의주로 안동현으로 품을 팔다가 일본으로 또 벌이를 찾아가게 되었다. 〈중략〉

돈을 모으려야 모을 수 없고 이따금 울화만 치받치기 때문에 한곳에 주접을 하고 있을 수 없었다. 화도 나고 고국산천이 그립기도 하여서 훌쩍 뛰어나왔다가 오래간만에 고향을 둘러보고 벌이를 구할 겸 서울로 올라가는 길이라 한다.

– 현진건, 「고향」 중에서

이 소설에 등장하는 '그'는 누구일까? 작품 속 등장인물인 '그'는 일제 강점기에 농토를 빼앗기고 타향을 전전하며 고통스러운 삶을 이어 가고 있는 인물로, 일제 강점기 농민의 모습을 나타내는 전형적인 인물이라 할 수 있다. 또한 서술자가 직접 인물의 심리와 지난 행적, 현재 상황에 대해 설명하고 있으므로, 직접적 제시를 통해 인물의 성격을 드러내고 있다고 볼 수 있다.

배경과 소재

● **배경**

행위와 사건들이 일어나는 시간과 공간 등의 구체적 정황

● **배경의 종류**

자연적·인공적 배경	구체적인 시간과 공간
사회적 배경	사회 현실과 역사적 상황

● **소재**

이야기를 전개시키기 위해 사용되는 다양한 글의 재료. 인물들 간의 갈등을 유발하거나 해소시키는 기능을 하기도 하고, 주제를 상징적으로 드러내기도 함.

✏️ **작품으로 공부하기**

→ 배경 – 음산하고 불길한 분위기 조성

새침하게 흐린 품이 눈이 올 듯하더니 눈은 아니 오고 얼다가 만 비가 추적추적 내리었다. 〈중략〉

"이 눈깔! 이 눈깔! 왜 나를 바루 보지 못하고 천장만 바라보느냐, 응?"

하는 말끝엔 목이 메었다. 그러자 산 사람의 눈에서 떨어진 닭똥 같은 눈물이 죽은 이의 뻣뻣한 얼굴을 어룽어룽 적시었다. 문득 김 첨지는 미친 듯이 제 얼굴을 죽은 이의 얼굴에 비비대며 중얼거렸다.

"설렁탕을 사다 놓았는데 왜 먹지를 못하니? 왜 먹지를 못하니……? 괴상하게도 오늘은 운수가 좋더니만……."

→ 중심 소재 – 작품의 비극성 강조

– 현진건, 「운수 좋은 날」 중에서

> 이 소설의 배경은 어떠하며 중심 소재는 무엇일까? 흐린 날씨에 추적추적 내리는 '비'는 작품 전체에 음산하고 불길한 분위기를 조성하고 있다. 비가 추적추적 내리는 우울한 배경은 앞으로 벌어질 불행한 사건 전개를 암시한다. 이 소설의 핵심 소재인 '설렁탕'은 아내가 살아생전 먹고 싶어 하던 것으로, 아내의 죽음이라는 비극적 상황을 심화하는 역할을 한다.

■ **배경의 기능**

배경은 작품의 전체적인 느낌과 분위기를 형성하고, 인물의 행동이나 사건을 생생하고 사실적으로 느껴지도록 만들어 주며, 작품 주제를 효과적으로 드러내는 역할을 한다.

■ **그 밖의 배경**

상황적 배경	인물이 처한 개인적 사정이나 형편
심리적 배경	인물이 놓여 있는 심리적 상황이나 인물 고유의 내면세계

사건과 갈등

● **사건**

소설 속에서 인물들이 벌이는 구체적인 일. 갈등을 중심으로 이루어지는데, 일반적으로 소설의 5단 구성을 따라 전개됨.

● **소설의 구성 단계(5단 구성)**

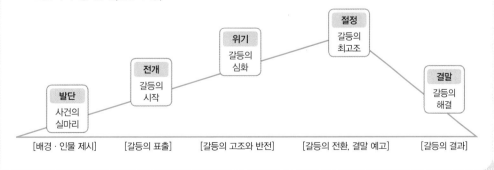

발단	전개	위기	절정	결말
사건의 실마리	갈등의 시작	갈등의 심화	갈등의 최고조	갈등의 해결
[배경·인물 제시]	[갈등의 표출]	[갈등의 고조와 반전]	[갈등의 전환, 결말 예고]	[갈등의 결과]

■ **사건의 진행에 따른 구성의 유형**

시간의 흐름에 따라 사건이 순차적으로 진행되는 것을 평면적 구성이라고 하고, 현재에서 과거로 가거나 미래에서 현재로 오는 등 시간의 역전이 일어나는 구성을 입체적 구성이라고 한다. 한편, 하나의 이야기 속에 또 다른 내부 이야기가 담겨 있는 것을 액자식 구성이라고 한다.

현대 소설

● 갈등

등장인물들이 겪는 대립과 충돌. 어떤 사건에 대한 인물의 심리나 인물 간의 의견이 서로 얽히는 것으로, 사건 전개의 중심축으로 기능함.

● 갈등의 유형

① 내적 갈등 : 인물 내면의 심리적 모순이나 자아 간의 대립에 의한 갈등

② 외적 갈등

인물과 인물	중심인물과 그에 반하는 인물 사이의 갈등
인물과 사회	인간이 살아가면서 겪는 사회 윤리나 제도와의 갈등
인물과 운명	인간의 삶이 운명에 의해 좌우되는 데서 오는 갈등
인물과 자연	인간이 살아가면서 겪는 자연 재앙과의 갈등

작품으로 공부하기

"너 봄 감자가 맛있단다."

"난 감자 안 먹는다. 니나 먹어라." → 갈등이 시작됨.

나는 고개도 돌리려 하지 않고 일하던 손으로 그 감자를 도로 어깨 너머로 쑥 밀어 버렸다. 그랬더니 그래도 가는 기색이 없고, 뿐만 아니라 쌔근쌔근하고 심상치 않게 숨소리가 점점 거칠어진다. 〈중략〉

나는 대뜸 달려들어서 나도 모르는 사이에 큰 수탉을 단매로 때려 엎었다. 닭은 푹 엎어진 채 다리 하나 꼼짝 못하고 그대로 죽어 버렸다. 그리고 나는 멍하니 섰다가 점순이가 매섭게 눈을 홉뜨고 닥치는 바람에 뒤로 벌렁 나자빠졌다.

"이놈아! 너 왜 남의 닭을 때려죽이니?" / "그럼 어때?" → 갈등이 최고조에 이름.

하고 일어나다가,

"뭐 이 자식아! 누 집 닭인데?"

하고 복장을 떠미는 바람에 다시 벌렁 자빠졌다.

– 김유정, 「동백꽃」 중에서

> 이 장면은 어떤 갈등 유형에 해당하고, 소설의 구성 단계 가운데 어디에 속할까?
>
> '나'와 점순이, 두 인물 간의 갈등은 '감자'로 인해 시작된다. 점순이가 건네는 감자를 '나'가 거부하면서 두 인물이 갈등을 빚게 되는 것이다. 이와 같은 갈등은 인물과 인물 사이의 외적 갈등에 해당하며 갈등이 시작되는 부분이므로 소설의 구성 단계 가운데 '전개'에 해당한다. 〈중략〉 이후 부분은 '나'가 점순이네 큰 수탉을 죽이는 사건으로 인해 두 인물 간의 갈등이 최고조에 이르게 된다. 따라서 이 장면은 소설의 구성 단계 가운데 '절정'에 해당한다고 할 수 있다.

시점과 거리

● 시점

서술자의 위치. 서술자가 어떤 위치에서 인물과 사건을 바라보느냐에 따라 시점이 달라짐.

● 시점의 유형

위치	유형	개념
작품 안	1인칭 주인공 시점	주인공 '나'가 자신의 이야기를 서술하는 시점
	1인칭 관찰자 시점	부수적 인물인 '나'가 관찰자로 등장하여 주인공에 대한 이야기를 전해 주는 시점
작품 밖	작가 관찰자 시점	외부 관찰자의 입장에서 사건이나 인물의 행동을 객관적으로 서술하는 시점
	전지적 작가 시점	서술자가 신(神)처럼 전지전능한 입장에서 이야기를 전해 주는 시점

■ 갈등의 기능

갈등은 앞뒤로 이어지는 사건을 연결하는 역할을 할 뿐만 아니라 사건이 전개되는 과정에서 긴장감을 느끼게 하는 역할을 한다. 인물이 갈등을 겪는 과정에서 그의 성격이나 태도가 드러나므로, 갈등을 통해 인물의 특징을 분명히 알 수 있다.

■ 서술자

작가가 독자에게 이야기를 전달하기 위해서 만들어 낸 대리인으로, 소설 속의 말하는 이를 뜻한다. 서술자의 관점에 따라 이야기의 서술이 달라진다고 할 수 있다.

● 거리

서술자와 인물, 독자 사이에 형성되는 심리적 친밀감의 정도를 뜻하는 것으로, 시점에 따라 다양하게 나타남.

거리 \ 시점	1인칭 주인공 시점	1인칭 관찰자 시점	작가 관찰자 시점	전지적 작가 시점
서술자 – 인물	가깝다.	멀다.	멀다.	가깝다.
서술자 – 독자	가깝다.	멀다.	멀다.	가깝다.
독자 – 인물	가깝다.	가깝다.	가깝다.	멀다.

✏️ 작품으로 공부하기

바로 그때 공단 쪽으로 가는 어두운 길에서 뭔가 비명소리도 같고 욕지기를 참는 안간힘 같기도 한 소리가 들려왔다. 아니, 그때 나는 비몽사몽 졸음 속에서 헤매고 있었기 때문에 정확하게 어떤 소리를 들은 것은 아니었다. 이제 생각하면 그 순간에는 분명 잠에 흠뻑 취해 있었음이 분명했다. 〈중략〉 → 서술자 → 1인칭 시점

그때 바닥에 쓰러져 버둥거리던 남자가 간신히 몸을 비틀고 일어섰다. 코피로 범벅이 된 얼굴이 슬쩍 드러나 보였는데 세상에, 그는 몽달 씨임이 분명하였다. 그러고 보니 빛바랜 바지와 물들인 군용 점퍼 밑에 노상 껴입고 다니던 우중충한 남방셔츠가 틀림없는 몽달 씨였다. → 주인공

– 양귀자, 「원미동 시인」 중에서

이 소설의 서술자는 누구일까? '나'라는 인물이 소설 속에 등장하므로, 이 소설은 1인칭 시점에 해당한다. 그렇다면 '나'가 누구에 관한 이야기를 하고 있는가를 살펴보자.

이 소설 속 '나'는 '몽달 씨'에 대해 이야기하고 있다. 따라서 이 소설의 주인공은 '나'가 아닌 '몽달 씨'이며, 이 소설은 1인칭 관찰자 시점으로 쓰였음을 알 수 있다. 1인칭 관찰자 시점으로 쓰였기 때문에 서술자와 인물 사이의 거리, 서술자와 독자 사이의 거리는 멀고, 독자와 인물 사이의 거리는 가깝다고 할 수 있다.

주제

● 주제

작가가 작품을 통해 전하고자 하는 인생에 대한 태도나 관점이며, 작품 속에 용해되어 있는 중심 사상. 소설의 의미를 이해하는 데 가장 핵심이 되는 요소임.

✏️ 작품으로 공부하기

"천금이 쏟아진대두 난 땅은 못팔겠다. 내 아버님께서 손수 이룩허시는 걸 내 눈으루 본 밭이구, 내 할아버님께서 손수 피땀을 흘려 모신 돈으루 장만허신 논들이야. 돈 있다고 어디가 느르지논 같은 게 있구, 독시장밭 같은 걸 사? 느르지 논둑에 선 느티나무 할아버님께서 심으신 거구, 저 사랑 마당의 은행나무는 아버님께서 심으신 거다. 그 나무 밑을 설 때마다 난 그 어른들 동상(銅像)이나 다름없이 경건한 마음이 솟아 우러러보군 헌다. 땅이란 걸 어떻게 일시 이해를 따져 사구 팔구 허느냐? 땅 없어 봐라, 집이 어딨으며 나라가 어딨는 줄 아니? 땅이란 천지 만물의 근거야. 돈 있다구 땅이 뭔지두 모르구 욕심만 내 문서 쪽으로 사 모기만 하는 사람들, 돈놀이처럼 변리만 생각허구 제 조상들과 그 땅과 어떤 인연이란 건 도시 생각지 않구 헌신짝 버리듯 하는 사람들, 다 내 눈엔 괴이한 사람들루밖엔 뵈지 않드라."

– 이태준, 「돌다리」 중에서

이 소설 속 인물의 대사를 통해 작가가 전하고자 한 것은 무엇일까? 이 소설 속 인물은 땅을 일구며 사는 농사꾼으로, 땅을 천지 만물의 근거로 여긴다. 특히 '돈놀이처럼 변리만 생각허구 ~ 사람들루밖엔 뵈지 않드라.'라는 말을 통해 이 글의 주제가 땅의 본질적 가치보다 금전적 가치를 중시하는 현대 자본주의 사회의 가치관을 비판하는 데에 있음을 알 수 있다.

■ 서술자 – 인물 사이의 거리

서술자가 인물에 대해 많이 알고 있을수록 가깝다. 따라서 1인칭 주인공 시점이 가장 가깝고, 3인칭 관찰자 시점이 가장 멀다.

■ 서술자 – 독자 사이의 거리

서술자와 인물의 사이의 거리에 비례한다. 서술자가 인물과 가까울수록 독자는 서술자를 가깝게 느낀다.

■ 독자 – 인물 사이의 거리

서술자와 인물 사이의 거리에 반비례한다. 서술자가 인물과 가까워 인물에 대해 많이 알려 줄수록 독자는 인물에 대해 고민하지 않기 때문에 거리가 멀어진다. 단, 1인칭 주인공 시점에서는 독자가 인물(서술자)의 경험담을 듣는 느낌을 받기 때문에 인물을 가깝게 느낀다.

■ 주요 시기별 주제

일제 강점기	부정적인 현실 비판, 광복에 대한 염원
6 · 25 전쟁 후	이념의 대립, 전쟁의 참상, 피폐한 인간상
1960~ 1970년대	산업화로 인한 농촌 해체, 도시 빈민의 빈곤한 삶, 군사 독재에 대한 저항

현대 수필

갈래

● 수필의 종류

내용에 따라	
경수필	• 개인의 체험, 정서, 취향 등을 자유롭게 표현한 수필 • 개성적, 감성적, 주관적 성격
중수필	• 일정한 주제를 가지고 체계적인 논리 구조와 객관적인 관찰을 바탕으로 쓴 수필 • 이론적, 사색적, 비평적 성격

✎ 작품으로 공부하기

직접 경험한 사건을 화제로 제시함.
"예전 상해에서 본 일이다. 〈중략〉

"나는 한 푼 한 푼 얻은 돈에서 몇 닢씩을 모았습니다. 이렇게 모은 돈 마흔여덟 닢을 각전 닢과 바꾸었습니다. 이러기를 여섯 번을 하여 겨우 이 귀한 '다양(大洋)' 한 푼을 갖게 되었습니다. 이 돈을 얻느라고 여섯 달이 더 걸렸습니다." / 그의 뺨에는 눈물이 흘렀다. 나는,
└ 은전을 얻기까지 오랜 시간이 걸림
"왜 그렇게까지 애를 써서 그 돈을 만들었단 말이오? 그 돈을 무엇을 하려오?" / 하고 물었다. / 그는 다시 머뭇거리다가 대답했다.

"이 돈 한 개가 갖고 싶었습니다."
└ 거지의 소박하고 맹목적인 소망

– 피천득, 「은전 한 닢」 중에서

> 이 글은 '은전 한 닢'을 갖고 기뻐하던 한 거지에 대한 회상을 다루고 있는 수필이다. 개인의 체험을 다루고 있으므로 경수필에 해당한다.

구성 요소

● 수필의 구성 요소

주제	작가가 작품을 통해 드러내고자 하는 핵심적인 사상 및 중심 의미
제재	작가가 주제를 구현하기 위해 선택한 소재
구성	주제를 형상화하기 위해 제재를 적절하게 배열하고 결합시키는 것
문체	작가의 개성이 드러나는 문장의 특색

✎ 작품으로 공부하기

비자반 일등품 위에 또 한층 뛰어 특급품이라는 것이 있다. 반재며, 치수며, 연륜이며 어느 점이 └ 제재
일급과 다르다는 것은 아니나, 반면에 머리카락 같은 가느다란 흉터가 보이면 이게 특급품이다. 〈중략〉 비자의 생명은 유연성이란 특질에 있다. 한 번 균열이 생겼다가 제힘으로 도로 유착·결합했다는 것은 그 유연성이란 특질을 실지로 증명해 보인, 이를테면 졸업 증서이다. 하마터면 목침감이 될 뻔했던 불구 병신이, 그 치명적인 시련을 이겨 내면 되레 한 급(級)이 올라 특급품이 되어 버린다. 재미가 깨를 볶는 이야기다. └ 주제 : 과실을 지혜롭게 극복할 때 특급 인생이 될 수 있음.

– 김소운, 「특급품」 중에서

> 이 글의 중심 소재는 비자반 즉, 비자나무로 만든 바둑판이다. 글쓴이는 '특급품' 비자반을 제재로 하여 비자반이 균열을 이겨 내고 '특급품'이 되는 것처럼, 사람도 과실이 있을 수 있으나 이를 지혜롭게 극복할 때 특급 인생이 될 수 있다는 교훈적 의미를 전하고 있다.

■ 수필의 특징
• 개성적인 글 : 글쓴이의 개성이 직접 드러남.
• 고백적인 글 : 글쓴이의 체험과 생각을 솔직하게 표현함.
• 비전문적인 글 : 전문가가 아니라도 누구나 쉽게 쓸 수 있음.
• 소재가 다양한 글 : 생활 주변에서 일어나는 모든 일이 소재가 될 수 있음.
• 형식이 자유로운 글 : 정해진 형식이 없기 때문에 다양한 형식으로 쓸 수 있음.

■ 수필에서 개성을 드러내는 방법
• 글쓴이만의 고유한 경험을 드러냄.
• 사물을 대하는 글쓴이만의 독특한 관점이나 태도를 드러냄.
• 어휘 사용이나 문장 표현 방식 등 문체상의 특징을 드러냄.

희곡

● 희곡
무대 상연을 전제로 한 연극의 대본. 인물의 대사를 통해 사건이 전개되며, 모든 이야기가 현재화되어 표현됨.

● 희곡의 구성 요소

대사	등장인물이 하는 말로, 사건과 인물의 행동, 심리 등이 구체적으로 드러남. 둘 이상의 배우끼리 주고받는 대화, 혼자서 하는 독백, 관객에게만 들리는 방백이 있음.
지시문	• 무대 지시문 : 등장인물, 무대 장치 및 소도구, 조명, 효과음 등을 지시하는 글 • 행동 지시문 : 인물의 동작, 표정, 심리 상태 등을 설명하는 글

✎ 작품으로 공부하기

제1막

『막이 오르면, 집 뒤에 타작마당이 있는 듯, 거기에서 분주하게 타작
『 』: 무대 지시문 - 무대 장치와 효과음에 대해 설명함.
하는 소리(일꾼들의 간간이 외치는 소리와 군호 맞춰 노래 부르는 소리) 들린다.』

국서 : (뒤곁에서) 말똥아! 말똥아! 이 빌어먹다 죽을 놈이 어딜 갔 → 대사(독백)
어? 『(말똥이 "빌어먹을!" 하면서 가마니를 쓰고 절구통 뒤에 숨는다. 국서, 헛간으로 나온다. 완고한 농사꾼. 뒤통수에 눈곱만 한 상투가 붙었다.)』

             – 유치진, 「소」 중에서
『 』: 행동 지시문 - 인물의 동작, 표정, 겉모습 등을 설명함.

> 이 장면에서는 국서가 말똥이를 찾기 위해 혼자서 말을 하고 있는데, 이는 희곡의 구성 요소 중 대사(독백)에 해당한다. 또한 무대 지시문을 통해 극이 전개되고 있는 장소를 설명하고 있으며, 행동 지시문을 통해 국서의 모습을 '완고한 농사꾼'의 모습으로 보이도록 지시하고 있다.

시나리오

● 시나리오
스크린에서의 상영을 전제로 한 영화(드라마) 대본. 희곡에 비해 장면의 수가 많아 그 분할과 구성이 중요시됨.

● 시나리오의 구성 요소

해설	등장인물이나 배경 등을 설명함.
지시문	인물의 동작이나 표정, 심리, 말투, 카메라나 조명, 효과음 등을 지시함.
대사	등장인물이 하는 말
장면 표시(S#)	사건의 배경이 되는 장면의 설정으로, 장면 번호(scene number)가 있음.

✎ 작품으로 공부하기

S# 60. 돌아오지 않는 다리(밤)

〈중략〉 군사 분계선에 도착하면 그중 발 하나가 벽돌 너머를 디디려다 허공에서 잠시 머뭇거리더니, 홱 돌려 도로 남쪽으로 돌아온다.
지시문 - 행동을 통해 인물의 심리를 보여 줌.

성식 : (속삭이는 목소리) 저…… 안 가면 안 될까요?
수혁 : (자못 진지한 목소리) 뭐? 야, 넌 지금 분단의 반세기를…… 음…… 오욕과 고통의 세월을 뛰어넘어…… 저…… 통일의 물꼬를 트러 가는 거야, 인마.

    – 박상연 원작 / 박찬욱 외 각색, 「공동 경비 구역 제이에스에이(JSA)」 중에서

> 이 글은 영화 상영을 전제로 하는 시나리오이다. 성식과 수혁이 주고받는 말은 시나리오의 구성 요소 중 대화에 해당하며, 성식의 불안한 마음과 머뭇거림은 지시문을 통해 제시되고 있다.

■ **희곡의 내용상 갈래**
희곡은 내용에 따라 희극(행복한 결말로 마무리되는 희곡), 비극(불행한 결말로 마무리는 되는 희곡), 희비극(사건이 비극적으로 흐르다가 반전을 겪으며 행복한 결말에 이르는 희곡)으로 나눌 수 있다.

■ **희곡의 구성단위**
희곡을 구성하는 단위는 장과 막이다. 장은 시간의 경과를 나타내는 무대 장치로, 등장인물의 등장과 퇴장으로 구분하고, 막은 무대의 휘장이 오르고 내리는 사이의 한 단위로 극의 길이와 행위를 구분한다.

■ **시나리오의 특징**
시나리오는 촬영을 고려해야 하므로, 특수한 시나리오 용어를 사용한다. 희곡과 마찬가지로 대사와 행동을 통해 사건을 전개하지만, 희곡과 달리 장면의 변화가 자유롭고 배경이나 등장인물의 수에 제한을 별로 받지 않는다.

25

무정(無情) _이광수

일제 강점기 조선의 젊은 남녀 세 사람의 사랑을 소재로 하여, 자유연애와 신교육이라는 근대 의식 고취의 필요성과 근대화를 위한 계몽 의지를 드러낸 작품이다.

/ 앞부분 줄거리 / 영어 교사 형식은 김 장로의 딸 선형과 박 진사의 딸 영채 사이에서 마음을 정하지 못한다. 영채는 순결을 잃고 자살하러 가는 길에 우연히 동경 유학생인 병욱을 만나 마음을 바꾸고, 일본으로 유학을 떠나기로 한다. 선형과 약혼을 한 형식도 미국으로 유학을 떠나는 길에 병욱과 영채를 만나게 된다. 도중에 그들은 삼랑진 수재민을 위해 자선 음악회를 연다. 음악회가 끝나고 사람들로부터 팔십여 원의 돈을 모은다.

서장은 병욱에게서 그 돈을 받는 듯이 또 한 번 고개를 숙이고 일동을 향하여 그 돈으로 될 수 있는 대로 좋은 방법을 취하여 수재 만난 사람을 구제하겠노라 하였다. 일동은 병욱과 다른 두 사람의 성명을 듣고자 하였으나 그네는 다만 고개를 숙일 뿐이요, 말이 없었다.

이러하는 동안에 집 잃은 사람들은 여전히 어찌할 줄을 모르고 땅바닥에 앉아 있었다. 차차 시장증이 나고 몸이 떨리기 시작하였으나 ⓐ그네에게는 아무 방책도 없었다. 그네는 다만 되어 가는 대로 되기를 바랄 뿐이다.

➡ 병욱 일행의 수재 의연금 전달과 수재민들의 참상

그네는 과연 아무 힘이 없다. 자연(自然)의 폭력(暴力)에 대하여서야 누구라서 능히 저항(抵抗)하리요마는 그네는 너무도 힘이 없다. 일생에 뼈가 휘도록 애써서 쌓아 놓은 생활의 근거를 하룻밤 비에 다 씻겨 내려 보내고 말리 만큼 그네는 힘이 없다. ⓑ그네의 생활의 근거는 마치 모래로 쌓아 놓은 것과 같다. 이제 비가 그치고 물이 나가면 그네는 흩어진 모래를 긁어 모아서 새 생활의 근거를 쌓는다. 마치 개미가 그 가늘고 연약한 발로 땅을 파서 둥지를 만드는 것과 같다. 하룻밤 비에 모든 것을 잃어버리고 발발 떠는 그네들이 어찌 보면 가련하기도 하지마는 또 어찌 보면 너무 약하고 어리석어 보인다.

ⓒ그네의 얼굴을 보건대 무슨 지혜가 있을 것 같지 아니하다. 모두 다 미련해 보이고 무감각(無感覺)해 보인다. 그네는 몇 푼어치 아니 되는 농사한 지식을 가지고 그저 땅을 팔 뿐이다. 이리하여서 몇 해 동안 하느님이 가만히 두면 썩은 볏섬이나 모아 두었다가는 한번 물이 나면 다 씻겨 보내고 만다. 그래서 ⓓ그네는 영원히 더 부(富)하여짐 없이 점점 더 가난하여진다. 그래서 미련하여진다. 저대로 내어 버려두면 마침내 북해도의 '아이누'나 다름없는 종자가 되고 말 것 같다.

➡ 농민들의 무지함과 계몽의 필요성

저들에게 힘을 주어야 하겠다. 지식을 주어야 하겠다. 그리해서 생활의 근거를 안전하게 하여 주어야 하겠다.

"과학(科學)! 과학!"

하고 형식은 여관에 돌아와 앉아서 혼자 부르짖었다. 세 처녀는 형식을 본다.

"조선 사람에게 무엇보다 먼저 과학(科學)을 주어야겠어요. 지식을 주어야겠어요."

하고, 주먹을 불끈 쥐며 자리에서 일어나 방 안으로 거닌다.

"여러분은 오늘 그 광경을 보고 어떻게 생각하십니까."

이 말에 세 사람은 어떻게 대답할 줄을 몰랐다. 한참 있다가 병욱이가,

"불쌍하게 생각했지요." / 하고 웃으며,

"그렇지 않아요?"

한다. 오늘 같이 활동하는 동안에 훨씬 친하여졌다.

"그렇지요. 불쌍하지요! 그러면 그 원인이 어디 있을까요?"

"물론 문명이 없는 데 있겠지요―생활하여 갈 힘이 없는 데 있겠지요."

"그러면 어떻게 해야 저들을…… 저들이 아니라 우리들이외다…… 저들을 구제할까요?"

하고 형식은 병욱을 본다. 영채와 선형은 형식과 병욱의 얼굴을 번갈아 본다. 병욱은 자신 있는 듯이,

"힘을 주어야지요. 문명을 주어야지요." / "그리하려면?"

"가르쳐야지요. 인도해야지요." / "어떻게요?"

"교육으로, 실행으로."

영채와 선형은 이 문답의 뜻을 자세히는 모른다. 물론 자기네가 아는 줄 믿지마는 형식이와 병욱이가 아는 이만큼 절실(切實)하게, 단단하게 알지는 못한다. 그러나 방금 눈에 보는 사실이 ⓔ그네에게 산 교육을 주었다. 그것은 학교에서도 배우지 못할 것이요, 대 웅변에서도 배우지 못할 것이었다.

> ➤ 세 사람(병욱, 영채, 선형)을 자각시키는 형식

일동의 정신은 긴장(緊張)하였다. 더구나 영채는 아직도 이러한 큰 문제를 논란하는 것을 듣지 못하였다. '어떻게 하면 저들을 구제하나?' 함은 참 큰 문제였다. 이러한 큰 문제를 논란하는 형식과 병욱은 매우 큰 사람같이 보였다. 영채는 두자미며, 소동파의 세상을 근심하는 시구를 생각하고, 또 오 년 전 월화와 함께 대성 학교장의 연설을 듣던 것을 생각하였다. 그때에는 아직 나이 어려서 분명히 알아듣지는 못하였거니와 "여러분의 조상은 결코 여러분과 같이 못생기지는 아니하였습니다." 할 때에 과연 지금 날마다 만나는 사람은 못생긴 사람들이다 하던 생각이 난다. 영채는 그 말과 형식의 말에 공통한 점이 있는 듯이 생각하였다. 그리고 한 번 더 형식을 보았다. 형식은,

"옳습니다. 교육으로, 실행으로 저들을 가르쳐야지요, 인도해야지요! 그러나 그것은 누가 하나요?"

하고 형식은 입을 꼭 다문다. 세 처녀는 몸에 소름이 끼친다. 형식은 한 번 더 힘 있게,

"그것을 누가 하나요?"

하고 세 처녀를 골고루 본다. 세 처녀는 아직도 경험하여 보지 못한 듯한 말할 수 없는 정신의 감동을 깨달았다. 그리고 일시에 소름이 쪽 끼쳤다. 형식은 한 번 더,

"그것을 누가 하나요?" / 하였다.

"우리가 하지요!"

하는 대답이 기약하지 아니하고 세 처녀의 입에서 떨어진다. 네 사람의 눈앞에는 불길이 번쩍하는 듯하였다. 마치 큰 지진이 있어서 온 땅이 떨리는 듯하였다.

형식은 한참 고개를 숙이고 앉았더니,

"옳습니다. 우리가 해야지요! 우리가 공부하러 가는 뜻이 여기 있습니다. 우리가 지금 차를 타고 가는 돈이며 가서 공부할 학비를 누가 주나요? 조선이 주는 것입니다. 왜? 가서 힘을 얻어 오라고, 지식을 얻어 오라고, 문명을 얻어 오라고…… 그리해서 새로운 문명 위에 튼튼한 생활의 기초를 세워 달라고…… 이러한 뜻이 아닙니까."

하고 조끼 호주머니에서 돈지갑을 내어 푸른 차표를 내어 들면서,

"이 차표 속에는 저기서 들들 떠는 저 사람들…… 아까 그 젊은 사람의 땀도 몇 방울 들었어요……. 부디 다시는 이러한 불쌍한 경우를 당하지 말게 하여 달라고요……."

하고 형식은 새로 결심하는 듯이 한번 몸과 고개를 흔든다. 세 처녀도 그와 같이 몸을 흔들었다.

이때에 네 사람의 가슴속에는 꼭 같은 '나 할 일'이 번개같이 지나간다. 너와 나라는 차별이 없이 온통 한 몸, 한마음이 된 듯하였다.

> ➤ 민족 계몽에 대한 네 사람의 자각

★ 어휘 풀이
● 북해도(北海道) : 일본 '홋카이도'를 우리 한자음으로 읽은 이름
● 아이누(Ainu) : 일본 홋카이도와 사할린에 사는 한 종족
● 종자(種子) : 사람의 혈통을 낮잡아 이르는 말
● 두자미(杜子美) : 두보(杜甫). 당나라 최고의 시인
● 소동파(蘇東坡) : 소식(蘇軾). 송나라 최고의 시인

작품 핵심 **단축키**

문명 개화에 앞장섰던 인물들

인물 형식, 병욱, 영채, 선형은 동경하던 외국으로 □□을 가는 인물들로, 민족의 □□에 대한 의지를 다지고 있다.

민족의 암담한 현실 파악

사건 갈등 수재민들을 위한 □□□ □□를 계기로 조선의 민중이 처한 현실을 깨닫고, 개인 간의 갈등이 □□의 차원으로 승화되고 있다.

구체적이고 세밀한 서술

서술 근대화 의식의 고취와 개화에 대한 당위성이 인물간의 □□와 내면 심리 묘사에 따라 구체적 장면으로 형상화되고 있다.

1 윗글에 대한 설명으로 가장 적절한 것은?

① 현재 시제를 사용하여 현장감을 살리고 있다.
② 사투리를 사용하여 토속성*과 사실감을 높이고 있다.
③ 상징적인 배경을 설정하여 주제 의식을 강조하고 있다.
④ 공간에 따라 서술자를 달리하여 입체감을 부여하고 있다.
⑤ 인물의 외모를 구체적으로 묘사하여 성격을 드러내고 있다.

손쉬운 개념

* **토속성**
어떤 지방의 풍속이나 특징이 두드러지게 나타나는 것을 의미하는 말이야. 소설에서는 사투리(방언)를 사용하는 인물들을 등장시키거나 공간적 배경을 묘사하여 토속성을 드러내는 경우가 많아.

2 ⓐ~ⓔ 중, 가리키는 바가 다른 하나는?

① ⓐ   ② ⓑ   ③ ⓒ   ④ ⓓ   ⑤ ⓔ

3 윗글의 '형식'이 '병욱, 영채, 선형' 세 사람에게 들려줄 노래로 가장 적절한 것은?

① 나아가세 대한민국 독립군사야
　자유 독립 광복할 날 오늘이로다.　　　　　　　　　　－ 작자 미상, 「독립군가」

② 깊은 잠을 어서 깨어 부국강병 진보하세
　남의 천대 받게 되니 후회막급 없이 하세　　　　　　－ 이필균, 「애국하는 노래」

③ 우지 마라 우지 마라 해산 장졸(解散將卒) 우지 마라
　징병령(徵兵令)을 실시하면 설치(雪恥) 은번 아니 될까.　－ 작자 미상, 「가요풍송(歌謠諷誦)」

④ 우렁차게 토해 낸 기적 소리에 / 남대문을 등지고 떠나 나가서
　빨리 부는 바람의 형세 같으니 / 날개 가진 새라도 못 따르겠네.
　　　　　　　　　　　　　　　　　　　　　　　　－ 최남선, 「경부 철도 노래」

⑤ 오라 오라 창의소로 돌아오라 / 만일 오지 않고 왜적에 종사하여
　불행히도 죽게 되면 황천에 돌아가서 / 무슨 면목 가지고서 선황 선조 뵈올소냐
　　　　　　　　　　　　　　　　　　　　　－ 작자 미상, 「오라 오라 창의소로 돌아오라」

4 〈보기〉를 바탕으로 윗글을 감상한 내용으로 적절하지 <u>않은</u> 것은?

⟨ 손쉬운 **개념**

＊ **구어체**
'문어체'와 대비되는 개념으로 우리가 일상생활에서 사용하는 어투나 표현 등을 반영하는 것을 뜻해. 대화하는 그대로를 표현하는 문장 형식인데 1919년 3·1 운동 이후 일어난 언문일치 운동에 의해 널리 보급되었고 현재의 소설은 거의 모두 구어체로 쓰인다고 보면 돼.

─ 보기 ─

　　1917년 1월부터 126회에 걸쳐 신문에 연재된 이 작품은 한국 최초의 근대 장편 소설이다. 참신한 구어적 문체와 치밀한 내용 구성 면에서 현대 문학의 새로운 지평을 연 작품으로 평가받는 이 소설에서 작가는 일제 강점하에서 신음하는 우리 민족에 대한 애정과 민족의식을 보여 주면서 신구(新舊) 가치관의 대립과 갈등, 신교육의 중요성, 근대화의 필요성 등을 다루고 있다. 또, 영채와 선형 사이에서 갈등하는 형식의 모습을 통해 남녀 간의 애정이라는 소설적 흥미도 제시하고 있다.

① 영채와 선형 사이에서 애정 문제로 갈등하는 형식의 모습이 독자에게 흥미를 유발했겠군.

② 문어체 위주의 고전 소설과 달리 구어체* 문장을 사용하여 현대 소설의 형식을 보여 주고 있군.

③ 자연재해에 제대로 대처하지 못하는 수재민들의 모습을 통해 계몽의 필요성을 역설하고 있군.

④ 형식과 병욱을 바라보는 영채의 시각에서 신구 가치관의 대립이 더욱 심화되고 있음을 확인할 수 있군.

⑤ 조선 민중을 구제하기 위해 유학을 가고자 하는 형식 일행의 모습에서 민족에 대한 작가의 애정이 느껴지는군.

 손쉬운 **작품 검색**　　　　　　　　　　　　　　　　　무정_이광수 🔍

💬 **전체 줄거리**

본문 수록 장면

발단 경성 학교 영어 교사 이형식은 김 장로의 고명딸 선형에게 영어를 가르치며 그녀에게 사랑을 느낀다. 그 무렵 옛 은사인 박 진사의 딸 영채가 형식을 찾아온다.

전개 영채는 투옥된 아버지를 구하기 위해 기생이 되었지만 형식을 위해 정조를 지켜 왔다는 이야기를 전하고, 형식은 영채를 아내로 맞이하지 못하는 죄책감과 선형에 대한 사랑 사이에서 갈등한다.

위기·절정 정조를 잃은 영채는 자살을 하러 가던 중 병욱의 설득으로 동경 유학을 결심하고, 유학을 떠나기 위해 탄 기차에서 미국 유학을 떠나던 형식과 선형을 만나 수재민을 위한 자선 음악회를 연다.

결말 음악회를 계기로 교육과 실행으로 민족을 위해 일할 것을 결심한 네 사람은 장차 조국의 근대화에 이바지할 것을 다짐하며 유학길에 오른다.

📷

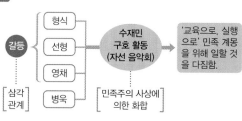

　　　　　　　　형식
갈등 ──　선형　── 수재민　── '교육으로, 실행
　　　　　　　영채　　구호 활동　　으로' 민족 계몽
　　　　　　　병욱　(자선 음악회)　을 위해 일할 것
　　　　　　　　　　　　　　　　　을 다짐함.
[삼각
관계]　　　　　　　　[민족주의 사상에
　　　　　　　　　　　의한 화합]

 주제 ▶ 민족 현실의 자각과 새로운 사회에 대한 열망

계몽주의　　# 자유연애와 신교육
교육과 실행

특징 ▶ 근대화한 현실과 인간의 심리를 세밀하게 묘사함.

산문적 묘사체　　# 구어 활용

26 만세전(萬歲前) _염상섭

'만세전'은 '1919년 3·1 만세 운동이 일어나기 전'이라는 의미이다. 3·1 운동 직전의 조선을 배경으로 하여 당대의 현실과 그에 대한 서술자의 인식 및 의식의 변화를 보여 주는 소설이다.

자정이나 넘은 뒤에 차는 대전에 와서 닿았다. 김 의관 같은 하이칼라˚ 신사는 커다란 가죽 가방에 담요를 비끄러매어서 옆에 놓았던 것을 앞에 앉았던 사람에게 들려 가지고 내려갔다. 그러나 기생은 내리지 않았다.

얼마나 정거하느냐고 소제˚하는 역부더러 물어보니까, 30분 동안이라고 멱따는 소리를 꽥 지르고 달아난다. 나는 하도 심심하기에 모자를 집어 쓰고 차에서 내려서 플랫폼으로 어슬렁어슬렁 걸어 나갔다. 그동안에 눈이 5, 6촌은 쌓인 모양이다. ㉠지금은 뜸하나 뼈에 저린 밤바람이 모가지를 자라목처럼 오그라뜨렸다. 맨 끝에 달린 찻간 앞까지 오니까 불을 환하게 켠 차장실 속에 얼굴이 해끄무레한 두 청년이 검정 방한모에 소매통이 좁은 옥색 두루마기를 입고, 누런 복장을 입은 헌병과 마주 서서 웃으며 이야기를 하는 것이 환히 보였다. 얼굴 모습이 같은 것을 보면 두 청년은 형제 같고, 헌병 가슴에 권총을 단 줄이 늘어진 것을 보면 일본 사람이 분명하다. 나는 수상히 여겨서 창 밑으로 가까이 가 보니까, 세 사람은 여전히 웃으며 뭐라고 속살거린다. 그러나 그 청년들의 어설프게 웃는 미소와 입술이 경련적으로 위로 뒤틀린 것은 공포 그 자체 같았다. 나는 발길을 돌이켜 목책˚으로 막은 입구 앞으로 가서 서슴지 않고 내 손으로 열고 나갔다. 아무것도 막지 않고 좌우편으로 눈발이 쳐들어오는 횅뎅그렁한 속에는 한가운데에 난로랍시고 놓고 그 가에 옹기종기 사람들이 모여 섰다.

'대합실도 없이 이런 벌판에 세워 둘 지경이면 어서 찻간으로 들여보냈으면 작히나 좋을까!'

나는 이런 생각을 하고 난로 옆을 흘끗 보려니까 결박을 지은 범인이 너댓 사람이나 오르르 떨며 나무 의자에 걸어앉고, 그 옆에는 순사가 세 명이나 앉아서 지키고 있는 것이 눈에 띄었다. 나는 깜짝 놀랐다. 그 중에는 머리를 파발을 하고 땟덩이가 된 치마저고리의 매무시까지 흘러내린 젊은 여편네도 역시 결박을 해 앉혔다. 부끄럽지도 않은지 나를 부러워하는 듯한 눈으로 물끄러미 쳐다보다가 고개를 숙였다. 뒤에는 쌕쌕 자는 아이가 매달렸다. ㉡나는 가슴이 선뜩하고 다리가 떨렸다. 모든 광경이 어떠한 책 속에서 본 것을 실연해 보여 주는 것 같은 생각이 희미하게 별안간 머리에 떠올라 왔다. 나는 지금 꿈을 보지 않았나 하는 의심까지 났다.

➤ 정차 중에 내려서 본 사람들의 모습

정거장 문 밖으로 나서서 눈을 바삭바삭 밟으며 큰길 거리로 나가니까 7년 전에 일본으로 도망갈 때, 정오 때 대전에 내려서 점심을 사 먹던 집이 어디인지 방면도 알 수가 없었다. 길 맞은편으로 쭉 늘어선 것은 컴컴해서 자세히는 안 보이나 일본 사람 집인 모양이다. '야과온포(夜鍋溫飽)˚'를 파는 수레가 적막한 밤을 깨뜨리며 호젓하고 처량하게 쩔렁쩔렁 요령을 흔드는 것을 한참 바라보고 섰다가, 그때에 밥을 팔던 삼십 남짓한 객줏집 계집은 지금쯤 어디 가서 파묻혔누? 하는 생각을 하며 다시 정거장 구내로 들어왔다. 발자국 하나 말 한마디 제꺽 소리도 없이 얼어붙은 듯이 앉아 있는 승객들은, 웅숭그려뜨리고 들어오는 나의 얼굴을 쳐다보며 여전히 오그라뜨리고 앉아 있다. 결박을 지은 계집은 또다시 나를 쳐다보았다. 곁에 앉아 있는 순사까지 불쌍히 보였다. 목책 안으로 들어오며 건너다보니까 차장실 속에 있던 두 청년과 헌병도 여전히 이야기를 하고 섰는 것이 보인다. 나는 까닭 없이 처량한 생각이 가슴에 복받쳐 오르면서 몸이 한층 더 부르르 떨렸다. 모든 기억이 꿈 같고 눈에 띄는 것마다 가엾어 보였다. 눈물이 스며 나올 것 같았다. 나는,

승강대로 올라서며, 속에서 분노가 치밀어 올라와서 이렇게 부르짖었다.

ⓒ'이것이 생활이라는 것인가? 모두 뒈져 버려라!'

찻간 안으로 들어오며,

'무덤이다! 구더기가 끓는 무덤이다!'

라고 나는 지긋지긋한 듯이 입술을 악물어 보았다.

모자를 벗어서 앉았던 자리 위에 던지고 난로 앞으로 가서 몸을 녹이며 섰다. 난로는 꽤 달았다. 뱀의 혀 같은 빨간 불길이 난로 문틈으로 날름날름 내다보인다. ㉣찻간 안의 공기는 담배 연기와 석탄재의 먼지로 흐릿하면서도 쌀쌀하다. 우중충한 남폿불은 웅크리고 자는 사람들의 머리 위를 지키는 것 같으나, 묵직하고도 고요한 압력으로 사뿟이 내리누르는 것 같다. 나는 한번 휙 돌려다 본 뒤에,

'공동묘지다! 구더기가 우글우글하는 공동묘지다!'

라고 속으로 생각하였다.

'이 방 안부터 여부없는 공동묘지다. 공동묘지에 있으니까 공동묘지에 들어가기를 싫어하는 것이다. 구더기가 득시글득시글하는 무덤 속이다. 모두가 구더기다. 너도 구더기, 나도 구더기다. 그 속에서도 진화론적 모든 조건은 한 초 동안도 거르지 않고 진행되겠지! 생존 경쟁이 있고 자연 도태가 있고 네가 잘났느니 내가 잘났느니 하고 으르렁댈 것이다. 그러나 조만간 구더기의 낱낱이 해체가 되어서 원소가 되고 흙이 되어서 내 입으로 들어가고 네 코로 들어갔다가, 네나 내나 거꾸러지면 미구에 또 구더기가 되어서 원소가 되거나 흙이 될 것이다. 에잇! 뒈져라! 움도 싹도 없어져 버려라! 망할 대로 망해 버려라! 사태가 나든지 망해 버리든지 양단간에 끝장이 나고 보면 그중에서 혹은 조금이라도 쓸모 있는 나은 놈이 생길지도 모를 것이다.'

나는 차가 떠나기 전에 자기 자리로 와서 드러누웠다. 등 너머에 와서 누운 기생의 머리에서 가끔가끔 끼쳐 오는 머릿내와 향긋한 기름내, 분내를 코로 은은히 맡아 가며 눈을 감고 누웠었다.

'이것도 구더기 썩는 냄새다!'

㉤나는 이런 생각을 해 보면서도 코를 막으려고는 안 했다. 차가 움직이기 시작했다. 어느덧 잠이 소르르 왔다.

 조선의 현실을 공동묘지 같다고 인식함.

어휘 풀이

- **하이칼라** : 예전에, 서양식 유행을 따르던 멋쟁이를 이르던 말
- **소제(掃除)** : 청소
- **촌(寸)** : 치. 길이의 단위. 한 치는 약 3.03cm에 해당함.
- **목책(木柵)** : 나무로 만든 울타리
- **야과온포(夜鍋縕飽)** : 밤에 파는 일본 국수
- **미구(未久)** : (주로 '미구에' 꼴로 쓰여) 얼마 오래지 아니함.

 작품 핵심 **단축키**

일제 강점기의 지식인	**민족의 암담한 현실**	**여로형 원점 회귀 구조**
인물	사건 갈등	서술
'나'는 동경 □□□으로 일제 강점하의 조선 현실에 대해 고뇌하지만 이를 해결하기 위해 적극적으로 행동하지는 못하고 있다.	'나'는 조선의 암담한 현실을 목격하고 이러한 현실을 '구더기가 끓는 □□'과 '□□□□'로 인식하고 있다.	주인공 '나'가 일본의 동경에서 조선으로, 다시 동경으로 돌아가는 과정에서 현실을 깨닫고 인식이 □□하는 과정을 형상화하고 있다.

1

윗글의 서술상 특징으로 가장 적절한 것은?

① 서술자를 교체하면서 인과 관계를 밝히고 있다.
② 주변을 관찰하며 내면의 심리를 드러내고 있다.
③ 자연적 배경을 통해 사건 전개 방향을 암시하고 있다.
④ 잦은 장면 전환으로 상황을 속도감 있게 전개하고 있다.
⑤ 독백적 발화*를 통해 인물의 객관적인 태도를 드러내고 있다.

손쉬운 개념

＊ **독백적 발화**
한 인물이 혼자서 말을 하는 것을 의미해. 자신이나 다른 인물의 성격과 행동을 설명하거나 사건의 흐름을 혼자서 이야기하는 방식이지. 독백은 인물의 심리 상태를 전달할 때 특히 효과적이라고 할 수 있어.

2 ㉠~㉤에 대한 설명으로 적절하지 <u>않은</u> 것은?

① ㉠ : 외부 환경과 그에 따른 인물의 행동을 묘사하고 있군.
② ㉡ : 아이를 업은 채 결박당한 여인의 모습을 보고 충격을 받고 있군.
③ ㉢ : 승객들에 대한 분노인 동시에 자신에 대한 분노라고 할 수 있겠군.
④ ㉣ : 우리 민족이 처한 암울한 상황을 상징하는 배경으로 볼 수 있겠군.
⑤ ㉤ : 식민지 현실을 극복하고자 하는 주인공의 결의가 드러나는 대목이군.

3 〈보기〉와 윗글을 비교하여 감상한 내용으로 적절하지 <u>않은</u> 것은?

> ─ 보기 ─
>
> 이 분위기 속에서는 아무리 노력하여도, 충실하여도, 우리는 우리의 생의 만족을 느낄 날이 없을 것이다. 어찌하여 겨우 연명을 한다 하더라도 죽지 못하는 삶이 될 것이요, 그 영향은 자식에게까지 미칠 것이다. 나는 어미 품속에서 빽빽 하는 어린것의 장래를 생각할 때면 애잡짤한 감정과 분함을 금할 수 없다. 내가 늘 이 상태면(그것은 거의 정한 이치다.) 그에게는 상당한 교양은 고사하고, 다리 밑이나 남의 집 문간에 버리게 될 터이니, 아! 삶을 받은 한 생령을 죄 없이 찌그러지게 하는 것이 어찌 애달프잖으며 분치 않으랴? 그렇다 하면 그것을 나의 죄라 할까?
> 김 군! 나는 더 참을 수 없었다. 나는 나부터 살리려고 한다. 이때까지는 최면술에 걸린 송장이었다. 제가 죽은 송장으로 남(식구들)을 어찌 살리랴? 그러려면 나는 나에게 최면술을 걸려는 무리를, 험악한 이 공기의 원류를 쳐부수려고 하는 것이다.
>
> ─ 최서해, 「탈출기」 중에서

① 〈보기〉와 윗글은 모두 서술자가 자신의 모습을 부정적으로 인식하고 있다.
② 〈보기〉의 '송장'과 윗글의 '구더기'는 의식 없는 조선인들의 모습을 상징한다.
③ 〈보기〉와 달리 윗글의 서술자는 상징적 단어를 통해 암담한 현실을 제시하고 있다.
④ 윗글과 달리 〈보기〉에는 '험악한 이 공기의 원류'로부터 벗어나려는 서술자의 의지가 드러나 있다.
⑤ 〈보기〉의 서술자는 윗글의 서술자가 당대 조선 사회의 모습을 '공동묘지'라고 표현한 것에 대해 동의를 표할 것이다.

4 〈보기〉를 참고하여 윗글을 감상한 내용으로 가장 적절한 것은?

손쉬운 개념

* **여로형 소설**
여행의 길을 따라 사건이 발생되고 해결되는 소설을 '여로형 소설'이라고 해. 여로형 소설은 출발지와 도착지가 다른 '선적(線的)' 여로와 출발지로 다시 귀환하는 '회귀형(回歸型)' 여로로 나눌 수 있어.

—● 보기 ●—

「만세전」은 1919년 3·1 운동 전의 암울한 시대 상황을 배경으로 하여 여로형(旅路型) 구조에 따라 민족의 현실을 사실적으로 그린 소설이다. 이 작품은 본래 '묘지'라는 제목으로 연재되다가 1924년 '만세전'이라는 제목으로 바뀌어 완결되었다. 주인공이 동경에서 서울로 왔다가 다시 동경으로 돌아가는 과정에서 보고 들은 일제의 수탈과 민중들의 무지함을 사실적으로 그리는 한편, 당대 지식인의 우유부단하고 무기력한 의식 구조를 형상화하고 있다.

① '동경'은 '나'의 무기력한 의식 구조를 드러내는 불편함과 두려움의 공간이다.
② '나'는 '서울'에서 현실 문제에 대한 대결 의식을 고취하며 저항 의지를 드러낸다.
③ '여로형 소설'의 특징에 걸맞게 공간의 이동에 따른 '나'의 현실 인식을 보여 준다.
④ 원래의 제목인 '묘지'는 부조리한 현실에 대항하고자 하는 민중들의 의식을 상징한다.
⑤ 원래의 공간으로 돌아가는 '회귀형 구조'를 취하여 삶의 허무함에 대한 깨달음을 효과적으로 드러낸다.

 손쉬운 작품 검색

만세전_염상섭 🔍

💬 **전체 줄거리**

발단 동경 유학생이던 '나(이인화)'는 아내가 위독하다는 전보를 받고 연말 시험도 포기한 채 귀국 준비를 한다.

전개 '나'는 사회의 모순을 고쳐야 한다고 생각하면서도 실행에 옮기지 못하는 자신에 대한 불만 등으로 목적도 없이 일본의 술집을 전전하며 답답함을 느낀다.

본문 수록 장면

위기·절정 '나'는 서울로 향하기 위해 오른 연락선 안에서 조선인을 멸시하는 일본인에게 분노를 느끼고 부산과 김천, 서울행 찻간 등에서 참담한 식민지 조선의 현실을 발견한다. 집에 도착해서도 '나'는 조선의 비참한 현실에서 느껴지는 답답함에서 벗어나지 못한다.

결말 아내는 결국 죽음을 맞이한다. '나'는 아내의 장례를 치른 뒤 새로운 출발을 하기로 결심하고 구더기로 가득 찬 공동묘지 같은 조선에서 도망치듯 동경으로 떠난다.

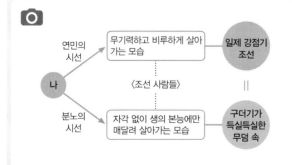

🖱️ **주제** ▶ 지식인의 눈으로 본 식민지 조선의 암담한 현실

\# 동경 유학생 \# 구더기 끓는 무덤
\# 조선 = 공동묘지 \# 일제 강점기 민족의 현실

특징 ▶ 여로형 구조를 통해 주인공의 현실 인식 변화를 보여 줌.

\# 일본 → 조선 → 일본 \# 처량함과 안타까움
\# 혐오감과 분노 \# 너도 나도 구더기

27 소설가 구보 씨의 일일_박태원

'소설가'는 주인공의 직업이고, '구보'는 이 작품의 주인공이며, '일일'은 이 소설이 벌어지는 시간적 배경을 의미한다. 이 작품은 소설가 구보가 정오에 집을 나와 경성 거리를 배회하다가 새벽 2시경에 귀가하기까지의 여정을 그리고 있다.

구보는

갑자기 걸음을 걷기로 한다. 그렇게 우두커니 다리 곁에 가 서 있는 것의 무의미함을 새삼스러이 깨달은 까닭이다. 그는 종로 거리를 바라보고 걷는다. 구보는 종로 네거리에 아무런 사무(事務)도 갖지 않는다. 처음에 그가 아무렇게나 내어놓았던 바른발이 공교롭게도 왼편으로 쏠렸기 때문에 지나지 않는다. 〈중략〉

그래도, 구보는, 약간 자신이 있는 듯싶은 걸음걸이로 전차 선로를 두 번 횡단하여 화신 상회 앞으로 간다. 그리고 저도 모를 사이에 그의 발은 백화점 안으로 들어서기조차 하였다.

[A]
젊은 내외가, 너덧 살 되어 보이는 아이를 데리고 그곳에 가 승강기를 기다리고 있었다. 이제 그들은 식당으로 가서 그들의 오찬을 즐길 것이다. 흘낏 구보를 본 그들 내외의 눈에는 자기네들의 행복을 자랑하고 싶어 하는 마음이 엿보였는지도 모른다. 구보는, 그들을 업신여겨 볼까 하다가, 문득 생각을 고쳐, 그들을 축복하여 주려 하였다. 사실, 사오 년 이상을 같이 살아왔으면서도, 오히려 새로운 기쁨을 가져 이렇게 거리로 나온 젊은 부부는 구보에게 좀 다른 의미로서의 부러움을 느끼게 하였는지도 모른다. 그들은 분명히 가정을 가졌고, 그리고 그들은 그곳에서 당연히 그들의 행복을 찾을 게다.

승강기가 내려와 서고, 문이 열리고, 닫히고, 그리고 젊은 내외는 수남(壽男)이나 복동(福童)이와 더불어 구보의 시야를 벗어났다.
➜ 백화점에 들어가 젊은 내외와 아이를 보며 행복에 대해 생각함.

구보는 다시 밖으로 나오며, 자기는 어디 가 행복을 찾을까 생각한다. 발 가는 대로, 그는 어느 틈엔가 안전지대에 가 서서, 자기의 두 손을 내려다보았다. 한 손의 단장과 또 한 손의 공책과 ─ 물론 구보는 거기에서 행복을 찾을 수는 없다.

안전지대 위에, 사람들은 서서 전차를 기다린다. 그들에게, 행복은 알 수 없다. 그러나 그들은 분명히, 갈 곳만은 가지고 있었다.
➜ 밖으로 나와 안전지대에 서서 행복에 대해 생각함.

전차가 왔다. 사람들은 내리고 또 탔다. 구보는 잠깐 머엉하니 그곳에 서 있었다. 그러나 자기와 더불어 그곳에 있던 온갖 사람들이 모두 저 차에 오르는 것을 보았을 때, 그는 저 혼자 그곳에 남아 있는 것에, 외로움과 애달픔을 맛본다. 구보는, 움직인 전차에 뛰어올랐다.
➜ 외로움을 느끼며 전차에 뛰어오름.

전차 안에서

구보는, 우선, 제 자리를 찾지 못한다. 하나 남았던 좌석은 그보다 바로 한 걸음 먼저 차에 오른 젊은 여인에게 점령당했다. 구보는, 차장대(車掌臺) 가까운 한구석에 가 서서, 자기는 대체, 이 동대문행 차를 어디까지 타고 가야 할 것인가를, 대체, 어느 곳에 행복은 자기를 기다리고 있을 것인가를 생각해 본다.

이제 이 차는 동대문을 돌아 경성 운동장* 앞으로 해서…… 구보는, 차장대, 운전대로 향한, 안으로 파아란 융*을 받쳐 댄 창을 본다. 전차과(電車課)에서는 그곳에 뉴스를 게시한다. 그러나 사람들은, 요사이 축구도 야구도 하지 않는 모양이었다.

장충단으로. 청량리로. 혹은 성북동으로……. 그러나 요사이 구보는 교외를 즐기지 않는다. 그곳에는, 하여튼 자연이 있었고, 한적(閑寂)이 있었다. 그리고 고독조차 그곳에는, 준비되어 있었다. 요사이, 구보는 고독을 두려워한다.

일찍이 그는 고독을 사랑한 일이 있었다. 그러나 고독을 사랑한다는 것은 그의 심경의 바른 표현이 못 될 게다. 그는 결코 고독을 사랑하지 않았는지도 모른다. 아니 도리어 그는 그것을 그지없이 무서워하였는지도 모른다. 그러나 그는 고독과 힘을 겨루어, 결코 그것을 이겨 내지 못하였다. 그런 때 구보는 차라리 고독에게 몸을 떠맡기어 버리고, 그리고, 스스로 자기는 고독을 사랑하고 있는 것이라고 꾸며 왔는지도 모를 일이다……

➤ 전차 안에서 상념에 잠김.

표, 찍읍쇼. 차장이 그의 앞으로 왔다. 구보는 단장을 왼팔에 걸고, 바지 주머니에 손을 넣었다. 그러나 그가 그 속에서 다섯 닢의 동전을 골라 내었을 때, 차는 종묘(宗廟) 앞에 서고, 그리고 차장은 제자리로 돌아갔다.

구보는 눈을 떨어뜨려, 손바닥 위의 다섯 닢 동전을 본다. 그것들은 공교롭게도 모두가 뒤집혀 있었다. 대정(大正)*12년. 11년. 11년. 8년. 12년. 대정 54년 — 구보는 그 숫자에서 어떤 한 개의 의미를 찾아내려 들었다. 그러나 그것은 부질없는 일이었고, 그리고 또 설혹 그것이 무슨 의미를 가지고 있었다 하더라도, 그것은 적어도 '행복'은 아니었을 게다.

➤ 차비를 내며 동전의 의미를 찾으려 함.

차장이 다시 그의 옆으로 왔다. 어디를 가십니까. 구보는 전차가 향하여 가는 곳을 바라보며 문득 창경원에라도 갈까, 하고 생각한다. 그러나 그는 차장에게 아무런 사인도 하지 않았다. 갈 곳을 갖지 않은 사람이, 한번, 차에 몸을 의탁하였을 때, 그는 어디서든 섣불리 내릴 수 없다.

차는 서고, 또 움직였다. 구보는 창밖을 내어다보며, 문득, 대학 병원에라도 들를 것을 그랬나 하여 본다. 연구실에서, 벗은, 정신병을 공부하고 있었다. 그를 찾아가, 좀 다른 세상을 구경하는 것은, 행복은 아니어도, 어떻든 한 개의 일일 수 있다……

➤ 행선지를 정하지 못하고 고민함.

[B] 구보가 머리를 돌렸을 때, 그는 그곳에, 지금 마악 차에 오른 듯싶은 한 여성을 보고, 그리고 신기하게 놀랐다. 집에 돌아가, 어머니에게 오늘 전차에서 '그 색시'를 만났죠 하면, 어머니는 응당 반색을 하고, 그리고, '그래서 그래서', 뒤를 캐어물을 게다. 그가 만일, 오직 그뿐이라고라도 말한다면, 어머니는 실망하고, 그리고 그를 주변머리 없다고 책(責)할지도 모른다. 그러나 누가 그 일을 알고, 그리고 아들을 졸(拙)하다고라도 말한다면, 어머니는, 내 아들은 원체 얌전해서……. 그렇게 변호할 게다.

구보는 여자와 시선이 마주칠까 겁(怯)하여, 얼토당토않은 곳을 보며, 저 여자는 내가 여기 있는 것을 보았을까, 하고 생각한다.

➤ 전차에서 예전에 선을 본 여자를 봄.

어휘 풀이

- **단장(短杖)** : 짧은 지팡이
- **경성 운동장** : 옛 '동대문 운동장'을 이름.
- **융(絨)** : 표면이 부드러운 옷감의 하나
- **대정(大正)** : 다이쇼. 일본 다이쇼 천황 시대의 연호
- **책(責)할지도** : 잘못을 꾸짖거나 나무라며 못마땅하게 여길지도
- **졸(拙)하다고** : 주변이 없고 생각이 좁아 옹졸하다고, 솜씨가 서투르다고

작품 핵심 **단축키**

무기력한 지식인

인물 '구보'는 뚜렷한 목적지 없이 거리를 배회하면서 □□에 대해 고민하나 결론을 내리지 못한 채 고독감과 무기력함에 빠져 있다.

의식의 흐름에 따른 전개

사건 갈등 외적, 내적 갈등 없이 '구보'의 □□□□을 따라 이야기가 전개된다.

서술자와 인물의 시점

서술 표면적으로는 □□□ 시점이지만, 서술자가 □□의 시선과 의식으로 사건을 서술하고 있어 서술자 자신의 이야기를 하고 있는 느낌을 준다.

1 윗글의 서술 방식에 대한 설명으로 적절한 것은?

① 특정한 인물의 시각*에서 사건을 서술하고 있다.
② 인물 간의 대화를 중심으로 내용을 전개하고 있다.
③ 부조리한 현실에 대한 비판적 시각을 보여 주고 있다.
④ 하나의 중심 대상에 대한 서술자의 감회를 상세하게 다루고 있다.
⑤ 다양한 감각적 표현을 활용하여 사건을 생생하게 전달하고 있다.

손쉬운 개념

＊ 특정 인물의 시각

전지적 작가 시점을 그대로 유지한 상태에서 마치 작품 속 특정 인물의 시각에서 서술하는 듯한 느낌을 주는 것을 의미해. 이러한 경우 특정 인물을 '초점 화자'라고 하지.

2 〈보기〉와 같이 윗글에 대한 수업을 진행한다고 할 때, 선생님의 질문에 대한 학생의 대답으로 가장 적절한 것은?

─● 보기 ●─

선생님 : 이 작품에서는 일반적인 소설에서 찾기 어려운 독특한 특징을 발견할 수 있습니다. 여러분의 생각을 말해 볼까요?
학생 : _____

① 과거형 어미를 활용하여 주인공의 지난 삶을 반추하고 있습니다.
② 주인공의 내면 의식의 흐름*을 중심으로 사건이 전개되고 있습니다.
③ 인물 간의 갈등이 해소되지 않은 채로 사건이 마무리되고 있습니다.
④ 주인공이 당대 현실에 대한 문제의식을 직접 토로하는 형식을 취하고 있습니다.
⑤ 주인공의 정신적 공황 상태를 과장하여 서술함으로써 사회 현실을 풍자하고 있습니다.

손쉬운 개념

＊ 의식의 흐름

소설 속 인물의 의식이 끊어지지 않은 상태로 외부로부터의 자극을 계속 받아들이고 반응하며 연속되는 것을 말해. 논리적·조직적이지 못하고, 파편적인 생각이 연속되며, 자유 연상이 지속되는 등의 특징이 있어, 인상, 회상, 기억, 반성, 사색과 같은 심적 경험이 주요 제재가 되지.

3 [A]에 대한 이해로 적절하지 않은 것은?

① 구보가 자신의 행복에 대해 생각해 보는 계기가 된다.
② 구보의 눈에 비친 행복한 가족의 모습을 보여 주고 있다.
③ 부부와 아이를 바라보는 구보의 부러움이 드러나고 있다.
④ 구보가 의도적으로 본 것이 아니라 우연히 보게 된 장면이다.
⑤ 구보는 자신의 시야를 벗어나는 대상에게서 자신의 모습을 발견하고 있다.

4 [B]의 서술상 특징에 대한 설명으로 가장 적절한 것은?

① 한자어를 사용하여 자신의 생각을 간결하게 전달하고 있다.
② 쉼표를 의도적으로 활용하여 읽기 속도의 변화를 유도하고 있다.
③ 상대의 생각을 서술하여 자신의 내면을 간접적으로 표현하고 있다.
④ 말줄임표를 사용하여 내면 의식을 강조하려는 의도를 보여 주고 있다.
⑤ 어순을 뒤바꾼 의도적인 비문(非文)을 활용하여 복잡한 심정을 효과적으로 드러내고 있다.

5 전차 안에서의 '구보'와 〈보기〉의 '철호'를 비교한 것으로 적절하지 <u>않은</u> 것은?

> ● 보기 ●
>
> 　운전수는 핸들을 잔뜩 비틀어 쥐었다. 운전수가 몸을 한편으로 기울이며 마악 핸들을 틀려는 때였다. 뒷자리에서 철호가 소리를 질렀다. / "아니야, S 병원으로 가."
> 　철호는 갑자기 아내의 죽음을 생각했던 것이었다. 운전수는 다시 획 핸들을 이쪽으로 틀었다. 운전수 옆에 앉아 있는 조수 애가 한번 철호를 돌아다보았다. 철호는 뒷자리 한구석에 가서 몸을 틀어박은 채 고개를 뒤로 젖히고 눈을 감고 있었다. 차는 한국은행 앞 로터리를 돌고 있었다. 그때에 또 뒤에서 철호가 소리를 질렀다.
> 　"아니야, × 경찰서로 가."
> 　눈을 감고 있는 철호는 생각하는 것이었다. 아내는 이미 죽었는데 하고.
> 　이번에는 다행히 차의 방향을 바꿀 필요가 없었다. 그냥 달렸다.
> 　"× 경찰서 앞입니다." / 철호는 눈을 떴다. 상반신을 번쩍 일으켰다. 그러나 곧 또 털썩 뒤로 기대고 쓰러져 버렸다. / "아니야, 가."
> 　　　　　　　　　　　　　　　　　　　　　　　　　– 이범선, 「오발탄」 중에서

① '구보'와 '철호'는 방향을 상실한 상황에 놓여 있다.
② '구보'와 '철호'는 하나의 목적지를 정하지 못하고 있다.
③ '구보'에 비해 '철호'는 극도의 불안 상태를 보이고 있다.
④ '구보'와 '철호'의 모습은 시대가 낳은 불행한 삶을 대표하고 있다.
⑤ '철호'와 달리 '구보'는 자신의 눈에 비친 대상에 대한 생각을 드러내고 있다.

손쉬운 작품 검색　　　　　　　　　　　　　　　　　　소설가 구보 씨의 일일_박태원 ⊕

💬 전체 줄거리

 **본문 수록 장면**

발단 구보는 직장도 없고 아직 결혼도 하지 못한 스물여섯 살의 청년이다. 구보의 어머니는 동경 유학까지 다녀온 아들이 무직인 것을 이해하지 못한다.

전개 1 서울 거리를 배회하며 고독과 행복에 대해 생각하던 구보는 고독을 피하기 위해 경성역을 찾아가지만 온정을 느낄 수 없는 비정한 인간 군상을 발견할 뿐이다.

전개 2 벗을 만난 구보는 벗의 처지를 안타까워하며 함께 술집으로 간다. 술집에 간 구보는 세상 사람들을 모두 정신병자로 간주하고 싶은 강렬한 충동을 느낀다.

결말 새벽 2시, 구보는 이제 좋은 소설도 쓰고 어머니의 혼인 이야기도 물리치지 않기로 마음먹고 벗과 헤어져 어머니가 기다리는 집으로 향한다.

박태원 (작가) → 전지적 서술자 → **구보** → 화신 상회의 젊은 내외와 아이 / 전차를 타고 내리는 사람들 / 전차 안의 여인

 주제 ▶ 무기력한 소설가의 눈에 비친 1930년대 도시의 일상과 그의 내면 의식

\# 소심한 지식인　　\# 백화점과 전차 안의 풍경

특징 ▶ 공간의 이동에 따른 의식의 흐름에 따라 전개됨.

\# 종로 네거리 → 백화점 안 → 전차 안
\# 무료함 → 부러움 → 방향 상실

28

봄봄 _김유정

만물이 생장하는 봄날에 피어나는 사춘기 남녀의 사랑을 인생의 '봄'으로 표현한 작품으로, 교활한 장인과 우직한 데릴사위 간의 갈등을 해학적으로 그려내고 있다.

/ 앞부분 줄거리 / '나'는 배 참봉 댁 마름 봉필의 데릴사위다. 장인은 딸 점순이와의 성례를 빌미로 '나'에게 돈 한 푼 주지 않고 일을 시키고 있는데, 그것이 벌써 3년 하고도 일곱 달이 되었다. 성례를 올려 달라는 '나'의 요구에 장인은 점순이의 키가 작아서 안 된다는 핑계를 대며 성례를 미루기만 하고, '나'는 장인과 동네 구장을 찾아가 담판을 지으려 했으나 아무 소득 없이 돌아오게 된다.

점순이가 그 상을 내 앞에 내려놓으며 제 말로 지껄이는 소리가,

"구장님한테 갔다 그냥 온담 그래!"

하고 엊그제 산에서와 같이 되우˚ 종알거린다. 딴은 내가 더 단단히 덤비지 않고 만 것이 좀 어리석었다. 속으로 그랬다. 나도 저쪽 벽을 향하여 외면하면서 내 말로,

"안 된다는 걸 그럼 어떡헌담!" / 하니까,

㉠"쇰을 잡아채지 그냥 뒤, 이 바보야!"

하고 또 얼굴이 빨개지면서 성을 내며 안으로 샐죽하니˚ 튀들어가지˚ 않느냐. 이때 아무도 본 사람이 없었게 망정이지, 보았다면 내 얼굴이 에미 잃은 황새 새끼처럼 가여웁다 했을 것이다.
➔ 점순이의 충동질

사실 이때만치 슬펐던 일이 또 있었는지 모른다. 다른 사람은 암만 못생겼다 해두 괜찮지만 내 아내 될 점순이가 병신으로 본다면 참 신세는 따분하다. 밥을 먹은 뒤 지게를 지고 일터로 갈라 하다 도로 벗어던지고 바깥마당 공석˚ 위에 들어누워서, 나는 차라리 죽느니만 같지 못하다 생각했다.

내가 일 안 하면 장인님 저는 나이가 먹어 못 하고 결국 농사 못 짓고 만다. 뒷짐으로 트림을 꿀꺽하고 대문 밖으로 나오다 날 보고서,

"이 자식, 왜 또 이러니." / ㉡"관격이 났어유, 어이구 배야!"

"기껏 밥 처먹구 나서 무슨 관격이야, 남의 농사 버려 주면 이 자식 징역 간다 봐라!"

"가두 좋아유, 어이구 배야!" 〈중략〉
➔ '나'의 꾀병

장인님은 더 약이 바짝 올라서 잡은 참 지게막대기로 내 어깨를 그냥 내려 갈겼다. 정신이 다 아찔하다. 다시 고개를 들었을 때 그때엔 나도 온몸에 약이 올랐다. 이 녀석의 장인님을, 하고 눈에서 불이 퍽 나서 그 아래 밭 있는 넝 알로˚ 그대로 떠밀어 굴려 버렸다.

기어오르면 굴리고 굴리면 기어오르고, 이러길 한 너덧 번을 하며, 그럴 적마다

㉢"부려만 먹구 왜 성례 안 하지유!"

나는 이렇게 호령했다. 허지만 장인님이 선뜻 오냐 낼이라두 성례시켜 주마 했으면 나도 성가신 걸 그만두었을지 모른다. 나야 이러면 때린 건 아니니까 나중에 장인 쳤다는 누명도 안 들을 터이고 얼마든지 해도 좋다.

한번은 장인님이 헐떡헐떡 기어서 올라오더니 내 바지가랭이를 요렇게 노리고서 단박 웅켜 잡고 매달렸다. 악, 소리를 치고 나는 그만 세상이 다 팽그르 도는 것이

"빙장님! 빙장님! 빙장님!" / "이 자식! 잡아먹어라, 잡아먹어!"

㉣"아! 아! 할아버지! 살려 줍쇼, 할아버지!"

하고 두 팔을 허둥지둥 내절 적에는 이마에 진땀이 쭉 내솟고 인젠 참으로 죽나 보다 했다. 그래두 장인님

은 놓질 않드니 내가 기어이 땅바닥에 쓰러져서 거진 까무러치게 되니까 놓는다. 더럽다, 더럽다. 이게 장인님인가? 나는 한참을 못 일어나고 쩔쩔맸다. 그러나 얼굴을 드니(눈엔 참 아무것도 보이지 않았다.) 사지가 부르르 떨리면서 나도 엉금엉금 기어가 장인님의 바지가랭이를 꽉 움키고 잡아 나꿨다. ➤ '나'와 장인의 싸움

내가 머리가 터지도록 매를 얻어맞은 것이 이 때문이다. 그러나 여기가 또한 우리 장인님이 유달리 착한 곳이다. 여느 사람이면 사경을 주어서라도 당장 내쫓았지, 터진 머리를 불솜으로 손수 지져 주고, 호주머니에 희연 한 봉을 넣어 주고 그리고,

"올 갈엔 꼭 성례를 시켜 주마. 암말 말구 가서 뒷골의 콩밭이나 얼른 갈아라."

[A] 하고 등을 뚜덕여 줄 사람이 누구냐.

나는 장인님이 너무나 고마워서 어느덧 눈물까지 났다. 점순이를 남기고 인젠 내쫓기려니 하다 뜻밖의 말을 듣고,

"빙장님! 인제 다시는 안 그러겠어유!"

이렇게 맹세를 하며 부랴사랴 지게를 지고 일터로 갔다. ➤ '나'와 장인의 화해

그러나 이때는 그걸 모르고 장인님을 원수로만 여겨서 잔뜩 잡아당겼다.

"아! 아! 이놈아! 놔라, 놔, 놔……."

장인님은 헛손질을 하며 솔개미에 챈 닭의 소리를 연해 질렀다. 놓긴 왜, 이왕이면 호되게 혼을 내 주리라 생각하고 짓궂이 더 댕겼다마는 장인님이 땅에 쓰러져서 눈에 눈물이 피잉 도는 것을 알고 좀 겁도 났다.

"할아버지! 놔라, 놔, 놔, 놔, 놔."

그래도 안 되니까,

"얘, 점순아! 점순아!"

이 악장에 안에 있었던 장모님과 점순이가 헐레벌떡하고 단숨에 뛰어나왔다. 나의 생각에 장모님은 제 남편이니까 역성을 할는지도 모른다. 그러나 점순이는 내 편을 들어서 속으로 고수해서 하겠지……, 대체 이게 웬 속인지(지금까지도 난 영문을 모른다.) 아버질 혼내 주기는 제가 내래 놓고 이제 와서는 달겨들며,

ⓓ "에그머니! 이 망할 게 아버지 죽이네!"

하고, 귀를 뒤로 잡아댕기며 마냥 우는 것이 아니냐. 그만 여기에 기운이 탁 꺾이어 나는 얼빠진 등신이 되고 말았다. 장모님도 덤벼들어 한쪽 귀마저 뒤로 잡아채면서 또 우는 것이다.

이렇게 꼼짝도 못하게 해 놓고 장인님은 지게막대기를 들어서 사뭇 내려 조겼다. 그러나 나는 구태여 피하려지도 않고 암만 해도 그 속 알 수 없는 점순이의 얼굴만 멀거니 들여다보았다. ➤ 점순이의 이중적 행동에 당황하는 '나'

★ 어휘 풀이
● **되우** : 되게, 아주 몹시
● **샐죽하니** : 마음에 차지 않아서 약간 고까워하는 태도를 드러내는 모양으로
● **튀들어가지** : 뛰어 들어가지
● **공석** : 빈 멍석
● **관격(關格)** : 먹은 음식이 체하여 계속 토하며 대소변도 못 보는 위급한 증상
● **넝 알로** : 둔덕 아래로
● **사경(私耕)** : 새경. 머슴이 주인에게서 한 해 동안 일한 대가로 받는 돈이나 물건
● **희연** : 일제 강점기 때의 담배 이름
● **솔개미** : '솔개'의 방언
● **악장** : 악을 쓰는 것
● **고수해서** : 고소해서

작품 핵심 **단축키**

	점순이의 돌변에 놀란 '나'		'나'와 장인의 갈등 양상		과거와 현재의 교차
인물	'나'는 점순이의 부추김으로 '장인'과 싸움을 벌이나, 아버지 편을 드는 점순이의 □□□ 태도에 당혹스러워하고 있다.	사건 갈등	'나'와 장인은 성례 문제로 □ □ 까지 벌이나, 결국 장인의 회유로 갈등이 마무리된다.	서술	주인공 '나'의 □□에 의한 서술로, 과거와 현재가 교차되며 전개되고 있다.

1 윗글의 서술상의 특징으로 가장 적절한 것은?

① 배경을 상세하게 묘사하여 주제를 암시하고 있다.
② 과거의 사건을 요약적으로 제시하여 독자의 이해를 돕고 있다.
③ 빈번한 장면 전환을 통해 인물들 사이의 긴장감을 고조시키고 있다.
④ 장면에 따라 서술자를 달리하여 상황을 입체감 있게 그려 내고 있다.
⑤ 시간의 순차적 전개*에서 벗어나는 내용을 삽입하여 사건을 부각하고 있다.

손쉬운 개념

＊ **시간의 순차적 전개**
사건이 일어난 순서에 따라 차례로 이야기를 전개하는 방식을 말해.

2 ㉠~㉢에 담긴 등장인물의 속마음을 추리한 내용으로 적절하지 <u>않은</u> 것은?

① ㉠ : '아버지에게 더 적극적으로 말했어야지.'
② ㉡ : '점순이에게 바보라는 말까지 듣고 순순히 일을 하러 갈 수는 없어.'
③ ㉢ : '이번에는 어떻게 해서든 결판을 지어야지.'
④ ㉣ : '이렇게 져 주는 척하면 장인이 나를 기특하게 여기겠지.'
⑤ ㉤ : '아버지와 타협을 하라고 했지, 누가 이렇게 싸우라고 했나.'

3 〈보기〉는 윗글의 작가 김유정에 대한 설명이다. ⓐ~ⓔ 중, 윗글과 관련이 <u>없는</u> 내용은?

> ─── 보기 ───
>
> 　김유정(1908~1937)은 농민과 고향의 발견으로 한국 현대 문학사의 새로운 장을 열었다. 그는 한국의 전통적 토착어의 해학과 뿌리 뽑힌 농민의 이야기를 소설의 미학으로 삼았다.
> 　김유정은 소설 속에서 ⓐ거침없는 사투리와 비속어의 구사를 통해 해학적 분위기를 형성하고, 사실감을 높였다. 또한 익살스러운 표현이나 ⓑ과장되고 희극적인 상황의 연출을 통해 웃음을 유발한다. 김유정의 소설 속 인물 가운데는 ⓒ소박하고 우직한 등장인물이 많다. 그러나 이러한 우직한 인물 외에도 외향적이며 당돌한 인물이나, ⓓ이해타산적인 건달형 인물, ⓔ교활하고 약삭빠른 인물도 빠지지 않고 등장한다.

① ⓐ　　　② ⓑ　　　③ ⓒ　　　④ ⓓ　　　⑤ ⓔ

4 〈보기〉는 [A]를 시나리오로 각색한 것이다. ㉮, ㉯에 들어갈 지시문으로 가장 적절한 것은?

● 보기 ●

S# 90. 점순이네 집 마당

　사위의 얼굴에는 여기저기 얻어맞은 자국들이 있고, 장인은 불솜으로 사위의 터진 머리를 지져 주고 있다. 장인은 자신의 호주머니에서 희연을 꺼내 슬쩍 사위의 호주머니 속에 넣어 준다.

장인 : (　㉮　) 올 갈엔 꼭 성례를 시켜 주마. 암말 말구 가서 뒷골의 콩밭이나 얼른 갈아라.

사위 : (　㉯　) 빙장님! 인제 다시는 안 그러겠어유!

　사위는 지게를 지고 서둘러 일터로 나간다. 카메라 사위의 뒷모습을 쫓는다.

	㉮	㉯
①	등을 토닥거리며	의심스러워하며
②	윽박지르는 어조로	애원하는 어조로
③	안쓰러운 표정으로	화를 참는 표정으로
④	나지막하게 달래듯이	놀람과 동시에 감격에 겨워하며
⑤	약속한다는 듯 새끼손가락을 내보이며	고마워하는 척 고개를 숙이며

손쉬운 작품 검색

봄봄_김유정 🔍

💬 **전체 줄거리**

발단 스물여섯의 '나'는 점순이네 집에 데릴사위로 들어와 삼 년 하고 꼬박 일곱 달을 아무 대가도 받지 않고 열심히 일한다.

전개 장인은 점순이의 키가 자라지 않는다는 핑계로 혼인을 계속 미루고, '나'는 구장을 찾아가지만 장인의 눈치를 보던 구장은 장인의 편을 들어 준다.

본문 수록 장면

위기 · 절정 점순이에게 핀잔을 들은 '나'는 장인에게 성례를 시켜 달라고 떼를 쓰다가 장인과 싸움을 벌인다. 그러나 자기 편이라 생각했던 점순이가 장인 편을 들자 '나'는 힘이 빠져 장인에게 흠씬 맞는다.

결말 '나'는 점순이네 집에서 쫓겨날 것이라고 생각했지만, 장인은 '나'의 터진 머리에 약을 발라 주며 올 가을에 성례를 시켜 주겠다고 약속한다. '나'는 고마움의 눈물을 흘리며 다시 일터로 나간다.

나		장인
일을 했으니 약속대로 점순이와 성례를 시켜 달라.	대립	점순이의 키가 자라지 않아 성례를 시켜 줄 수 없다.

주인공의 생생한 심리 묘사와 과장된 싸움 장면을 통해 해학적인 분위기를 조성함.

 주제 ▶ 교활한 장인과 어수룩한 데릴사위 사이의 해학적 갈등

\# 혼례를 미끼로 '나'를 부리는 교활한 장인
\# 어수룩한 '나'　\# '나'와 장인의 몸싸움

특징 ▶ 익살스러운 표현과 비속어, 토속어를 사용하여 해학적인 분위기를 형성함.

\# 이 녀석의 장인님　\# 살려 줍쇼, 할아버지!

29 태평천하(太平天下) _채만식

일제 강점기를 '태평천하'라고 여기면서 민족의 운명과 상관없이 오직 개인의 안위를 기준으로 시대를 판단하는 주인공 윤 직원 영감의 왜곡된 역사의식을 풍자한 작품이다.

EBS
다수록 작품

추석을 지나 이윽고 짙어 가는 가을 해가 저물기 쉬운 어느 날 석양.

저 **계동(桂洞)의 이름난 장자(富者) 윤 직원(尹直員) 영감**이 마침 어디 출입을 했다가 방금 인력거를 처억 잡숫고 돌아와 마악 댁의 대문 앞에서 내리는 참입니다. 간밤에 꿈을 잘못 꾸었던지, 오늘 아침에 마누라하고 다툼질을 하고 나왔던지, 아무튼 엔간히 일수 좋지 못한 ⓐ인력거꾼입니다.

여느 평탄한 길로 끌고 오기도 무던히 힘이 들었는데 골목쟁이로 들어서서는 빗밋이 경사가 진 20여 칸을 끌어올리기야, 엄살이 아니라 정말 혀가 나올 뻔했습니다. / 28관 하고도 6백 몸메……!

"인력거 쌕이 몇 푼이당가?"

이 이야기를 쓰고 있는 당자 역시 전라도 태생이기는 하지만, 그 전라도 말이라는 게 좀 경망스럽습니다.

"그저 처분해 줍사요!"

인력거꾼은 담요로 팔짱 낀 허리를 굽신합니다. 좀 점잖다는 손님한테는 항투로 쓰는 말이지만, 이 풍신 좋은 어른께는 진심으로 하는 소립니다. 후히 생각해 달란 뜻이지요.

"으응! 그리여잉? 그럼, 그냥 가소!"

윤 직원 영감은, 인력거꾼을 짯짯이 바라다보다가 고개를 돌리더니, 풀었던 염낭끈을 도로 비끄러맵니다. 인력거꾼은 어쩐 영문인지를 몰라, 뚜렛뚜렛하다가, 혹시 외상인가 하고 뒤통수를 긁적이다가

"그럼, 내일 오랍쇼니까?" / "내일? 내일 무엇허러 올랑가?" 〈중략〉

"…… 자네가 아까 날더러, 처분대루 허라구 허잖있넝가?" / "네에!"

"그렇지?…… 그런디 거, 처분대루 허람 말은 맘대루 허람 말이 아닝가?"

인력거꾼은 비로소 속을 알았습니다. 알고 보니 참 기가 막힙니다. 농도 할 사람이 따로 있지요. 웬만하면, 허허! 하고 한바탕 웃어 젖힐 노릇이겠지만, 점잖은 어른 앞에서 그럴 수는 없고 그래 히죽이 웃기만 합니다.

"…… 그리서 나넌 그렇기 처분대루, 응?…… 맘대루 말이네. 맘대루 허라구 허길래, 아 인력거 삯 안 주어도 갱기찮언 종 알구서, 그냥 가라구 히였지!"

인력거꾼은 이 어른이 끝끝내 농을 하느라고 이러는가 했지만, 윤 직원 영감의 안색이며 말씨며 조금도 그런 내색이 보이지 않습니다. 〈중략〉   ➔ 인력거 삯을 주지 않으려는 윤 직원

윤 직원 영감은 채듯 전보를 받아 쓰윽 들여다보더니 커다랗게 읽습니다. 물론 원문은 일문이니까 몰라 보고, 윤 주사네 서사 민 서방이 번역한 그대로지요.

"종학, 사상 관계로, ⓑ경시청에 피검…… 이라니? 이게 무슨 소리다냐?"

"종학이가 **사상 관계로 경시청에 붙잽혔다**는 뜻일 테지요!" / "사상 관계라니?"

"그놈이 사회주의에 참예를……." / "으엉?"

아까보다 더 크게 외치면서 벌떡 뒤로 나동그라질 뻔하다가 겨우 몸을 가눕니다.

윤 직원 영감은 먼저에는 몽치로 뒤통수를 얻어맞은 것같이 멍했지만, 이번에는 앉아 있는 땅이 지함을 해서 수천 길 밑으로 꺼져 내려가는 듯 정신이 아찔했습니다.

그러나 그것은 결단코 자기가 믿고 사랑하고 하는 종학이의 신상을 여겨서가 아닙니다.

윤 직원 영감은 시방 종학이가 사회주의를 한다는 그 한 가지 사실이 진실로 옛날의 드세던 부랑당패가 백 길 천 길로 침노하는 그것보다도 더 분하고, 물론 무서웠던 것입니다.

진(秦)나라를 망할 자 호(胡 : 오랑캐)라는 예언을 듣고서, 변방을 막으려 만리장성을 쌓던 진시황, 그는 진나라를 망한 자 호가 아니요, 그의 자식 ⓒ호해(胡亥)임을 눈으로 보지 못하고 죽었으니, 오히려 행복이라 하겠습니다. 〈중략〉
➜ 종학이 사회주의에 관여한다는 사실에 분노하는 윤 직원

"……그런 쳐 죽일 놈, 깎어 죽여두 아깝잖을 놈! 그놈이 경찰 서장 허라닝개루, 생판 사회주의 허다가 뎁다 경찰서에 잽혀? 으응……? 오—사육시를 헐 놈이, 그놈이 그게 어디 당헌 것이라구 지가 사회주의를 히여? 부자 놈의 자식이 무엇이 대껴서 부랑당패에 들어?"

아무도 숨도 크게 쉬지 못하고, 고개를 떨어뜨리고 섰기 아니면 앉았을 뿐, 윤 직원 영감이 잠깐 말을 그치자 방 안은 물을 친 듯이 조용합니다.
➜ 사회주의에 대한 윤 직원의 반감

"…… 오죽이나 좋은 세상이여? 오죽이나……."

윤 직원 영감은 팔을 부르걷은 주먹으로 방바닥을 땅— 치면서 성난 황소가 영각을 하듯 고함을 지릅니다.

"화적패가 있더냐? 부랑당 같은 수령(守令)들이 있더냐?…… 재산이 있대야 도적놈의 것이요, 목숨은 파리 목숨 같던 말세넌 다 지나가고오…… 자 부아라, 거리거리 ⓓ순사요, 골골마다 공명헌 정사(政事), 오죽이나 좋은 세상이여……. 남은 ⓔ수십만 명 동병(動兵)을 히여서, 우리 조선 놈 보호히여 주니, 오죽이나 고마운 세상이여? 으응……? 제 것 지니고 앉어서 편안허게 살 태평 세상, 이걸 태평천하라구 허는 것이여, 태평천하……! 그런디 이런 태평천하에 태어난 부자 놈의 자식이, 더군다나 왜 지가 떵떵거리구 편안허게 살 것이지, 어찌서 지가 세상 망쳐 놀 부랑당패에 참섭을 헌담 말이여, 으응?"

땅— 방바닥을 치면서 벌떡 일어섭니다. 그 몸짓이 어떻게도 요란스럽고 괄괄한지, 방금 발광이 되는가 싶습니다. 아닌 게 아니라 모여 선 가권들은 방바닥 치는 소리에도 놀랐지만, 이 어른이 혹시 상성이 되지나 않는가 하는 의구의 빛이 눈에 나타남을 가리지 못합니다.

"…… 착착 깎어 죽일 놈……! 그놈을 내가 핀지히여서, 백 년 지녁을 살리라구 헐 걸! 백 년 지녁 살리라구 헐 테여……. 오냐, 그놈을 삼천 석 거리는 직분(分財)하여 줄라구 히였더니, 오—냐, 그놈 삼천 석 거리를 톡톡 팔어서, 경찰서으다가, 사회주의 허는 놈 잡어 가두는 경찰서으다가 주어 버릴 걸! 으응, 죽일 놈!"

마지막의 으응 죽일 놈 소리는 차라리 울음소리에 가깝습니다.

"…… 이 태평천하! 이 태평천하……."
➜ 일제 강점기의 현실을 '태평천하'로 인식하며 자신의 기대를 저버린 종학을 저주하는 윤 직원

어휘 풀이

● **지함(地陷)** : 땅이 움푹 가라앉아 꺼짐.
● **침노(侵擄)** : 불법으로 쳐들어가거나 쳐들어옴. 손해를 끼치거나 해침.
● **대껴서** : 두렵고 마음이 불안해서
● **영각** : 소가 길게 우는 소리
● **참섭(參涉)** : 어떤 일에 끼어들어 간섭함.
● **가권(家眷)** : 호주나 가구주에게 딸린 식구
● **상성(喪性)** : 본래의 성질을 잃어버리고 전혀 다른 사람처럼 됨.

작품 핵심 **단축키**

👤 인물	**반민족적인 부정적 인물** 윤 직원 영감은 왜곡된 역사관을 가진 반민족적인 인물로, 일제 식민지 현실을 '☐☐☐☐'로 인식하고 있다.	⚡ 사건 갈등	**윤 직원의 실망과 저주** 윤 직원 영감은 종학이 ☐☐ ☐☐ 운동에 참여하다 검거되었다는 소식에 충격을 받고, 종학에게 저주를 퍼붓는다.	✒ 서술	**서술자의 직접 개입** ☐☐☐☐ ☐☐을 연상시키는 문체를 사용하여 독자와의 거리를 좁히고, 인물에 대한 조롱과 풍자를 강화하고 있다.

1
윗글을 통해 알 수 있는 내용이 <u>아닌</u> 것은?

① 윤 직원은 부자지만 매우 인색한 사람이다.
② 윤 직원은 종학에게 큰 기대를 걸고 있었다.
③ 당시 일본은 사회주의 사상을 용인하지 않았다.
④ 가족들은 화가 난 윤 직원의 눈치를 살피고 있다.
⑤ 인력거꾼은 양반 계급에 대해 위압감을 느끼고 있다.

2
'윤 직원'에 대한 서술자의 태도로 가장 적절한 것은?

① 연민의 정서를 직접적으로 표출하고 있다.
② 풍자적 표현을 통해 우회적으로 비판하고 있다.
③ 냉철한 시각*으로 객관적인 태도를 유지하고 있다.
④ 경어체를 사용하여 우호적인 태도를 드러내고 있다.
⑤ 다른 인물의 시선을 통해 냉소적*으로 바라보고 있다.

3
ⓐ~ⓔ 중, 〈보기〉의 설명에 해당하는 것으로 적절하지 <u>않은</u> 것은?

> **보기**
>
> 독자는 소설을 읽으면서 인물이 처한 상황이나 당대의 풍속 등을 간접적으로 체험하고 이를 통해 현장감을 느끼게 된다. 「태평천하」는 일제 강점기를 배경으로 한 소설로, 독자는 인물의 행동이나 대화, 직업 등을 통해 당대 사회의 모습을 생생하게 파악할 수 있다.

① ⓐ　　② ⓑ　　③ ⓒ　　④ ⓓ　　⑤ ⓔ

4
윗글을 참고할 때, 〈보기〉의 빈칸에 들어갈 내용으로 가장 적절한 것은?

> **보기**
>
> 「태평천하」는 전통적인 판소리나 탈춤의 비판 정신과 표현 방법을 현대적으로 계승한 작품이라는 평가를 받고 있다. 왜냐하면 (　　　　　　　　　　)

① 장면의 극대화*를 통해 이야기의 독자성을 확보하고 있기 때문이다.
② 전기적(傳奇的) 요소를 통해 인물의 능력을 부각하고 있기 때문이다.
③ 선인과 악인을 대립시켜 권선징악의 교훈을 전달하고 있기 때문이다.
④ 편집자적 논평을 통해 인물과 상황을 주관적으로 평가하고 있기 때문이다.
⑤ 동일한 시간에 일어난 서로 다른 사건을 병치시켜 사건을 입체적으로 구성하고 있기 때문이다.

5 〈보기〉를 참고하여 윗글을 감상한 내용으로 적절하지 **않은** 것은?

---● 보기 ●---

　　일제 강점기를 살았던 조선 사람들 모두가 궁핍한 삶을 살면서 조국의 해방을 열망하고 있었던 것은 아니다. 민족적 자존심과 국권 의식을 버리고 시류에 영합하여 자신의 이익만을 추구하며 부유하게 살던 조선인들도 존재하였다. 반면 불의에 맞서 일제에 저항한 인물들은 구금, 체포 등으로 힘겨운 삶을 살아야 했다. 당시 소설가들은 문학을 통해 삶의 모순을 고발하고자 하였지만, 이 또한 일제의 검열로 인해 쉬운 일이 아니었다.

① '계동(桂洞)의 이름난 장자(富者) 윤 직원(尹直員) 영감'을 통해서 일부 조선인들은 일제 강점기에 부유하게 살았다는 것을 알 수 있군.

② 손자인 종학이 '사상 관계로 경시청에 붙잡혔다'라는 것을 통해 당시 일제에 맞서 저항했던 젊은이들이 있었음을 확인할 수 있군.

③ 윤 직원이 순사가 많은 것을 '골골마다 공명헌 정사(政事)'라고 말하는 것을 보니 그는 시류에 영합하여 자신의 이익만을 추구하는 인물이군.

④ 이기적인 윤 직원의 입으로 당시 세상을 '태평천하'라고 말하는 것을 보니 작가는 일제의 검열을 의식하여 반어적 표현을 통해 세태를 비판하려고 했군.

⑤ 윤 직원이 종학의 행동에 대해 '세상 망쳐 놀 부랑당패에 참섭'을 했다고 말하는 것을 보니 잘못된 처신으로 손자가 겪을 힘겨운 삶을 생각하며 속상해하고 있군.

 손쉬운 작품 검색　　　　　　　　　　　　　**태평천하_채만식** ⊕

💬 **전체 줄거리**

본문 수록 장면

발단 윤 직원은 만석의 재산을 가진 지주이나 수전노와 같은 칠순의 노인이다. 어느 날 그는 인력거를 타고 와 인력거꾼에게 삯을 주지 않으려 실랑이를 한다.

전개 윤 직원의 아버지 윤용규는 부자가 되지만 화적패에 의해 죽임을 당한다. 그 후로 윤 직원은 일제와 결탁하여 재산을 축적하고 족보를 조작하며 손자 둘을 경찰 서장과 군수로 만들려고 한다.

본문 수록 장면

위기·절정 윤 직원의 아들 창식과 큰손자 종수는 방탕한 생활을 하며 재산을 탕진한다. 어느 날 유일한 희망인 작은손자 종학이 일본에서 사회주의 운동을 하다 경시청에 피검되었다는 전보가 온다.

이 태평천하 예!!

결말 경찰 서장이 되리라 믿었던 손자 종학이 사회주의 운동을 했다는 것을 알게 된 윤 직원은 충격과 분노를 느끼며 절규한다.

윤 직원(조부)		윤종학(손자)
현실을 외면하고 왜곡된 역사관을 지닌 인물	'태평천하'→ 일제 강점기 ←사상운동	현실을 직시하고 이를 바꾸고자 사회주의 운동을 하는 지식인
〈부정적 인물〉		〈긍정적 인물〉

🖱 **주제** ▶ 윤 직원 일가의 타락상과 몰락 과정

\# 대지주 집안의 붕괴 과정　　\# 비윤리적
\# 속물적인 고리대금업자　　\# 종학의 피검

특징 ▶ 서술자가 인물을 희화화하여 비판적 태도를 드러냄.

\# 풍자　\# 해학　\# 서술자 개입　\# 반어법

토막(土幕)_유치진

'토막'은 움막집, 즉 땅을 파고 그 위에 거적 따위를 얹고 흙을 덮어 추위나 비바람만 가릴 수 있게 임시로 지은 집을 말한다. 이는 일제 강점하에서 신음할 수밖에 없었던 우리 민족의 궁핍한 삶의 터전을 상징한다.

/ 앞부분 줄거리 / 가난한 농부인 명서네 가족은 일본에 간 아들 명수만을 믿고 의지하며 그가 돌아오기만을 기다린다. 어느 날 구장이 명수가 사상 관계로 경찰에 붙잡혔으며, 해방 운동을 하다가 종신 징역살이를 하게 되었다는 기사와 함께 명수의 사진이 실린 신문을 가지고 찾아온다. 명서의 처는 아들 명수가 종신 징역을 살지도 모른다는 말에 거의 실성 상태에 이를 정도로 불안해한다.

제2막

읍(邑)에서 그다지 멀지 않은 명서의 집. ㉠외양간처럼 음습한 토막집의 내부. 온돌방과 그에 접한 부엌. 방과 부엌 사이에는 벽도 없이 통했다. 천정과 벽이 시커멓게 그을린 것은 부엌 연기 때문이다. 온돌방의 후면에는 골방으로 통하는 방문이 보인다. 왼편에 한길로 통한 출입구. 오른편에는 문 없는 창 하나. 대체로 토막˙안은 어두컴컴하다. 〈중략〉

남자의 소리 : (불의에 밖에서) 여보!

금녀 : (놀라) 에그머니!

명서 : (어리둥절하여) 그 무슨 소리냐?

남자의 소리 : 사람 있수, 이 집에?

명서 처 : 이애 금녀야, 네 오빠 소리 아니냐? 그렇지! 너두 들었지? 오오, 명수야. 명수가 왔다. 그놈이 왔다. (명서에게) 자, 내 말이 거짓말인가 봐요.

명서 : …… 이상헌걸. / 남자의 소리 : 여보!

명서 처 : 금녀야, 빨리 사립문을 열어 귀인을 맞아라. 얼른!

금녀 : 어머니, 무서워!

명서 처 : 에그, 병신 같으니! 그럼, 같이 가자. (모녀, 다소 공포에 떨면서 입구 쪽으로 나간다.)

남자의 소리 : 이 집에 최명서란 사람 있소?

명서 처 : **일본서 왔수?**

남자의 소리 : 그렇소.

명서 처 : 일본서?

➜ 낯선 남자의 출현

　(그때에 사립문을 박차는 듯이 한 남자 안으로 들어선다. 그는 우편 배달부다. 소포를 들었다.)

배달부 : (들어서며) 왜 밖에 문패도 없소?

모녀 : (ⓐ무언(無言))

배달부 : 빨리 도장을 내요. / 명서 : 도장?

명서 처 : (금녀에게 의아한 듯이) 너의 오빠가 아니지?

금녀 : 배달부예요. / 명서 : (실망한 듯이) 칫!

배달부 : 얼른 소포 받아 가요! 원, 무식해도 분수가 있지. 빨리 도장을 내요.

명서 : (반항적 어조로) 내겐 도장 같은 건 없소.

배달부 : 그럼, 지장이라도……. / 명서 : (떨리는 손으로 지장을 찍는다. 배달부 퇴장)

명서 처 : 음, 그 애에게서 물건이 온 게로구먼. / 명서 : 뭘까?

명서 처 : 세상에, 귀신은 못 속이는 게지! 오늘 아침부터 이상한 생각이 들더니, 이것이 올려구 그랬던가 봐. 당신은 우환⁰이니 뭐니 해도…….

명서 : (ⓑ소포의 발송인의 이름을 보고) 하아 하! 이건 네 오래비가 아니라 삼조가…….

명서 처 : 아니, 삼조가 뭣을 보냈을까? 입때 한마디 소식두 없던 애가……. (소포를 끌러서 궤짝을 떼어 보고)

금녀 : (깜짝 놀라) 어머나!

명서 처 : (자기의 눈을 의심하듯이) 대체 이게 …… 이게? 에그머니, 맙소사! 이게 웬일이냐?

명서 : (되려 멍청해지며, 궤짝에 쓰인 글자를 읽으며) **최명수의 백골.**

금녀 : 오빠의?

명서 처 : 그럼, 신문에 난 게 역시! 아아, 이 일이 웬일이냐? 명수야! 네가 왜 이 모양으로 돌아왔느냐!

　　(ⓒ백골 상자를 꽉 안는다.)
　　　　　　　　　　　　　　　　　　　　　　　　　　　　➔ 백골로 돌아온 명수

금녀 : 오빠!

명서 : 나는 여태 개돼지같이 살아오문서, 한마디 불평두 입 밖에 내지 않구 꾸벅꾸벅 일만 해 준 사람이여. 무엇 때문에, 무엇 때문에 내 자식을 이 지경을 맨들어 보내느냐? 응, **이 육실헐⁰ 눔들!** (일어서려고 애쓴다.)

금녀 : (ⓓ눈물을 씻으며) 아버지! (하고 붙든다.)

명서 : 놓아라! 명수는 어디루 갔니? 다 기울어진 이 집을 뉘게 맡겨 두구 이눔은 어딜?

금녀 : 아버지! 아버지!

명서 : (궤짝을 들구 비틀거리며) 이놈들아, 왜 뼉다구만 내게 갖다 맡기느냐? 내 자식을 죽인 눔이 이걸 마저 처치해라! (기진하여 쓰러진다. 궤짝에서 백골이 쏟아진다. 밭은기침⁰ 한동안.)

명서 처 : (흩어진 백골을 주우며) 명수야, 내 자식아! 이 **토막(土幕)⁰**에서 자란 너는 백골이나마 우리를 찾아왔다. 인제는 나는 너를 기다려서 애태울 것두 없구, 동지섣달 기나긴 밤을 울어 새우지 않아두 좋다! 명수야, 이제 너는 내 품안에 돌아왔다.

명서 : …… 아아, 보기 싫다! 도루 가져가래라!

금녀 : 아버지, 서러 마세유. 서러워 마시구 이대루 꾹 참구 살아가세유. 네, 아버지! 결코 **오빠는 우릴 저버리진 않을 거예유.** 죽은 혼이라두 살아 있어, 우릴 꼭 돌봐 줄 거예유. 그때까지 우린 꾹 참구 살아가유. 예, 아버지!

명서 : …… 아아, 보기 싫다! 도루 가지고 가래라!

　　(금녀의 어머니는 백골을 안치하여 놓고, ⓔ열심히 무어라고 중얼거리며 합장한다. ⓛ바람 소리, 적막을 찢는다.)
　　　　　　　　　　　　　　　　　　　　　　➔ 죽은 아들을 부르는 명서 내외와 이들을 위로하는 금녀

어휘 풀이

● **토막(土幕)** : 움막집
● **우환(憂患)** : 집안에 복잡한 일이나 환자가 생겨서 나는 걱정이나 근심
● **육실헐** : 육시를 해 죽여 마땅함. '육시(戮屍)'는 죽은 사람에게 다시 참형을 가한다는 뜻임.
● **밭은기침** : 병이나 버릇으로 소리도 크지 아니하고 힘도 그다지 들이지 않으며 자주 하는 기침

 작품 핵심 **단축키**

 현실을 대하는 인물의 태도

인물　명서는 아들 명수를 죽게 한 현실에 □□하며 절망에 빠지고, 금녀는 아버지를 □□하며 희망을 잃지 않고 있다.

 명수의 사망과 민족의 삶

사건·갈등　아들 명수가 □□□□을 하다가 체포된 후, 옥사해서 백골로 돌아오자 명서 내외는 좌절한다.

✒ **최초의 사실주의 희곡**

서술　인물들의 □□□인 대사를 통해 1920년대 농촌의 궁핍한 현실과 인물들의 현실 인식을 드러내고 있다.

1 윗글의 등장인물에 대한 설명으로 적절하지 <u>않은</u> 것은?

① '배달부'는 명서를 무시하는 태도를 보이고 있다.

② '금녀'는 달관적인 태도로 슬퍼하는 명서를 위로하고 있다.

③ '명서 처'는 기대감에서 슬픔으로 정서의 변화를 겪고 있다.

④ '명서'는 자식을 죽게 한 현실 상황에 대한 분노를 표출하고 있다.

⑤ '삼조'는 무대에 등장하지 않은 채 인물들에게 정보를 전달하고 있다.

2 ㉠과 ㉡의 공통된 기능으로 가장 적절한 것은?

① 인물들의 가난한 삶을 보여 준다.

② 공간의 토속적 분위기를 드러낸다.

③ 인물들이 처한 불행한 삶을 암시한다.

④ 비극적 삶을 초래한 원인으로 작용한다.

⑤ 불행한 미래에 대한 복선*의 역할을 한다.

⏱ 손쉬운 **개념**

* **복선(伏線)**

앞으로 일어날 사건에 대해 미리 독자에게 넌지시 암시하는 것을 말해. 예를 들어 소설 「운수 좋은 날」에서 종일 내리는 비는 아내의 죽음이라는 비참한 결말을 암시하는 기능을 하고 있는 거야.

3 〈보기〉를 참고하여 ⓐ~ⓔ를 연기한다고 할 때 적절하지 <u>않은</u> 것은?

─────── 보기 ───────

　지시문이란 희곡에서 연출자가 등장인물의 내면과 행동을 배우에게 지시하는 장치이다. 배우가 지시문을 분석하여 연기에 적용하려고 할 때에는 인물이 처한 상황과 사건의 전개 양상을 고려하여 연기할 대상의 내면 심리를 주의 깊게 파악해야 한다.

① ⓐ : 불안하면서도 한편으로 기대가 섞인 표정을 지어야겠군.

② ⓑ : 조심스러움에서 실망감과 안도감이 교차되는 표정을 지으며 소포를 보아야겠군.

③ ⓒ : 대상에 대한 강한 그리움과 고통이 함께 드러나는 몸짓과 표정을 보여 주어야겠군.

④ ⓓ : 아버지에 대한 걱정과 슬픔을 극복하려는 의지가 함께 드러나는 표정을 지어야겠군.

⑤ ⓔ : 종교적 깨달음과 자식에 대한 집착의 감정이 뒤섞인 표정으로 혼잣말을 하며 합장을 해야겠군.

4 〈보기〉를 참고하여 윗글을 이해한 내용으로 적절하지 <u>않은</u> 것은?

> ── ● 보기 ● ──
>
> 　유치진은 희곡 「토막」을 통해 순박한 농민들이 지주들에 의해 끝없이 착취당하는 일제 강점기 농촌의 현실을 고발하였다. 열심히 일하지만 도저히 벗어날 수 없는 가난 속에서 젊은이들은 농촌을 떠나 일본이나 도시로 일을 하러 갈 수밖에 없는 상황에 놓였고, 가족 공동체는 해체되기에 이른다. 하지만 유치진은 이런 절망적 상황만을 제시하지는 않았다. 이러한 상황에 맞서 분노하고, 희망을 가지고 극복하려는 민중의 강인한 정서와 의지를 함께 드러내고 있다.

① '일본서 왔수?'를 통해 명수가 농촌을 떠나 일본에 일을 하러 갔다는 사실을 추측할 수 있다.

② '최명수의 백골'은 일제 강점기 조선인이 겪어야 했던 비극적인 삶을 집약적으로 보여 주는 소재이다.

③ '이 육실헐 눔들!'은 순박한 농민이었던 명서가 저항 의식을 가지고 비참한 삶을 극복하려는 모습으로 변화하고 있음을 드러낸다.

④ '토막'은 열심히 일해도 끝없이 착취당하며 형편이 나아지지 않는 민중들의 비극적인 삶을 상징하는 공간적 배경이다.

⑤ '오빠는 우릴 저버리진 않을 거예유.'를 통해 절망적인 상황 속에서도 희망을 잃지 않는 민중들의 의지를 표현하고 있다.

 손쉬운 작품 검색

토막 _ 유치진 🔍

 전체 줄거리

본문 수록 장면

도입 토막에 사는 빈농인 명서네 가족은 일본에 돈을 벌러 간 큰아들 명수를 기다리며 하루하루 힘겹게 살아간다.

상승 어느 날, 동네 구장이 명수가 해방 운동을 하다가 체포되었다는 기사가 실린 신문을 가져온다.

위기 명수가 해방 운동을 하다가 잡혀가서 종신 징역을 살게 될지 모른다는 이야기를 들은 명서 처는 정신 이상 증세를 보이며 실성하는 지경에 이른다.

하강 · 파국 명수의 백골이 담긴 소포가 배달되자 명서 내외는 오열하고, 딸 금녀는 그들을 위로한다.

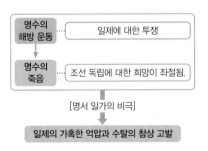

명수의 해방 운동 ···· 일제에 대한 투쟁

↓

명수의 죽음 ···· 조선 독립에 대한 희망이 좌절됨.

[명서 일가의 비극]

일제의 가혹한 억압과 수탈의 참상 고발

 주제 ▶ 일제의 수탈로 황폐해져 가는 농촌의 현실과 극복 의지

\# 외양간처럼 음습한 토막집　　\# 짐승 같은 삶
\# 금녀의 마지막 대사 = 현실 극복 의지

특징 ▶ 사실적인 대사, 상징적인 소재를 통해 당시 농촌의 비참한 상황을 효과적으로 드러냄.

\# 사투리 사용　　\# 토막집　　\# 명수의 죽음

31

권태(倦怠)_이상

'권태'는 '시들해져서 생기는 게으름이나 싫증'을 의미한다. 이 작품은 도시 생활을 청산하고 시골로 내려온 글쓴이가 시골의 한적한 생활에서 느낀 권태로움을 표현한 수필이다.

어서—차라리—어둬 버리기나 했으면 좋겠는데, ⓐ벽촌(僻村)의 여름날은 지리해서 죽겠을 만치 길다.

동(東)에 팔봉산(八峯山). 곡선은 왜 저리도 굴곡이 없이 단조로운고? 서를 보아도 벌판, 남을 보아도 벌판, 북을 보아도 벌판, 아—이 벌판은 어쩌자고 이렇게 한이 없이 늘어 놓였을꼬? 어쩌자고 저렇게까지 똑같이 초록색 하나로 되어 먹었노?

농가(農家)가 가운데 길 하나를 두고 좌우로 한 10여 호씩 있다. 휘청거린 소나무 기둥, 흙을 주물러 바른 벽, 강낭대로 둘러싼 울타리, 울타리를 덮은 호박 넝쿨, 모두가 그게 그것같이 똑같다.

어제 보던 답싸리* 나무, ⓑ오늘도 보는 김 서방, 내일도 보아야 할 신둥이, 검둥이.

해는 100도 가까운 볕을 지붕에도, 벌판에도, 뽕나무에도, 암탉 꼬랑지에도 내려쪼인다. 아침이나 저녁이나 뜨거워서 견딜 수가 없는 염서(炎暑)가 계속이다.　　　　　　　→ 벽촌의 단조로운 풍경으로 인한 권태

나는 아침을 먹었다. 할 일이 없다. 그러나 무작정 널다란 백지 같은 '오늘'이라는 것이 내 앞에 펼쳐져 있으면서 무슨 기사(記事)라도 좋으니 강요한다. 나는 무엇이고 하지 않으면 안 된다. 무엇을 해야 할 것인가 연구해야 된다. 그럼—나는 최 서방네 집 사랑 툇마루로 장기나 두러 갈까. 그것 좋다.

최 서방은 들에 나갔다. 최 서방네 사랑에는 아무도 없나 보다. 최 서방의 조카가 낮잠을 잔다. 아하—내가 아침을 먹은 것은 열 시나 지난 후니까 최 서방의 조카로서는 낮잠 잘 시간임이 틀림없다.　　→ 권태를 이기기 위해 최 서방네를 찾아감.

나는 최 서방의 조카를 깨워 가지고 장기를 한판 벌이기로 한다. 최 서방의 조카와 열 번 두면 열 번 내가 이긴다. 최 서방의 조카로서는 그러니까 나와 장기 둔다는 것 그것부터가 권태(倦怠)다. 밤낮 두어야 마찬가질 바에는 안 두는 것이 차라리 나았지—. 그러나 안 두면 또 무엇을 하나? 둘밖에 없다.

ⓒ지는 것도 권태어늘 이기는 것이 어찌 권태 아닐 수 있으랴? 열 번 두어서 열 번 내리 이기는 장난이란 열 번 지는 이상으로 싱거운 장난이다. 나는 참 싱거워서 견딜 수 없다.　　→ 최 서방의 조카와 장기를 두면서도 권태를 느낌.

한 번쯤 져 주리라. ⓓ나는 한참 생각하는 체하다가 슬그머니 위험한 자리에 장기 조각을 갖다 놓는다. 최 서방의 조카는 하품을 쓱 한 번 하더니 이윽고 둔다는 것이 딴전이다. 으례히 질 것이니까 골치 아프게 수를 보고 어쩌고 하기도 싫다는 사상(思想)이리라. 아무렇게나 생각나는 대로 장기를 갖다 놓고는 그저 얼른얼른 끝을 내어 져 줄 만큼 져 주면 이 상승장군(常勝將軍)은 이 압도적 권태를 이기지 못해 제출물에* 가 버리겠지 하는 사상이리라. 가고 나면 또 낮잠이나 잘 작정이리라.　　→ 권태에서 결국 벗어나지 못함.

나는 부득이 또 이긴다. 이제 그만두잔다. 물론 그만두는 수밖에 없다.

일부러 져 준다는 것조차가 어려운 일이다. ⓔ나는 왜 저 최 서방의 조카처럼 아주 영영 방심(放心) 상태가 되어 버릴 수가 없나? 이 질식할 것 같은 권태 속에서도 사세(些細)한* 승부(勝負)에 구속을 받나? 아주 바보가 되는 수는 없나?

내게 남아 있는 이 치사스러운 인간 이욕(利慾)이 다시없이 밉다. 나는 이 마지막 것을 면해야 한다. 권태를 인식하는 신경마저 버리고 완전히 허탈해 버려야 한다.　　→ 권태를 인식하는 신경마저 버리고자 함.

★
어휘 풀이

● 벽촌(僻村) : 외따로 떨어져 있는 궁벽한 마을
● 답싸리 : '댑싸리'의 방언
● 염서(炎暑) : 몹시 심한 더위
● 상승장군(常勝將軍) : 싸울 때마다 늘 이기는 장군
● 제출물에 : 저 혼자서 절로
● 사세(些細)한 : 사소한
● 이욕(利慾) : 사사로운 이익을 탐내는 욕심

작품 핵심 **단축키**

👤	**식민지 현실의 지식인**	⚡	**권태를 극복하지 못하는 상황**	🖊	**권태로운 일상의 서술**
인물	글쓴이는 한적한 시골 생활과 단조로운 일상으로 인해 ☐☐를 느끼고 있다.	사건	글쓴이는 최 서방네 조카와 ☐☐를 둠으로써 권태에서 벗어나고자 한다.	서술	무의미한 하루 동안의 일과를 ☐☐의 흐름에 따라 나열하고 있다.

1 윗글의 서술상 특징으로 적절하지 <u>않은</u> 것은?

① 하루의 일과를 시간의 순서에 따라 전개하고 있다.
② 일상적이고 단조로운 농촌의 풍경을 나열하고 있다.
③ 대상에 인격을 부여하여 부정적인 세태를 풍자하고 있다.
④ 비유적 표현을 활용하여 정황을 효과적으로 전달하고 있다.
⑤ 현재 시제를 사용하여 작가의 내면을 생생하게 드러내고 있다.

2 ⓐ~ⓔ에 대한 설명으로 적절하지 <u>않은</u> 것은?

① ⓐ : 글쓴이에게 권태감을 유발하는 대상이다.
② ⓑ : 보조사* '도'를 사용하여 반복적인 일상을 강조하고 있다.
③ ⓒ : 권태를 극복하기 위해 선택한 장기에서 다시금 권태를 느끼는 상황이다.
④ ⓓ : 장기에서 이기려 애쓰는 최 서방의 조카를 배려한 행동이다.
⑤ ⓔ : 권태로움조차 느끼지 못하는 최 서방의 조카에 대한 부러움이 담겨 있다.

✏ **손쉬운 개념**

＊ **보조사**

체언, 부사, 활용 어미 등에 붙어서 어떤 특별한 의미를 더해 주는 조사를 말해. '은', '는', '도', '만', '마저' 등이 있지.

3 〈보기〉를 참고하여 윗글을 감상한 내용으로 적절하지 <u>않은</u> 것은?

> ─ 보기 ─
>
> 일제 강점기 상황에서 지식인들은 자신들의 지식과 이상을 현실에서 구현하고 싶어 하지만 현실의 벽에 부딪혀 절망감에 빠지게 된다. 이상 실현의 기회를 박탈하는 암울한 현실에서 많은 지식인들은 허무주의적인 사고에 침잠하면서 무기력하게 살아가는 모습을 보인다. 「권태」는 이러한 현실에서 무의미한 삶을 살아갈 수밖에 없었던 지식인의 권태와 그로부터 벗어나고자 했던 자의식을 형상화한 작품이다.

① '나'가 일상에서 느끼는 권태를 단조로운 자연의 풍경과 반복되는 '나'의 삶으로 형상화하고 있군.
② 무엇이든지 해야만 한다는 '나'의 강박 관념은 무의미한 삶에서 벗어나려는 자의식이 작용한 것이로군.
③ '나'가 느끼는 권태는 이상과 현실의 괴리를 경험한 식민지 지식인의 절망감과 연계된 것이라고 할 수 있겠군.
④ '나'가 권태로운 일상을 살아가는 것은 일제 강점기의 현실에 갇혀 무기력하게 살아가는 지식인의 모습을 그린 것이군.
⑤ '나'가 자신의 이욕을 반성하고 있는 것은 이상 실현의 길을 적극적으로 모색하고자 하는 의지가 발현된 것이라고 할 수 있겠군.

4 〈보기〉의 화자가 윗글의 글쓴이와 동일인이라고 할 때, 글쓴이가 지향하는 삶으로 가장
적절한 것은?

───● 보기 ●───

나는 일손을 멈추고 잠시 무엇을 생각하게 된다
— 살아있는 보람이란 이것뿐이라고 —
하루살이의 광무(狂舞)여
하루살이는 지금 나의 일을 방해한다
— 나는 확실히 하루살이에게 졌다고 생각한다 —
하루살이의 유희(遊戲)여
너의 모습과 너의 몸짓은
어쩌면 이렇게 자연스러우냐
소리 없이 기고 소리 없이 날으다가
되돌아오고 되돌아가는 무수한 하루살이
— 그러나 나의 머리 위의 천장에서는 너의 소리가 들린다 —
하루살이의 반복(反覆)이여
불 옆으로 모여드는 하루살이여
벽을 사랑하는 하루살이여
감정을 잊어버린 시인에게로
모여드는 모여드는 하루살이여
— 나의 시각(視覺)을 쉬게 하라 ——
하루살이의 황홀(恍惚)이여

– 김수영, 「하루살이」

① 힘겨운 노동 속에서도 만족감을 잃지 않는 삶
② 삶을 자유롭게 즐기며 열정적으로 살아가는 삶
③ 일상에서 새로운 삶의 가치를 발견하고 기뻐하는 삶
④ 항상 자신의 언행을 돌아보며 진지하게 성찰하는 삶
⑤ 어려운 상황에서도 이웃의 아픔을 돌아보는 따뜻한 삶

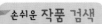 손쉬운 **작품 검색**

권태_이상

주제 ▶ 단조로운 환경과 일상적인 생활의 연속에서 느끼는 권태

지리한 벽촌의 여름날   # 지는 것도 이기는 것도 권태
견딜 수 없는 싱거움   # 하품

주제 ▶ 무의미한 하루 동안의 일과가 순차적으로 나열됨.

변화가 없는 자연   # 의미 없는 장기 두기

32 역마(驛馬)_김동리

한곳에 정착하지 못하고 끊임없이 떠돌아다녀야 하는 '역마살'의 운명을 지닌 성기가 계연과의 사랑이 좌절되면서 결국 운명에 순응하게 되는 모습을 그리고 있다.

/ 앞부분 줄거리 / 화개 장터에서 주막을 운영하는 옥화는 아들 성기의 역마살을 없애기 위해서 성기를 쌍계사로 보내고 장날에만 집에 오게 한다. 어느 날 체 장수 영감이 딸 계연을 데리고 나타난다. 성기가 계연을 좋아하는 눈치를 보이자 옥화는 장차 둘을 결혼 시켜 성기의 역마살을 막아 보고자 한다. 우연히 계연의 왼쪽 귀에 난 사마귀를 발견한 옥화는 그녀가 자신의 이복동생이 아닐까 의심한다. 체 장수 영감이 들려준 이야기를 듣고 자신의 의심이 사실임이 밝혀지자, 옥화는 두 사람 사이를 반대한다. 계연과 성기의 사랑은 좌절되고 계연은 체 장수와 함께 떠나려 한다.

"오빠, 편히 사시오."

이렇게 두 번째 하직을 하는 순간까지도, 계연의 그 시뻘건 두 눈은 역시 성기의 얼굴에서 그 어떤 기적과도 같은 구원만을 기다리는 것이었고, 그러나 성기는 그 자리에 그냥 주저앉아 버릴 뻔하던 것을 겨우 버드나무 가지를 움켜잡을 수 있었을 뿐이었다.

ⓐ계연의 시뻘겋게 상기한 얼굴은, 옥화와 그의 아버지가 그들을 지켜보고 있다는 것도 잊은 듯이 성기의 얼굴만 일심으로 바라보고 있었으나, 버드나무에 몸을 기댄 성기의 두 눈엔 다만 불꽃이 활활 타오를 뿐, 아무런 새로운 명령도 기적도 나타나지 않았다.

"오빠, 편히 사시오."

하고, 거의 울음이 다 된, 마지막 목소리를 남기고 돌아선 계연의 저만치 가고 있는 항라 적삼을, ⓑ고운 햇빛과 늘어진 버들가지와 산울림처럼 울려오는 뻐꾸기 울음 속에, 성기는 우두커니 지켜보고 있을 뿐이었다. 〈중략〉

→ 서로 사랑하지만 어쩔 수 없이 헤어지는 계연과 성기

[A] ┌ 그해 아직 봄이 오기 전, 보는 사람마다, 성기의 회춘을 거의 다 단념하곤 하였을 때 옥화는, 이왕 죽고 │ 말 것이라면, 어미의 맘속이나 알고 가라고, 그래, 그 체 장수 영감은, 서른여섯 해 전 남사당을 꾸며 와 │ 이 화개 장터에 하룻밤을 놀고 갔다는 자기의 아버지임에 틀림이 없었다는 것과, ⓒ계연은 그 왼쪽 귓바 │ 퀴 위의 사마귀로 보아 자기의 동생임이 분명하더라는 것을, 통정하노라면서, 자기의 왼쪽 귓바퀴 위의 └ 검정 사마귀까지를 그에게 보여 주었다.

"나도 처음부터 영감이 '서른여섯 해 전'이라고 했을 때 가슴이 섬뜩하긴 했다. 그렇지만 설마 했지 그렇게 남의 간을 뒤집어 놓을 줄이야 알았나. 하도 아슬해서 ⓓ이튿날 악양으로 가 명도까지 불러 봤더니, 요것도 남의 속을 빤히 들여다나 보는 듯이 재잘대는구나, 차라리 망신을 했지."

옥화는 잠깐 말을 그쳤다. 성기는 두 눈에 불을 켜 듯한 형형한 광채를 띠고, 그 어머니의 얼굴을 쳐다보고 있었다.

"차라리 몰랐으면 또 모르지만 한번 알고 나서야 인륜이 있는디 어쩌겠냐."

그리고 부디 어미 야속타고나 생각지 말라고, 옥화는 아들의 뼈만 남은 손을 눈물로 씻었다.

옥화의 이 마지막 하직같이 하는 통정 이야기에 의외로도 성기는 도로 힘을 얻은 모양이었다. 그 불타는 듯한 형형한 두 눈으로 천장을 한참 바라보고 있던 성기는 무슨 새로운 결심이나 하듯 입술을 지그시 깨물고 있었다.

→ 옥화의 이야기를 담담하게 받아들이는 성기

아버지를 찾아 강원도 쪽으로 가 볼 생각도 없다, 집에서 장가들어 살림을 할 생각도 없다, 하는 아들에게 그러나, 옥화는 이제 전과 같이 고지식한 미련을 두는 것도 아니었다.

"그럼 어쩔랴냐? 너 좋을 대로 해라."

"……."

성기는 아무런 말도 없이 도로 자리에 드러누워 버렸다.

[B] 그러고 나서 한 달포나 넘어 지난 뒤였다.

성기가 좋아하는 여러 가지 산나물이 화갯골에서 연달아 자꾸 내려오는 이른 여름의 어느 장날 아침이었다. 두릅회에 막걸리 한 사발을 쭉 들이키고 난 성기는 옥화더러,

ⓔ"어머니 나 엿판 하나만 맞춰 주."

하였다.

"……."

옥화는 갑자기 무엇으로 머리를 얻어맞은 듯이 성기의 얼굴을 멍하니 바라보고 있었다.

그런 지도 다시 한 보름이나 지나, 뻐꾸기는 또다시 산울림처럼 건드러지게* 울고, 늘어진 버들가지엔 햇빛이 젖어 흐르는 아침이었다. 새벽녘에 잠깐 가는 비가 지나가고, 날은 다시 유달리 맑게 갠 화개 장터 삼거리 길 위에서, 성기는 그 어머니와 하직을 하고 있었다. 갈아입은 옥양목 고의적삼에, 명주 수건까지 머리에 잘끈 동여매고 난 성기는, 새로 맞춘 새하얀 나무 엿판을 걸빵* 해서 느직하게 엉덩이 즈음에다 걸었다. 위 목판에는 새하얀 가락엿이 반나마 들어 있었고, 아래 목판에는 팔다 남은 이야기책 몇 권과 간단한 방물*이 좀 들어 있었다.

그의 발 앞에는, 물과 함께 갈려 길도 세 갈래로 나 있었으나, 화갯골 쪽엔 처음부터 등을 지고 있었고, 동남으로 난 길은 하동, 서남으로 난 길이 구례, 작년 이맘때도 지나 그녀가 울음 섞인 하직을 남기고 체 장수 영감과 함께 넘어간 산모퉁이 고갯길은 퍼붓는 햇빛 속에 지금도 환히 장터 위를 굽이돌아 구례 쪽을 향했으나, 성기는 한참 뒤, 몸을 돌렸다. 그리하여 그의 발은 구례 쪽을 등지고 하동 쪽을 향해 천천히 옮겨졌다.

한 걸음, 한 걸음, 발을 옮겨 놓을수록 그의 마음은 한결 가벼워져, 멀리 버드나무 사이에서 그의 뒷모양을 바라보고 서 있을 그의 어머니의 주막이 그의 시야에서 완전히 사라져 갈 무렵 해서는, 육자배기* 가락으로 제법 콧노래까지 흥얼거리며 가고 있는 것이었다.

➡ 자신의 운명에 순응하는 성기

⭐ 어휘 풀이
● 역마살(驛馬煞) : 늘 분주하게 이리저리 떠돌아다니게 된 액운
● 항라 : 명주, 모시, 무명실 등으로 짠 피륙의 하나
● 남사당 : 무리를 지어 이곳 저곳 떠돌아다니면서 소리나 춤을 팔던 남자
● 통정(通情) : '통사정'의 준말. 딱하고 안타까운 형편을 털어놓고 말함.
● 명도 : 무당
● 건드러지게 : 목소리나 맵시 따위가 아름다우며 멋들어지게, 부드럽고 가늘게
● 걸빵 : 짐을 어깨에 걸어 메는 끈. 멜빵. 질빵
● 방물 : 여자가 쓰는 화장품, 바느질 기구 등의 물건
● 육자배기 : 남도 지방에서 부르는 잡가의 하나

 작품 핵심 단축키

운명적인 역마살과의 대결	⚡ 장돌뱅이의 삶	🖊 전지적 작가 시점
인물 옥화와 성기는 역마살이라는 운명을 거부해 보려고 노력하지만, 결국 □□□ 운명에 순응한다.	사건·갈등 성기는 옥화로부터 그간의 사연을 들은 뒤 병상에서 일어나 엿장수가 되어 □□ 쪽으로 길을 떠난다.	서술 서술자가 전지적 입장에서 인물의 □□ 심리까지 파악하여 전달하고 있다.

1

[A]에 나타난 서술상의 특징으로 적절한 것은?

① 회상의 방식으로 서술자 자신의 삶의 과정을 술회하고 있다.
② 사건을 극적으로 제시함으로써 독자의 상상력을 자극하고 있다.
③ 대화를 통해 인물의 생각을 전달함으로써 상황을 실감 나게 묘사하고 있다.
④ 서술자가 인물의 말을 요약하여 제시함으로써 사건을 빠르게 전개하고 있다.
⑤ 인물의 내면 심리를 상세히 서술함으로써 인물에 대한 이해도를 높이고 있다.

손쉬운 개념

＊ **사건을 극적(劇的)으로 제시**
사건을 대화와 행동을 통해서 간접적으로 제시하는 방법을 말해. 사건의 극적 제시와 함께 자주 등장하는 것이 '사건의 요약적 제시'인데 이는 서술자가 사건을 간추려 직접적으로 설명하는 방법이야.

2

ⓐ～ⓔ에 대한 설명으로 적절하지 않은 것은?

① ⓐ : 외양 묘사를 통해 인물의 내면 심리를 드러내고 있다.
② ⓑ : 인물의 내면 심리와 조응하는 자연 풍경을 묘사하고 있다.
③ ⓒ : 두 인물이 혈연관계라는 문학적 진실을 드러내는 장치이다.
④ ⓓ : 인물이 무속적 세계관을 지니고 있음을 보여 주는 대목이다.
⑤ ⓔ : 주어진 운명에 순응하겠다는 태도에서 비롯된 발언이다.

3

[B]를 〈보기〉의 시나리오로 바꾸었다고 할 때, ㉠～㉤ 중 적절하지 않은 것은?

● 보기 ●

S# 150. 옥화네 집 방 안

옥화가 미음 그릇을 가지고 들어와서 성기 앞에 놓는다. 말없이 미음을 먹는 성기.

옥화 : (지켜보다가) 성기야, 아직도 너 강원도 쪽으로 가 보고 싶으냐?
㉠ 성기 : ……. (고개를 가로로 흔든다.)
옥화 : 여기서 장가들어 나랑 같이 살겠냐?
㉡ 성기 : ……. (역시 고개를 가로로 흔든다.)
㉢ 옥화 : 그럼 어쩔 거냐? 너 좋을 대로 해라.

S# 151. 한 달 뒤, 옥화네 집 툇마루(아침)

성기가 두릅회에 막걸리 한 사발을 쭉 들이킨다.

성기 : 어머니, 나 엿판 하나만 맞춰 주.
옥화 : …….

㉣옥화는 갑자기 뒷통수를 얻어맞은 듯이 멍하게 성기의 얼굴을 바라다본다.

㉤ 옥화 : (고개를 저으며 한숨 섞어) 다시 생각해 보면 안 되겠냐?

옥화 자리에서 일어난다.

① ㉠　　② ㉡　　③ ㉢　　④ ㉣　　⑤ ㉤

4 〈보기〉를 참고하여 윗글을 감상한 내용으로 적절하지 <u>않은</u> 것은?

> • 보기 •
>
> 　이 소설은 역마살로 표상되는 한국인의 전통적 운명관을 형상화하고 있다. 공간적 배경이 되는 화개 장터는 역마살이 낀 장돌뱅이들의 집결지로, 이곳에서 인연이 얽힌 주요 인물들은 역마살과 관련 깊게 그려진다. 소설의 주된 갈등은 이와 같은 운명, 즉 역마살과 맞서 싸우려는 인간의 노력에서 비롯된다. 그러나 역마살을 극복하고자 하는 노력은 수포로 돌아가고 운명에 순응하는 것이 구원에 이르는 길이라는 전통적 삶의 방식을 따르면서 갈등은 해소된다.

① 이별의 상황을 받아들이는 계연과 성기는 전통적 삶의 방식을 보여 주고 있군.

② 옥화가 악양까지 가서 명도를 불러 점을 친 것은 성기의 운명을 극복하기 위한 시도로 볼 수 있겠군.

③ 성기가 오랫동안 자리에 드러누워 일어나지 못한 것은 자신의 운명에 대한 내적 갈등이 심했기 때문이로군.

④ 성기가 옥화에게 엿판을 맞춰 달라고 한 것은 자신에게 주어진 운명에 순응하는 삶을 선택한 것으로 볼 수 있군.

⑤ 성기가 육자배기 가락으로 콧노래까지 흥얼거릴 수 있게 된 것은 운명에 순응함으로써 갈등을 극복한 심리가 반영되었기 때문이겠군.

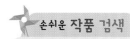 손쉬운 작품 검색

역마_김동리 ⊕

 전체 줄거리

발단 화개 장터에서 주막을 하는 옥화는 아들 성기의 역마살을 없애기 위해 성기를 절에 보내고 책전을 열어 주는 등 갖은 노력을 기울인다. 어느 날, 체 장수 영감이 딸 계연을 옥화네 주막에 맡기고 떠난다.

전개 성기가 계연을 좋아하는 눈치를 보이자 옥화는 계연을 성기와 결혼시켜 성기의 역마살을 막아 보고자 하고, 성기와 계연은 서로에게 사랑을 느낀다.

본문 수록 장면

위기 · 절정 옥화는 우연히 계연의 왼쪽 귀에 난 사마귀를 보고, 자신의 이복동생일지도 모른다는 의심을 한다. 옥화의 의심은 사실로 밝혀지고, 계연은 체 장수 영감과 함께 주막을 떠난다.

결말 충격을 받고 자리에 누워 일어나지 못하는 성기에게 옥화는 계연이 자신의 이복동생이라는 사실을 밝히고, 성기는 운명에 순응하여 엿판을 꾸려 집을 떠난다.

세 갈래 길 —
　화갯골 —— 정착하는 삶
　구례 —— 계연이 떠나간 곳
　하동 —— 운명(역마살)에 순응하는 삶

[성기의 선택]

주제 ▶ 운명에 순응하는 삶과 인간 구원의 문제

\# 역마살　　\# 엿판 = 떠돌이의 삶
\# 콧노래 = 운명에 순응해 가벼워진 마음

특징 ▶ 향토적 공간을 배경으로 운명론적 세계관을 드러냄.

\# 화개 장터 : 장돌뱅이의 집결지 = 떠돌이 삶
\# 역마살 → 운명에 순응 → 홀가분함.

33 독 짓는 늙은이 _황순원

평생을 독 짓는 일에 바쳐 온 한 노인의 모습을 통해 전통적 가치의 붕괴에 맞서는 인물의 집념과 좌절을 감동적으로 그려 내고 있다.

/ 앞부분 줄거리 / 송 영감은 평생을 독 짓는 일을 하며 살았지만, 나이가 들어 몸에 병이 생긴다. 송 영감의 아내는 조수와 눈이 맞아 어린 아들 당손이를 담겨 두고 도망을 친다. 송 영감은 아내와 조수에 대한 배신감에 조수가 만든 독을 부수려다가, 독을 팔아야 아들과 자신이 생계를 이어 갈 수 있다는 생각에 참는다. 병이 든 송 영감은 독을 짓는 중에 몇 번이나 쓰러지기를 반복한다. 이때, 이들 부자를 돌보아 주던 앵두나뭇집 할머니가 당손이를 입양 보내자고 권유하지만, 송 영감은 화를 내며 거절하고 가마에 독을 넣고 불질을 시작한다.

곁불놓기를 시작했다. 독가마 양옆으로 뚫은 곁창 구멍으로 나무를 넣는 것이다.

이제는 소나무를 단으로 넣기 시작했다. 아궁이와 곁창의 불길이 길을 잃고 확확 내쏜다. 이 불길이 그대로 어제 늦저녁부터 아궁이에서 좀 떨어진 한곳에 일어나 앉았다 누웠다 하며 한결같이 불질하는 것을 지키고 있는 송 영감의 두 눈 속에서도 타고 있었다.

이렇게 이날 해도 다 저물었다. 그러는데 한편 곁창에서 불질하던 왱손이가 곁창 속을 들여다보는 듯하더니, 분주히 이리로 달려오는 것이었다. 송 영감은 벌써 왱손이가 불질하던 곁창의 위치로써 그것이 자기의 독이 들어 있는 자리라는 것을 알고 왱손이가 뭐라기 전에 먼저, 무너앉았느냐고 했다. 왱손이는 그렇다고 하면서, 이젠 독이 좀 덜 익더라도 곁불질을 그만두고 아궁이를 막아 버리자고 했다. 그러나 송 영감은 그저, 그만두라고 할 때까지 그냥 불질을 하라고 했다.

거지들이 날이 저물었다고 독가마 부근으로 모여들었다. 송 영감이, 이제 조금만 더, 하고 속을 죄고 있을 때였다. 가마 속에서 갑자기 뚜왕! 뚜왕! 하고 독 튀는 소리가 울려나왔다. 송 영감은 처음에 벌떡 반쯤 일어나다가 도로 주저앉으며 이상스레 빛나는 눈을 한곳에 머물린 채 귀를 기울였다. 송 영감은 가마에 넣은 독의 위치로, 지금 것은 자기가 지은 독, 지금 것도 자기가 지은 독, 하고 있었다. 이렇게 튀는 것은 거의 송 영감의 것뿐이었다. 그리고 송 영감은 또 그 튀는 소리로 해서 그것이 자기가 앓다가 일어나 처음에 지은 몇 개의 독만이 튀지 않고 남은 것을 알며, 왱손이의 거치적거린다고 거지들을 꾸짖는 소리를 멀리 들으면서 어둠 속에 그만 쓰러지고 말았다.

➤ 자신이 지은 독이 튀는 소리를 들으며 쓰러진 송 영감

다음날 송 영감이 정신이 들었을 때에는 자기네 뜸막 안에 뉘어 있었다. 옆에서 작은 몸을 오그리고 훌쩍거리던 애가 아버지가 정신 든 것을 보고 더 크게 훌쩍거리기 시작했다. 송 영감이 저도 모르게 애보고 안 죽는다, 안 죽는다, 했다. 그러나 송 영감은 또 속으로는, 지금 자기는 죽어 가고 있다고 부르짖고 있었다.

이튿날 송 영감은 애를 시켜 앵두나뭇집 할머니를 오게 했다. 앵두나뭇집 할머니가 오자 송 영감은 애더러 놀러 나가라고 하며 유심히 애의 얼굴을 쳐다보는 것이었다. 마치 애의 얼굴을 잊지 않으려는 듯이.

앵두나뭇집 할머니와 단둘이 되자 송 영감은 눈을 감으며, 요전에 말하던 자리에 아직 애를 보낼 수 있겠느냐고 물었다. 앵두나뭇집 할머니 된다고 했다. 얼마나 먼 곳이냐고 했다. 여기서 한 이삼십 리 잘 된다는 대답이었다. 그러면 지금이라도 보낼 수 있느냐고 했다. 당장이라도 데려가기만 하면 된다고 하면서 앵두나뭇집 할머니는 치마 속에서 지전 몇 장을 꺼내어 그냥 눈을 감고 있는 송 영감의 손에 쥐어 주며, 아무 때나 애를 데려오게 되면 주라고 해서 맡아 두었던 것이라고 했다.

송 영감이 갑자기 눈을 뜨면서 앵두나뭇집 할머니에게 돈을 도로 내밀었다. 자기에게는 아무 소용 없으

니 애 업고 가는 사람에게나 주어 달라는 것이었다. 그러고는 다시 눈을 감았다. 앵두나뭇집 할머니는 애 업고 가는 사람 줄 것은 따로 있다고 했다. 송 영감은 그래도 그 사람을 주어 애를 잘 업어다 주게 해 달라고 하면서, 어서 애나 불러다 자기가 죽었다고 하라고 했다. 앵두나뭇집 할머니가 무슨 말을 하려는 듯하다가 저고릿고름으로 눈을 닦으며 밖으로 나갔다.

[A]
송 영감은 눈을 감은 채 가쁜 숨을 죽이고 있었다. 그리고 무슨 일이 있더라도 눈물일랑 흘리지 않으리라 했다.

그러나 앵두나뭇집 할머니가 애를 데리고 와 저렇게 너의 아버지가 죽었다고 했을 때, 감은 송 영감의 눈에서는 절로 눈물이 흘러내림을 어찌 할 수 없었다. 앵두나뭇집 할머니는 억해 오는 목소리를 겨우 참고, 저것 보라고 벌써 눈에서 썩은 물이 나온다고 하는, 그러지 않아도 앵두나뭇집 할머니의 손을 잡은 채 더 아버지에게 가까이 갈 생각을 않는 애의 손을 끌고 그곳을 나왔다.

그냥 감은 송 영감의 눈에서 다시 썩은 물 같은, 그러나 뜨거운 새 눈물 줄기가 흘러 내렸다. 그러는데 어디선가 애의 훌쩍훌쩍 우는 소리가 들리는 듯했다. 눈을 떴다. 아무도 있을 리 없었다. 지어 놓은 독이라도 한 개 있었으면 싶었다. 순간 뜸막 속 전체만 한 공허가 송 영감의 파리한 가슴을 억눌렀다. 온몸이 오므라들고 차 옴을 송 영감은 느꼈다. 그러는 송 영감의 눈앞에 독가마가 떠올랐다. 그러자 송 영감은 그리로 가리라는 생각이 불현듯 일었다. 거기에만 가면 몸이 녹여지리라. 송 영감은 기는 걸음으로 뜸막을 나섰다.

거지들이 초입에 누워 있다가 지금 기어 들어오는 게 누구라는 것도 알려 하지 않고, 구무럭거려 자리를 내주었다. 송 영감은 한옆에 몸을 쓰러뜨렸다. 우선 몸이 녹는 듯해 좋았다. 그러나 송 영감은 다시 일어나 가마 안쪽으로 기기 시작했다. 무언가 지금의 온기로써는 부족이라도 한 듯이. 곧 예삿사람으로는 더 견딜 수 없는 뜨거운 데까지 이르렀다. 그런데도 송 영감은 기기를 멈추지 않았다. 그렇다고 그냥 덮어놓고 기는 것은 아니었다. 지금 마지막으로 남은 생명이 발산하는 듯 어둑한 속에서도 이상스레 빛나는 송 영감의 눈은 무엇을 찾고 있는 것이었다. 그러다가 열어젖힌 곁창으로 새어 들어오는 늦가을 맑은 햇빛 속에서 송 영감은 기던 걸음을 멈추었다. 자기가 찾던 것이 예 있다는 듯이. 거기에는 ㉠터져 나간 송 영감 자신의 독 조각들이 흩어져 있었다.

송 영감은 조용히 몸을 일으켜 단정히, 무릎을 꿇고 앉았다. 이렇게 해서 그 자신이 터져 나간 자기의 독 대신이라도 하려는 것처럼.

➡ 아들을 입양 보내고 죽음을 맞이하는 송 영감

★ 어휘 풀이
● **뜸막(−幕)** : 짚, 띠, 부들 따위를 거적처럼 엮어 지붕을 이어 임시로 간단하게 만든 집
● **파리한** : 몸이 마르고 낯빛이나 살색이 핏기가 전혀 없는
● **초입(初入)** : 골목이나 문 따위에 들어가는 어귀
● **구무럭거려** : 매우 천천히 자꾸 움직여

작품 핵심 단축키

집념을 가진 장인	**독 짓기와 실패**	✒ **심리 소설의 성격**
인물 송 영감은 조수와 달아난 아내를 원망하며 ☐을 짓는 일에 전념하고 있다.	**사건·갈등** 송 영감은 배신감과 분노로 인한 갈등을 독 짓기로 극복하려고 하지만 실패하고 독을 대신하여 스스로 ☐☐을 맞이한다.	**서술** 대화가 없이 서술자가 인물의 ☐☐를 분석하여 전달하는 형식을 취하고 있다.

1 윗글에 대한 설명으로 적절한 것은?

① 어린아이의 시각에서 인물의 행위를 묘사하고 있다.
② 하나의 이야기 안에 또 다른 이야기가 진행되고 있다.
③ 특정한 상황에 처한 인물의 행위와 심리를 서술하고 있다.
④ 작품 속의 서술자*가 인물들의 행위를 관찰하여 묘사하고 있다.
⑤ 사건과 관련 없이 인물의 심리를 중심으로 이야기가 전개되고 있다.

＊ 작품 속의 서술자
서술자가 작품 속에 있다는 건 1인칭 시점이라는 의미야. 1인칭 시점은 다시 작품 속 '나'가 중심인물이냐 주변 인물이냐에 따라 주인공 시점과 관찰자 시점으로 나뉘어.

2 ㉠에 대한 설명으로 적절한 것은?

① 전통에 대한 부정을 상징한다.
② 사라져 버린 희망을 상징한다.
③ 지난날의 번민과 고통을 나타낸다.
④ 해체된 송 영감의 가족을 의미한다.
⑤ 한 인간의 비뚤어진 삶을 의미한다.

3 〈보기〉를 참고하여 윗글을 감상한 내용으로 적절하지 <u>않은</u> 것은?

> ● 보기 ●
>
> 　이 작품은 전통적인 가치를 지켜 내려는 인간의 집념과 의지 그리고 전통적 가치의 계승이 좌절된 데서 오는 아픔을 보여 주고 있다. 현실적인 고통을 지닌 한 사람이 전통적인 예술혼을 통해 고통과 고뇌를 해소하려는 모습과 근원적인 애정을 억제하면서까지 죽음으로 예술을 완성하고자 했던 장인의 삶이 담겨 있다.

① 독을 대신해서 가마 안에서 최후를 맞는 송 영감의 모습은 위대한 장인의 삶에 해당하겠군.
② 조수가 송 영감의 아내와 함께 도망간 것은 전통적 가치의 계승이 좌절된 상황을 의미하겠군.
③ 뜨거운 가마의 안쪽까지 기어 들어가는 송 영감의 모습은 인간의 집념을 보여 주는 것이겠군.
④ 송 영감이 당손이를 입양 보내고 자신의 죽음을 준비하는 것은 예술을 완성하려고 한 것이겠군.
⑤ 송 영감이 가마 안에서 단정히 무릎을 꿇고 앉은 것은 근원적인 애정을 억제하려는 행위이겠군.

4 〈보기〉는 [A]를 각색한 것이다. [A]와 〈보기〉에 대한 설명으로 적절하지 <u>않은</u> 것은?

● 보기 ●

> S# 88. 뜸막 안
>
> 　송 영감, 애타게 밖을 보다 돌이가 나타나자 얼른 눈을 감는다. 돌이, 방물장수 따라 가까이 온다. 그냥 굳게 눈을 감은 채 누운 송 영감. 돌이 다가와 앉아 송 영감을 흔들어 깨우려 한다.
>
> 방물장수 : 돌아! 자, 네 아버지 얼굴을 잘 봐 둬야 한다! 네 아버진 죽었다!
>
> 　움찔하고 보는 돌이. 이때였다. 송 영감의 꼭 감겨진 눈엔 눈물. 그 가득히 고인 눈물이 한 줄기 강물처럼 흘러내린다. 가늘게 아주 가늘게 경련을 일으키는 영감의 눈시울. 돌이 그래도 확인해 보려는 듯 조심스럽게 송 영감의 얼굴을 쓸어 본다.
>
> 방물장수 : (겁주듯) 저것 봐라! 벌써 눈에서 저렇게 썩은 물이 줄줄 나오지 않니!
>
> 　돌이, 움찔하더니 뒷걸음질치기 시작한다.
>
> 방물장수 : 자! 아줌마하고 가자!
>
> 　돌이 손을 끌고 나간다. 송 영감의 눈이 가늘게 열린다. 그리고 나가는 돌이의 뒷모습을 사무치게 본다. 미쳐 나갈 것만 같은 송 영감의 심정—. 돌이 나가다 뒤돌아본다. 언뜻 다시 눈을 감는 송 영감. 문이 삐걱하며 닫힌다.

① [A]와 〈보기〉 모두 기본적인 사건의 전개는 동일하게 유지하고 있다.

② [A]와 〈보기〉 모두 주인공과 공간적 배경은 동일하게 유지하고 있다.

③ 〈보기〉와 달리 [A]에서는 아들에 대한 '송 영감'의 안타까움이 부각되고 있다.

④ [A]와 달리 〈보기〉에서는 상황을 파악하기 위한 아들의 행동이 제시되어 있다.

⑤ [A]의 '앵두나뭇집 할머니'와 〈보기〉의 '방물장수'는 사건을 진행하는 역할을 하고 있다.

 손쉬운 **작품 검색**

독 짓는 늙은이_황순원 ⊕

💬 **전체 줄거리**

본문 수록 장면

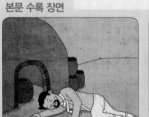

발단 송 영감의 아내가 조수와 함께 도망간다.

전개 쇠약해진 송 영감이 자꾸 쓰러지고 앵두나뭇집 할머니가 당손이를 남의 집에 입양 보내자고 제안한다.

위기·절정 송 영감은 조수가 만든 독은 멀쩡하고 자신이 만든 독들만 깨지는 소리를 들으며 쓰러진다.

결말 송 영감은 당손이를 입양 보내고, 터진 독을 대신하여 죽음을 맞이한다.

📷

아내와 조수의 배신 ─┐

병세의 악화 ─── 독을 대신하여 죽음을 맞이함. (장인의 집념과 예술혼)

독 짓기의 실패 ─┘

 주제 ▶ 독 짓기에 대한 한 노인의 집념과 좌절

\# 독 짓기　　\# 장인 정신　　\# 예술혼　　\# 가마

특징 ▶ 심리 소설의 성격이 강한 작품으로 대화 없이 서술자가 인물의 심리를 중심으로 서술함.

\# 서술자의 직접 설명　　\# 절제된 문장　　\# 서사적 묘사

34 탈향(脫鄕) _이호철

6 · 25 전쟁 때 북에서 월남하여 부산에서 떠돌게 된 네 명의 친구들의 이야기로, 고향이 같다는 이유로 맺어졌던 끈끈한 유대 관계가 남쪽 생활에서 겪게 된 생계의 어려움으로 인해 점차 깨지게 되는 과정을 보여 주고 있다.

/ 앞부분 줄거리 / 1 · 4 후퇴 당시 중공군을 피해 월남하던 '나'는 두찬, 광석, 하원을 만난다. 부산에 도착한 네 사람은 화찻간에서 잠을 자며 고향에 갈 날을 기다린다.

"더 먹어라." / "응." / "더 먹어." / "너 더 먹어."

㉠꽁치 토막일망정 좋은 반찬은 서로 양보들을 했다.

어두운 **화찻간** 속에서 막걸리 사발이나 받아다 마시면, 넷이 법석대곤 했다.

우리들 중 가장 어린 하원이는 늘 무언가 풀어헤치듯,

"야하, 부산은 눈두 안 온다, 잉. 어잉 야야, 벌써 자니 이 새끼, 벌써 자니? 진짜, 잉. 광석이 아저씨네 움물 말이다. 눈 오문 말이다. 뒤에 상나무 있잖니? 하얀 양산처럼 되는, 잉. 한번은 이른 새벽이댔는데 **장자골집 형수**, 물을 막 첫 바가지 푸는데 푸뜩 눈뭉치가 떨어졌다, 그 형수 뒷머리를 덮었다. 내가 막 웃으니까, 그 형수두 눈 떨 생각은 않구, 하하하 웃는단 말이다. 원래가 그 형수 잘 웃잖니?"

광석이는 히죽히죽 웃으면서,

"**토백이 반원** 새끼덜, 우릴 사촌끼리냐구 묻더구나. 그렇다니까, 그러냐아구, 어쩌구. 그 꼬락서니라구야. ⓐ이 새끼 벌써 취했?"

조금 사이를 두어, / "야하, 언제나 고향 가지?"

두찬이는 혀 꼬부라진 소리로, / "이제 금방 가게 되잖으리."

"이것두 다아 좋은 경험이다." / "암, 그렇구말구."

"우리, 동네 갈 땐 꼭 같이 가야 된다, 알겐."

"아무렴, 여부 있니. 우리 넷이 여기서 떨어지다니, 그럴 수가. 벼락을 맞을 소리지. 허허허, 기분 좋다. 우리 더 마실까. 한 사발씩만 더, 딱 한 사발씩." 〈중략〉 ➔ 어려운 현실 속에서도 고향에 대한 그리움을 잊지 않는 네 친구

이럭저럭 한 달쯤 무사히 지났다. 그러나 고향으로 돌아갈 날은 갈수록 아득했다. 이 한 달 사이에 두찬이는 두찬이대로, 광석이는 광석이대로 남모르게 제각기 다른 배포*가 서게 된 것은(배포랄 것까지는 없지만) 그들을 탓할 수만은 없는 일이었다. 쉽사리 고향으로 못 돌아갈 바에는 늘 이러고만 있을 수는 없다, 달리 변통*을 취해야겠다. 두찬이와 광석이는 나머지 셋 때문에 괜히 얽매여 있는 것처럼 스스로를 생각하게 된 것이었다. 자연 우리 사이는 차츰 데면데면해지고, 흘끔흘끔 서로의 눈치를 살피게끔 됐다.

광석이는 애당초가 주책이 없다 할까 주변이 있다 할까 ㉡엄벙덤벙 토박이 반원들과 얼려 막걸리 사발이나 얻어 마시곤 했고, 주변 좋게 보탬을 해서 북쪽 얘기를 해 쌓고, 이렇게 며칠이 지났을 땐 어느덧 반원들은, 나나 두찬이나 하원이와는 달리, 광석이만은 오래전부터 사귀어 온 친구처럼 손을 맞잡고는,

"나왔나!" / "오냐, 느 형님 여전하시다."

"버르장머리 몬 쓰겠다. 누구 보꼬 형님이라카노?"

"자네 언제부터, 말버르장머리하곤, 허 요새 세상이 이래 노니."

농담조로 수인사가 오락가락했으니, 나나 두찬이나 하원이는 광석이의 이런 꼴을 멀끔히 남 바라보듯 바

라다봐야 했다. 광석이는 차츰 반원들과 얼려 왁자지껄하는 데 더 재미를 느끼는 것 같았고, 날이 갈수록 자신만만해졌다.

➡ 반원들과 잘 어울리는 사교성 좋은 광석

ⓒ그 꼴사나움은 이루 말할 수 없어 더더구나 주변 없고 무뚝뚝하고 외양보다 실속만 자란 두찬이는 저대로 뒤틀리는 심사를 지닌 채 다른 궁리를 차리는 모양이었다. 사실 이즈음부터 두찬이는 부두 안에서 얌생이를 해도 다만 밥 두 끼 값이라도 골고루 나누어 주는 법이 없이, 일판만 나오면 혼자 부두 앞 틈 사이 샛길을 허청허청 돌아다녔다. 이런 두찬이는 으레 술이 듬뿍 취해 화찻간으로 돌아오곤 하였다.

➡ 두찬의 심리적 갈등

하원이는 자주 울먹거렸다.

"야하, **부산**은 눈두 안 온다, 잉." / 하고 애스럽게 지껄이곤 했다.

ⓓ되잖은 청으로 타령 같은 것을 부르는 두찬이의 취한 목소리가 바람결에 가까워오면 화찻간은 무엇인가 덮어씌운 듯 조용해졌다.

"문 열어라."

드르르 문을 열면, 싸느다란 부두 불빛이 푸르무레하게 화찻간에 찼다. 두찬이는 문간에 막아서서, 비트적거리며 한참을 허허허 웃어 댔다. 하원이는 한쪽 구석에서 또 울먹울먹거렸다. 화찻간으로 기어올라온 두찬이는 헉헉 숨차 하면서 광석이부터 찾았다.

"야, 광석아, 이 새끼야, 이 새끼 어디 갔니?"

누운 채 광석이는 귀찮은 듯이 쨍한 목소리로, / "왜애, 왜 기래, 왜?"

"나, 술 마셨다. 나 오늘 **얌생이**했다. 사아지˚ 두 벌, 근사하더라, 나 혼자 가지구 나 혼자 마셨다. 왜, 못 마땅허니? 못마땅할 것 없어, 잉, 이 새끼야."

광석이는 발끈 일어나며, / "ⓑ취했음 자빠져 잘 거지. 어디 가서 혼자만 처마시군."

"말 자알 헌다. 그래 난 혼자만 마셨다. 넌 부산내기털과 왁자고 오멘서 마시구. 난 내 돈 내구 먹지만, 넌 술 사 주는 사람두 많구나. 원래 사람이 잘났으니까, 인심이 좋아서. 난 못났구. 그렇지만 무서울 건 쬐외꼼두, 요만침두 없어. 두구 보렴, 두구 봐, 보잔 말야."

하원이가 일어나 앉아 소리 내어 쿨쩍거리기 시작했다.

광석이는 갑자기 부러 악을 쓰듯 목대를 짜서, / "남쪽 나라 십자성은 어머님 얼굴······."

두찬이도 광석이에 지지 않고 온 화찻간이 떠나갈 듯,

"아, 신라의 밤이여, 아, 신라의 밤이여, 타아향살이 십 년에······ 씹할, 어떻게 되나 보자구나, 될 대루 돼라, 이 새끼야, 이 새끼야, 이 쥑일 새끼야."

ⓔ발길로 화차 벽을 텅텅 내찼다.

하원이는 어느새 엉엉 소리 내어 울었다.

➡ 두찬과 광석의 갈등

어휘 풀이

⭐ **어휘 풀이**

● **배포(排布)** : 머리를 써서 일을 조리 있게 계획함. 또는 그런 속마음
● **변통(變通)** : 형편과 경우에 따라서 일을 융통성 있게 잘 처리함.
● **데면데면해지고** : 사람을 대하는 태도가 친밀감이 없이 예사로워지고
● **엄벙덤벙** : 들떠서 함부로 행동하는 모양
● **얌생이** : 남의 물건을 조금씩 슬쩍슬쩍 훔쳐 내는 짓을 속되게 이르는 말
● **사아지** : 옷감의 한 종류

 작품 핵심 단축키

👤	**고향을 떠난 실향민**
인물	'나', 광석, 두찬, 하원은 고향을 버리고 월남하여 서로 의지하며 ☐☐에서 궁핍한 피란살이를 하고 있다.

⚡	**현실을 대하는 태도**
사건 갈등	광석과 두찬은 ☐☐으로 돌아가는 일이 불확실해지자 현실에 적응할 필요를 느끼기 시작한다.

✒	**사투리 사용의 효과**
서술	인물들 간의 대화에 사투리와 비속어를 사용하여 ☐☐적인 느낌을 주고 있다.

1 윗글에 대한 설명으로 적절하지 않은 것은?

① 인물들 간의 대화를 통해 갈등이 드러나고 있다.
② 시간이 흐르면서 인물 간의 심리와 관계가 변하고 있다.
③ 사투리와 비속어를 사용하여 사실적인 느낌을 주고 있다.
④ 작품 안 서술자가 자신의 시선으로 인물들을 바라보고 있다.
⑤ 의식의 흐름 기법*을 통해 인물들의 솔직한 속내가 밝혀지고 있다.

2 윗글의 소재에 대한 설명으로 적절하지 않은 것은?

① '화찻간'은 인물들의 불안정한 삶을 상징적으로 보여 주는 공간이다.
② '장자골집 형수'는 등장인물의 고향과 관련된 과거의 추억에 해당한다.
③ '토백이 반원'은 인물들을 결속시키기도, 분열시키기도 하는 기능을 한다.
④ '부산'은 인물들이 사회적 상황 때문에 어쩔 수 없이 선택하게 된 공간이다.
⑤ '암생이'는 일확천금을 꿈꾸는 인물들의 헛된 욕망과 도덕적 타락을 의미한다.

3 ㉠~㉤ 중 〈보기〉의 밑줄 친 부분에 해당하지 않는 것은?

> ● 보기 ●
>
> 　서술자가 작품 속 인물인 경우 서술자의 태도는 인물의 심리를 담고 있는 경우가 많다. 서술자의 역할을 하는 인물이 다른 인물의 행동이나 모습을 객관적으로 표현하는 경우도 있지만 대개 인물에 대한 주관적 평가나 감정을 직·간접적으로 반영하여 독자에게 전달하는 경우가 많기 때문이다.

① ㉠　　　② ㉡　　　③ ㉢　　　④ ㉣　　　⑤ ㉤

4 ⓐ와 ⓑ에 대한 설명으로 가장 적절한 것은?

① ⓐ는 상대에 대한 걱정을, ⓑ는 불신감을 드러낸다.
② ⓐ는 상대에 대한 연민을, ⓑ는 배신감을 드러낸다.
③ ⓐ는 상대에 대한 우월감을, ⓑ는 열등감을 드러낸다.
④ ⓐ는 상대에 대한 친근감을, ⓑ는 불편함을 드러낸다.
⑤ ⓐ와 ⓑ 모두 현재의 처지에 대한 좌절감을 드러낸다.

바른답 알찬풀이 ●35쪽

5 〈보기〉를 참고하여 윗글을 번역하기 위한 논의를 한다고 할 때, 나머지와 성격이 <u>다른</u> 것은?

─── 보기 ───

　　한국 문학의 세계화는 두 가지 측면에서 접근할 수 있다. 첫째, 한국 문학에만 존재하는 특수성을 어떻게 이해시킬 것인가, 둘째, 우리 문학이 지니고 있는 보편성을 어떻게 드러낼 것인가이다. 6 · 25 전쟁을 다루고 있는 「탈향」은 한국 문학의 특수성과 보편성을 효과적으로 잘 드러내고 있는 작품으로, 한국 문학의 세계화에 적절한 작품으로 볼 수 있다.

① 인물들이 사용하는 사투리 특유의 어조를 어떻게 번역할 것인가?
② 공간적 배경인 부산에 대한 인물들의 정서를 어떻게 이해시킬 것인가?
③ 전쟁으로 인해 겪는 인물들의 심리적 갈등 양상을 어떻게 설명할 것인가?
④ 인물들이 자주 마시는 막걸리에 담긴 사회적 맥락을 어떻게 전달할 것인가?
⑤ 인물들이 부르는 유행가의 가사에 담긴 의미와 정서를 어떻게 드러낼 것인가?

✈ 손쉬운 작품 검색　　　　　　　　　　　　　　　**탈향_이호철** ⊕

💬 전체 줄거리

본문 수록 장면

발단 1 · 4 후퇴 당시 중공군의 남하를 피해 무턱대고 배 위에 올라탄 '나'는 두찬, 광석, 하원을 만난다. 부산 거리에 도착한 넷은 화찻간에서 잠을 자고 부두에 나가 일을 하며 고향에 돌아갈 날만 기다린다.

전개 생활이 극도로 어려워지면서 두찬과 광석의 사이가 멀어지고, 한 달이 지나자 제각기 다른 길을 찾으려 한다. 자연스럽게 서로의 관계가 소원해져 말싸움을 하기도 한다.

위기 · 절정 출발하는 화차에서 뛰어내리던 광석은 팔이 잘려 나가는 부상을 당하고, 두찬은 그대로 도망친다. '나'와 하원은 광석을 데려왔으나 이튿날 광석은 죽고 만다. 다음 날 두찬은 광석의 죽음에 대한 자책감을 표현하고는 그 뒤로 돌아오지 않는다.

결말 하원은 두찬이 떠났음을 기뻐하며 '나'에게 둘이서 잘 살아가자고 말한다. 하지만 '나'는 하원을 부담스럽게 생각한다. 하원은 귀향을 꿈꾸지만 '나'는 마음속으로 하원을 버리려고 하고 있음을 깨닫는다.

📷

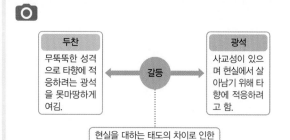

두찬		광석
무뚝뚝한 성격으로 타향에 적응하려는 광석을 못마땅하게 여김.	← 갈등 →	사교성이 있으며 현실에서 살아남기 위해 타향에 적응하려고 함.

현실을 대하는 태도의 차이로 인한 심리적 갈등

🖱 주제 ▶ 월남한 실향민들의 애환과 공동체 의식의 붕괴

＃6 · 25 전쟁　＃1 · 4 후퇴
＃고향에 대한 그리움　＃태도 차이로 인한 갈등

특징 ▶ 사투리와 비속어를 사용하여 토속성과 사실성을 높임.

＃북한 사투리　＃작가의 체험 반영

35 유예(猶豫) _오상원

사형 집행이 1시간 뒤로 미루어진 상황에 처한 주인공의 내면 의식을 통해 가치를 상실한 인간 존재의 비극성과 전쟁의 냉혹함을 형상화하고 있다.

EBS
다수록 작품

동무…… 총살. 이 두 마디가 그의 머릿속에 못 박혔다. 눈앞이 아찔하다. 그는 더욱 정신을 가다듬고 그들의 일거일동을 살폈다. 머리가 텁수룩하고 야윈 얼굴에 내의 바람의 한 청년이 양손을 등 뒤로 묶인 채 맨발로 서 있는 것이 눈에 띄었다. / "동무는 우리 인민의 처사에 대하여 이의가 있소?"

그 위엄으로 보아 대장인가 싶다.

"생명체와 도구와는 다른 것이오. 내 더 이상 무엇을 말하고 싶겠소? 나는 포로가 되었을 때 비로소 내가 확실히 호흡하고 있는 인간이라는 것을 알았을 뿐이오. 나는 기쁘오. 내가 한 개의 기계나 도구가 아니었다는 것, 하나의 생명체인 인간으로서 살아 있었다는 것, 그리고 인간으로서 죽어 간다는 것, 이것이 한없이 기쁠 뿐입니다." / 명확한 차가운 음성이었다. / "좋소." / 경멸적인 조소가 입술에 어렸다.

"이 둑길을 따라 똑바로 걸어가시오. 남쪽으로 내닫는 길이오. 그처럼 가고 싶어 하던 길이니 유감은 없을 것이오." / 피해자는 돌아섰다. 한 발자국, 한 발자국 걷기 시작하였다.

뒤에서 두 놈이 총을 재었다. 바야흐로 불길을 뿜으려는 총구를 등 뒤에 받으며, 주저 없이 정확한 걸음걸이로 피해자는 눈길을 맨발로 헤쳐 나가고 있었다.

이제 몇 발의 총성과 더불어 그는 무참히 쓰러지고 말 것이다. 똑바로 정면으로 눈 준 채 조금도 흩어질 줄 모르는 그의 침착한 걸음걸이…….

눈앞이 빙빙 돈다. 그는 마치 저 언덕길을 걸어가고 있는 것이 자기인 것만 같았다. 순간 그는 총을 꽉 움켜쥐었다. 내일을 위해 오늘의 싸움을 피한다는 것은 비겁한 수단이다. 지금 저 눈길을 걸어가고 있는 피해자는 그가 아니라 나 자신이다. 내가 지금 피살당하러 가고 있는 것이다. 쏴야 한다. 그는 사수를 겨누었다. 숨죽이는 순간, 이미 그의 두 총구에서는 빗발같이 총알이 쏟아져 나갔다. 쓰러진다. 분명히 두 놈이 쓰러졌다. 그는 다음다음 연달아 쏘았다. 일순간이 지나자 응수가 왔다. 이마에선 줄곧 땀이 흐른다. 눈앞이 돈다. 전신의 근육이 개머리판의 진동에 따라 약동한다. 의식이 자주 흐린다. 그는 푹 고개를 묻고 쓰러졌다. 위기일발, 다시 겨눈다. 또, 어깨 위에 급격한 진동이 지나간다. 자꾸 흩어지는 의식. 놈들의 사격이 뚝 그쳤다. 적은 전후좌우로 흩어져서 육박하여* 오고 있다.

의식을 잃은 난사. 그는 벌떡 일어섰다. 그 순간 푹 쓰러졌다. 의식이 깜빡 사라진다. 갓 지나간 격렬한 총성의 여음이 귓가에서 감돈다. 몸 어느 한구석이 쿡쿡 찔리고, 끈적끈적한 액체가 흘러내리고 있는 것 같다.

소리가 난다. 무엇이 다가오고 있다. 머리를 쾅하고 내리친다. 그 순간 의식을 잃었다.

▶ 국군 포로가 인민군에게 처형되는 장면을 목격하고 적을 공격하다가 부상을 당함.

오른편 팔 위에 격통이 일어난다. 그는 간신히 왼편 손으로 오른편 팔을 엎쓸어 더듬었다. 손끝에 오는 감촉이 끈적끈적하다. 손을 떼었다. 눈앞으로 가져갔다. 그 손끝과 손가락 사이에는 피, 검붉은 피가 흠뻑 젖어 있다. 어디선가 두런두런 말소리가 들린다. 담배 연기가 자욱하다. 먼지와 거미줄이 뽀오야니 늘어붙은 찢어진 천장 구멍으로 사라져 간다. 방 안이다. 방 안에 뉘어져 있는 것이다. 이따금 흰 눈을 밟고 지나가는 발자국 소리가 희미한 의식 속에 떠오른다. 점점 멀어져 가는 발자국 소리를 따라서 그의 의식도 희미해진다.

그 후 몇 번이고 심문이 지나갔다. 모든 것은 결정되었다. 인제 모든 것은 끝나는 것이다. 얼음장처럼 밑이 차다. 아무 생각도 없다. 전신의 근육이 감각을 잃은 채 이따금 경련을 일으킨다. 발자국 소리가 난다. 말소리도. 시간이 되었나 보다. 문이 삐그덕거리며 열리고 급기야 어둠을 헤치고 흘러 들어오는 광선을 타고 사닥다리가 내려올 것이다. 숨죽인 채 기다린다. 일순간이 지났다. 조용하다. 아무런 동정도 없다. 어쩐 일일까?…… 몽롱한 의식의 착오 탓인가. 확실히 구둣발 소리다. 점점 가까워 오는…… 정확한…… 그는 몸을 일으키려 애썼다. 고개를 들었다. 맑은 광선이 눈부시게 흘러 들어온다. 사닥다리다.

"뭐 하고 있어! 빨리 나와!" / 착각이 아니었다. 그들은 벌써부터 빨리 나오라고 고함을 지르며 독촉하고 있었다. 한 단 한 단 정신을 가다듬고 감각을 잃은 무릎을 힘껏 괴어 짚으며 기어올랐다. 입구에 다다르자 억센 손아귀가 뒷덜미를 움켜쥐고 끌어당겼다. 몸이 밖으로 나가는 순간 눈 속에서 그대로 머리를 박고 쓰러졌다. 찬 눈이 얼굴 위에 스치자 정신이 돌아왔다. 일어서야만 한다. 그리고 정확히 걸음을 옮겨야 한다. 모든 것은 인제 끝나는 것이다. 끝나는 그 순간까지 정확히 나를 끝맺어야 한다.

그는 눈을 다섯 손가락으로 꽉 움켜 짚고 떨리는 다리를 바로잡아 가며 일어섰다. 그리고 한 걸음 한 걸음, 정확히 걸음을 옮겼다. 눈은 의지적인 신념으로 차가이 빛나고 있었다.

본부에서 몇 마디 주고받은 다음, 준비 완료 보고와 집행 명령이 뒤이어 떨어졌다.

눈에 함빡 쌓인 흰 둑길이다. 오오 이 둑길…… 몇 사람이나 이 둑길을 걸었을 거냐. ➤ 사형 집행 명령이 떨어져 죽음을 눈앞에 두게 됨. 흰칠히 트인 벌판 너머로 마주 선 언덕, 흰 눈이다. 가슴이 탁 트이는 것 같다. 똑바로 걸어가시오. 남쪽으로 내닫는 길이오. 그처럼 가고 싶어 하던 길이니 유감없을 거요. 걸음마다 흰 눈 위에 발자국이 따른다. 한 걸음 두 걸음 정확히 걸어야 한다. 사수(射手) 준비! 총탄 재는 소리가 바람처럼 차갑다. 눈앞에 흰 눈뿐, 아무것도 없다. 인제 모든 것은 끝난다. 끝나는 그 순간까지 정확히 끝을 맺어야 한다. 끝나는 일 초, 일각까지 나를, 자기를 잊어서는 안 된다. ➤ 눈이 쌓인 둑길을 걸으며 죽음을 기다림.

[A]
걸음걸이는 그의 의지처럼 또한 정확했다. 아무리 한 걸음, 한 걸음 다가가는 걸음걸이가 죽음에 접근하여 가는 마지막 길일지라도 결코 허튼, 불안한, 절망적인 것일 수는 없었다. 흰 눈, 그 속을 걷고 있다. 흰칠히 트인 벌판 너머로, 마주 선 언덕, 흰 눈이다. 연발하는 총성, 마치 외부 세계의 잡음만 같다. 아니, 아무것도 아닌 것이다. 그는 흰 속을 그대로 한 걸음 한 걸음, 정확히 걸어가고 있었다. 눈 속에 부서지는 발자국 소리가 어렴풋이 들려온다. 두런두런 이야기 소리가 난다. 누가 뒤통수서 잡아 일으키는 것 같다. 뒤허리에 충격을 느꼈다. 아니 아무것도 아니다. 아무것도 아닌 것이다.

흰 눈이 회색빛으로 흩어지다가 점점 어두워 간다. 모든 것은 끝난 것이다. ➤ 무의미한 일처럼 다가오는 처형 순간의 상황 놈들은 멋쩍게 총을 다시 거꾸로 둘러메고 본부로 돌아들 갈 테지. 눈을 털고 주위에 손을 비벼 가며 방 안으로 들어갈 것이다. 몇 분 후면 화롯불에 손을 녹이며 아무 일도 없었던 듯 담배들을 말아 피고 기지개를 할 것이다. 누가 죽었건 지나가고 나면 아무것도 아니다. 모두 평범한 일인 것이다. 의식이 점점 그로부터 어두워 갔다. 흰 눈 위다. 햇볕이 따스히 눈 위에 부서진다. ➤ 총격을 느낀 후에 자신이 죽은 이후를 생각하며 의식을 잃어 감.

작품 핵심 **단축키**

👤 주체적 존재로서의 '나'('그')	⚡ 의식의 흐름에 따른 전개	✒ 시점의 교차
인물 '나'('그')는 □□의 순간에도 자신의 의지와 신념을 지키고자 하는 인물이다.	**사건 갈등** 시간의 순서에 따른 사건 전개가 아닌 인물의 □□을 중심으로 과거와 현재가 교차되고 있다.	**서술** 인물의 내면 심리는 □인칭 시점으로, 인물이 처한 상황은 □인칭 시점으로 묘사하고 있다.

1

윗글에 대한 설명으로 적절하지 <u>않은</u> 것은?

① 현재형 서술을 통해 장면의 현장감을 높이고 있다.
② 상대방의 말을 큰따옴표 없이 직접 인용하기도 한다.
③ 상징적인 소재를 사용하여 주제 의식을 강조하고 있다.
④ 인물 간의 갈등에 초점을 맞추어 사건을 전개하고 있다.
⑤ 의식의 흐름 기법을 통해 주인공의 심리를 서술하고 있다.

2

〈보기〉를 참고하여 윗글을 이해한 내용으로 가장 적절한 것은?

> ● 보기 ●
>
> 　이 작품은 실존주의적 경향을 보이는 소설이다. 실존주의는 개인으로서의 인간의 주체적 존재성을 강조하는 철학으로, 죽음을 맞이하는 주인공의 모습에서 이러한 실존주의적 경향을 엿볼 수 있다.

① 주인공이 적군에 의한 피동적인 죽음을 거부하려는 의지적인 태도를 보이고 있다는 점에서 실존주의적 경향을 확인할 수 있군.
② 죽음에 임박한 상황에서도 자신이 추구해 왔던 이상을 포기하지 않으려는 주인공의 강인함에서 실존주의적 경향을 확인할 수 있군.
③ 사형을 당하는 상황에 처한 주인공이 삶과 죽음의 경계에서 인간적인 두려움을 느끼고 있다는 점에서 실존주의적 경향을 확인할 수 있군.
④ 주인공이 죽음에 임하는 상황에서 의연하게 자신의 모습을 지키려는 결연한 태도를 보이고 있다는 점에서 실존주의적 경향을 확인할 수 있군.
⑤ 적군에 의해 어쩔 수 없이 죽음을 맞이하게 된 주인공이 자신의 죽음을 운명으로 받아들이고 있다는 점에서 실존주의적 경향을 확인할 수 있군.

3

윗글을 시나리오로 각색하고자 할 때, 원작의 의도를 살릴 수 있는 방법으로 적절하지 <u>않은</u> 것은?

① 의식이 점점 어두워 가는 장면은 외부 소리가 점점 줄어드는 방식으로 처리한다.
② 오버랩 기법[*]을 활용하여 '현재 – 과거 – 현재'의 순서로 사건이 이어지도록 배열한다.
③ 주인공을 내레이터로 설정하여 죽음에 임하는 인물의 심리를 효과적으로 보여 준다.
④ 주인공의 내면세계에 초점을 맞추고 있으므로 특별히 표정 연기에 신경을 쓰도록 지시문을 작성한다.
⑤ 화롯불에 손을 녹이는 병사의 모습과 눈 덮인 둑길에서 죽어 가는 '나'의 모습을 교차 편집하여 '흰 눈'이 주는 차갑고 냉혹한 이미지가 잘 드러날 수 있도록 한다.

✏ 손쉬운 개념

＊ 오버랩(overlap) 기법
하나의 화면이 끝나기 전에 다음 화면이 겹치면서 먼저 화면이 차차 사라지게 하는 화면 겹침의 기법을 말해. 시나리오에서는 주로 오버랩의 약자인 'O.L.'로 표기되지. 일반적으로 이 기법은 현재에서 과거, 과거에서 현재 이렇게 시간을 넘나드는 장면에서 주로 활용된다는 사실!

4 [A]를 〈보기〉와 같이 바꾸어 썼을 때, 독자가 얻을 수 있는 효과로 가장 적절한 것은?

> ● 보기 ●
>
> 　그의 걸음걸이는 정확했다. 한 걸음, 한 걸음 다가가는 걸음걸이는 죽음으로 가는 마지막 길이었다. 그는 흰 눈 속을 걷고 있었다. 훤칠히 트인 벌판 너머로, 마주 선 언덕, 흰 눈이 펼쳐져 있었다. 곧이어 연발하는 총성, 그는 흰 눈 속을 그대로 한 걸음, 한 걸음, 정확히 걸어가고 있었다. 눈을 밟는 발자국 소리와 두런두런 이야기 소리 뒤에 충격을 받은 그의 허리가 살짝 꺾였다.

① 극적인 긴장감을 더욱 강하게 느낄 수 있다.
② 인물의 내면 심리를 정밀하게 파악할 수 있다.
③ 인물이 처한 상황을 보다 객관적으로 볼 수 있다.
④ 사실감과 함께 사건 전개의 속도감을 느낄 수 있다.
⑤ 인물과 서술의 초점이 일치하여 친근감을 느낄 수 있다.

 손쉬운 작품 검색

유예_오상원 🔍

💬 **전체 줄거리**

본문 수록 장면

발단 인민군에게 포로로 잡힌 '나'에게 처형까지 1시간의 유예 시간이 주어진다. '나'는 총살을 기다리며, 전쟁과 죽음 등에 대한 여러 생각들을 떠올린다.

전개 (회상) '나'가 인솔한 수색대는 북으로 진격하며 몇 차례의 전투를 벌였으나 적진에 너무 깊숙이 들어간 나머지 본대와 연락이 끊긴다. 남은 여섯 명만이 눈을 헤치고 대로를 횡단하던 중에 선임 하사가 부상을 당하고 그는 의연하게 죽음을 맞는다.

위기·절정 인적 없는 황량한 마을에 도착한 '나'는 국군 포로를 둑길로 내몰고 총을 겨눈 인민군을 향해 총을 난사한다. 두 명의 적군이 쓰러지지만 인민군의 반격으로 '나'는 총을 맞고 의식을 잃는다. 인민군들은 몇 번의 심문을 통해 '나'를 회유하려 한다.

결말 결국 '나'의 사형이 결정되고, '나'는 생이 끝나는 그 순간까지 자신의 존재 의미를 잃지 않고 삶을 끝맺어야 한다고 생각한다. '나'는 앞선 국군 포로처럼 둑길을 걷다 총살을 당한다.

📷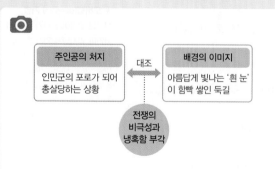

주인공의 처지	대조	배경의 이미지
인민군의 포로가 되어 총살당하는 상황	◄┈┈►	아름답게 빛나는 '흰 눈'이 함빡 쌓인 둑길

전쟁의 비극성과 냉혹함 부각

 주제 ▶ 전쟁의 비극성과 인간성 파괴에 대한 고발

\# 전쟁 속에서 무가치하게 죽을 수밖에 없는 인간 실존의 문제
\# 전쟁의 무의미함　\# 흰 눈과 붉은 피

특징 ▶ 주인공의 의식을 짧고 간결한 현재형으로 진술하여 긴박하고 생생한 분위기를 연출함.

\# 호흡이 짧은 문장　\# 의식의 흐름 기법

36

서울, 1964년 겨울 _김승옥

1964년 겨울의 서울을 배경으로, 현실에서 소외된 고독한 세 인물이 서로 무심하게 만나고 헤어지는 사건을 통해 사회적 연대성을 잃은 현대인의 삶을 그리고 있다.

"급성 뇌막염이라고 의사가 그랬습니다. 아내는 옛날에 급성 맹장염 수술을 받은 적도 있고, 급성 폐렴을 앓은 적도 있다고 했습니다만 모두 괜찮았는데 이번의 급성엔 결국 죽고 말았습니다……, 죽고 말았습니다."

사내는 고개를 떨구고 한참 동안 무언지 입을 우물거리고 있었다. 안이 손가락으로 내 무릎을 찌르며 우리는 꺼지는 게 어떻겠느냐는 눈짓을 보냈다. 나 역시 동감이었지만 그때 그 사내가 다시 고개를 들고 말을 계속했기 때문에 우리는 눌러앉아 있을 수밖에 없었다. ➔ 초면인 '나'와 '안'에게 아내가 죽은 사연을 말하는 사내

"아내와는 재작년에 결혼했습니다. 우연히 알게 됐습니다. 친정이 대구 근처에 있다는 얘기만 했지 한 번도 친정과는 내왕이 없었습니다. 난 처갓집이 어딘지도 모릅니다. 그래서 할 수 없었어요." 그는 다시 고개를 떨구고 입을 우물거렸다.

"뭘 할 수 없었다는 말입니까?" 내가 물었다. / 그는 내 말을 못 들은 것 같았다. 그러나 한참 후에 다시 고개를 들고 마치 애원하는 듯한 눈빛으로 말을 이었다.

"아내의 시체를 병원에 팔았습니다. 할 수 없었습니다. 난 서적 월부 판매 외판원에 지나지 않습니다. 할 수 없었습니다. 돈 사천 원을 주더군요. 난 두 분을 만나기 얼마 전까지도 세브란스 병원 울타리 곁에 서 있었습니다. 아내가 누워 있을 시체실이 있는 건물을 알아보려고 했습니다만 어딘지 알 수 없었습니다. 그냥 울타리 곁에 앉아서 병원의 큰 굴뚝에서 나오는 희끄무레한 연기만 바라보고 있었습니다. 아내는 어떻게 될까요, 학생들이 해부 실습하느라고 톱으로 머리를 가르고 칼로 배를 찢고 한다는데 정말 그렇겠지요?" ➔ 장례를 치를 비용이 없어 아내의 시체를 병원에 팔고 괴로워하는 사내

우리는 입을 다물고 있을 수밖에 없었다. 사환이 다꾸앙과 양파가 담긴 접시를 갖다 놓고 나갔다.

"기분 나쁜 얘길 해서 미안합니다. 다만 누구에게라도 얘기하지 않고서는 견딜 수 없었습니다. 한 가지만 의논해 보고 싶은데, 이 돈을 어떻게 하면 좋을까요? 저는 오늘 저녁에 다 써 버리고 싶은데요."

"쓰십시오." 안이 얼른 대답했다.

"이 돈이 다 없어질 때까지 함께 있어 주시겠어요?" 사내가 말했다. 우리는 얼른 대답하지 못했다. "함께 있어 주십시오." 사내가 말했다. 우리는 승낙했다. 〈중략〉 ➔ 누군가와 함께 있기를 바라는 사내

적막한 거리에는 찬바람이 세차게 불고 있었다.

"몹시 춥군요."라고 사내는 우리를 염려한다는 음성으로 말했다.

"추운데요. 빨리 여관으로 갑시다." 안이 말했다.

"방을 한 사람씩 따로 잡을까요?" 여관에 들어갔을 때 안이 우리에게 말했다. "그게 좋겠지요?"

"모두 한방에 드는 게 좋겠어요."라고 나는 아저씨를 생각해서 말했다.

아저씨는 그저 우리 처분만 바란다는 듯한 태도로, 또는 지금 자기가 서 있는 곳이 어딘지도 모른다는 태도로 멍하니 서 있었다. 여관에 들어서자 우리는 모든 프로가 끝나 버린 극장에서 나오는 때처럼 어찌할 바를 모르고 거북스럽기만 했다. 여관에 비한다면 거리가 우리에게는 더 좁았던 셈이었다. 벽으로 나누어진 방들, 그것이 우리가 들어가야 할 곳이었다.

"모두 같은 방에 들기로 하는 것이 어떻겠어요?" 내가 다시 말했다.

"난 지금 아주 피곤합니다." 안이 말했다. "방은 각각 하나씩 차지하고 자기로 하지요."

"혼자 있기가 싫습니다."라고 아저씨가 중얼거렸다.

"혼자 주무시는 게 편하실 거예요." 안이 말했다.

우리는 복도에서 헤어져 사환이 지적해 준, 나란히 붙은 방 세 개에 각각 한 사람씩 들어갔다.

"화투라도 사다가 놉시다." 헤어지기 전에 내가 말했지만,

"난 아주 피곤합니다. 하시고 싶으면 두 분이나 하세요."라고 안은 말하고 나서 자기의 방으로 들어가 버렸다.

"나도 피곤해 죽겠습니다. 안녕히 주무세요."라고 나는 아저씨에게 말하고 나서 내 방으로 들어갔다. 숙박계엔 거짓 이름, 거짓 주소, 거짓 나이, 거짓 직업을 쓰고 나서 사환이 가져다 놓은 자리끼를 마시고 나는 이불을 뒤집어썼다. 나는 꿈도 안 꾸고 잘 잤다.

▶ 여관에 각각 방을 잡고 투숙하는 세 사람

다음날 아침 일찍이 안이 나를 깨웠다.

"그 양반, 역시 죽어 버렸습니다." 안이 내 귀에 입을 대고 그렇게 속삭였다.

"예?" 나는 잠이 깨끗이 깨어 버렸다.

"방금 그 방에 들어가 보았는데 역시 죽어 버렸습니다."

"역시⋯⋯." 나는 말했다. "사람들이 알고 있습니까?"

"아직까진 아무도 모르는 것 같습니다. 우선 빨리 도망해 버리는 게 시끄럽지 않을 것 같습니다."

"자살이지요?" / "물론 그것이겠죠."

나는 급하게 옷을 주워 입었다. 개미 한 마리가 내 발이 있는 쪽으로 기어 오고 있었다. 그 개미가 내 발을 붙잡으려고 하는 것 같은 느낌이 들어서 나는 얼른 자리를 옮겨 디디었다.

밖의 이른 아침에는 싸락눈이 내리고 있었다. 우리는 할 수 있는 한 빠른 걸음으로 여관에서 떨어져 갔다.

▶ 사내의 죽음을 확인하고 급히 여관에서 나오는 '나'와 '안'

[A]
"난 그 사람이 죽으리라는 걸 알고 있었습니다." 안이 말했다.

"난 짐작도 못했습니다"라고 나는 사실대로 얘기했다.

"난 짐작하고 있었습니다." 그는 코트의 깃을 세우며 말했다.

"그렇지만 어떻게 합니까?" / "그렇지요. 할 수 없지요. 난 짐작도 못했는데⋯⋯." 내가 말했다.

"짐작했다고 하면 어떻게 하겠어요?" 그가 내게 물었다.

"어떻게 합니까? 그 양반 우리더러 어떡하라는 건지⋯⋯."

"그러게 말입니다. 혼자 놓아두면 죽지 않을 줄 알았습니다. 그게 내가 생각해 본 최선의, 그리고 유일한 방법이었습니다."

▶ 사내의 자살에 대한 두 사람의 반응

★ 어휘 풀이
- **외판원(外販員)** : 직접 고객을 찾아다니면서 물건을 파는 사람
- **숙박계(宿泊屆)** : 여관이나 호텔에서 숙박인의 성명. 주소, 행선지 등을 적은 서류
- **자리끼** : 밤에 자다가 마시기 위하여 잠자리의 머리맡에 준비하여 두는 물

 작품 핵심 **단축키**

 등장인물의 익명성

인물 | 이름 없는 세 인물을 통해 현대인의 □□□□적 태도와 소외 의식을 드러내고 있다.

⚡ **무의미한 하룻밤의 이야기**

사건 갈등 | '나', '□', '□□'의 무의미한 만남과 헤어짐을 통해 주제 의식을 형상화하고 있다.

 상징적 공간 활용

서술 | 벽으로 나누어진 □□을 통해 현대인의 익명성, 소통 단절, 개인주의적 성향을 상징적으로 보여 주고 있다.

1 윗글에 대한 설명으로 적절하지 <u>않은</u> 것은?

① 인물의 행동과 대화를 통해 내면 심리를 보여 주고 있다.
② 비정상적인 대화를 통해 현실에 대한 비판 의식을 드러내고 있다.
③ 특정 공간이 지닌 함축적 의미를 활용하여 주제 의식을 강화하고 있다.
④ 1인칭 서술자의 목소리를 통해 비극적인 사건을 담담하게 서술하고 있다.
⑤ 말과 행동 사이의 괴리를 보여 주어 인물이 처한 갈등 상황을 부각하고 있다.

2 윗글의 내용과 일치하지 <u>않는</u> 것은?

① '사내'는 '나'와 '안'이 함께 있어 주기를 원했다.
② '사내'는 아내의 죽음으로 인해 괴로워하고 있다.
③ '안'은 여관에서 각자 방을 따로 쓸 것을 제안하였다.
④ '나'는 '사내'를 위로하기 위해 적극적으로 노력하였다.
⑤ '나'와 달리 '안'은 '사내'가 자살할 것을 예감하고 있었다.

3 〈보기〉를 참고하여 윗글을 감상한 내용으로 가장 적절한 것은?

───── 보기 ─────

작가는 표현 효과를 높이기 위해 작품 속에 등장하는 인물들에 대해 명명법*을 활용한다. 등장인물의 성격에 어울리는 이름이나 호칭을 붙여 줌으로써 인물의 성격을 암시하거나 인물의 특징이나 삶의 모습과는 정반대되는 이름이나 호칭을 붙여 줌으로써 풍자와 비판의 효과를 높이기도 한다. 또는 익명성을 강조하기 위하여 이름 대신에 다른 호칭을 사용하기도 한다.

① 인물의 이름 대신에 다른 호칭을 사용한 것은 인물의 전형성보다 개성을 강조하기 위함일 거야.
② 인물에 따라 서로 다른 명명법을 사용하여 다양한 성격을 지닌 인물들의 특징을 부각하고 있어.
③ 익명성을 강조하는 호칭을 통해 현대인들의 단절된 인간관계에 대해 이야기하고 있는 것 같아.
④ 인물의 특징을 잘 드러내는 호칭을 사용함으로써 인물들 간의 갈등 구조를 분명하게 밝히고 있어.
⑤ 인물의 삶과 대비되는 호칭을 사용함으로써 현실의 부조리함에 대한 비판 의식을 드러낸 것 같아.

⌚ 손쉬운 개념

＊ **명명법(命名法)**
작가들이 소설 속 인물들의 이름을 붙이는 방식을 말해. 작가들은 인물의 이름을 통해 성격을 암시하는 수법을 종종 사용하곤 하지.

4 [A]에 나타난 '안'의 태도와 가장 유사한 것은?

① 나 하늘로 돌아가리라. / 아름다운 이 세상 소풍 끝내는 날 / 가서, 아름다웠다고 말하리라…….
　　　　　　　　　　　　　　　　　　　　　　　　　　　　　　　　　　　　　　－ 천상병, 「귀천」

② 오냐, 오냐, 오냐. / 이승 아니믄 저승에서라도……. // 이승 아니믄 저승에서라도 / 인연은 갈밭을 건너는 바람
　　　　　　　　　　　　　　　　　　　　　　　　　　　　　　　　　　　　　　－ 박목월, 「이별가」

③ 산에는 꽃 피네 / 꽃이 피네 / 갈 봄 여름 없이 / 꽃이 피네 // 산에 / 산에 / 피는 꽃은 / 저만치 혼자서 피어 있네
　　　　　　　　　　　　　　　　　　　　　　　　　　　　　　　　　　　　　　－ 김소월, 「산유화」

④ 그래도 이 고생 혼자 하는 게 아니라 / 못난 백성 / 못난 아낙네끼리 나누는 고생이라 / 얼마나 의좋은 한세상이더냐
　　　　　　　　　　　　　　　　　　　　　　　　　　　　　　　　　　　　　　－ 고은, 「선제리 아낙네들」

⑤ 지난 겨울엔 / 방죽 위에서 취객 하나가 얼어 죽었다. / 바로 곁을 지난 삼륜차는 그것이 / 쓰레기 더미인 줄 알았다고 했다. 그러나 그것은 / 개인적인 불행일 뿐, 안개의 탓은 아니다.
　　　　　　　　　　　　　　　　　　　　　　　　　　　　　　　　　　　　　　－ 기형도, 「안개」

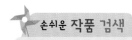 손쉬운 **작품 검색**

서울, 1964년 겨울_김승옥 ⊕

 전체 줄거리

본문 수록 장면

발단 구청 병사계에 근무하는 '나'와 대학원생인 '안', 그리고 가난한 서적 외판원인 사내는 한 선술집에서 우연히 만난다. 먼저 말을 주고받게 된 '나'와 '안'은 무의미하고 피상적인 대화를 나눈다.

전개 '나'와 '안'이 자리를 옮기려 할 때 사내가 동행을 청한다. 사내는 오늘 아내가 죽었고, 장례를 치를 돈이 없어 죽은 아내의 시체를 병원에 팔았다는 이야기를 하며 같이 있어 달라고 부탁한다.

위기·절정 세 사람은 불구경을 하고, 그곳에서 사내는 남은 돈을 모두 불 속에 던진다. 사내가 혼자 있기 무섭다고 하자 세 사람은 함께 여관에 들기로 하지만 각자 다른 방에 투숙한다.

결말 다음날 아침, 사내는 죽은 채 발견되고 '나'와 '안'은 황급히 여관을 빠져나온다. '안'은 사내의 죽음을 예상했지만 도리가 없었다고 말하고, '나'와 '안'은 무덤덤하게 헤어진다.

선술집		여관		거리
• 무의미한 대화가 오가는 공간 • 1960년대 불안정한 시대 상황을 암시함.	이동 →	• 익명성, 소통 단절의 공간 • 현대인의 개인주의적 성향이 드러남.	이동 →	• 책임 회피의 공간 • 무덤덤하게 헤어지는 모습을 통해 단절된 인간관계를 보여 줌.

현대인의 방황과 연대감 상실

 주제 ▶ 현대인들의 심리적 방황과 인간적 연대감의 상실로 인한 절망

\# 1960년대 도시인　\# 소외 의식
\# 우울　\# 고독감　\# 관계의 단절

특징 ▶ 세 인물의 무의미한 만남과 헤어짐을 통해 현대인의 공허한 삶과 파편성을 형상화함.

\# 무의미한 대화　\# 무덤덤　\# 익명

37 장마 _윤흥길

우리의 역사 속에서 끈끈하고 무덥고 고통스러운 시기인 6·25 전쟁을 여름철에 여러 날 동안 계속해서 비가 내리는 장마에 빗대어 표현하고 있다. 장마가 시작되자 '나'의 가족에게 불행한 일이 닥치고, 친할머니와 외할머니의 갈등이 해소되자 장마가 그친다.

/ 앞부분 줄거리 / 전쟁 중에 우리 집에 피란 와 있던 외할머니는 국군인 외삼촌의 전사 통지를 받자 빨치산을 저주하고 아들이 빨치산인 할머니는 분노한다. 할머니는 점쟁이의 말을 믿고 삼촌이 돌아올 날을 기다리며 잔치 준비를 하지만 삼촌은 오지 않고 구렁이가 집 안으로 들어오자 할머니는 기절한다.

㉠감나무 가지에 누런 몸뚱이를 둘둘 감고서는 철사처럼 가늘고 긴 혓바닥을 대고 날름거렸다. 무엇에 되알지게* 얻어맞아 꼬리 부분이 거지반 동강날 정도로 상해서 몸뚱이의 움직임과는 각 놀고 있었다. 아이들의 극성이 감나무에까지 따라와 아직도 돌멩이나 나뭇개비들이 날아들고 있었다.

"돌멩이를 땡기는 게 어떤 놈이냐!"

외할머니의 고함은 서릿발 같았다. 팔매질이 뚝 멎었다. 그러자 외할머니는 천천히 감나무 아래로 걸어가기 시작했다. 외할머니의 몸이 구렁이가 친친 감긴 늙은 감나무 바로 밑에 똑바로 서 있는데도 아무 일도 일어나지 않자, 그때까지 숨을 죽여 가며 지켜보던 많은 사람들 입에서 저절로 한숨이 새어 나왔다. 바로 머리 위에서 불티처럼 박힌 앙증스런 눈깔을 요모조모로 빛내면서 자꾸 대가리를 숙여 끄뜩끄뜩 위협을 주는 커다란 구렁이를 보고도 외할머니는 조금도 두려워하지 않았다. ㉡외할머니는 두 손을 천천히 가슴 앞으로 모아 합장했다.

[A]
"에구 이 사람아, 집안일이 못 잊혀서 이렇게 먼 질을 찾어왔능가?"

꼭 울어 보채는 아이한테 자장가라도 불러 주는 투로 조용히 속삭이는 그 말을 듣고 누군가 큰 소리로 웃는 사람이 있었다. 그러자 외할머니의 눈이 단박에 세모꼴로 변했다.

"어떤 창사구 빠진 잡놈이 그렇게 히득거리고 섰냐. 누구냐, 어서 이리 썩 나오니라. 주리댈 놈!"

외할머니의 대갈 호령에 사람들은 쥐죽은 소리도 못 했다. 외할머니는 몸을 돌려 다시 구렁이를 상대로 했다.

"자네 보다시피 노친께서는 기력이 여전허시고 따른 식구덜도 모다덜 잘 지내고 있네. 그러니께 집안 일일랑 아모 염려 말고 어서어서 자네 가야 헐 디로 가소."

구렁이는 움쩍도 하지 않았다. 철사 토막 같은 혓바닥을 날름거리면서 대가리만 두어 번 들었다 놓았다 했다.

"가야 헐 디가 보통 먼 질이 아닌디 여그서 이러고 충그리고만 있어서야 되겠능가. 자꼬 이러면은 못쓰네, 못써. 자네 심정은 내 짐작을 허겄네만 집안 식구덜 생각도 혀야지. 자네 노친 양반께서 자네가 이러고 있는 꼴을 보면 얼매나 가슴이 미여지겠능가."

➤ 구렁이를 달래어 보내려는 외할머니

외할머니는 꼭 산 사람을 대하듯 위를 올려다보면서 조용조용히 말을 건네고 있었다. 하지만 아무리 간곡한 말씨로 거듭 타일러 봐도 구렁이는 좀처럼 움직일 기척을 안 보였다. 이때 울바자* 너머에서 어떤 아낙네가 뱀을 쫓는 묘방을 일러 주었다. ㉢모습은 안 보이고 목소리만 들리는 그 여자는 머리카락을 태워 냄새를 피우면 된다고 소리쳤다. 외할머니의 지시에 따라 나는 할머니의 머리카락을 얻으러 안방으로 달려갔다.

할머니는 거의 시체나 다름이 없는 뻣뻣한 자세로 자리에 누워 있었다. 숨은 겨우 쉬고 있다 해도 아직도 의식을 되찾지 못한 채였다. 할머니의 주변을 둘러싸고 속수무책으로 앉아서 사색이 다 되어 그저 의원이 도착하기만을 기다리는 식구들을 향해 나는 다급한 소리로 용건을 말했다. 누구에게랄 것 없이 아무한테나 던진 내 말이 무척 엉뚱한 소리로 들렸던 모양이다. ㉣할머니의 머리카락이 이런 때 도대체 어디에 소용될 것인지를 이해가 가도록 설명하기엔 꽤 시간이 걸렸다. 그리고 고모가 인사불성이 된 할머니의 머리를 참 빗으로 빗기는 덴 더 많은 시간이 걸렸다. 빗질을 여러 차례 거듭해서 얻어진 한 줌의 흰 머리카락이 내 손에 주어졌다. 언제 그렇게 준비를 해 왔는지 외할머니는 도래 소반* 위에다 간단한 음식 몇 가지를 차리는 중이었다. 호박전과 고사리나물이 보이고 대접에 그득 담긴 냉수도 있었다. 내가 건네주는 머리카락을 받아 땅에 내려놓은 다음 외할머니는 천천히 고개를 들어 늙은 감나무를 올려다보았다.

▶ 구렁이를 쫓기 위해 할머니의 머리카락을 구해 온 '나'

"자네 오면 줄라고 노친께서 여러 날 들어 장만헌 것일세. 먹지는 못헐망정 눈요구라도 허고 가소. 다아 자네 노친 정성 아닌가. 내가 자네를 쫓을라고 이러는 건 아니네. 그것만은 자네도 알아야 되네. 남새가 나드라도 너무 섭섭타 생각 말고, 집안일일랑 아모 걱정 말고 머언 걸음 부데 펜안히 가소."

이야기를 다 마치고 외할머니는 불씨가 담긴 그릇을 헤집었다. 그 위에 할머니의 흰 머리를 올려놓자 지글지글 끓는 소리를 내면서 타오르기 시작했다. 단백질을 태우는 노린내가 멀리까지 진동했다. 그러자 눈 앞에서 벌어지는, 그야말로 희한한 광경에 놀라 사람들은 저마다 탄성을 올렸다. ㉤외할머니가 아무리 타 일러도 그 때까지 움쩍도 하지 않고 그토록 오랜 시간을 버티던 그것이 서서히 움직이기 시작한 것이다. 감 나무 가지를 친친 감았던 몸뚱이가 스르르 풀리면서 구렁이는 땅바닥으로 툭 떨어졌다. 떨어진 자리에서 잠시 머뭇거린 다음 구렁이는 꿈틀꿈틀 기어 외할머니 앞으로 다가왔다. 외할머니가 한쪽으로 비켜 서면서 길을 터 주었다. 이리저리 움직이는 대로 뒤를 따라가며 외할머니는 연신 소리를 질렀다. 새막에서 참새 떼 를 쫓을 때처럼 "쉬이! 쉬이!" 하고 소리를 지르면서 손뼉까지 쳤다. 누런 비늘가죽을 번들번들 뒤틀면서 그 것은 소리 없이 땅바닥을 기었다. 안방에 있던 식구들도 마루로 몰려나와 마당 한복판을 가로질러 오는 기 다란 그것을 모두 질린 표정으로 내려다보고 있었다. 꼬리를 잔뜩 사려 가랑이 사이에 감춘 워리란 놈이 그 래도 꼴값을 하느라고 마루 밑에서 다 죽어 가는 소리로 짖어 대고 있었다. 몸뚱이의 움직임과는 여전히 따 로 노는 꼬리 부분을 왼쪽으로 삐딱하게 흔들거리면서 그것은 방향을 바꾸어 헛간과 부엌 사이 공지*를 천 천히 지나갔다.

"쉬이! 쉬어이!"

외할머니의 쉰 목청을 뒤로 받으며 그것은 우물 곁을 거쳐 넓은 뒤란*을 어느덧 완전히 통과했다. 다음은 숲이 우거진 대밭이었다.

"고맙네, 이 사람! 집안일은 죄다 성님한티 맽기고 자네 혼자 몸띵이나 지발 성혀서 먼 걸음 펜안히 가 소. 뒷일은 아모 염려 말고 그저 펜안히 가소. 증말 고맙네, 이 사람아."

장마철에 무성히 돋아난 죽순과 대나무 사이로 모습을 완전히 감추기까지 외할머니는 우물 곁에 서서 마 지막 당부의 말로 구렁이를 배웅하고 있었다.

▶ 할머니의 머리카락을 태우자 구렁이가 사라짐.

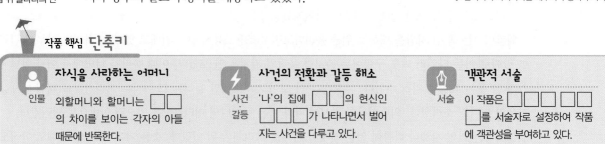

작품 핵심 단축키

자식을 사랑하는 어머니	사건의 전환과 갈등 해소	객관적 서술
인물 외할머니와 할머니는 □□ 의 차이를 보이는 각자의 아들 때문에 반목한다.	사건 갈등 '나'의 집에 □□의 현신인 □□□가 나타나면서 벌어 지는 사건을 다루고 있다.	서술 이 작품은 □□□□□ □를 서술자로 설정하여 작품 에 객관성을 부여하고 있다.

1 윗글에 대한 설명으로 적절한 것끼리 묶인 것은?

> ㄱ. 한 인물에 관련된 여러 이야기를 삽화식으로 나열[*]하고 있다.
>
> ㄴ. 사투리를 사용하여 작품의 토속성과 사실성을 획득하고 있다.
>
> ㄷ. 작품 속의 서술자가 인물들의 행동을 관찰하여 전달하고 있다.
>
> ㄹ. 과거와 현재의 시간을 교차하여 작품에 입체성[*]을 부여하고 있다.

① ㄱ, ㄴ   ② ㄱ, ㄷ   ③ ㄴ, ㄷ

④ ㄴ, ㄹ   ⑤ ㄷ, ㄹ

✐ 손쉬운 **개념**

❋ **삽화식으로 나열**

삽화식 구성이란 짤막한 이야기나 사건을 여러 개 제시하는 것을 말해. 각기 독립된 여러 사건들을 개별적으로 나열해 가는 병렬적 구성에 해당해.

❋ **작품의 입체성**

작품의 입체성은 두 가지 측면에서 언급되고는 해. 하나는 두 가지 이상의 사건을 병렬적으로 제시하는 경우이고, 다른 하나는 사건의 흐름이 일반적인 시간의 흐름을 따르지 않는 경우야.

2 [A]에 나타난 '외할머니'의 말하기 방식으로 가장 적절한 것은?

① 상대의 잘못된 행동을 낱낱이 지적하며 윽박지르고 있다.

② 상대의 입장을 간파하고 협박을 통해 원하는 것을 얻고 있다.

③ 상대의 처지에 연민을 가지고 타이르고 달래듯 설득하고 있다.

④ 상대의 걱정거리를 예상하여 말하며 해결 방법을 제시하고 있다.

⑤ 상대의 입장과 자신의 처지를 대조하여 타협을 이끌어 내고 있다.

3 ㉠~㉤에 대한 설명으로 적절하지 <u>않은</u> 것은?

① ㉠ : '구렁이'의 위협적인 모습을 제시하여 긴장감을 조성하고 있다.

② ㉡ : '외할머니'가 '구렁이'를 함부로 대하지 않고 예의를 표하고 있다.

③ ㉢ : 우리나라의 전통적인 주술 행위로 작품이 지닌 샤머니즘적 성격이 드러나 있다.

④ ㉣ : '머리카락'을 가져오라는 '외할머니'의 지시에 대한 '나'의 반감이 드러나 있다.

⑤ ㉤ : 토속적인 정서를 바탕으로 이념의 대립을 극복할 수 있다는 믿음이 드러나 있다.

4 〈보기〉를 참고하여 윗글을 이해한 내용으로 적절하지 <u>않은</u> 것은?

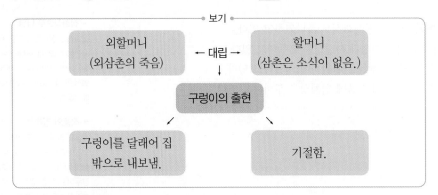

① '외할머니'는 '구렁이'를 '삼촌'의 현신으로 인식하고 있겠군.
② '머리카락'을 태우는 행위는 영혼을 인도하는 의식에 해당하겠군.
③ '구렁이'가 떠나는 것은 '삼촌'의 한이 풀리는 의미를 담고 있겠군.
④ '구렁이'의 상처는 '나'의 가족의 슬픔이자 민족의 슬픔일 수 있겠군.
⑤ '할머니'의 '머리카락'은 '외할머니'에게 갖는 대립 의식을 상징하겠군.

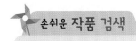

장마_윤흥길 🔍

💬 **전체 줄거리**

본문 수록 장면

발단 전쟁이 나자 '나'의 외가 식구가 '나'의 집으로 피난을 와서 함께 살게 된다. 그러던 중 삼촌은 빨치산이 되고, 외삼촌은 국군이 된다.

전개 외삼촌이 전사했다는 소식이 전해지자 외할머니는 아들을 잃은 슬픔에 빨갱이를 저주하고, 이에 할머니와 갈등하게 된다.

위기·절정 점쟁이가 삼촌이 돌아올 것이라고 예언한 날에 구렁이가 집 안으로 들어오자 할머니는 기절하고, 외할머니는 구렁이를 달래어 보낸다.

결말 정신을 차린 할머니는 그간의 이야기를 전해 듣고 외할머니와 화해한다.

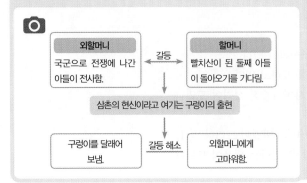

🖱 **주제** ▶ 전쟁 중에 빚어진 한 가정의 비극과 극복

\#6·25 전쟁 \#빨치산 \#국군 \#남북 분단

특징 ▶ 전통적 정서를 통해 분단과 전쟁의 상처를 극복하려고 함.

\#구렁이 \#머리카락 \#할머니들의 화해

38 삼포 가는 길 _황석영

'삼포'는 감옥에서 출소한 정 씨의 고향이다. 정 씨는 삼포로 가던 중 떠돌이 노동자 영달과 술집 작부 백화를 만나 동행하는데, 그 과정에서 이들은 서로의 처지를 이해하고 유대감을 느끼게 된다.

/ 앞부분 줄거리 / 떠돌이 노동자인 영달은 공사판의 공사가 중단되자 밥값을 떼어먹고 도망친다. 그는 정 씨를 만나 동행하게 되는데, 정 씨는 감옥에서 출소하여 공사판 노동을 하다 고향 삼포로 가는 중이다. 정 씨와 영달은 도중에 술집을 도망쳐 나온 술집 작부 백화를 만나 동행하게 된다. 겨울 추위를 피해 폐가에 들어간 일행은 과거의 이야기를 나누며, 서로의 처지에 대해 이해하고 동정심을 갖게 된다.

역으로 가면서 백화가 말했다.

"어차피 갈 곳이 정해지지 않았다면 우리 고향에 함께 가요. 내 일자리를 주선해 드릴게."

"내야 삼포루 가는 길이지만, 그렇게 하지?"

정 씨도 영달이에게 권유했다. 영달이는 흙이 덕지덕지 달라붙은 신발 끝을 내려다보며 아무 말이 없었다. 대합실에서 정 씨가 영달이를 한쪽으로 끌고 가서 속삭였다. / "여비 있소?"

"빠듯이 됩니다. 비상금이 한 천 원쯤 있으니까." / "어디루 가려오?" / "일자리 있는 데면 어디든지……."

스피커에서 안내하는 소리가 웅얼대고 있었다. 정 씨는 대합실 나무 의자에 피곤하게 기대어 앉은 백화 쪽을 힐끗 보고 나서 말했다.

"같이 가시지. 내 보기엔 좋은 여자 같군." / "그런 거 같아요."

"또 알우? 인연이 닿아서 말뚝 박구 살게 될지. 이런 때 아주 뜨내기 신셀 청산해야지."

㉠영달이는 시무룩해져서 역사 밖을 멍하니 내다보았다. 백화는 뭔가 쑤군대고 있는 두 사내를 불안한 듯이 지켜보고 있었다. 영달이가 말했다.

"어디 능력이 있어야죠." / "삼포엘 같이 가실라우?" / "어쨌든……."

영달이가 뒷주머니에서 꼬깃꼬깃한 오백 원짜리 두 장을 꺼냈다. / "저 여잘 보냅시다."

➔ 영달에게 자신의 고향에 가서 정착하자고 제안하는 백화

[A]
영달이는 표를 사고 삼립빵 두 개와 찐 달걀을 샀다. 백화에게 그는 말했다.

"우린 뒤차를 탈 텐데…… 잘 가슈."

영달이가 내민 것들을 받아 쥔 ㉡백화의 눈이 붉게 충혈되었다. 그 여자는 더듬거리며 물었다.

"아무도…… 안 가나요?"

"우린 삼포루 갑니다. 거긴 내 고향이오."

영달이 대신 정 씨가 말했다. 사람들이 개찰구로 나가고 있었다. 백화가 보퉁이를 들고 일어섰다.

"정말, 잊어버리지…… 않을게요."

백화는 개찰구로 가다가 다시 돌아왔다. 돌아온 백화는 눈이 젖은 채로 웃고 있었다.

"내 이름 백화가 아니에요. 본명은요…… 이점례예요."

여자는 개찰구로 뛰어나갔다. 잠시 후에 기차가 떠났다.

➔ 백화의 제안을 거절하고 그녀를 떠나보내는 영달

그들은 나무 의자에 기대어 한 시간쯤 잤다. 깨어 보니 대합실 바깥에 다시 눈발이 흩날리고 있었다. 기차는 연착이었다. 밤차를 타려는 시골 사람들이 의자마다 가득 차 있었다. 두 사람은 말없이 담배를 나눠 피웠다. 먼 길을 걷고 나서 잠깐 눈을 붙였더니 더욱 피로해졌던 것이다. 영달이가 혼잣말로,

"쳇, 며칠이나 견디나……." / "뭐라구?"

ⓒ"아뇨, 백화란 여자 말요. 저런 애들…… 한 사날두 촌 생활 못 배겨 나요."

"사람 나름이지만 하긴 그럴 거요. 요즘 세상에 일이 년 안으로 인정이 휙 변해 가는 판인데……."

정 씨 옆에 앉았던 노인이 두 사람의 행색과 무릎 위의 배낭을 눈여겨 살피더니 말을 걸어 왔다.

➤ 삼포행 기차를 기다리는 정 씨와 영달

"어디 일들 가슈?" / "아뇨, 고향에 갑니다." / "고향이 어딘데……."

"삼포라고 아십니까?" / "어 알지, 우리 아들놈이 거기서 도자를 끄는데……."

"삼포에서요? 거 어디 공사 벌일 데나 됩니까? 고작해야 고기잡이나 하구 감자나 매는데요."

"어허! 몇 년 만에 가는 거요?" / "십 년."

노인은 그렇겠다며 고개를 끄덕였다.

ⓐ"말두 말우. 거긴 지금 육지야. 바다에 방둑을 쌓아 놓구, 트럭이 수십 대씩 돌을 실어 나른다구."

"뭣 땜에요?"

"낸들 아나. 뭐 관광호텔을 여러 채 짓는담서, 복잡하기가 말할 수 없네."

"동네는 그대루 있을까요?"

"그대루가 뭐요. 맨 천지에 공사판 사람들에다 장까지 들어섰는걸."

"그럼 나룻배두 없어졌겠네요."

"바다 위로 신작로가 났는데, 나룻배는 뭐에 쓰오. ⓔ허허, 사람이 많아지니 변고지. 사람이 많아지면 하늘을 잊는 법이거든."

➤ 노인에게서 삼포가 관광지로 개발되고 있음을 전해 들은 정 씨와 영달

작정하고 벼르다가 찾아가는 고향이었으나, 정 씨에게는 풍문마저 낯설었다. 옆에서 잠자코 듣고 있던 영달이가 말했다.

"잘됐군. 우리 거기서 공사판 일이나 잡읍시다."

그때에 기차가 도착했다. 정 씨는 발걸음이 내키질 않았다. ⓜ그는 마음의 정처를 방금 잃어버렸기 때문이었다. 어느 결에 정 씨는 영달이와 똑같은 입장이 되어 버렸다.

기차가 눈발이 날리는 어두운 들판을 향해서 달려갔다.

➤ 고향이 변했다는 사실에 마음의 정처를 잃은 정 씨

★ **어휘 풀이**

• **도자** : '불도저'를 줄여서 말하는 속어
• **변고(變故)** : 갑작스러운 재앙이나 사고
• **풍문(風聞)** : 바람처럼 떠도는 소문
• **정처(定處)** : 정한 곳. 또는 일정한 장소

작품 핵심 단축키

	소외된 인물들		길에서의 만남과 이별		간결한 문장과 대화
인물	'백화', '영달', '정 씨'는 모두 ☐☐의 흐름 속에서 소외된 채 특별한 주거가 없이 떠돌고 있다.	사건 갈등	'정 씨'의 고향인 ☐☐를 찾아가는 여정 속에서 세 사람은 서로에게 유대감을 느끼게 된다.	서술	간결한 문장과 대화로 사건을 전개하며, 말끝을 흐리는 대사를 통해 인물의 감정 표현에 ☐☐을 주고 있다.

---

1 윗글에 대한 설명으로 적절하지 <u>않은</u> 것은?

① 대화와 묘사를 중심으로 사건을 전개하고 있다.
② 상징적인 사물을 통해 인물의 심리를 드러내고 있다.
③ 간결한 문장을 통해 내용을 압축적으로 전달하고 있다.
④ 말끝을 흐리는 표현을 통해 감정의 여운을 남기고 있다.
⑤ 감각적인 표현을 활용하여 작품의 서정성을 살리고 있다.

✓ 손쉬운 개념

* **감각적인 표현**

시각, 청각, 후각, 미각, 촉각 등의 감각을 통해 느껴지는 표현을 감각적인 표현이라고 해. 주로 시에서 언급되지만, 소설에서도 감각적인 표현이 등장할 수 있어.

2 ㉠～㉤에 드러난 인물의 심리로 적절하지 <u>않은</u> 것은?

① ㉠ : 살림을 차릴 만한 능력이 되지 않아 백화의 제안을 거절할 수밖에 없어 낙심하고 있다.

② ㉡ : 영달의 배려에 대한 고마움과 자신과 함께 가지 않는 것에 대한 안타까움이 드러나 있다.

③ ㉢ : 백화에게 배신감을 느끼며 못마땅해하고 있다.

④ ㉣ : 무분별한 산업화에 대한 비판적 시각이 드러나 있다.

⑤ ㉤ : 자신이 찾아갈 고향이 없어졌다고 생각하여 상실감을 느끼고 있다.

3 ⓐ에 언급된 '삼포'의 상황을 표현하기에 적절한 한자 성어는?

① 금상첨화(錦上添花)　　② 상전벽해(桑田碧海)

③ 자가당착(自家撞着)　　④ 전화위복(轉禍爲福)

⑤ 풍수지탄(風樹之嘆)

4 윗글을 읽고 난 후의 반응으로 적절하지 <u>않은</u> 것은?

① 등장인물은 모두 타지(他地)에서 노동자와 술집 작부로 일하고 있어. 이로 보아 이들은 모두 소외된 하층민으로 볼 수 있어.

② 정 씨와 백화가 귀향(歸鄕)을 시도하는 것은 그러한 소외를 극복하기 위한 시도로 볼 수 있을 거야.

③ 작품의 마지막 부분에서 작가는 등장인물들의 귀향을 통한 소외 극복의 가능성을 열어 놓고 있어.

④ 신뢰와 유대감의 회복도 소외를 극복하는 방안 중 하나로 볼 수 있을 거야. 생면부지(生面不知)의 이들이 함께 길을 가면서 차츰 서로를 동료라 여기고, 남녀의 정을 느끼는 것을 보면 알 수 있어.

⑤ 결국 이 작품은 휴머니즘의 중요성을 부각하고 있는데, 인물들이 아무 대가를 바라지 않고 서로에게 사랑을 베푸는 따뜻한 인간애를 보이고 있다는 점도 이를 뒷받침하고 있어.

5 〈보기〉는 윗글의 앞부분의 일부이다. 〈보기〉와 [A]에 대한 설명으로 적절하지 <u>않은</u> 것은?

> ── 보기 ──
>
> "어디까지 가오?" / "집에요."
> "집이 어딘데……" / "저 남쪽이에요. 떠난 지 한 삼 년 됐어요."
> 영달이가 말했다.
> "얘네들은 긴 밤 자다가두 툭하면 내일 당장에라두 집에 갈 것처럼 말해요."
> 백화는 아까와 같은 적의는 나타내지 않았다. 백화는 귀 옆으로 흘러내리는 머리
> 카락을 자꾸 쓰다듬어 올리면서 피곤한 표정으로 영달이를 찬찬히 바라보았다.
> "그래요, 밤마다 내일 아침엔 고향으로 출발하리라 작정하죠. 그런데 마음뿐이
> 지 몇 년이 흘러요. 막상 작정하고 나서 집을 향해 가 보는 적두 있어요. 나두 꼭
> 두 번 고향 근처까지 가 봤던 적이 있어요. 한 번은 동네 어른을 먼발치서 봤어
> 요. 나 이름이 백화지만 가명이에요. 본명은…… 아무에게도 가르쳐 주지 않아."

① 〈보기〉에 비해 [A]에서는 인물 간의 신뢰감이 강하게 느껴진다.
② 〈보기〉와 달리 [A]에는 고마움과 아쉬움의 감정이 드러나 있다.
③ 〈보기〉의 원인으로 인해 [A]에서 인물들은 재회를 기약하게 된다.
④ 〈보기〉에서는 [A]와 달리 인물들이 서로를 피상적인 관계로 대하고 있다.
⑤ 〈보기〉에서는 인간 소외의 단면이, [A]에서는 소외의 극복 상태가 드러나 있다.

 손쉬운 작품 검색

삼포 가는 길_황석영 🔍

💬 **전체 줄거리**

발단 공사판의 공사가 중단되자 밥값을 떼어먹고 도망치던 영달이, 고향인 삼포를 찾아가는 정 씨를 만나 동행한다.

전개 정 씨와 영달은 기차역을 향해 가던 중 국밥집에 들러, 술집 작부인 백화가 도망을 쳤다는 이야기를 듣는다. 영달과 정 씨는 감천으로 가던 중에 백화를 만나 동행하게 된다.

본문 수록 장면

위기 · 절정 백화가 자신의 과거를 이야기하면서 세 사람은 서로에 대해 이해하게 된다. 백화는 영달에게 자신의 고향에 함께 가자고 제안하지만 영달은 이를 거절한다.

결말 기차역에서 정 씨와 영달은 삼포가 관광지로 개발되어 공사판으로 변해 버렸다는 이야기를 듣게 되고, 고향을 상실한 정 씨는 마음의 정처를 잃고 절망한다.

📷

산업화로 인해 변해 버린 '삼포' → 정 씨 → 옛 모습이 사라진 고향 → **상실감**

산업화로 인해 변해 버린 '삼포' → 영달 → 새로운 일자리를 얻을 수 있는 곳 → **기대감**

🖱 **주제** ▶ 급속한 산업화 과정에서 고향을 상실한 하층민들의 애환과 연대 의식

떠돌이 노동자 # 잃어버린 마음의 정처
상실감 # 소외감 # 유대

특징 ▶ 여로형 구조를 취하고 간결한 문장과 대화로 사건을 전개함.

고향을 찾아가는 여정 # 간결체

39 난쟁이가 쏘아 올린 작은 공 _조세희

'난쟁이'는 작품의 주인공이자 비극적 삶을 살아가는 도시 빈민을 상징한다. '작은 공'은 그러한 난쟁이가 가진 이상 세계를 향한 소망을 의미한다.

가   사람들은 아버지를 난쟁이라고 불렀다. 사람들은 옳게 보았다. 아버지는 난쟁이였다. ㉠불행하게도 사람들은 아버지를 보는 것 하나만 옳았다. 그 밖의 것들은 하나도 옳지 않았다. 나는 아버지, 어머니, 영호, 영희, 그리고 나를 포함한 다섯 식구의 모든 것을 걸고 그들이 옳지 않다는 것을 언제나 말할 수 있다. 나와 '모든 것'이라는 표현에는 '다섯 식구의 목숨'이 포함되어 있다. 천국에 사는 사람들은 지옥을 생각할 필요가 없다. 그러나 우리 다섯 식구는 지옥에 살면서 천국을 생각했다. 단 하루라도 천국을 생각해 보지 않은 날이 없다. 하루하루의 생활이 지겨웠기 때문이다. 우리의 생활은 전쟁과 같았다. 우리는 그 전쟁에서 날마다 지기만 했다. 그런데도 어머니는 모든 것을 잘 참았다. 그러나 그날 아침 일만은 참기 어려웠던 것 같다.

"통장이 이걸 가져왔어요."

내가 말했다. 어머니는 조각마루 끝에 앉아 아침 식사를 하고 있었다.

"그게 뭐냐?"

ⓐ"철거 계고장이에요."

"기어코 왔구나!"

어머니가 말했다.

"그러니까 집을 헐라는 거지? 우리가 꼭 받아야 할 것 중의 하나가 이제 나온 셈이구나!"

어머니는 식사를 중단했다. 나는 어머니의 밥상을 내려다보았다. 보리밥에 까만 된장, 그리고 시든 고추 두어 개와 조린 감자.

나는 어머니를 위해 철거 계고장을 천천히 읽었다. 〈중략〉

어머니는 조각마루 끝에 앉아 말이 없었다. 벽돌 공장의 높은 굴뚝 그림자가 시멘트 담에서 꺾어지며 좁은 마당을 덮었다. 동네 사람들이 골목으로 나와 뭐라고 소리치고 있었다. 통장은 그들 사이를 비집고 나와 방죽˚ 쪽으로 걸음을 옮겼다. 어머니는 식사를 끝내지 않은 밥상을 들고 부엌으로 들어갔다. 어머니는 두 무릎을 곧추세우고 앉았다. 그리고, 손을 들어 부엌 바닥을 한 번 치고 가슴을 한 번 쳤다. 나는 동사무소로 갔다. ㉡행복동 주민들이 잔뜩 몰려들어 자기의 의견들을 큰 소리로 말하고 있었다. 들을 사람은 두셋밖에 안 되는데 수십 명이 거의 동시에 떠들어대고 있었다. 쓸데없는 짓이었다. 떠든다고 해결될 문제는 아니었다.

나는 바깥 게시판에 적혀 있는 공고문을 읽었다. 거기에는 아파트 입주 절차와 아파트 입주를 포기할 경우 탈 수 있는 이주 보조금 액수 등이 적혀 있었다. 동사무소 주위는 시장바닥과 같았다. 주민들과 아파트 거간꾼˚들이 한데 뒤엉켜 이리 몰리고 저리 몰리고 했다. 나는 거기서 아버지와 두 동생을 만났다. 아버지는 도장포˚ 앞에 앉아 있었다. 영호는 내가 방금 물러선 게시판 앞으로 갔다. 영희는 골목 입구에 세워 놓은 검정색 승용차 옆에 서 있었다. 아침 일찍 일들을 찾아 나섰다가 철거 계고장이 나왔다는 소리를 듣고 돌아온 것이었다. 누군들 이런 날 일을 할 수 있을까. 나는 아버지 옆으로 가 아버지의 공구들이 들어 있는 부대를 둘러메었다. 영호가 다가오더니 나의 어깨에서 그 부대를 내려 옮겨 메었다. 나는 아주 자연스럽게 그것을 넘겨주면서 이쪽으로 걸어오는 영희를 보았다. 영희의 얼굴은 발갛게 상기되어 있었다. 몇 사람의 거간꾼들이 우리를 둘러싸고 ⓑ아파트 입주권을 팔라고 했다.

➤ 도시 빈민인 난쟁이 일가에게 철거 계고장이 날아듦.

나 어머니는 대문 기둥에 붙어 있는 알루미늄 표찰을 떼기 위해 식칼로 못을 뽑고 있었다. 내가 식칼을 받아 반대쪽 못을 뽑았다. 영호는 어머니와 내가 하는 일이 못마땅한 모양이었다. 그러나 마음에 드는 일이 우리에게 일어나 주기를 바랄 수는 없는 일이었다. 어머니는 무허가 건물 번호가 새겨진 알루미늄 표찰을 빨리 떼어 간직하지 않으면 나중에 괴로운 일이 생길 것이라는 것을 알고 있었다. 어머니는 손바닥에 놓인 표찰을 말없이 들여다보았다. 영희가 이번에는 어머니의 손을 잡아끌었다.

ⓒ"너희들이 놀게 되지만 않았어도 난 별걱정을 안 했을 거다."

어머니가 말했다.

"스무 날 안에 무슨 뾰족한 수가 생기겠니. 이제 하나하나 정리를 해야지."

"입주권을 팔려고 그래요?" / 영희가 물었다.

"팔긴 왜 팔아!" / 영호가 큰 소리로 말했다.

"그럼 아파트 입주할 돈이 있어야지."

"아파트로도 안 가."

"그럼 어떻게 할 거야?"

"여기서 그냥 사는 거야. 이건 우리 집이다."

영호는 성큼성큼 돌계단을 올라가 아버지의 부대를 마루 밑에 놓았다.

"한 달 전만 해도 그런 이야길 하는 사람이 있었다."

아버지가 말했다. 어머니가 내준 철거 계고장을 막 읽고 난 참이었다.

"시에서 아파트를 지어 놨다니까 얘긴 그걸로 끝난 거다."

"그건 우릴 위해서 지은 게 아녜요."

영호가 말했다.

"돈도 많이 있어야 되잖아요?"

영희는 마당가 팬지꽃 앞에 서 있었다.

"우린 못 떠나. 갈 곳이 없어. 그렇지, 큰오빠?"

ⓓ"어떤 놈이든 집을 헐러 오는 놈은 그냥 놔두지 않을 테야."

영호가 말했다.

"그만둬." / 내가 말했다.

"그들 옆엔 법이 있다."

아버지 말대로 모든 이야기는 끝나 버린 것이나 마찬가지였다.

➤ 철거 계고장을 받고 울분과 분노, 체념에 휩싸이는 난쟁이 일가

다 아버지는 철거 계고장을 마루 끝에 놓고 책을 읽었다. 우리는 아버지에게서 무엇을 바라지는 않았다. 아버지는 그동안 충분히 일했다. 고생도 충분히 했다. 아버지만 고생을 한 것이 아니다. 아버지의 아버지, 아버지의 할아버지, 할아버지의 아버지, 그 아버지의 할아버지 — 또 — 대대로 거슬러 올라간다. 그들은 아버지보다 더 심한 고생을 했을 수도 있다. 나는 공장에서 이상한 매매 문서가 든 원고를 조판한 적이 있다. 그 내용의 일부를 짜기 위해 나는 열심히 손을 놀렸다. ⓔ婢 金伊德의 한 소생 奴 今同 庚寅

어휘 풀이
- **난쟁이** : 기형적으로 키가 작은 사람을 낮잡아 이르는 말. 작품의 원래 제목은 '난장이가 쏘아 올린 작은 공'임. '난장이'는 '난쟁이'의 옛말
- **계고장(戒告狀)** : 행정상의 의무 이행을 재촉하는 내용을 담은 문서
- **방죽** : 물이 밀려들어 오는 것을 막기 위하여 쌓은 둑
- **거간꾼** : 사고파는 사람 사이에 흥정을 붙이는 일을 하는 사람
- **도장포(圖章鋪)** : 도장을 돈을 받고 새겨 주는 가게
- **표찰(標札)** : 거주자의 성명을 써서 문 따위에 걸어 놓는 표
- **신역(身役)** : 관아에 속한 종과 개인에 의해 매매되던 종이 치르던 구실
- **공출(供出)** : 국민이 국가의 수요에 따라 농업 생산물이나 기물 따위를 의무적으로 정부에 내어놓음.
- **씨종** : 대대로 내려가며 종 노릇을 하는 사람

生, 奴 今同의 양처 소생 奴 金令伊 丁卯生, 奴 今同의 양처 소생 奴 德水 己巳生, 奴 今同의 양처 소생 奴 存世 辛未生, 奴 今同의 양처 소생 奴 氷石 癸酉生, 奴 金令伊의 양처 소생 奴 鐵壽 丙戌生, 奴 金令伊의 양처 소생 奴 今山 戊子生.' 나는 그때 이것이 무엇인지 몰랐다. 그 판을 짜고 다음 판을 짜 나가다 겨우 알았다. 노비 매매 문서의 한 부분이었다. 나는 열흘 동안 같은 책을 조판했다. 그 열흘 동안 나는 아버지와 아무 말도 하지 않았다. 어머니하고도 이야기를 하지 않았다. 나는 어머니의 어머니, 어머니의 할머니, 할머니의 어머니, 그 어머니의 할머니들이 최하층의 천인으로서 무슨 일을 해 왔는지 알고 있었다. 어머니라고 달라진 것은 없었다. 마음 편할 날 없고, 몸으로 치러야 하는 노역은 같았다. 우리의 조상은 세습하여 신역을 바쳤다. 우리의 조상은 상속 · 매매 · 기증 · 공출의 대상이었다. 어느 날 어머니는 나에게 말했다.

"너희들은 엄마를 잘못 두어 이 고생이다. 아버지하고는 상관이 없단다."

어머니는 장남인 나에게만 말했다. 외할머니에게 들은 말을 나에게 전한 것이다. 천년을 두고 우리의 조상은 자손들에게 이 말을 남겼다. 그러나 나는 알고 있었다. 아버지도 씨종의 자식이었다.

➤ 궁핍하고 고통스러운 삶이 지속되어 온 난쟁이 일가의 내력

/ 뒷부분 줄거리 / 난쟁이 가족은 결국 입주권을 팔고 영희는 가출을 한다. 투기업자를 따라간 영희는 몰래 그의 금고에서 입주권과 돈을 꺼내 가족의 입주 절차를 마친다. 그러나 아버지가 이미 벽돌 공장에서 떨어져 죽었다는 소식을 뒤늦게 듣고 절규한다.

작품 핵심 단축키

도시의 하층민	갈등의 계기가 되는 소재	반어적 표현
인물 □□□는 궂은일을 하면서도 가족의 생계를 책임지지 못하는 무능한 가장으로, 하층민의 경제적 빈곤과 무력감을 드러낸다.	**사건·갈등** '□□□□'으로 인해 인물과 사회의 갈등이 본격화되고 있다.	**서술** '□□□'이라는 실제와 어울리지 않는 마을 이름을 통해 소외 계층의 비참한 삶을 강조하고 있다.

1
윗글을 통해 알 수 있는 내용으로 적절하지 않은 것은?

① '어머니'는 언젠가는 가족들의 보금자리를 빼앗길 것임을 알고 있었다.
② '아버지'는 철거 계고장이 날아오는 날에도 안정된 직장을 가지고 있지 못했다.
③ '나'는 전쟁과 같은 생활 속에서도 아버지가 보인 노력과 성실함을 인정하고 있다.
④ '영호'는 철거 계고장이 날아들든 현실을 받아들이지 않고 억지를 부리며 저항하고 있다.
⑤ '아버지'는 철거 계고장을 읽은 후 현재의 상황을 극복할 수 있으리라는 희망과 의지를 보이고 있다.

2 윗글의 서술상 특징으로 가장 적절한 것은?

① 비유적인 언어를 사용하여 작품의 미적 효과를 높이고 있다.

② 인물의 다양한 체험을 삽화 형식으로 나열하여 사건의 역사적 의미를 강조하고 있다.

③ 사건의 상황에 대한 서술자의 관찰과 그에 대한 판단을 중심으로 사건을 전개하고 있다.

④ 특정 인물의 외양을 객관적으로 묘사*하여 인물의 성격을 부각하는 데 초점을 두고 있다.

⑤ 과거와 현재를 반복적으로 교차 진술하여 인물의 내적 갈등이 심화되는 양상을 보여 주고 있다.

🕐 **손쉬운 개념**

＊ **객관적 묘사**

'묘사'는 '그림을 그리듯이 어떤 대상을 표현하는 것'을 의미하는데, 대상에 대한 인상을 드러낸다는 점에서 주관적인 특성만 지니고 있다고 생각하는 경우가 많아. 그러나 '객관적 묘사'는 이와 달리, 대상의 모습을 있는 그대로 표현하는 것을 뜻해.

예 사과에 대한 묘사

– 동그란 모양에 진한 빨간색을 띠고 있다. → 객관적 묘사

– 먹음직스럽게 빨갛게 익어 있다. → 주관적 묘사

3 ㉠~㉤에 대한 설명으로 적절하지 <u>않은</u> 것은?

① ㉠ : 아버지의 외모만 볼 뿐, 내면을 보지 못하는 사람들에 대한 비판 의식이 드러나 있다.

② ㉡ : 주민들의 현실과 대조되는 마을 이름을 사용해 주민들이 처한 실상을 부각하고 있다.

③ ㉢ : 자식들로 인해 현재와 같은 상황에 처하게 되었음을 우회적으로 전달하고 있다.

④ ㉣ : 앞으로 다가올 부정적 상황에 대하여 강한 의지로 대처하고자 하는 모습이 나타나 있다.

⑤ ㉤ : 직접적인 관련이 없는 대상에 의미를 부여하여 가족이 처한 고통스러운 상황을 드러내고 있다.

4 ⓐ와 ⓑ에 대한 설명으로 적절한 것을 〈보기〉에서 골라 바르게 짝지은 것은?

━ 보기 ━

ㄱ. ⓐ는 인물과 사회 간의 갈등을 일으키는 계기가 된다.

ㄴ. ⓑ는 표면적인 의미와 이면적인 의미가 상반되는 소재이다.

ㄷ. ⓐ와 ⓑ는 모두 사건의 흐름을 반전시키는 효과를 갖는 소재이다.

ㄹ. ⓐ는 자율적 속성을, ⓑ는 강제적 속성을 지니는 대상으로 나타나 있다.

① ㄱ, ㄴ   ② ㄱ, ㄷ   ③ ㄴ, ㄷ

④ ㄴ, ㄹ   ⑤ ㄷ, ㄹ

5 〈보기〉는 윗글의 작가가 한 말의 일부이다. 이를 바탕으로 윗글을 감상한 내용으로 적절하지 <u>않은</u> 것은?

● 보기 ●

"『난쟁이가 쏘아 올린 작은 공』이 200쇄를 기록했지만, 지금 상황은 처음 이 소설을 쓰던 때와 같아 보입니다. 가난한 사람들은 날마다 자본에게 매를 맞고 착취당하고 있어요. 억압의 시대를 기록한 이 소설이 아직도 이 땅에서 읽히는 것은 역설적이게도 30여 년 전의 불행이 끝나지 않았음을 증명합니다."

– 지식 ⓔ 시즌 1의 「부끄러운 기록」 중에서

① (가)에서 '천국'과 '지옥'은 서로 상반되는 삶의 조건을 의미하는 것으로 난쟁이 일가가 빈곤한 처지에 놓여 있음을 부각하는 것이겠군.
② (가)에서 어머니가 철거 계고장을 '우리가 꼭 받아야 할 것 중의 하나'라고 한 것은 삶의 고통과 억압이 가난한 사람들에게 필연적임을 의미한다고 볼 수 있겠군.
③ (나)에서 어머니가 '표찰을 말없이 들여다보는' 모습은 자본의 착취로 인해 삶의 터전을 잃게 되는 과정에서 무기력했던 스스로를 돌아보는 것이겠군.
④ (나)에서 아버지가 언급하는 그들 옆에 있는 '법'은 난쟁이 일가를 억압하는 이들이 소유하고 있는 대상이라는 점에서 자본이 지닌 '매'와 같은 역할을 하겠군.
⑤ (다)에서 '나'가 '아버지도 씨종의 자식'이라고 하는 것은 가난한 사람들이 겪었던 억압과 고통이 오랫동안 끊이지 않고 이어져 내려왔음을 보여 주는 것이겠군.

손쉬운 작품 검색

난쟁이가 쏘아 올린 작은 공_조세희

💬 **전체 줄거리**

본문 수록 장면

발단 가난하지만 꿈을 잃지 않는 삶을 살아가던 난쟁이 가족은 어느 날, 재개발 사업으로 인해 집이 철거될 위기에 처한다.

전개 철거 계고장을 받아 든 난쟁이 일가에게는 입주권이 있었지만 입주비가 없어 결국 입주권을 팔게 된다.

위기·절정 가출한 영희는 투기업자와 함께 생활하다 그의 금고에서 입주권과 돈을 가지고 돌아와 가족들의 입주 절차를 마친다.

결말 가족을 찾으러 나선 영희는 아버지가 벽돌 공장에서 자살한 사실을 알게 되고, 비참한 현실에 절망하여 절규한다.

📷

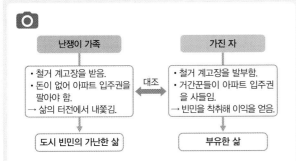

🖱 **주제** ▶ 도시 빈민들의 고통스러운 삶과 좌절된 꿈

\# 도시 재개발 \# 무허가 판자촌 \# 최하층의 천민
\# 비극적 결말 \# 사회적 모순

특징 ▶ 상징적 의미의 명명(命名)을 통해 인물의 처지와 상황을 효과적으로 드러냄.

\# 낙원구 행복동 = 도시 빈민의 비참한 삶의 터전

40

파수꾼 _이강백

'파수꾼'은 '경계하여 지키는 일을 하는 사람'이라는 의미를 담고 있다. 이 작품에서는 마을의 안위를 위한다는 명분으로 황야의 망루에서 허상의 존재인 이리 떼의 출현을 지키는 권력의 하수인들을 가리킨다.

가 : 이리 떼다, 이리 떼! 이리 떼가 몰려온다!

　파수꾼 '나'는 확신 있게 양철북을 두드린다. '다'는 여느 때와는 달리 침착하게 일어선다. 그리고 담요를 벗어 네모반듯하게 갠 다음 식탁 위에 놓는다. 그는 북을 두드리는 '나'를 바라보면서 몹시 안타까운 표정이 된다.

가 : 북소리 중지! 이리 떼는 물러갔다.

다 : 정말 이리가 있다구 믿으세요?

나 : 보렴, 방금도 이리 떼가 오질 않았니? 그렇지 않다면 내가 왜 양철북을 치며 평생을 보냈겠느냐? 서운하다. 아무리 아픈 애라지만 너무 심한 말을 하는구나.

다 : 죄송해요. 하지만 어쩜 그 많은 나날을 단 한 번도 의심 없이 보내셨어요?

나 : 넌 그렇게도 무섭니, 이리가?

다 : 오히려 이리가 있다고 믿었던 때가 좋았던 것 같아요. 그땐 숨기라도 했으니까요. 땅에 엎드리면 아늑하게 느껴졌어요. 지금은요, 이리가 없으니 땅에 엎드려야 아무 소용 없구요. 양철북도 쓸모가 없게 됐어요. 오직 이제는 제가 본 그 사실만을 말하고 싶어요.

　해설자, 촌장이 되어 등장. 검은 옷차림. 이해심이 많아 보이는 얼굴과 정중한 태도. 낮고 부드러운 음성으로 말한다.

촌장 : 수고하시는군요, 파수꾼님. / 나 : 아, 촌장님. 여긴 웬일이십니까?

촌장 : 추억을 더듬으러 왔습니다. 이 황야는 내가 어린 시절 야생 딸기를 따러 오곤 했던 곳이지요. 그땐 이리가 무섭지도 않았나 봐요. 여기저기 덫이 깔려 있고 망루 위의 파수꾼이 외치는데도 어린 난 딸기 따기에만 열중했으니까요. 그 즐거웠던 옛 추억, 오늘 아침 나는 그 추억을 상기시켜 주는 편지를 받았습니다. 그래 이곳엘 찾아온 거예요. / 나 : 잘 오셨습니다, 촌장님. ➡ 촌장이 망루에 찾아옴.

〈중략〉

다 : 촌장님은 이리가 무섭지 않으세요? / 촌장 : 없는 걸 왜 무서워하겠니?

다 : 촌장님도 아시는군요? / 촌장 : 난 알고 있지. ➡ 촌장이 이리 떼가 없음을 인정함.

다 : 아셨으면서 왜 숨기셨죠? 모든 사람들에게, 저 덫을 보러 간 파수꾼에게, 왜 말하지 않는 거예요?

촌장 : 말해 주지 않는 것이 더 좋기 때문이다.

다 : 거짓말 마세요, 촌장님! 일생을 이 쓸쓸한 곳에서 보내는 것이 더 좋아요? 사람들도 그렇죠! '이리 떼가 몰려온다.' 이 헛된 두려움에 시달리는데 그게 더 좋아요?

촌장 : 애야, 이리 떼는 처음부터 없었다. ㉠없는 걸 좀 두려워한다는 것이 뭐가 그렇게 나쁘다는 거냐? 지금까지 단 한 사람도 이리에게 물리지 않았단다. 마을은 늘 안전했어. 그리고 사람들은 이리 떼에 대항하기 위해서 단결했다. 그들은 질서를 만든 거야. 질서, 그게 뭔지 넌 알기나 하니? 모를 거야, 너는. 그건 마을을 지켜 주는 거란다. 물론 저 충직한 파수꾼에겐 미안해. 수천 개의 쓸모없는 덫들을 보살피고 양철북을 요란하게 두들겼다. 허나 말이다, 그의 일생이 그저 헛되다고만 할 순 없어. 그는 모든 사람들을 위

해 고귀하게 희생한 거야. 난 네가 이러한 것들을 이해하여 주기 바란다. 만약 네가 새벽에 보았다는 구름만을 고집한다면, 이런 것들은 모두 허사가 된다. 저 파수꾼은 늙도록 헛북이나 친 것이 되구, 마을의 질서는 무너져 버린다. 애야, 넌 이렇게 모든 걸 헛되게 하고 싶진 않겠지?

다 : 왜 제가 헛된 짓을 해요? 제가 본 흰 구름은 아름답고 평화로웠어요. 저는 그걸 보여 주려는 겁니다. 이제 곧 마을 사람들이 온다죠? 잘 됐어요. 저는 망루 위에 올라가서 외치겠어요.

촌장 : 뭐라구? (잠시 동안 침묵을 지킨 후에 웃으며) 사실 우습기도 해. 이리 떼? 그게 뭐냐? 있지도 않는 그걸 이 황야에 가득 길러 놓고, 마을엔 가시 울타리를 둘렀다. ⓛ망루도 세웠고, 양철북도 두들기고, 마을 사람들은 무서워서 떨기도 한다. 아하, 언제부터 내가 이런 거짓 놀이에 익숙해졌는지 모른다만, 나도 알고는 있지. 이 모든 것이 잘못되어 있다는 걸 말이다.

다 : 그럼 촌장님, 저와 같이 망루 위에 올라가요. 그리구 함께 외치세요. / 촌장 : 그래, 외치마.

다 : 아, 이젠 됐어요!

촌장 : ⓒ(혼잣말처럼) …… 그러나 잘 될까? 흰 구름, 허공에 뜬 그것만으로 마을이 잘 유지될까? 오히려 이리 떼가 더 좋은 건 아닐지 몰라. / 다 : 뭘 망설이시죠?

촌장 : 아냐, 아무것두……. ⓡ난 아직 안심이 안 돼서 그래. 망루를 부순 다음엔 속은 것에 더욱 화를 낼 거야! 아마 날 죽이려고 덤빌지도 몰라. 아니 꼭 그럴 거다. 그럼 뭐냐? 지금까진 이리에게 물려 죽은 사람은 단 한 명도 없었는데, 흰 구름의 첫날 살인이 벌어진다. / 다 : 살인이라구요?

촌장 : 그래, 살인이지. (난폭하게) 생각해 보렴, 도끼에 찍히고 망치로 얻어맞은 내 모습을. 피가 샘솟듯 흘러내릴 거다. 끔찍해. 애, 너는 내가 그런 꼴이 되길 바라고 있지? / 다 : 아니에요, 그건!

촌장 : 아니라구? 그렇지만 내가 변명할 시간이 어디 있니? 난 마을 사람들에게 왜 이리 떼를 만들었던가, 그걸 충분히 설명해 줘야 해. 그럼 그들도 날 이해해 줄 거야. / 다 : 네, 그렇게 말씀하세요.

촌장 : ⓜ허나 내가 말할 틈이 없다. 사람들이 오면, 넌 흰 구름이라 외칠 거구, 사람들은 분노하여 도끼를 휘두를 테구, 그럼 나는, 나는……. (은밀한 목소리로) 애, 네가 본 그 흰 구름 있잖니, 그건 내일이면 사라지고 없는 거냐? / 다 : 아뇨. 그렇지만 난 오늘 외치구 싶어요.

촌장 : 그것 봐. 넌 내가 끔찍하게 죽는 것을 보고 싶은 거야. 더구나 더 나쁜 건, 넌 흰 구름을 믿지도 않아. 내일이면 변할 것 같으니까, 오늘 꼭 외치려고 그러는 거지. 아하, 넌 네가 본 그 아름다운 걸 믿지도 않는구나!

다 : (창백해지며) 그건, 그건 아니에요!

촌장 : 그래? 그럼 너는 내일까지 기다려야 해. (괴로워하는 파수꾼 '다'를 껴안으며) 오늘은 나에게 맡겨라. 그러면 나도 내일은 너를 따라 흰 구름이라 외칠 테니.

다 : 꼭 약속하시는 거죠? / 촌장 : 물론 약속하지.

다 : 정말이죠, 정말? / 촌장 : 그럼. 정말 약속한다니까.

(파수꾼 '나'가 들어온다.)

➡ 촌장이 진실을 은폐하기 위해 파수꾼 '다'를 설득함.

➡ 파수꾼 '다'가 촌장에게 설득당함.

나 : 또, 헛치었습니다. 이리는 워낙 교활해요, 친 것 같아도 가 보면 달아나구 없어요.

촌장 : 다음에는 꼭 잡히겠지요.

나 : 미안합니다. 이번에 잡았더라면 그 껍질을 촌장님께 선사하구 싶었는데…….

촌장 : 받은 거나 다름없이 감사합니다. / 나 : (촌장에게 안겨 있는 '다'를 가리키며) 그 앤 지금 몹시 아픕니다.

촌장 : 네. 열이 있는 것 같군요. / 다 : 간밤에 담요를 덮지 않아서 병이 났어요.

촌장 : 이만한 나이 때 누구나 한 번씩은 앓는 병이겠지요.

나 : 내 잘못이었어요. 담요를 꼭 덮어 줘야 하는 건데. ('다'에게) 얘야, 난 널 좋아해. 아픈 것 빨리 좀 나아 주렴. / 다 : 고마워요…….

나 : (관객석 쪽으로 돌아서다가, 흠칫 놀라며) 웬 사람들이 이렇게 몰려오죠?

촌장 : 마을 사람들이죠. / 나 : 마을 사람들요?

촌장 : (관객들을 향해) 어서 오십시오, 주민 여러분. 이 애가 그 말을 꺼낸 파수꾼입니다. 저기 편지를 공개한 식량 운반인, 이 애가 틀림없지요? 네, 그렇다고 확인했습니다. 이리 떼인지 아니면 흰 구름인지, 직접 이 아이의 입을 통하여 들어 봅시다.

　　파수꾼 '다', 쓰러질 것 같은 걸음으로 망루를 향해 걸어간다. '나'가 근심스럽게 쫓아간다.

나 : 얘야, 괜찮겠니? / 다 : …… 네.

나 : 아무래도 걱정이 되는구나. 넌 이리 떼란 말만 들어도 벌벌 떠는 겁쟁이인데. 망루 위에 올라가서 엎드리면 안 돼. 이렇게 많은 사람들이 널 보러 오지 않았니? 얼마나 큰 영광이냐. 이 기회에 말이다, 넌 너 자신이 파수꾼이라는 걸 힘껏 자랑해야 한다. 알았지, 응?

촌장 : 그만 올라가게 하십시오.

　　파수꾼 '다'는 망루 위에 올라간다. 긴 침묵. 마침내 부르짖는다.

다 : 이리 떼다, 이리 떼! 이리 떼가 몰려온다!

　　파수꾼 '가'의 손이 번쩍 들려지며 그도 외친다. 파수꾼 '나'는 신이 나서 양철북을 두드린다. 북소리, 한동안 계속된다.

가 : 북소리 중지! 이리 떼는 물러갔다!

촌장 : 주민 여러분! 이것으로 진상은 밝혀졌습니다. 흰 구름은 없으며 이리 떼뿐입니다. 이 망루는 영구히 유지되어야겠지요. 양철북도 계속 쳐야 할 것입니다. 여러분, 다음 이리의 습격 때까진 잠시 시간적 여유가 있습니다. 그 틈을 이용하여 돌아가십시오. 가시거든 마을 광장에 다시 모이시기 바랍니다. 수다쟁이 운반인의 처벌을 논의합시다. 그럼 어서 돌아가십시오. 이리 떼가 여러분을 물어뜯으러 옵니다.

➔ 촌장의 설득에 넘어가 파수꾼 '다'가 마을 사람들을 속임.

★ 어휘 풀이
● 황야(荒野) : 버려두어 거친 들판
● 망루(望樓) : 적이나 주위의 동정을 살피기 위하여 높이 지은 다락집

작품 핵심 단축키

　촌장과 파수꾼 '다'

인물　촌장은 마을을 이끄는 지도자로 허상을 통해 자신의 권력을 유지하고자 하는 □□□ 인물이고, 파수꾼 '다'는 촌장의 회유에 넘어가 권력의 □□□ 으로 전락하는 인물이다.

⚡　진실을 둘러싼 갈등

사건 갈등　파수꾼 '다'는 □□□ □가 없음을 알리려고 하지만, 촌장은 이를 알릴 필요가 없다고 파수꾼 '다'를 설득한다.

　우회적 권력 비판

서술　□□ 형식을 사용하여 1970년대의 정치 상황을 풍자하고 권력의 위선과 허위를 간접적으로 폭로하고 있다.

1 **윗글에 대한 설명으로 가장 적절한 것은?**

① 상이한 인물에 의한 동일한 대사의 반복을 통해 해당 인물 간 갈등을 고조시키고 있다.

② 해설자와 인물 사이의 역할 교체를 통해 무대 안과 밖의 공간을 자연스럽게 연결 짓고 있다.

③ 과거와 현재 사이의 시간적 배경이 교차*되면서 현재 사건에 대해 인물이 지닌 의문이 해소되고 있다.

④ 지시문을 활용하여 장면에 대한 설명을 상세하게 제시함으로써 사건이 지니고 있는 풍자적 의미를 부각하고 있다.

⑤ 사건에 대해 서로 다른 견해를 가진 두 사람의 대화를 통해 한 인물이 다른 인물의 견해에 동조하게 되는 과정을 드러내고 있다.

손쉬운 **개념**

* **시간적 배경의 교차**
'시간적 배경의 교차'는 과거, 현재, 미래 등의 시간 개념을 포함하는 배경이 반복적으로 번갈아 제시되는 구성 방식을 의미해. 이러한 구성 방식을 통해 특정한 시간적 배경의 의미를 강조하거나 교차되는 두 시간적 배경에서 사건이 지닌 관계를 보다 명확하게 보여 줄 수 있지.

2 **윗글을 공연으로 상연할 때, 고려해야 할 사항으로 적절하지 <u>않은</u> 것은?**

① 파수꾼 '가'는 처음에는 이리 떼가 출현했음을, 마지막에서는 이리 떼가 퇴장했음을 알리는 대사를 해야겠군.

② 파수꾼 '나'는 '다'와의 대화 상황에서는 서운한 심리가 드러나는 어조를, '촌장'과의 대화 상황에서는 공손한 어조를 사용하도록 해야겠군.

③ 파수꾼 '다'는 촌장과 대화를 나누는 과정에서 자신의 신념과 관련한 촌장의 발언에 대해 당황하는 심리가 드러나게 대사를 하도록 해야겠군.

④ '촌장'이 마을 사람들에게 이야기를 전하는 과정에서는 이리 떼와 관련하여 확신에 찬 어조를 사용하도록 해야겠군.

⑤ '촌장'이 파수꾼 '다'에게 이야기를 할 때에는 앞으로 벌어질 일에 대해 걱정하는 태도를 일관되게 표현하도록 해야겠군.

3 **㉠~㉤에 대해 이해한 내용으로 적절하지 <u>않은</u> 것은?**

① ㉠ : 마을이 늘 안전했다는 현재 상황에 대한 긍정적 평가를 통해 결과가 좋다면 과정상의 잘못은 큰 문제가 되지 않는다는 인식을 보이고 있다.

② ㉡ : 지금까지의 자신의 잘못을 인정하는 척하며 위기를 모면하고 상대를 안정시키기 위한 발언을 하고 있다.

③ ㉢ : 마을의 유지와 관련하여 흰 구름과 이리 떼의 가치를 비교하여 말함으로써 상대방을 회유하고자 하는 의도가 깔려 있다.

④ ㉣ : 마을의 안정이 파괴되고 비극적인 상황이 필연적으로 발생할 것이라는 상황 제시를 통해 상대방의 불안감을 유발하고자 하는 의도가 깔려 있다.

⑤ ㉤ : 자신의 처지가 위험해질 것임을 예상하는 발언을 바탕으로 상대방이 알고 있는 정보의 범위를 정확히 확인하기 위한 의도의 질문을 하고 있다.

4 【기출 문제】 〈보기〉를 바탕으로 윗글을 이해할 때, 적절하지 <u>않은</u> 것은?

보기

극에 등장하는 인물 사이의 구체적인 관계는 행위소 모델을 통해 파악할 수 있다. 행위소 모델에는 '주체'와 그 주체가 추구하는 '대상', 주체를 돕는 '협조자', 주체와 갈등 관계에 있는 '반대자' 등의 요소가 있다. 이 모델에서는 '주체'에 따라 각 요소에 해당되는 내용이 달라질 수 있으며, 일부 요소가 없을 수도 있다.

주체

협조자 — 대상 — 반대자

① '주체'가 '다'라면 추구하는 '대상'은 '진실을 밝히는 것'이라고 할 수 있다.
② '주체'가 '다'라면 촌장은 진실을 왜곡한다는 점에서 '반대자'라고 할 수 있다.
③ '주체'가 '다'라면 '나'는 이리 떼의 실체를 알고 있다는 점에서 '협조자'라고 할 수 있다.
④ '주체'가 촌장이라면 추구하는 '대상'은 '현재의 상태를 유지하는 것'이라고 할 수 있다.
⑤ '주체'가 촌장이라면 '성난 사람들'은 마을의 질서를 위협한다는 점에서 '반대자'라고 할 수 있다.

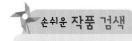 손쉬운 **작품 검색**

파수꾼_이강백 🔍

 전체 줄거리

본문 수록 장면

발단 이리 떼의 습격을 미리 알리기 위해 세 명의 파수꾼이 들판을 지키고 있던 어느 날, 파수꾼 '다'는 망루에 올라가 이리 떼의 정체가 흰 구름임을 알게 된다. 이러한 내용을 담은 편지를 받고 촌장이 망루로 찾아온다.

전개 촌장은 파수꾼 '다'의 말대로 이리 떼가 존재하지 않는다는 사실을 인정한다.

절정·하강 파수꾼 '다'는 이리 떼가 없다는 진실을 마을 사람들에게 알리려고 한다. 촌장은 진실을 알리는 일을 하루만 연기하도록 회유하고, 파수꾼 '다'는 결국 촌장에게 설득당한다.

대단원 파수꾼 '다'는 편지를 받고 몰려든 마을 사람들 앞에서 이리 떼의 출현을 알리는 거짓말을 하고, 이로 인해 촌장의 계획대로 망루에서 마을로 돌아가지 못한 채 살아가는 존재가 된다.

📷

촌장 ← 추종, 협력 → 파수꾼 '가', '나'

회유, 설득 ⇅ 굴복, 추종   ⬇ 기만

파수꾼 '다' ⇒ 기만 → 마을 사람들

⬇ 기만

 주제 ▶ 진실을 향한 열망과 진실이 통용되지 않는 사회의 비극

\# 이리 떼 \# 흰 구름 \# 촌장의 회유
\# 파수꾼 '다'의 굴복 \# 권력과 체제 유지

특징 ▶ 사회 상황을 우의적으로 표현함.

\# 1970년대 독재 권력 ≒ 촌장의 권력
\# 권위주의에 의한 통치 \# 우화적 기법

41 오발탄 _이범선 원작 / 나소운, 이종기 각색

'오발탄'은 '잘못 쏜 탄환'이라는 의미를 담고 있다. 이 작품에서 '철호'는 양심적인 삶을 추구하는 인물이다. 제목인 '오발탄'은 그러한 철호가 부조리한 시대에 적응하지 못해 방향성을 상실한 모습을 압축적으로 나타낸다.

S#69. 피난민 수용소 안

담요 바지 철호의 아내가 주워 모은 널빤지 조각을 이고 들어와 부엌에 내려놓고 흩어진 머리칼을 치키며 숨을 돌리고 있다.

철호의 소리— "저걸 저토록 고생시킬 줄이야." / 담요바지 아내의 모습 위에 O.L.

여학교 교복을 입고 강당에 서서 노래를 부르고 있는 그 시절의 아내. / 또 O.L. 되며 신부 차림의 아내가 노래를 부르고 있다. 그 옆에 상기되어 앉아 있는 결혼 피로연 석상의 철호. 노래는 '돌아오라 소렌토로.'

➔ 고달픈 삶을 살고 있는 철호와 아내

S#74. 철호의 집 방 안

영호 : 취직이요? 형님처럼 전찻삯도 안 되는 월급을 받고 남의 살림이나 계산해 주란 말예요? 싫습니다.

철호 : 그럼 뭐 뾰족한 수가 있는 줄 아니?

영호 : 있지요. 남처럼 용기만 조금 있으면. / 철호 : 용기?

영호 : 네. 분명히 용기지요. / 철호 : 너 설마 엉뚱한 생각을 하고 있는 건 아니겠지?

영호 : 엉뚱하긴 뭐가 엉뚱해요.

철호 : (버럭 소리를 지르며) 영호야! 그렇게 살자면 이 형도 벌써 잘 살 수 있었단 말이다.

영호 : 저도 형님을 존경하지 않는 건 아녜요. 가난하더라도 깨끗이 살자는 형님을……. 하지만 형님! 인생이 저 골목에서 십 환짜리를 받고 코 흘리는 어린애들에게 보여 주는 요지경이라면야 가지고 있는 돈 값만치 구멍으로 들여다보고 말 수도 있죠. 그렇지만 어디 인생이 자기 주머니 속의 돈 액수만치만 살고 그만둘 수 있는 요지경인가요? 형님의 어금니만 해도 푹푹 쑤시고 아픈 걸 견딘다고 절약이 되는 건 아니죠. 그러니 비극이 시작되는 거죠. 지긋지긋하게 살아야 하니까 문제죠. 왜 우리라고 좀 더 넓은 테두리까지 못 나가라는 법이 어디 있어요.

철호 : 그건 억설이야. / 영호 : 억설이요?

철호 : 네 말대로 꼭 잘 살자면 양심이구 윤리구 버려야 한다는 것 아니냐. / 영호 : 천만에요.

➔ 철호와 영호의 가치관 대립

/ 중략 부분 줄거리 / 철호는 경찰로부터 동생 영호가 은행 강도 행각을 벌이다 붙잡혔다는 소식을 듣게 된다. 한편 철호의 아내는 아이를 낳는 과정에서 세상을 떠난다. 아내의 죽음에 충격을 받은 철호는 갈 곳을 모르고 방황하다 평소 앓던 이 한쪽을 빼 버린다.

S#112. 치과 앞

치과에서 나온 철호가 볼을 손끝으로 눌러 보면서 걸어간다.

S#113. 거리

철호가 볼을 만지며 걸어온다. / 그는 또 우뚝 선다. 다른 치과 앞이다. 그가 한참 생각다 들어가면 O.L.

철호가 이번에는 양쪽 볼을 손으로 누르며 나온다. / 그는 주머니에서 휴지를 꺼내 입안의 피를 뱉는다.

S#114. 서울역 부근

여기까지 온 철호가 또 휴지를 꺼내서 피를 뱉는다. 오싹 몸을 떠는 철호의 이마에 땀방울이 맺힌다.

이때 거리에 전등이 들어온다. 눈앞이 환하게 밝아진다. 점점 흐려진다. / 그는 또 한 번 오싹 몸을 떤다.

S#115. 설렁탕집 안

휘청거리고 들어온 철호가

철호 : 설렁탕! (하고 의자에 쓰러진다. / 철호가 또 휴지를 꺼내다가 힘없이 일어나 밖으로 나간다.)

S#116. 그 집 앞

그 집 옆 골목으로 비틀거리고 나온 철호가 시궁창에 가서 쭈그리고 앉는다. / "왈칵" 쏟아져 나오는 피. / 그는 저고리 소매로 입술을 닦으며 일어선다. / 눈앞이 빙글빙글 돌기 시작한다.

그는 휘청거리고 나가서는 지나가는 자동차를 세우고 던져지듯 털썩 차 안에 쓰러지자 택시는 구르기 시작한다.

➜ 양쪽 이를 뽑아 버리고 어지러움을 느끼는 철호

S#117. 자동차 안

조수 : 어디로 가시죠? / 철호 : 해방촌! / 자동차가 원을 그리며 돌자

철호 : 아냐. 동대문 부인 병원으로. / 이번엔 반대로 커브를 돌리자

철호 : 아냐. 종로서로 가아! / 운전수와 조수가 못마땅해서 힐끗 돌아본다.

S#118. 동대문 부인과 산실

아이는 몇 번 앙! 앙! 거리더니 이내 그친다. / 그 옆에 허탈한 상태에 빠진 명숙이가 아이를 멍하니 바라보며 앉아 있다. / 여기에 겹치는 명숙의 소리.

명숙 : 오빠 돌아오세요, 빨리. 오빠는 늘 아이들의 웃는 얼굴이 세상에서 젤 좋으시다고 하셨죠? 이 애도 곧 웃을 거예요. 방긋방긋 웃어야죠. 웃어야 하구 말구요. 또, 웃도록 우리가 만들어 줘야죠.

S#119. 경찰서 앞

택시가 와 선다.

S#120. 자동차 안

조수가 뒤를 보며

조수 : 경찰섭니다. / 혼수상태의 철호가 눈을 뜨고 경찰서를 물끄러미 내다보다가 뒤로 쓰러지며

철호 : 아니야. 가! / 조수 : 손님 종로 경찰선데요. / 철호 : 아니야. 가! / 조수 : 어디로 갑니까?

철호 : 글쎄 가재두……. / 조수 : 참 딱한 아저씨네. / 철호 : …….

운전수가 자동차를 몰며 조수에게

운전수 : 취했나? / 조수 : 그런가 봐요.

운전수 : 어쩌다 오발탄 같은 손님이 걸렸어. 자기 갈 곳도 모르게.

철호가 그 소리에 눈을 떴다가 스르르 감는다. / 밤거리의 풍경이 쉴 새 없이 뒤로 흘러간다. / 여기에 들리는 철호의 소리.

철호(E) : 아들 구실, 남편 구실, 애비 구실, 형 구실, 오빠 구실, 또 사무실 서기 구실, 해야 할 구실이 너무 많구나. 그래 난 네 말대로 아마도 조물주의 오발탄인지도 모른다. 정말 갈 곳을 알 수가 없다. 그런데 지금 나는 어딘지 가긴 가야 하는데…….

이 때 네거리에 자동차가 벨 소리와 함께 선다.

조수 : (돌아보며) 어딜 가시죠?

철호가 의식이 몽롱해진 소리로

철호 : 가자…….

➜ 거듭되는 불행으로 삶의 방향을 잃어버린 철호

⭐ **어휘 풀이**

● O.L.(overlap) : 한 화면 끝에 다음 화면의 시작을 합치면서 부드럽게 화면을 바꾸어 가는 기법

● 요지경(瑤池鏡) : 확대경을 장치하여 놓고 그 속의 여러 가지 재미있는 그림을 돌리면서 구경하는 장치나 장난감

● 억설(臆說) : 근거도 없이 억지로 고집을 세워서 우겨 댐. 또는 그런 말

● 산실(産室) : 아이를 낳는 방

● E. : Effect의 줄임말로 효과음을 의미함. 인물은 보이지 않고 소리만 나는 경우에 쓰임.

작품 핵심 **단축키**

👤 인물	**방향을 잃은 철호의 삶**
	성실하고 양심적인 삶을 추구하는 철호는 주변 가족들의 상황과 모순된 현실 속에서 □□ □을 느끼면서 자신의 삶이 어디로 향해야 할지 모르고 있다.

⚡ 사건 갈등	**부조리 시대의 참담한 현실**
	철호는 고향으로 돌아가자는 어머니와 은행 강도 행각을 벌이는 동생 □□. 그리고 아이를 낳다 죽은 아내를 모두 책임져야 하는 상황에 처해 있다.

✒ 서술	**상징적 소재와 용어의 사용**
	철호가 앓던 □를 뽑는 모습을 통해 현실로부터의 탈출과 저항 욕구를 상징적으로 나타내고, 그의 삶을 '□□□'이라는 압축적 용어를 사용해 표현하고 있다.

1 윗글에 대한 설명으로 가장 적절한 것은?

① 효과음을 삽입하여 미래의 삶에 대한 인물의 구체적 예견을 드러내고 있다.
② 공간적 배경의 빈번한 이동을 바탕으로 인물이 처한 상황을 부각하고 있다.
③ 과거와 현재 사이의 반복적 교차를 통해 인물이 삶의 내력이 드러나고 있다.
④ 다양한 소도구를 활용하여 장면 사이의 인과 관계*를 상징적으로 드러내고 있다.
⑤ 지시문을 통해 인물의 내면을 세밀하게 묘사하여 심리적 갈등이 해소되는 과정을 보여 주고 있다.

⊘ 손쉬운 개념

＊ **장면 사이의 인과 관계**
나란히 제시된 장면들이 원인과 결과의 관계로 긴밀하게 연결되어 있는 경우를 말해. 같은 시간에 서로 다른 공간에서 일어난 사건들 사이에 인과 관계가 성립될 수도 있지만, 과거 내력이 현재의 상황에 원인으로 작용해 인과 관계가 성립되는 경우도 있어.

2 윗글의 등장인물에 대한 설명으로 적절하지 않은 것은?

① 명숙은 철호가 아이와 함께 행복한 삶을 누릴 수 있기를 바라고 있다.
② 철호는 과거 아내의 모습과 대조되는 현재 아내의 모습을 바라보며 안타까움을 느끼고 있다.
③ 영호는 철호의 인생관을 존중하면서도 현실에서는 이를 지키며 사는 것이 힘들다고 생각하고 있다.
④ 철호는 양심과 윤리에 따르는 삶의 가치를 추구하기 위해 아픈 이를 치료하는 것조차 거부하고 있다.
⑤ 영호는 철호와 달리 내면적 가치를 지키는 삶보다는 물질적 안정을 이루는 삶이 중요하다고 여기고 있다.

3 〈보기〉를 참고하여 윗글을 감상한 내용으로 적절하지 않은 것은?

> ─● 보기 ●─
>
> 이 작품에서는 열악한 환경 속에서도 성실한 삶을 추구하지만 결코 떨쳐 낼 수 없는 현실 앞에 좌절하는 철호의 모습이 극적으로 형상화되고 있다. 철호의 좌절감은 어머니, 아내, 동생 영호와 명숙 등 주변 인물과의 관계 속에서 구체화되는 동시에 좌절로부터 벗어나고자 하는 철호의 행위를 거치면서 심화된다고 볼 수 있는데, 이는 '잘못 쏜 탄환'이라는 작품의 제목처럼 결국 무기력함과 극도의 절망감에 빠진 채 삶의 방향성을 상실하는 모습으로 나타난다.

① S#69에서 '널빤지 조각'을 모으는 아내를 바라보는 철호의 태도는 인물이 지닌 무기력함을 보여 준다고 볼 수 있겠군.

② S#74에서 영호는 인생은 '요지경'이 아니라는 태도를 보이고 있는데, 이는 영호가 반사회적 행위를 저지르는 바탕이 된다고 볼 수 있겠군.

③ S#112와 S#113에서 철호가 앓던 이를 뽑는 것은 고통스러운 현실로부터 탈출하고자 하는 심리를 보여 주는 행위로 볼 수 있겠군.

④ S#117과 S#120에서 철호가 계속해서 목적지를 바꾸는 것은 자신에게 주어진 고통과 불행에 적극적으로 항거하고자 하는 의도가 담긴 것으로 볼 수 있겠군.

⑤ S#120에서 운전수는 철호를 '오발탄 같은 손님'이라고 여기고 철호 역시 스스로를 '조물주의 오발탄'으로 여기는데, 이는 극도의 절망감으로 인해 삶의 방향성을 상실한 철호의 처지를 압축적으로 드러내는 것으로 볼 수 있겠군.

 손쉬운 작품 검색

오발탄 _이범선 원작 / 나소운, 이종기 각색 🔍

 전체 줄거리

본문 수록 장면

발단 계리사 사무실 서기인 철호는 월남 가족의 가장으로서, 전쟁의 충격을 가진 어머니, 만식의 아내, 남동생 영호, 여동생 명숙과 함께 해방촌에서 살아간다.

전개 북으로 가자는 말만 되풀이하는 어머니, 양공주가 된 명숙, 양심적인 삶보다 물질적 풍요로움을 추구하는 영호 사이에서도 철호는 성실하고 양심적인 삶을 살고자 노력한다.

절정·하강 영호는 은행 강도 행각을 벌이다 수감되고, 아내는 출산 과정에서 세상을 떠난다. 깊은 좌절과 절망에 빠진 철호는 평소 앓던 이를 빼고 과다 출혈로 점차 의식을 잃어 간다.

대단원 무작정 택시에 올라탄 철호는 가야 할 방향을 정하지 못하고 갈팡질팡하다 몽롱한 의식 가운데에서 '가자'라는 말을 반복한다.

송철호
현실에 적응하며 성실하고 양심적으로 살아가고자 하지만 현실의 벽에 부딪힘.
↓
정신적 좌절감과 공허함으로 정신적 혼란에 빠지고 '오발탄'과 같은 상황에 놓임.

 주제 ▶ 전후의 부조리한 사회 현실과 삶의 방향성을 잃은 인간의 고통과 비극

#6·25 전쟁 직후　#동생의 수감　#아내의 죽음
#앓던 이 제거　#목적지 상실

특징 ▶ 상징적 의미의 명명을 통해 주제 의식을 드러냄.

#방향성을 상실한 철호의 인생 = 오발탄

42 마지막 땅 _양귀자

'마지막 땅'은 산업화로 인해 땅에 기반을 둔 지역 공동체와 정신적 가치가 위기에 처한 시대적 현실을 상징한다. 땅을 지키려는 강노인의 모습은 전통적 가치를 지키려는 노력을 의미한다.

/ 앞부분 줄거리 / 강노인은 원미동 토박이로 농사를 지으며 살아간다. 그러나 땅값이 오르자 강노인은 부동산 여주인 고흥댁으로부터 땅을 팔라는 성화에 시달리게 되고, 아내로부터는 자식 사업 자금을 위해 땅을 팔자는 얘기를 수없이 듣는다. 그러나 강노인은 아랑곳하지 않고 인분 거름을 주며 땅을 가꾼다. 동네 사람들은 인분 냄새 때문에 괴로울 뿐 아니라 동네 이미지도 안 좋아져 땅값이 더 오르지 않는다며 강노인의 밭을 없애야 한다고 목소리를 높인다.

다음날 아침, 신새벽부터 밭에 나갔던 강노인은 그만 입을 쩍 벌리고 선 채 말을 잃었다. 세상에 이런 법은 없었다. 이제 손가락만 한 고추 모종이 깔려 있는 밭에 여기저기 연탄재들이 나뒹굴고 있지 않은가. 겨울 빈 밭에 내다 버리는 것이야 그럴 수 있다 치더라도 목숨이 붙어 자라고 있는 밭에 연탄재를 내던진 것은 명백히 짐승의 처사였다. 반상회 끝의 독기˚ 어린 동네 사람들이 저지른 것임은 대번에 알 수 있었지만 아무리 그렇다 하여도 이런 짓거리까지 해 댈 줄이야 짐작도 못 했던 강노인이었다. 수십 덩어리의 연탄재 폭격을 당해 짓뭉개진 모종이 한 고랑만 해도 숱했다. ㉠세상에 막된 인종들……. 강노인은 주먹코를 씰룩이며 밭으로 달려 들어가서 닥치는 대로 연탄재를 길가에 내던졌다. 서울 것들이나 되니 살아 있는 밭에 해코지할 생각을 갖지, 땅을 아는 자라면 저 시퍼런 하늘이 무서워서라도 감히 이따위 행패를 생각이나 하겠는가. 흰 연탄재 가루를 뒤집어쓰고 쓰러져 있는 ㉡죄 없는 풀잎을 차마 바로 볼 수 없어서 강노인은 잔뜩 허둥대고 있었다.
➔ 강노인이 밭에 연탄재가 뿌려진 것을 발견함.

도로 청소원인 김씨가 아침밥을 먹으러 들어오면서 보니 강노인은 검정 고무신이 벗겨진 줄도 모르고 손바닥으로 연탄재를 끌어 모으느라 정신이 없었다. 밤사이 밭에 무슨 일이 있었는지 눈여겨보지 않아 알 턱이 없었던 김씨가 인사랍시고 던진 말은 더욱 가관이었다.

"영감님네 땅을 내놓으셨다면서요? 그런데 뭘 그리 열심히 가꾸십니까. 이내 넘길 거라면서……."

"아니, 누가 그런 소릴 해?"

시뻘건 얼굴을 휙 돌리며 벽력같이 고함을 지르는 통에 김씨가 움찔 뒤로 물러났다.

"어젯밤 반상회에서 댁의 며느님이 그러셨다는데요? 저도 우리집 여편네한테 들은 소리라서."

더 들어볼 것도 없이 강노인은 곧장 집으로 뛰어갔다. 벗겨진 신발을 짝짝이로 꿰어 차고서. 얼갈이 배추와 열무들을 다듬고 있던 마누라가 노인의 허둥대는 기세에 토끼눈을 뜨고 일어섰다.

"그렇게 말한 게 아니라, 우리 아버님 근력이 쇠하셔서 올해일랑은 더 이상 일을 못 하시니까 파실 모양이더라고 말했다는군요. 경국이 어미도 동네 사람들 닦달에 그냥 해 본 소리겠지요." / "그냥?"

"밭에다 그 지경을 해 댄 걸 보면 오죽했겠수. 뭐, 틀린 말도 아니고 땅 팔아서 아들 살리고 남는 돈은 은행에 넣어 이자나 받으면 우리 식구 신간이사 편치 뭘 그러슈."
➔ 며느리가 반상회에서 밭을 팔 것이라고 이야기했음을 알게 됨.

ⓐ밭이 그 지경이라는데 마누라는 천하태평이다. 강노인은 어이가 없어 그만 입을 다물어 버린다. 마누라는 이때다 싶은지 또 한차례 오금을 박는다. 어제 다녀간 복덕방 박씨의 ㉢의미심장한 충고가 생각나서였다.

"팔육인가 팔팔인가 땜에 도로 주변 미화 사업이 한창이라는데 밭농사를 그냥 두고 보겠수? 팔팔 전에는 어차피 이곳에다가 뭐 은행도 짓고 병원도 짓게끔 계획되어 있다고 그럽디다. 시에다 팔면 금이나 제대로 쳐줍디까? 그 전에 제 가격 받고……." / "시끄러!"

마누라 입을 봉해 놓고서 강노인은 이내 밭으로 되돌아왔다. 한 포기라도 살릴 수 있는 만큼은 건져 내야 할 고추 모종들 때문에 한시가 급한 강노인이었다. 반상회 파문은 그것으로 끝난 것이 아니었다. 반상회 소식이 알려지자마자 연립 주택에 산다는 은혜 엄마가 찾아와서 경국이 엄마가 지난달 꾸어 간 오십만 원을 돌려 달라고 하소연을 늘어놓기 시작한 것이다. 땅을 팔았다니 계약금을 받았을 터인즉 큰며느리 빚을 대신 갚아 줄 수 없겠느냐는 여자의 말에 강노인은 주먹코가 더욱 빨개졌다. 지난 겨울 서울에서 이사 와 동네 물정 모르고 딸이 다니는 에바다 피아노 학원에서 알게 된 경국이 엄마에게 곗돈을, 그것도 두 번째 탄 것을 빌려줬다는 것이다. 이 동네 지주의 큰며느리라 해서 별 의심도 하지 않고 돈을 주었는데 경국이 엄마가 동네에 뿌린 빚이 한두 군데가 아니어서 직접 시아버지와 담판을 짓겠다고 마음먹은 은혜 엄마였다.

그게 어떤 돈인가 말이다. 서울에서의 셋방살이가 하도 지긋지긋해서 연립 주택 한 채를 마련, 이곳에 이사 온 지 반년도 채 되지 않은 그녀였다. 곗돈 타고, 여름에 보너스 나오면 이자 나가는 빚 백만 원을 갚을 요량이었는데 그 몇 달 사이의 이자 몇 푼을 욕심내다가 생돈˙ 떼게 생겼으니 생각만 해도 속이 터질 지경이었다.

➡ 은혜 엄마가 빚을 갚으라고 찾아옴.

땅을 팔았다는 소문이 번지면서 큰아들 용규에게 빚을 준 동네 사람들이 강노인에게 몰려왔다. 은혜 엄마까지 꼭 여덟 명이었다. 그중에는 목동에서 살다 철거 보상금 받아 쥐고 이곳까지 흘러온 김영진이라는 날품팔이 사내도 끼여 있었다. 철거 보상금을 삼 부 이자로 놓아 주겠다는 고흥댁의 말만 믿고 돈을 건네준 사람이었다. 그들은 한결같이 강노인 땅을 믿고 빌려준 돈이니까 책임을 져야 한다고 우겨 대면서 땅을 판 적이 없다는 그의 말을 도무지 믿으려 하지 않았다.

"㉣그 못난 놈이 공장까지 담보로 잡혀 먹었대요. 최신 기계 설비만 갖추면 돈 벌리는 게 눈에 보이는 사업이라는데……. 은행 대출도 기간이 차서 경고장이 날아왔답니다."

이판사판이라고 마누라도 이젠 감추지 않고 잘도 털어놓는다. 용규가 그 모양이니 처가에서까지 돈을 끌어댄 용민이는 어쩌겠느냐고 숫제 으름장˙이었다.

"땅은 안 돼, 안 팔아!"

"고집 좀 그만 부리고 우선 집 앞에 거라도 떼어 팔아 발등의 불이라도 꺼 봅시다. 다 자식 잘되라고 하는 짓인데 왜 그러우?"

"자식 놈들 뒷바라지에 땅 다 날려 보낸 걸 몰라!"

➡ 동네 사람들이 큰아들의 빚을 갚으라고 몰려옴.

입씨름에 지친 마누라가 눈물 바람을 하다가 용문이 방으로 건너가 버린 뒤, 강노인은 그 밤 오래도록 잠을 이루지 못하고 뒤척여야만 했다. 자식 농사는 포기한 지 오래지만 해마다 씨를 뿌리고 수확을 거두는 재미만큼은 쉽게 포기할 수 없는 그였다. 서울에서 밀려 나온 서울 것들 때문에 여기까지 땅값이 들먹거리는 북새통˙을 치렀고 그 와중에서 자식들이 모두 저 푼수로 커 버렸다는 원망도 많은 게 강노인이었다. 씨 뿌린 땅에서 거두어들이는 수확이 아닌 다음에야 어찌 땅 팔아서 그 돈으로 쌀 사고 채소 사며 살 수 있을 것인가. 농사꾼 주제로는 평생 만져 볼 엄두˙도 못 내는 큰돈이 굴러 들어왔어도 쉽게 생긴 내력만큼이나 씀씀이도 허망하기 짝이 없었다. 그나마 이 만큼이라도 마지막 땅 조각을 붙들고 있다는 위안이 강노인에게는 큰 힘이 되었다. ㉤이 고장에 서울 바람이 몰아닥쳐 요 모양으로 설익은 도시가 되지 않았더라면 아직껏 넓디넓은 땅을 가지고 있을 것이 틀림없는 스스로를 생각해 보면 더욱 화가 치밀었는데 다 부질없는 노릇이었다.

➡ 땅에 대한 강노인의 애착

★ **어휘 풀이**

• **독기(毒氣)** : 사납고 모진 기운이나 기색
• **얼갈이** : 푸성귀
• **신간(身幹)** : 몸통
• **담판(談判)** : 서로 맞선 관계에 있는 쌍방이 의논하여 옳고 그름을 판단함.
• **요량(料量)** : 앞일을 잘 헤아려 생각함.
• **생돈(生 −)** : 쓸데없는 곳에 공연히 쓰는 돈
• **으름장** : 말과 행동으로 위협하는 짓
• **북새통** : 많은 사람이 야단스럽게 부산을 떨며 법석이는 상황
• **엄두** : 감히 무엇을 하려는 마음을 먹음.

작품 핵심 **단축키**

👤 인물	**소신 있는 강노인**	⚡ 사건 갈등	**땅을 둘러싼 갈등 양상**	✒ 서술	**특정 인물 위주의 서술**
	강노인은 마지막 땅을 지키며 땅에 근원을 둔 ☐☐☐ 가치를 지키려 하지만, 강노인의 가족들은 땅을 이익 창출을 위한 ☐☐☐ 가치로 인식하고 있다.		땅을 지키고자 하는 강노인과 팔기를 권유하는 가족들, 동네 주민들의 갈등은 땅을 바라보는 ☐☐☐의 차이에서 기인한다.		이야기에 직접 등장하지 않는 서술자가 ☐☐☐ 관점에서 강노인의 ☐☐☐☐를 중심으로 서술하고 있다.

1 윗글의 서술상 특징으로 적절한 것은?

① 특정 인물의 입장과 시각을 중심으로 이야기가 전개되고 있다.
② 의식의 흐름 기법을 활용하여 인물의 내적 갈등을 드러내고 있다.
③ 동시에 일어나는 두 개의 사건을 병치하여 긴장감을 조성하고 있다.
④ 작중 인물이 관찰자의 입장에서 작중 세계를 객관적으로 묘사하고 있다.
⑤ 다른 사람의 체험을 듣고 독자에게 전해 주는 액자식 구성*을 취하고 있다.

☑ 손쉬운 개념

* **액자식 구성**
액자가 그림을 둘러서 그림을 꾸며 주듯, 바깥 이야기(외부 이야기)가 그 속의 이야기(내부 이야기)를 액자처럼 포함하고 있는 구성 방식을 말해.

2 ㉠~㉤을 이해한 내용으로 적절하지 <u>않은</u> 것은?

① ㉠ : 인간의 이기적 행동에 대한 '강노인'의 분노를 직접적으로 드러내고 있다.
② ㉡ : 본인이 가꾼 작물이 망가지는 것에 대한 '강노인'의 안타까움을 보여 주고 있다.
③ ㉢ : 땅을 빨리 파는 것이 유리하다는 박씨의 판단을 '마누라'가 신뢰하고 있음을 보여 주고 있다.
④ ㉣ : 아들과 아버지가 갈등을 풀고 화해하길 바라는 '마누라'의 소망을 드러내고 있다.
⑤ ㉤ : 본인 의지와 상관없이 변해버린 현실에 대한 '강노인'의 비판적 시선을 보여 주고 있다.

3 ⓐ의 상황에서 '강노인'이 '마누라'에게 할 수 있는 말로 가장 적절한 것은?

① 강 건너 불구경하듯 하는군.
② 혹 떼러 갔다가 혹 붙인 격이로군.
③ 남의 떡이 커 보인다더니 그 말이 맞는군.
④ 미운 놈 떡 하나 더 준다고 생각해야겠군.
⑤ 미꾸라지 한 마리가 온 우물을 흐리는 경우로군.

바른답 알찬풀이 ●44쪽

기출 문제

4 윗글의 사건을 시간의 흐름에 따라 〈보기〉와 같이 재구성하였을 때, Ⓐ~Ⓔ에 대한 설명으로 적절하지 <u>않은</u> 것은?

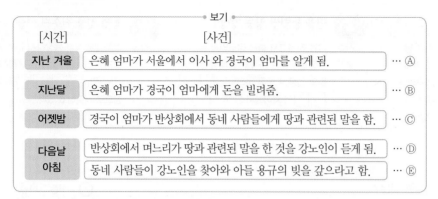

	보기	
[시간]	**[사건]**	
지난 겨울	은혜 엄마가 서울에서 이사 와 경국이 엄마를 알게 됨.	… Ⓐ
지난달	은혜 엄마가 경국이 엄마에게 돈을 빌려줌.	… Ⓑ
어젯밤	경국이 엄마가 반상회에서 동네 사람들에게 땅과 관련된 말을 함.	… Ⓒ
다음날 아침	반상회에서 며느리가 땅과 관련된 말을 한 것을 강노인이 듣게 됨.	… Ⓓ
	동네 사람들이 강노인을 찾아와 아들 용규의 빚을 갚으라고 함.	… Ⓔ

① Ⓐ는 자식이 연결 고리가 되어 일어난 사건이다.
② Ⓑ는 경국이 엄마가 강노인의 며느리라는 사실이 영향을 미쳤다.
③ Ⓒ는 경국이 엄마가 강노인의 입장을 대변하려 했기 때문에 발생한 일이다.
④ Ⓓ는 청소원 김씨에 의해 이루어진 사건이다.
⑤ Ⓔ는 강노인의 부인이 아들의 빚 문제를 구체적으로 실토하는 계기가 된다.

 손쉬운 작품 검색

마지막 땅_양귀자 🔍

💬 **전체 줄거리**

본문 수록 장면

발단 마을에서 지주라 불리는 강노인은 고집이 세서 마지막 남은 땅을 팔지 않고 매년 그곳에 밭농사를 짓는다.

전개 강남 부동산 박씨는 강노인의 나머지 땅을 사들여서 부천을 명물로 만들 것이라며 비싼 값을 줄 테니 땅을 팔라고 하지만 강노인은 박씨의 말을 듣지 않고 인분 거름을 주며 밭을 가꾼다.

위기·절정 강노인의 밭 때문에 땅값이 오르지 않는다고 생각한 동네 사람들은 밭을 팔기를 재촉한다. 반상회 때 며느리가 땅을 팔 거라고 했다는 말을 들은 강노인은 화를 내고, 아들 내외에게 돈을 빌려줬던 사람들이 찾아와 빚을 갚으라고 한다.

결말 강노인은 아직까지 농사짓는 즐거움을 포기하기가 어렵지만 아들 내외의 빚을 갚아 주기 위해 결국 땅을 팔기로 결심하며, 마지막으로 밭에 물을 주기로 결심한다.

📷

강노인		강노인 마누라, 동네 사람들
	땅	
경작의 대상		**이익의 대상**
정신적 가치 추구		물질적 가치 추구

🖱️ **주제** ▶ 급속한 도시화로 인한 전통적 가치관의 몰락

\# 연탄재 폭격   \# 짓뭉개진 모종   \# 밭에 해코지
\# 막된 인종들   \# 서울 바람   \# 설익은 도시

특징 ▶ '땅'을 둘러싼 인물들의 태도를 중심으로 글이 전개됨.

\# 경작, 노동의 터전 ↔ 이익 창출의 수단
\# '땅'을 지키려는 자 ↔ '땅'을 팔라고 회유하는 자

43 유자소전(兪子小傳)_이문구

'유씨 성을 가진 사람의 전기'라는 뜻으로, '유자'라는 인물의 전근대적인 삶의 태도를 통해 현대 사회의 물질 만능주의와 몰인정한 세태를 비판하고 있다.

하루는 어디로 어디로 해서 어디로 좀 와 보라고 하기에 물어물어 찾아갔더니, 귀꿈맞게도˚붕어니 메기니 하고 민물고기로만 술상을 보는 후미진 대폿집이었다. 나는 한내를 떠난 이래 처음 대하는 민물고기 요리여서 새삼스럽게도 해감내˚가 역하고 싫었으나, ⊙그는 흙탕 내도 아니고 시궁 내도 아닌 그 해감내가 문득 그리워져서 부득이 그 집으로 불러냈다는 것이었다.

"허울 좋은 하눌타리지, 수챗구녕 내가 나서 워디 먹겄나. 이까짓 냄새가 뭐시 그리워서 이걸 다 돈 주구 사 먹어. 나 원 참, 취미두 별 움둑가지˚같은 취미 다 있구면."

내가 사뭇 마뜩잖아했더니,

"그래두 좀 구적구적헌˚ 디서 사는 고기가 하꾸라이˚ 버덤은 맛이 낫어."

하면서 그날사말고 수그러들 기미를 보이지 않는 것이었다. 그가 자기주장에 완강할 때는 반드시 경험론적인 설득 논리로써 무장이 되어 있는 경우였다.

"무슨 얘기가 있는 모양이구먼."

"있다면 있구 읎다면 읎는디, 들어 볼라남?"

➤ 후미진 대폿집에서 유자를 만남.

그는 이야기를 펼쳐 놓았다.

총수의 자택에 연못이 생긴 것은 그 며칠 전의 일이었다. 뜰 안에다 벽이고 바닥이고 시멘트를 들어부어 만들었으니 연못이라기보다는 수족관이라고 하는 편이 알맞은 시설이었다. 시멘트가 굳어지자 물을 채우고 울긋불긋한 비단잉어들을 풀어 놓았다.

비단잉어들은 화려하고 귀티 나는 맵시로 보는 사람마다 탄성을 자아내게 하였으나, 그는 처음부터 흘기눈˚을 떴다. 비행기를 타고 온 수입 고기라서가 아니었다. 그 회사 직원의 몇 사람 치 월급을 합쳐도 못 미치는 상식 밖의 몸값 때문이었다.

"대관절 월매짜리 고기간디 그려?" / 내가 물어보았다.

"마리당 팔십만 원쓱 주구 가져왔댜."

그 회사 직원들의 봉급 수준을 모르기에 내 월급으로 계산을 해 보니, 자그만치 3년 4개월 동안이나 봉투째로 쌓아야 겨우 한 마리 만져 볼까 말까 한 값이었다.

➤ 총수가 고가의 수입 비단잉어를 사들임.

"웬 늠으 잉어가 사람버덤 비싸다나?" / 내가 기가 막혀 두런거렸더니,

"보통 것은 아닐러먼그려. 뱉어낸벤또(베토벤)나 뭐라나를 틀어 주면 또 그 가락대루 따라서 허구, 차에코풀구싶어(차이콥스키)라나 뭐라나를 틀어 주면 또 그 가락대루 따라서 허구, 좌우간 곡을 틀어 주는 대루 못 추는 춤이 읎는 순전 딴따라 고기닝께. 물고기두 꼬랑지 흔들어서 먹구사는 물고기가 있다는 건 이번에 그 집에서 츰 봤구면."

그런데 이 비단잉어들이 어제 새벽에 떼죽음을 한 거였다. 자고 일어나 보니 죄다 허옇게 뒤집어진 채로 떠 있는 것이었다.

총수가 실내화를 꿴 발로 뛰어나왔지만 아무 소용없는 일이었다.

➤ 비단잉어들이 떼죽음을 당함.

"어떻게 된 거야?"

한동안 넋 나간 듯이 서 있던 총수가 하고많은 사람 중에 하필이면 유자를 겨냥하며 물은 말이었다.

"글쎄유, 아마 밤새에 고뿔이 들었던게 비네유." / 유자는 부러 딴청을 하였다.

"뭐야? 물고기가 물에서 감기가 들어 죽는 물고기두 봤어?"

총수는 그가 마치 혐의자나 되는 것처럼 화풀이를 하러 드는 것이었다.

그는 비위가 상해서,

"그야 팔자가 사나서 이런 후진국에 시집와 살라니께 여러 가지루다 객고가 쌓여서 조시두 안 좋았을 테구……. 그런 디다가 부룻쓰구 지루박이구 가락을 트는 대루 디립다 춰 댔으니께 과로해서 몸살끼두 다소 있었을 테구……. 본래 받들어서 키우는 새끼덜일수록이 다다 탈이 많은 법이니께……."

그는 시멘트의 독성을 충분히 우려내지 않고 고기를 넣은 것이 탈이었으려니 하면서도 부러 배참으로 의뭉을 떨었다.

"하는 말마다 저 말 같잖은 소리……. 시끄러 이 사람아."

총수는 말 가운데 어디가 어떻게 듣기 싫었는지 자기 성질을 못 이기며 돌아섰다.

그는 총수가 그랬다고 속상해할 만큼 속이 옹색한 편이 아니었다. 그렇지만 오늘 아침에 들은 말만은 쉽사리 삭일 수가 없었다.

총수는 연못이 텅 빈 것이 못내 아쉬운지 식전마다 하던 정원 산책도 그만두고 연못가로만 맴돌더니,

"유 기사, 어제 그 고기들은 어떡했나?"

또 그를 지명하며 묻는 것이었다.

그는 아무렇지 않게 대답했다.

"한 마리가 황소 네댓 마리 값이나 나간다는디, 아까워서 그냥 내뻔지기두 거시기 허구, 비싼 고기는 맛두 괜찮겠다 싶기두 허구……. 게 비눌을 대강 긁어서 된장끼 좀 허구, 꼬치장두 좀 풀구, 마늘두 서너 통 다져 늫구, 멀국두 좀 있게 지져서 한 고뿌덜씩 했지유."

"뭣이 어쩌구 어째?" / "왜유?"

"왜애유? 이런 잔인무도한 것들 같으니……."

총수는 분기탱천하여 부쩌지를 못 하였다. 보아하니 아는 문자는 다 동원하여 호통을 쳤으면 하나 혈압을 생각하여 참는 눈치였다.

"달리 처리헐 방법두 읎잖은감유."

총수의 성깔을 덧들이려고 한 말이 아니었다. 그가 할 수 있는 것이 그 방법 말고는 없었기 때문에 그렇게 뒷동을 단 거였다. 총수는 우악스럽고 무식하기 짝이 없는 아랫것들하고 따따부따해 봤자 공연히 위신이나 흠이 가고 득 될 것이 없다고 판단했는지, 숨결이 웬만큼 고루 잡힌 어조로,

"그 불쌍한 것들을 저쪽 잔디밭에다 고이 묻어 주지 않고, 그래 그걸 술안주 해서 처먹어 버려? 에이……. 에이……. 피두 눈물두 없는 독종들……."

하고 혼잣말처럼 중얼거리면서 들어가 버리는 것이었다.

➡ 죽은 비단잉어를 먹은 유자에게 총수가 화를 냄.

"그래, 지져 먹어 보니 맛이 워떻댜?" / 내가 물은 말이었다.

"워떻기는 뭐가 어뗘……." / 하고 그는 다시 말을 이었다.

"내가 독종이면 저는 말종인디……. 좌우지간 맛대가리 읎는 서양 물고기 한 사발에 국산 욕을 두 사발이나 먹구 났더니, 지금지금허구 해감내가 나더래두 이런 붕어 지지미 생각이 절루 나길래 예까장 나오라구 했던겨."

➡ 유자에게 비단잉어 이야기를 듣는 '나'

작품 핵심 단축키

	풍자의 대상
인물	해학적이고 골계적인 문체를 사용하여 부정적 인물인 ☐☐를 풍자하고 있다.

	상류층의 사치
사건 갈등	'☐☐☐☐'는 우리나라의 실상에 어울리지 않는 상류층의 사치와 물질 만능주의를 보여 주는 소재이다.

	인물의 일대기 서술
서술	이 글은 전통적인 문학 갈래인 '☐'의 양식을 현대적으로 계승하여 '유자'라는 인물의 일대기를 서술하고 있다.

1 윗글에 대한 설명으로 적절하지 <u>않은</u> 것은?

① 일화를 통해 인물의 성격을 드러내고 있다.
② 방언을 활용하여 인물에 생동감을 부여하고 있다.
③ 대화와 행동 묘사를 통해 이야기를 전달하고 있다.
④ 작품 속 등장인물이 서술자가 되어 사건을 전달하고 있다.
⑤ 상징적인 배경을 제시하여 주제를 암시적으로 드러내고 있다.

> **✓ 손쉬운 개념**
>
> * **암시적**
> '암시'는 넌지시 알리는 행동이나 내용을 뜻하는 말인데, 문학에서는 뜻하는 바를 간접적으로 표현하는 것을 말해.

2 ㉠의 이유를 파악한 학생의 반응으로 적절한 것은?

① 팔이 안으로 굽는 현실에 분노했기 때문이로군.
② 우물에 가서 숭늉을 찾는 현실에 기가 막혔기 때문이로군.
③ 자라 보고 놀란 가슴 솥뚜껑 보고 놀란 격이었기 때문이로군.
④ 똥 묻은 개가 겨 묻은 개 나무라는 상황을 경험했기 때문이로군.
⑤ 콩 심은 데 콩 나고 팥 심은 데 팥 나는 이치를 무시했기 때문이로군.

3 〈보기〉를 참고하여 윗글을 이해한 내용으로 적절하지 <u>않은</u> 것은?

보기

A	B
후미진 대폿집	총수의 자택

① A와 B는 서로 대립되는 공간이다.
② A의 서술자와 B의 서술자는 동일 인물이다.
③ A와 B는 물고기라는 소재를 통해 연결되고 있다.
④ B에서 발생한 인물 간의 갈등이 A에서 해소되고 있다.
⑤ A에서 발생한 사건보다 B에서 발생한 사건의 사건시가 앞서 있다.

> **✓ 손쉬운 개념**
>
> * **사건시(事件時)**
> 사건이 일어난 시점을 말해. 사건시와 함께 자주 등장하는 개념 중 하나는 '서술시'야. '서술시'는 서술자가 사건을 서술하는 시점을 의미해. 두 개념을 정확히 구분하도록 하자!

4 〈보기〉를 참고하여 윗글의 '유자'에 대해 평가한 내용으로 적절하지 <u>않은</u> 것은?

보기

'전(傳)' 양식은 한 인물의 일대기를 서술하면서 여기에 교훈적인 내용이나 비판을 덧붙여 일정한 관점에서 평가(찬(撰))하는 것을 목적으로 한다. 「유자소전(兪子小傳)」은 이러한 '전(傳)'의 형식적 특성을 계승하여, 서두에서는 주인공 '유자'의 이력에 대해 서술하고, 말미에서는 '유자'를 추모하면서의 그의 미덕을 평가하는 시를 제시하고 있다. 여기에서 '유자'라는 인물을 통해 바람직한 인간상을 제시함으로써 사람들의 귀감이 되게 하려는 작가의 의도가 드러난다.

① '유자'는 출세를 위해 굽신대거나 아첨하지 않았다.
② '유자'는 지위 고하를 떠나서 속물적인 인물을 멸시하였다.
③ '유자'는 물질 만능주의를 비판하고 자연과 조화를 이루는 삶을 추구하였다.
④ '유자'는 자신이 경험한 것을 바탕으로 세상을 바라보는 안목을 지니고 있었다.
⑤ '유자'는 자신이 옳다고 생각하는 것을 쉽사리 굽히지 않는 줏대를 가지고 있었다.

 손쉬운 **작품 검색**

유자소전_이문구 ⊕

💬 **전체 줄거리**

발단 작가인 '나'에게는 보령 출신의 유재필이라는 친구가 있었는데, 그는 매사에 생각이 깊고 침착하며 곧은 심성을 지니고 있어 '나'는 그를 성인군자를 대하는 기분으로 '유자(兪子)'라 부른다.

본문 수록 장면

전개 '유자'는 제대 후 서울에서 재벌 총수의 운전기사가 되지만 사람보다 값비싼 잉어를 더 중시하고, 독실한 불교 신자임에도 '유자'에게 호통을 치는 등 위선적인 모습을 보이는 총수에게 실망한다.

위기·절정 결국 총수에게 쫓겨나 그룹 소속 차량의 교통사고를 뒤처리하는 노선 상무가 된 '유자'는 일을 정직하게 처리하며, 남을 먼저 생각하고 도와주는 일을 실천하며 지낸다.

결말 '유자'는 말년에 종합 병원 원무실장으로 근무하며 시위를 하다 부상당한 사람들을 치료해 주고 사표를 낸 후 간암으로 삶을 마감한다. 그를 아는 문인들과 '나'는 그의 죽음을 애도한다.

📷

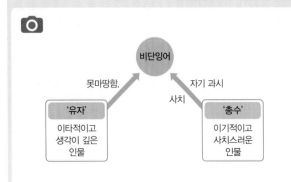

🖱 **주제** ▶ 물질 만능주의에 빠진 현대 사회에 대한 비판

　# 비인간적인 세태　# 1970년대 서울
　# 풍자와 해학　# 조롱

특징 ▶ 작가 특유의 향토적이며 해학적인 문제가 쓰임.

　# 충청도 사투리　# 토속적 정서

44 황만근은 이렇게 말했다 _성석제

황만근이라는 소설 속 주인공은 특별한 메시지를 말로 남기지는 않는다. '이렇게 살아야 한다'는 것을 몸소 실천하여 보여 준 황만근의 생애를 통해 바람직한 삶의 모습을 제시하고 있는 작품이다.

/ 앞부분 줄거리 / 농가 부채 대책 마련 촉구를 위한 전국 농민 궐기 대회에 마을 사람들은 버스나 트럭, 승용차를 타고 참가했다. 황만근은 이장의 지시대로 경운기를 끌고 백 리 길을 갔지만 다음날 아침까지 돌아오지 않았다.

황만근이 집으로 돌아오지 않았다. 동네 사람 누구든 하루이틀, 또는 한두 달 집을 비울 수도 있지만 그렇다고 그 사실을 모든 사람이 알게 되는 것은 아니다. 그러나 황만근만은 하루밤에 지나지 않았음에도 모든 사람이 그의 부재를 알게 되었다. 그렇지만 누구도 적극적으로 황만근을 찾아 나서려 하지 않았다. ⓐ그는 있으나 마나 한 존재이면서 있었고 없어서는 안 되는 존재이면서 지금처럼 없기도 했다. 동네 사람들은 그를 바보라고 했다. 두어 해 전에야 신대 1리로 들어와 황만근의 탄생과 성장, 삶을 처음부터 지켜보지 못한 민 씨만은 그렇게 생각하지 않았다. ▶ 황만근의 집으로 돌아오지 않음

마을에서 젊은 축에 드는 마흔다섯 살의 황영석은 황만근이 벽돌을 찍고 구덩이를 파서 지은 마을회관 변소에서 분뇨를 퍼내면서 황만근의 부재를 알게 되었다.

"만그이 자석이 있었으마 내가 돈을 백만 원 준다 캐도 이런 일을 안 할 낀데. 아이구, 이 망할 놈의 똥 냄새, 여리가 싸 놔 그런지 독하기도 하네. 이기 곡석한테 독이 될지 약이 될지도 모르겠구마."

황만근이 있었으면 군말 없이 했을 일이었다. 늘 그렇듯이 벙글벙글 웃으면서.

"만그이가 있었으모 저 거름이 우리 밭으로 올 낀데. 만그이가 도대체 어데 갔노."

마을회관 곁 조그만 밭에 채소를 심어 먹는 여 씨 노인도 황만근의 부재를 알게 되었다. 황만근은 마을 공통의 분뇨를, 역시 자신이 판 마을 공통의 분뇨장으로 가져가서 충분히 익힌 뒤에, 공평하게 나누어 주었다. 황영석처럼 제가 펐다고 바로 제 밭에 가져다가 뿌리지는 않았다. 특히 여 씨 노인처럼 일찍 남편을 잃고 혼잣몸이 된 노인들에게는, 알고 그러는지 모르고 그러는지 더 자주 거름을 가져다주었다.

"만근이한테 물어보자."

아이들은 소꿉장난을 하다가 황만근의 부재를 알게 되었다. 공평무사한 것이 황만근의 평생의 처사였다. 그에게는 판단 능력이 없는 듯했지만 시비를 물으러 가면, 가노라면 언제나 공평무사한 자연의 이법에 대해 깨우치게 되고 분쟁은 종식되었다. 또는 물어보나 마나 명약관화한 일을 두고도 황만근을 들먹였다.

"ⓑ만그이도 알 끼다."

또한 동네에 오래도록 내려오는 노래, 구태여 제목을 붙이자면 '황만근가'를 자기도 모르게 중얼거리게 되면서 사람들은 황만근이 없다는 사실을 알게 되었다. ▶ 황만근의 선행에 대한 회고

〈중략〉

ⓒ일주일 뒤에 황만근은 돌아왔다. 그의 아들이 그를 안고 돌아왔다. 한 항아리밖에 안 되는 그의 뼈를 담고 돌아왔다. 경운기도 돌아왔다. 수레는 떼어 내고 머리 부분만 트럭에 실려 돌아왔다. 황만근 아니면 그 누구도 작동시킬 수 없는 그 머리가, 바보처럼 주인을 태우지 않고 돌아왔다. ▶ 죽어서 돌아온 황만근

황만근, 황 선생은 어리석게 태어났는지는 모르지만 해가 가며 차츰 신지(神智)가 돌아왔다. 하늘이 착한 사람을 따뜻이 덮어 주고 땅이 은혜롭게 부리를 대어 알 껍질을 까 주었다. 그리하여 후년에는 그 누구보다

지혜로웠다. 그는 누구에게도 해를 끼치지 않았듯 그 지혜로 어떤 수고로운 가르침도 함부로 남기지 않았다. 스스로 땅의 자손을 자처하여 늘 부지런하고 근면하였다. 사람들이 빚만 남는 농사에 공연히 뼈를 상한다고 하였으나 개의치 아니하였다. 사람 사이에 어려움이 있으면 언제나 함께 하였고 공에는 자신보다 남을 내세워 뒷사람을 놀라게 했다. 하늘이 내린 효자로서 평생 어머니 봉양을 극진히 했다. 아들에게는 따뜻하고 이해심 많은 아버지였고 훈육을 할 때는 알아듣기 쉽게 하여 마음으로 감복시켰다.

선생은 천성이 술을 좋아하였는데 사람들은 선생이 가난한 것을 술 때문이라고 했다. 선생은 어느 농사꾼보다 부지런했고 농사일에도 익어 있었다. 문중 땅과 나이가 들어 농사가 힘에 부친 사람의 땅을 빌려 농사를 지었다. 농사를 짓되 땅에서 억지로 빼앗지 않고 남으면 술을 빚어 가벼운 기운은 하늘에 바치고 무거운 기운은 땅에 돌려주었다. 그러므로 선생은 술로써 망한 것이 아니라 술의 물감으로 인생을 그려 나간 것이다. 선생이 마시는 막걸리는 밥이면서 사직(社稷)의 신에게 바치는 헌주였다. 힘의 근원이고 낙천(樂天)의 뼈였다.
➡ 황만근의 삶

전일에, 선생은 경운기를 끌고 면 소재지로 갔지만 경운기를 타고 온 사람이 없어 같이 갈 사람을 만나지 못했다. 선생은 다시 경운기를 끌고 백 리 길을 달려 약속 장소인 군청까지 갔다. 가는 동안 선생은 여러 번 차에 부딪힐 뻔했다. 마른 봄바람에 섞인 먼지가 눈을 괴롭혔다. 날은 흐렸고 추웠다. 이윽고 비가 내리기 시작했다. 경운기에는 비를 피할 만한 덮개가 없어서 선생은 뼛속까지 젖어드는 추위에 몸을 떨었다. 선생이 군청 앞까지 갔을 때 이미 대회는 끝나고 아무도 없었다. 어머니에게 가져다줄 생선을 사고 몸을 녹인 선생은 날이 어두워 오는 줄도 모르고 경운기에 올라 집으로 향했다. 경운기에는 빠르게 달리는 차량의 주의를 끌 만한 표지가 없어서 선생은 몇 번이나 사고를 당할 뻔했다. 그때마다 멈추었다 다시 출발하는 바람에 시간은 점점 늦어졌다. 어두워지면서 경운기는 길 옆의 논으로 떨어졌고 수레는 부서졌다. 결국 선생은 그 밤 안으로 집에 돌아갈 수 없다는 걸 알았다. 선생은 경운기에 실려 있는 땅의 젖에 취하여 경운기 옆에 앉아 경운기를 지켰다. ㉣그러나 경운기는 선생을 지켜 주지 않았다. 추위와 졸음으로부터 선생을 지켜 주지 못했다. 아아, 선생이 좀 더 살았더라면 난세의 혹염에 그늘의 덕을 널리 베푸는 큰 나무가 되었을 것이다.
➡ 황만근의 죽음

어느 누구도 알아주지 아니하고 감탄하지 않는 삶이었지만 선생은 깊고 그윽한 경지를 이루었다. 보라. 남의 비웃음을 받으며 살면서도 비루하지 아니하고 홀로 할 바를 이루어 초지를 일관하니 ㉤이 어찌 하늘이 낸 사람이라 아니할 수 있겠는가. 이 어찌 하늘이 내고 땅이 일으켜 세운 사람이 아니랴. ➡ 황만근에 대한 평가

단기 사천삼백삼십 년 오월 스무날

본디 묘지에나 쓰일 것[묘비명(墓碑銘)]이지만 천지를 대영혼의 집으로 삼은 선생인지라 아무 쓸모도 없는 이 글을, 새터말로 귀농하였다가 이룬 것 없이 다시 도시로 흘러가며, 남해인(南海人) 민순정(閔順晶)이 엎디어 쓰다.
➡ 묘비명을 쓴 날짜와 인물

 작품 핵심 단축키

👤 **황만근에 대한 민씨의 평가**	⚡ **농민 궐기 대회 참가**	**묘비명 형식**
인물 황만근은 마을 사람들로부터 바보라고 놀림받고 무시당하지만 ☐☐는 그를 성실하고 ☐☐☐☐한 존재라고 평가하고 있다.	**사건 갈등** 황만근은 농민 부채 탕감 대책 마련 궐기 대회에 참가하기 위해 약속대로 ☐☐☐로 백 리 길을 달려 군청까지 갔지만 어두운 길을 돌아오다 그만 사고로 죽고 만다.	**서술** 묘비명 형식을 차용한 서술 방식으로 인물의 ☐☐을 명료하게 드러내며 인물의 ☐☐☐ 면모를 제시함으로써 주제 의식을 효과적으로 전달하고 있다.

1 윗글에 대한 설명으로 가장 적절한 것은?

① 회상하는 방식을 사용하여 한 인물의 삶을 조명하고 있다.

② 인물의 과장된 행동을 통해 비극적 분위기에 반전을 꾀하고 있다.

③ 현학적인 표현[*]을 사용하여 사건을 보는 다양한 관점을 제시하고 있다.

④ 동시에 벌어진 사건들을 나란히 배치하여 이야기의 흐름을 지연시키고 있다.

⑤ 작중 인물이 아닌 서술자가 등장하여 인물 간의 갈등을 새 국면으로 이끌고 있다.

☑ 손쉬운 개념

* **현학적인 표현**
'현학적'이란 '학식이 있음을 자랑
하는 것'을 뜻해. 주로 지나치게
어려운 표현을 쓰거나 잘 쓰지 않
는 표현을 쓰는 경우를 가리켜.

2 ㉠~㉤에 대한 설명으로 적절하지 않은 것은?

① ㉠ : 황만근이 사람들에게 드러나지 않는 존재였으나 꼭 필요한 존재였음을 나타내고 있다.

② ㉡ : 황만근이 무식하지 않았음을 마을 아이들이 알고 있었음을 드러내고 있다.

③ ㉢ : 황만근이 죽었음을 점층적으로 드러내어 비극적 분위기를 강화하고 있다.

④ ㉣ : 황만근이 경운기를 끌고 약속 장소로 간 행동이 그를 죽음으로 몰고 간 원인이 되었음을 보여 주고 있다.

⑤ ㉤ : 황만근의 성품이 타고난 것임을 반복적 표현을 사용하여 부각하고 있다.

3 다음 〈학습 활동 과제〉를 해결한 내용으로 적절하지 않은 것은?

---● 보기 ●---

〈학습 활동 과제〉

　성석제의 「황만근은 이렇게 말했다」는 전통적인 '전(傳)' 양식을 계승하여 현대적으로 변용한 작품이다. 전통적 '전(傳)' 양식에 대한 다음의 설명을 참고하여 작품을 이해해 보자.

정의	한 인물의 일생을 시간의 순서에 따라 서술하는 서사 양식임.
형식	출생의 내력 및 인물의 성장 과정 서술 → 인물의 행적 열거 → 인물에 대한 견해와 평가
특징	• 주로 영웅들이나 비범한 인물을 주인공으로 설정함. • 인물의 삶이 주는 교훈을 제시함.

① 인물의 행적을 서술함으로써 인물의 삶이 주는 교훈을 제시하고 있다.

② 전통적 '전'의 형식과는 다르게 '묘비명' 형식으로 작품을 마무리하고 있다.

③ 인물의 면모를 보여 주는 일화와 중요 사건을 중심으로 인물의 행적을 드러내고 있다.

④ 앞부분에는 인물의 성장 과정이, 뒷부분에는 인물에 대한 서술자의 주관적 평가가 나타나 있다.

⑤ 전통적 '전'에 나타나는 주인공과 달리 '바보'로 불리는 평균 이하의 인물을 주인공으로 삼고 있다.

4 〈보기〉를 참고하여 윗글의 제목을 이해한 내용으로 적절한 것은?

> ● 보기 ●
>
> 소설의 제목인 '황만근은 이렇게 말했다'에서 '이렇게'가 의미하는 것은 무엇인가? 사실 황만근은 소설 속에서 특별한 메시지를 남기지 않았다. 그는 '이렇게' 말한 것이 아니라, '이렇게'에 해당하는 부분을 몸소 실천하며 살다 갔다. 즉, 이 소설의 제목은 '황만은 이렇게 살았다'의 의미로 받아들여야 할 것이다.

① 황만근은 농촌의 궁핍함 속에서도 술로써 삶의 여유와 풍류를 즐기며 살았다.
② 황만근은 이기심이 만연한 현실에서 벗어나 의연하고 고귀함을 유지하며 살았다.
③ 황만근은 사람들의 무시와 비웃음을 견디는 것으로 자신의 자존심을 지키며 살았다.
④ 황만근은 남이 알아주지 않아도 마지막까지 사람들과의 약속과 자신의 소신을 지키며 살았다.
⑤ 황만근은 농가 빚으로 고통받는 농민들의 고충을 성실하게 농사짓는 것으로 보여 주며 살았다.

 손쉬운 작품 검색

황만근은 이렇게 말했다_성석제 🔍

💬 **전체 줄거리**

발단 황만근이 실종되었다는 소식에 마을 사람들은 황만근의 집으로 모이지만 그를 진심으로 걱정하는 사람은 민 씨뿐. 다른 사람들은 별로 신경을 쓰지 않는다.

전개 황만근은 어려서부터 말투가 어눌하고 행동이 엉뚱해서 마을 사람들에게 놀림을 받아 왔으나, 실상은 성실하고 인정 많은 사람이었다. 그는 어머니와 아들을 정성으로 돌보며 마을의 궂은일을 도맡아 했다.

위기·절정 농민 궐기 대회를 앞둔 전날 밤 이장은 황만근에게 군청까지 경운기를 타고 참가할 것을 당부한다. 황만근은 이장의 지시대로 경운기를 몰고 군청으로 떠난 후 돌아오지 않았다.

본문 수록 장면

> 하늘이 낸 사람!

결말 경운기를 몰고 돌아오는 길에 사고를 당한 황만근은 결국 죽어서 돌아온다. 민 씨는 황만근을 긍정적으로 평가한 묘비명을 쓰고 다시 도시로 돌아간다.

📷

🖱️ **주제** ▶ 황만근의 생애와 그의 행적

공평무사   # 희생과 배려   # 성실한 삶
부지런하고 근면함.   # 하늘이 내린 효자
하늘이 낸 사람

특징 ▶ 전통 양식인 '전(傳)'을 창조적으로 재구성함.

인물의 행적 나열 + 인물에 대한 평가, 논평
묘비명 형식

45 두근두근 내 인생 _김애란 원작 / 최민석 각색

'두근두근 내 인생'은 조로증에 걸려 16세 나이에 80세의 육체를 지니게 된 주인공이 자신의 삶에 좌절하거나 절망하지 않고, 자신과 부모에 대해 느끼는 긍정적인 감정을 담은 제목이다.

/ 앞부분 줄거리 / 아름은 조로증에 걸린 16세 소년이다. TV 출연을 계기로 알게된 서하라는 소녀와 이메일을 주고받으며 사랑의 감정을 키우지만, 서하는 영화감독 지망생이 만들어 낸 가상의 인물임을 알게 되고, 이 충격으로 급속히 건강이 악화되어 눈이 보이지 않게 된다.

S#91. 중환자실

대수 : 눈 떴다! 눈 떴어. / 미라 : 깼어?

대수 : 아름아, 크리스마스야, 오늘. / 아름 : 메리 크리스마스.

대수 : (아름, 미라 보며 안도하는 대수. 미소) 자, 이거 아빠 성탄 선물. (아름에게 통장을 보이는 대수) 함 봐 봐.

　　(㉠대수를 눈빛으로 나무라는 미라)

대수 : 아ー, 그러면……, 이거……, 아빠가 읽어 줄게 한번 들어 봐. 오늘은행. 예금주 한아름. 2010년 12월 7일 7만 원……. 그래서 2011년, 2012년 3년 동안 합이 총 259만 1764 원. 전부 다 아름이 거니까 아름이 갖고 싶은 선물 얘기해 봐. / 아름 : 7만 원씩 넣으셨네요?

대수 : 럭키 세븐! 야, 아빠 이거 적금 붓느라고 애 많이 썼다. 어? ㉡대한민국 가장한테 한 달 용돈 7만 원씩 줄이는 거 그거 보통 일 아니야, 너.

미라 : 그래, 그건 엄마도 인정. 나도 몰랐어. 아빠 짱이다. 그치?

대수 : (웃음) 뭐 갖고 싶은 거 없어? 이 돈으로 아빠가 아름이 소원 다 들어줄게. 말만 해. 〈중략〉

➡ 3년 동안 아름을 위해 적금한 통장을 아름에게 선물로 주는 대수

아름 : 그리고 아빠. / 대수 : 응.

아름 : 내일 면회 올 때 파일 하나만 프린트해서 갖다주세요. / 대수 : 그래.

아름 : 파일 이름은 '코스모스'예요.

대수 : 알았어. / 아름 : 절대로 읽어 보지 말고 그냥 갖다주세요.

대수 : 알았어. 걱정하지 마. / 아름 : 맹세해요. 만약에 몰래 읽어 보면 아빠는 평생 고자가 된다.

대수 : 야ー 이……. 야ー 이 뭐……. 그게 뭐야, 인마. / 아름 : (미소)

　　(새끼손가락 걸고 도장 찍는 대수, 아름)

대수 : ㉢잔인한 놈…….

➡ 대수에게 파일의 프린트를 부탁하는 아름

S#93. 중환자실

대수 : 아름아, 네가 부탁한 거 여기 배낭에 잘 넣어 놨다. 아빠 절대 안 봤다. 필요할 때 얘기해.

아름 : 네. 고마워요 아빠. / 대수 : 아참! 서하라는 애한테 메일이 왔더라. / 아름 : 서하요?

대수 : 어. / 아름 : 아…… 그렇구나. / 대수 : 아빠가 읽어 줄까? / 아름 : 네.

대수 : 어. 아름아, 한국도 많이 춥지? 이곳 LA도 어느덧 눈이 많이 쌓이고 추워졌어. 우리 둘 다 빨리 건강해져서 내년 봄에는 꼭 만날 수 있으면 좋을 텐데……. 그러면 너희 부모님도 우리 아빠도 얼마나 기뻐하실까? 나는 많이 좋아졌어. 감기 조심하고 절대 약해지지 말고. 끝까지 용기 잃지 않는 그런 멋진 아름이가 되길 바라. 그럼 안녕.

아름 : 아…… LA에도 눈이 왔구나. / 대수 : 어……. LA에…… 눈이 엄청 많이 왔대.

아름 : 다시요. 한 번 더 읽어 주세요.

대수 : 어…… 어…… 그래…… 아름아…… 많이 춥지? 미국…… 아…… LA에……. 아빠가 전화가 왔네? 금방 갔다 올게. (전화 핑계를 대고 자리를 나가는 대수) / **아름** : 네……. (미소)

(핸드폰으로 서하의 편지 내용을 정리하고 중환자실로 들어가는 대수)

대수 : 자아. 아름아, 아빠 왔다. 다시 읽어 줄게 들어 봐. / **아름** : 아빠, 저 그냥 서하한테 답장 쓸래요.

▶ 서하의 편지를 꾸며 아름에게 들려주는 대수

대수 : 어…… 어…… 그…… 그럴래? / **아름** : 제 말하는 속도가 빠르면 얘기하세요.

대수 : 어…… 자…… 잠깐만……. / **아름** : 맞춤법 모르는 거 있으시면 얘기하시구요.

대수 : ㄹ또 또. 체고 나온 아빠 무시하네. 불러 보기나 해 인마.

┌ **아름** : 네. (호흡) 안녕 서하야……. 편지 잘 받았어. (받아 적고 있는 대수)

│ **아름(off)** : 오늘은 오랜만에 내 어릴 적 얘기를 해 볼까 해.

│ (핸드폰을 두드리던 대수 손이 멈춘다. 아름의 의도를 알아챈 대수)

│ **아름(off)** : 우리 아빠가 그러는데 난 어릴 때 그렇게 까꿍놀이를 좋아했대.

│ (과거. 캠코더 미라, '까꿍' 하는 대수, 2살 아름.)

│ **아름(V.O.)** : 아빠가 문 뒤에서 까꿍 하고 나타나면 (즐거워하는 2살 아름.)

│ **아름(V.O.)** : 까르르 웃고. (캠코더로 찍고 있는 미라. 문 뒤에서 사라졌다 나오는 대수 얼굴)

│ **아름(V.O.)** : 슉 사라졌다가 다시 까꿍 하고 (아빠에게 손을 내밀며 좋아하는 2살 아름.)

│ **2살 아기** : (웃음소리) / **아름(V.O.)** : 나타나면 더 크게 웃고. (편지를 읊는 아름)

│ **아름** : 그랬대. (아름을 보는 대수)

│ **아름(off)** : 그런 바보들이 자라서 어떻게 학자도 되고 (편지를 읊는 아름)

│ **아름** : 기술자도 되고 그러는 걸까? (편지를 듣고 있는 대수)

[A] │

│ **아름(V.O.)** : 한때는 나 혼자 자라서 (갓난아기 아름과 대수의 첫 만남. Track In)

│ 대수 : (웃음) 아름아……. / (막노동을 하며 벽돌을 나르는 대수)

│ **아름(V.O.)** : 지금의 내가 된 거라고 생각했던 적이 있었어.

│ (불을 피워 놓고 서서 간식을 먹는 대수)

│ (2살 아름을 업은 미라가 쇼윈도 앞에서 걸음을 멈추고 쇼윈도 원피스를 부러워한다.)

│ **아름(V.O.)** : 하지만 지금은 알아. / **여직원 1** : 어, 애기 예쁘다.

│ **아름(V.O.)** : 내가 지금 이 나이까지 얼마나 많은 사람들의 사랑을 받아 왔고,

│ (2살 아름을 업고 걸어가는 미라 뒷모습)

│ **아름(V.O.)** : 손을 타 왔는지……. (고깃집에서 불판을 놓는 대수)

│ **아름(V.O.)** : 이때까지 우리 부모님이 해 오신 일들을 생각하면

│ 대수 : 잠시만요, 뜨거워요. 여기 사이다 10병이요. 운동부신가 봐요?

└ **코치** : 예에……. (부러워하는 대수) / **아름(V.O.)** : 놀랍고 또 감사해.

(운동부 학생들, 자리를 뜨는 대수)

코치 : 고생했다. 많이 먹어. 야, 많이 먹어. 어? / **운동선수들** : 네, 감사합니다.

(아름 단독 PAN. 소리 죽여 울고 있는 대수)

아름 : 어쩌면……. 당분간 메일 보내기 힘들지도 모르겠다. 내가 네 눈에 보이지 않는다고 해도, 까꿍 하고 짓궂게 사라진다고 해도 날 잊지 말아 줄래? 그리고 한 가지 더, 절대로 슬퍼하지 말아 줘. 언제고 너의 행운을 빌어. 다 끝났어요. / (소리 죽여 우는 대수) / 대수 : (참는 울음) 어, 그래.

아름(N.A.) : ㅁ나는 보이지 않았지만, 아빠가 울고 있다는 걸 알 수 있었다. 착한 우리 아빠.

▶ 서하에게 보내는 편지 형식으로 자신의 생각을 대수에게 전하는 아름

- **off** : 화면 밖에서 들리는 등장인물의 대사
- **V.O.(Voice Over)** : 내레이션과 같은 역할을 하는 내레이션의 하위 개념으로, 화면에 등장하지 않는 인물이 전지적 시점으로 화면 외부에서 내용의 전개, 내용의 설명 등을 말할 때 씀.
- **Track In** : 피사체(촬영 대상)가 점점 커지는 것.
- **PAN** : 카메라를 좌우로 이동하며 찍음.
- **N.A.(Narration)** : 해설. 장면에 나타나지 않으면서 장면의 진행에 따라 그 내용이나 줄거리를 해석하는 일

작품 핵심 **단축키**

인물	**불치병을 앓고 있는 주인공** 아름은 ☐☐☐을 앓고 있어 나이는 16세 소년이지만, 육체는 80세가 된 노인의 상태에 있다.

사건·갈등	**편지와 관련된 인물의 의도** 대수는 서하의 메일이라는 방식으로 ☐☐에게 자신의 바람을 전하고, 아름은 답장을 통해 ☐☐에게 자신의 바람을 전한다.

서술	**대사에 따른 과거 회상** 과거에 대수와 미라가 아름을 위해 애쓰는 장면이 아름의 내레이션에 따라 ☐☐되어 나타나고 있다.

1 아름의 의도를 고려할 때, 답장의 역할에 대한 설명으로 적절한 것은?

① 아름이 서하와 자신의 교제가 지속되기를 희망하는 심리가 표출된 도구이다.
② 아름으로 하여금 어렸을 때 부모님과 자신의 관계가 어떠했는지를 회상하게 하는 매개물*이다.
③ 아름이 서하가 편지를 보낸 것에 고마운 마음을 표현하고 서하에게 바라는 것을 표현한 수단이다.
④ 아름으로 하여금 건강을 속히 회복하여 중환자실을 나가야겠다는 의지를 다지게 만드는 계기를 제공한다.
⑤ 아름이 자신이 죽은 뒤에 부모님이 자신을 잊지 않고, 슬퍼하지도 않기를 바라는 심정을 대수에게 전하려 한 도구이다.

 손쉬운 개념

＊ 매개물
둘 사이에서 양편의 관계를 맺어 주는 물건을 말해. 즉, '회상의 매개물'이라고 하면 회상을 하게 만든 물건이라는 의미야.

2 ㉠~㉤에 대한 이해로 적절하지 않은 것은?

① ㉠ : 대수가 아름의 안부를 걱정하지 않고 선물에 집착하는 것에 대해 미라가 못마땅하게 여기고 있음이 드러나 있다.
② ㉡ : 3년 동안 용돈을 아껴 매달 적금을 부은 것에 대한 자부심과 그 일의 대단함을 아름이 알아주기를 바라는 심정이 드러나 있다.
③ ㉢ : '코스모스'라는 파일의 인쇄물을 대수가 읽어 보지 못하게 하기 위해 지독할 정도로 대수에게 맹세를 강요하는 아름의 태도에 대한 불만이 내재되어 있다.
④ ㉣ : 대수가 맞춤법을 잘 모를 것이라고 지레짐작하여 당부하는 아름의 태도에 대한 불만을 표출하고 있다.
⑤ ㉤ : 두 눈을 실명하였지만 아빠의 목소리를 통해 아빠가 울고 있다는 것을 짐작하고, 그런 아빠의 태도를 긍정적으로 평가하는 아름의 인식이 나타나 있다.

3 〈보기〉는 원작 소설의 일부이다. 〈보기〉와 [A]를 이해한 내용으로 적절하지 <u>않은</u> 것은?

● 보기 ●

　사각사각 종이 위로 연필 지나가는 소리가 들려왔다.
　"잘 지냈니?" / "……지냈니." / "수술이 잘됐다니 기뻐." / "……계속해."
　아버지는 우리에게 주어진 삼십 분 동안 내가 하는 말을 처음부터 끝까지 천천히 진지하게 받아 적었다.
　'……어릴 때 나는 까꿍놀이라는 걸 좋아했대. 아버지가 문 뒤에서 '까꿍!' 하고 나타나면 까르르 웃고, 깜쪽같이 사라진 뒤 다시 '까꿍!' 하고 나타나면 더 크게 또 웃었다나 봐. 그런데 어느 책에서 보니까, 그건 아이가 눈에 보이지 않는 사물도 사라지지 않는다는 기억을 저장하는 거라더라. 그런 걸 배워야 알 수 있다니. 그렇게 작은 바보들이 어떻게 나중에 기술자도 되고 학자도 되는지 모르겠어. 나는 처음부터 내가 나인 줄 알았는데, 내가 나이기까지 대체 얼마나 많은 손을 타야 했던 걸까. 내가 잠든 새 부모님이 하신 일들을 생각하면 가끔 놀라워.'

－ 김애란, 「두근두근 내 인생」 중에서

---

① 〈보기〉는 [A]에 비해 대수(아버지)의 심리가 더 잘 드러나 있다.
② 〈보기〉와 [A]에는 대수가 아름의 말을 받아 적는 도구가 다르게 나타나 있다.
③ 〈보기〉와 [A] 모두 '까꿍놀이'의 개념과 그것에 대한 아름의 인식이 드러나 있다.
④ 〈보기〉와 [A] 모두 아름 자신이 들은 바를 전달하는 방식으로 내용을 전개하고 있다.
⑤ 〈보기〉와 달리 [A]는 아름이 말하는 내용과 연관이 있는 과거의 다양한 장면을 극적으로 보여 주고 있다.

🎏 **손쉬운 작품 검색**

두근두근 내 인생_김애란 원작 / 최민석 각색 🔍

💬 **전체 줄거리**

발단 아름은 선천성 조로증에 걸린 16세 소년이다. 아름은 PD인 승찬이 만든 '이웃에게 희망을'이라는 TV 프로그램에 출연한다.

전개 TV에서 아름을 본 서하가 아름에게 이메일을 보내고 아름과 서하는 이메일을 통해 교분을 쌓는다.

위기 · 절정 서하가 영화감독 지망생이 꾸민 가공의 인물이라는 것을 알게 된 아름은 큰 충격을 받고 급격히 건강이 나빠진다.

본문 수록 장면

결말 아름은 제야의 종소리를 듣기 위해 가던 중 자신이 쓴 글을 엄마에게 읽어 달라고 요청한다. 엄마가 그 글을 읽는 동안 아름은 사망한다.

| 서하의 편지 | 아름을 향한 대수의 바람 → ← 대수를 향한 아름의 바람 | 아름의 답장 |

🖱️ **주제** ▶ 조로증 환자의 삶과 죽음

　# 조로증　# 죽음　# 놀랍고 또 감사해

특징 ▶ 조로증을 겪고 있는 주인공의 육체적, 정신적 상태가 잘 표현됨.

　# 까꿍놀이　# 사라진다
　# 사라진다 해도 잊지 말아 줘

46 한 그루 나무처럼 _윤대녕

북한산의 약수터 옆에 서 있는 참나무 한 그루에 박혀 있던 녹슨 대못을 뺀 것을 계기로 참나무와 교감을 나누며, 한 그루 참나무처럼 자신도 겉모습은 변하더라도 속마음은 변하지 않는 사람이 되고 싶다는 생각을 드러내고 있다.

북한산 근처로 이사를 와서 주말마다 산행을 한 지 2년 반쯤 되었다. 동행할 사람을 찾기 힘들어 대개는 혼자 산에 오른다. 처음엔 적적한 감이 없지 않았으나 그럭저럭 습관이 되니 오히려 생각할 시간도 많아지고 몸과 마음이 더욱 맑아지는 느낌을 받는다. 말을 주고받을 상대가 없으므로 무엇보다 사물의 미세한 변화가 눈에 잘 들어온다. 계곡 물가나 약수터에 앉아 보내는 혼자만의 시간도 이제는 더할 나위 없이 소중하고 충만하게 다가온다.
→ 혼자 북한산을 오르게 된 이유와 혼자 산행을 할 때의 장점

지금 내가 살고 있는 정릉에서 일선사(一禪寺) 방향으로 올라가다 보면 두 개의 약수터가 있다. 일선사는 옛날에 시인 고은 선생이 잠시 머물렀던 곳으로 경내에 서면 성북구가 한눈에 내려다보인다. 올 봄부터 나는 계속 이쪽 코스를 다녔는데 늘 두 번째 약수터에서 잠시 숨을 고른 다음 내처 오르곤 했다.

그런데 어느 날 약수터 옆에 서 있는 참나무 한 그루가 내 눈에 들어왔다. 인연이란 참으로 묘하디묘한 것이어서 하필이면 나무에 박혀 있는 ㉠녹슨 대못이 먼저 눈에 보였다. 오래전에 누군가 바가지를 걸어 놓기 위해 박아 놓은 것 같았다. 손으로는 빼낼 재간이 없어 그대로 내려왔는데 두고두고 그 대못이 가슴에 남았다.
→ 약수터 옆에 서 있는 참나무에 대못이 박힌 것에 대한 안타까움

그 다음 주말에 나는 배낭에 장도리를 챙겨 넣고 약수터로 올라갔다. 녹슨 못을 빼내고 나니 마음이 그렇게 후련할 수가 없었다. 그 나무와의 인연은 그렇게 시작됐다. 바야흐로 4월이 되면서 참나무는 연둣빛의 아름다운 잎을 가지마다 무성하게 토해 내고 있었다. 그 후로 나는 그 참나무를 보기 위해, 아니 보고 싶어 산에 오르는 기분이 들었다. 괜히 마음이 심산스러울 때, 남에게 무심코 아픈 말을 내뱉고 후회할 때, 또 한 이유 없는 공허함에 사로잡힐 때면 나는 그 나무를 보러 올라가곤 했다. 나무는 언제나 그 자리에 서 있었고 내게 시원한 그늘을 내주며 때로는 미소를 짓거나 무어라 말을 건네오는 것 같았다. 네가 그 못을 빼주지 않았더라면 나는 계속 옆구리가 아팠을 거야. 혹은 내게 위로의 말을 전해 주기도 했다. 힘든 때일수록 한결같은 마음을 갖도록 노력해 봐. 나는 그 나무 아래 앉아 커피를 마시며 책을 읽거나 사과나 김밥을 먹기도 했다. 여름 한철을 나는 주말마다 새로 사귄 친구를 만나러 가듯 그렇게 설레는 마음을 안고 산으로 올라갔다.
→ 참나무에서 녹슨 대못을 빼낸 후 글쓴이가 참나무와 교감을 나눔.

우리의 옛 신화를 보면 '우주나무'라는 게 있다. 지상과 천상을 이어 주는 나무로 아직도 시골에 가면 커다란 느티나무에 오색 천이 감겨 있는 것을 흔히 볼 수 있다. 우리네 민간 신앙으로 우주나무는 사람의 염원을 하늘에 전달해 주는 역할을 한다. 이를테면 나는 평범하기 짝이 없는 참나무를 나의 우주나무로 삼게 된 셈이었다.

가을이 시작될 무렵 지방에 살고 계신 어머니가 몸이 편찮으시다는 연락을 받았다. 곧장 내려가 볼 수 없었던 나는 마음을 달래려 저녁 무렵 산으로 올라갔다. 그리고 나무를 올려다보며 어머님의 건강을 빌었다. 모든 사물에 영혼이 깃들어 있다는 말을 이제 나는 믿는다. 내가 지방에 다녀오고 나서 얼마 후에 어머님은 가까스로 건강을 되찾았다.
→ 글쓴이의 우주나무가 된 참나무

지난 주말에도 나는 산에 다녀왔다. 눈이 내린 날이었다. 불과 일주일 만에 약수터의 참나무는 제 스스로 모든 잎을 떨군 채 찬바람 속에 무연히 서 있었다. 그리고 침묵의 시간으로 돌아간 듯 더 이상 말이 없었다.

어휘 풀이

● **적적한(寂寂−)** : 조용하고 쓸쓸한

● **경내(境內)** : 일정한 지역의 안

● **내처** : 어떤 일 끝에 더 나아가

● **장도리** : 한쪽은 뭉뚝하여 못을 박는 데 쓰고, 다른 한쪽은 넓적하고 둘로 갈라져 있어 못을 빼는 데 쓰는 연장

나는 내가 못을 빼냈던 자리를 찾아보았다. 상처는 아직도 완전히 아물지 않은 상태였다.

그 헐벗은 나무를 보며 나는 생각했다. 그동안 나는 사소한 일에도 얼마나 자주 마음이 흔들렸던가. 또 어쩌다 상처를 받게 되면 얼마나 많은 원망의 시간을 보냈던가. 그리고 나는 길을 잃은 사람이 다시 찾아올 수 있도록 변함없이 그 자리에 서 있었던 적이 있었던가. 그렇게 말없이 기다림을 실천한 적이 있었던가.

이제부터는 한 그루 나무처럼 살고 싶다. 자기 자리에 굳건히 뿌리를 내리고 세월이 가져다주는 변화를 조용히 받아들이며 가끔은 누군가 찾아와 기대고 쉴 수 있는 사람이 되었으면 싶다. 겉모습은 어쩔 수 없이 변하더라도 속마음은 변하지 않는 사람이 되고 싶다. 한 그루 나무처럼 말이다.

➡ 속마음은 변하지 않는 사람이 되고 싶다는 글쓴이의 바람

작품 핵심 단축키

👤 인물 **글쓴이와 대상**	⚡ 사건·갈등 **글쓴이와 참나무의 인연**	✍ 서술 **체험 – 자기 성찰 – 깨달음**
글쓴이는 주말마다 북한산을 등산하는데, 옆에 서 있는 한 그루의 참나무를 발견한다.	글쓴이는 참나무에 박혀 있는 을 빼 준 것이 계기가 되어 참나무와 인연을 맺게 된다.	글쓴이는 참나무와의 교감을 통해 자기를 성찰하고, □□은 변하더라도 □□□은 변하고 싶지 않다는 바람을 드러내고 있다.

1 윗글에 대한 설명으로 가장 적절한 것은?

① 대조와 비교를 통해 대상의 속성을 드러내고 있다.
② 일상에서 보고 들은 바를 객관적으로 전달하고 있다.
③ 자연물을 의인화하여 대상과 교감하는 태도를 드러내고 있다.
④ 설의적 표현을 통해 자연과 조화를 추구하는 태도를 나타내고 있다.
⑤ 대상과 일정한 거리를 유지하면서 관찰한 바를 체계적으로 서술하고 있다.

⏱ 손쉬운 **개념**

＊ 대조와 비교

'대조'는 두 가지 이상의 대상에서 차이점을 찾아 설명하는 것이고, '비교'는 공통점을 찾아 설명하는 거야.

2 ㉠에 대한 설명으로 적절하지 <u>않은</u> 것은?

① 글쓴이가 참나무와 인연을 맺게 만든 매개물이다.
② 참나무에게 오래도록 남아 있는 상흔(傷痕)을 만든 사물이다.
③ 인간의 실용적 필요에 의해 참나무에게 가해진 위해(危害)의 산물이다.
④ 글쓴이로 하여금 자연과 대비되는 인간의 탐욕을 깨닫게 만든 도구이다.
⑤ 글쓴이가 북한산을 등산하는 심리의 변화를 유발한 사건의 원인에 해당한다.

3 윗글과 〈보기〉를 비교하여 감상한 내용으로 적절하지 <u>않은</u> 것은?

> ● 보기 ●
>
> 　나무에 하나 더 원하는 것이 있다면, 그것은 천명(天命)을 다한 뒤에 하늘 뜻대로 다시 흙과 물로 돌아가는 것이다. 그러나 사람은 가다 장난삼아 칼로 제 이름을 새겨 보고, 흔히 자기(自己) 소용(所用) 닿는 대로 가지를 쳐 가고 송두리째 베어 가곤 한다. 나무는 그래도 원망(怨望)하지 않는다. 새긴 이름은 도로 그들의 원대로 키워지고, 베어 간 재목이 혹 자기를 해칠 도끼 자루가 되고 톱 손잡이가 된다 하더라도, 이렇다 하는 법이 없다.
>
> 　나무는 훌륭한 견인주의자(堅忍主義者)요, 고독의 철인(哲人)이요, 안분지족(安分知足)의 현인(賢人)이다.
>
> 　불교(佛敎)의 소위(所謂) 윤회설(輪回說)이 참말이라면, 나는 죽어서 나무가 되고 싶다. '무슨 나무가 될까?' 이미 나무를 뜻하였으니, 진달래가 될까 소나무가 될까는 가리지 않으련다.
>
> 　　　　　　　　　　　　　　　　　　　　　　　－ 이양하, 「나무」 중에서

① 윗글과 〈보기〉는 모두 나무에 긍정적인 의미를 부여하고 있다.
② 〈보기〉와 달리 윗글은 특정한 나무를 대상으로 서술하고 있다.
③ 윗글과 달리 〈보기〉는 개인적인 체험을 일반화하여 서술하고 있다.
④ 윗글과 〈보기〉는 모두 종교적 태도와 관련지어 글쓴이의 심리를 드러내고 있다.
⑤ 윗글과 〈보기〉는 모두 글쓴이가 바라는 삶의 모습을 나무를 통해 드러내고 있다.

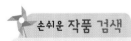
손쉬운 **작품 검색**

한 그루 나무처럼_윤대녕 🔍

주제 ▶ 변하지 않는 사람이 되고 싶다는 바람

　# 속마음은 변하지 않는 사람　　# 한 그루 나무

특징 ▶ 일상적인 소재와 개인적인 체험을 통해 삶의 자세를 성찰함.

　# 산행　　# 약수터　　# 참나무　　# 녹슨 대못
　# 우주나무　　# 굳건한 뿌리
　# 기대고 쉴 수 있는 사람

Memo

유형까지 꽉 잡는
개념 완전 학습!

고등 수학(상), 고등 수학(하),
수학 I, 수학 II, 확률과 통계, 미적분, 기하

1 개념 완전 학습
세분화한 교과서 개념을
한 쪽의 간결한 설명으로
완전하게 개념 이해

2 유형 완전 학습
유형별 대표 문제부터
유사 및 변형 유제까지
완벽한 유형 훈련

3 수준별 마무리 학습
시험 출제율 높은 유형과
수준별 문제로
촘촘하게 실전 대비

고등
도서안내

기본서

국어

손쉬운

작품 이해에서 문제 해결까지
손쉬운 비법을 담은 문학 입문서

현대 문학, 고전 문학

**문학기본서
물음표
?**

핵심 질문과 해답을 탐구하며
작품 감상의 즐거움을 배우는 프리미엄 문학 종합 해설서

현대시에 던지는 물음표
고전 시가에 던지는 물음표
현대 산문에 던지는 물음표
고전 산문에 던지는 물음표

영어

BITE

GRAMMAR

문법의 기본 개념과 문장 구성 원리를
학습하는 고등 문법 기본서

핵심문법편, 필수구문편

READING

정확하고 빠른 문장 해석 능력과
읽는 즐거움을 키워 주는 고등 독해 기본서

도약편, 발전편

word

동사로 어휘 실력을 다지고 적중 빈출 어휘로
수능을 저격하는 고등 영단어 필독서

핵심동사 830, 수능적중 2000

수학

수학중심

개념과 유형을 한 번에 잡는 강력한 개념 기본서

고등 수학(상), 고등 수학(하)
수학Ⅰ, 수학Ⅱ, 확률과 통계, 미적분, 기하

유형중심

체계적인 유형별 학습으로 실전에서 강력한 문제 기본서

고등 수학(상), 고등 수학(하)
수학Ⅰ, 수학Ⅱ, 확률과 통계, 미적분

미래엔 교과서 연계

자습서

**미래엔 교과서
자습서**

교과서 예습 복습과 학교 시험 대비까지
한 권으로 완성하는 자율 학습서

국어 고등 국어(상), 고등 국어(하), 문학, 독서, 언어와 매체, 화법과 작문,
실용 국어
수학 고등 수학, 수학Ⅰ, 수학Ⅱ, 확률과 통계, 미적분, 기하
사회 통합사회, 한국사
과학 통합과학(과학탐구실험)
제2외국어 일본어Ⅰ, 중국어Ⅰ, 한문Ⅰ

손쉬운 공부 비법을
담은 문학 입문서

손쉬운

현대 문학

바른답·알찬풀이

Mirae N 에듀

바른답·알찬풀이

손쉬운

현대 문학

바른답 알찬풀이

▶▶ 일제 강점기

pp.12~14

01 진달래꽃 _김소월

| 작품 해설 | 김소월 시의 정수(精髓)로 평가받고 있는 시로서, 이별의 슬픔을 인종(忍從)의 의지력으로 극복해 내는 여인을 시적 화자로 하여 전통적 정한(情恨)을 예술적으로 승화시킨 작품이다. 4연 12행의 간결한 시 형식 속에 임을 향한 한 여인의 사랑과 헌신, 그리고 이별의 상황에서 보이는 체념과 극복 의지가 잘 드러나 있다. 3음보 율격의 민요조 가락을 바탕으로 하여 향토적인 시어의 활용, 수미 상관식 마무리, 여성적 화법 등이 효율적으로 어우러져 있다.

| 작품 개관 |
◆ 갈래 : 자유시, 서정시
◆ 주제 : 이별의 슬픔과 그 승화
◆ 특징 : ① 이별의 상황을 가정하며 시상을 전개함.
　　　　② 1연과 4연이 수미 상관의 구조를 이룸.
　　　　③ 여성적이며 간절한 어조를 3음보의 민요적 율격에 담음.

 작품 핵심 단축키

 슬픔　　 진달래꽃　　 우리다, 수미 상관

정답 1 ③　2 ③　3 ③

1 시상 전개 방식 파악
정답 ③

[B]와 [C] 모두 이별을 가정하고 화자의 대응 방식을 드러낸 부분이므로 [B]와 [C] 모두 시간적으로 미래에 해당한다고 할 수 있다. 따라서 시간적으로 대립하고 있지 않으며, 화자의 정서적 갈등을 유발하고 있지도 않다.

◆ 오답 풀이
① 나 보기가 역겨워 가시는 것이 아니라 '가실 때'라고 하였으므로 이별의 상황을 가정하며 시적 상황을 제시하고 있다고 할 수 있다.
② '영변에 약산 진달래꽃'은 향토적 소재라고 할 수 있으며, [A]에서 고이 보내 드린다는 것이 [B]에서 꽃을 뿌리는 축복의 행위로 심화되고 있다.
④ [C]에서는 [B]에서 제시한 진달래꽃을 시적 대상인 임이 즈려밟도록 유도하고 있다.
⑤ [D]에서는 [A]의 1, 2행이 반복되고 3행에서 유사한 의미를 담은 다른 표현으로 달라지고 있으므로 반복, 변주를 통해 작품의 주제를 강조하고 있다고 할 수 있다.

2 표현 방식 이해
정답 ③

보편적으로 누군가를 사랑하는 사람은 사랑하는 사람이 떠나지 못하게 잡아 두고 싶은 마음일 것이다. 하지만 이 작품의 화자는 사랑하는 임이 떠나는 상황에서 꽃을 뿌리는 축복의 태도를 보이고 있다. 그러므로 이는 〈보기〉에서 설명한 상황적 역설에 해당한다고 할 수 있다.

◆ 오답 풀이
① '죽어도 아니 눈물 흘리우리다'는 표현된 진술 자체가 모순되지 않으므로 역설의 표현 방식이 활용되었다고 할 수 없다. 눈물이 슬픔의 의미라면 반어의 표현 방식이 활용된 것으로 볼 수 있다.
② '말없이 고이 보내 드리우리다'는 표현된 진술 자체가 모순되지 않으므로 역설의 표현 방식이 활용되었다고 할 수 없다. 상황적 역설을 드러내는 부분이라고 할 수 있다.
④ '아름 따다 가실 길에 뿌리지 않겠다'는 의미가 아니므로 반어의 표현 방식이 활용되었다고 할 수 없으며, 이에 따라 화자의 원망을 드러내고 있다고 할 수도 없다.
⑤ 임에 대한 화자의 자기희생적 태도를 보이고 있는 부분이므로 반어의 표현 방식이 활용되었다고 할 수 없다.

3 작품 간의 비교 감상
정답 ③

「가시리」에서는 '잡ᄉᆞ와 두어리마ᄂᆞᄂᆞᆫ'이나 '가시ᄂᆞᆫ 듯 도셔 오셔셔 나ᄂᆞᆫ'과 같이 임과 헤어지고 싶지 않은 소망을 직접적으로 드러내고 있다.

◆ 오답 풀이
① 이 시는 '나 보기가 / 역겨워 / 가실 때에는'과 같이 3음보의 율격을 갖추고 있다. 〈보기〉 또한 '가시리 / 가시리/잇고'와 같이 3음보의 율격을 갖추고 있다.
② 이 시와 〈보기〉 모두 사랑하는 사람을 떠나보내는 사람을 화자로 설정하고 있다.
④ '-잇고'와 같은 의문형 어미를 사용하여 화자의 정서를 강조하고 있다.
⑤ 이 시와 〈보기〉 모두 자신을 떠나가는 임을 잡지 못하고 고통스러워하지만 이를 감내하는 화자의 자기희생적 정서를 다루고 있다.

pp.15~16

02 님의 침묵(沈默) _한용운

| 작품 해설 | '님'에 대한 절대적이고 영원한 사랑을 상징과 비유의 기

법을 사용하여 노래한 시이다. 사랑하는 임과 이별한 화자는 임이 떠난 상황에서도 임과 다시 만날 것이라며 재회에 대한 확신과 강한 의지를 드러내고 있는데, 임은 곁에 없지만 '다시 만날 것'을 믿으며, '님은 갔지마는 나는 님을 보내지 아니하였습니다.'라는 역설적 표현을 통해 임에 대한 깊은 사랑을 전하고 있다. 또한 작품이 창작될 당시가 일제 강점기였고, 작가가 저항 시인임을 고려할 때, 이 작품 속에는 시대적 상황에 대한 저항 의지와 조국 광복에 대한 강한 신념이 담겨 있음을 알 수 있다.

| 작품 개관 |
◆ 갈래 : 자유시, 서정시
◆ 주제 : 임에 대한 영원한 사랑
◆ 특징 : ① 불교의 윤회설과 공(空) 사상에 바탕을 둠.
　　　　② 고도의 은유와 상징, 역설법 등의 표현법을 사용함.
　　　　③ 경어체를 사용하여 애절하고 엄숙한 분위기를 형성함.

작품 핵심 단축키

화자 희망　　시어 침묵　　표현 재회

정답 1 ③　2 ⑤　3 ⑤

1 표현상의 특징 파악 　　　　　　정답 ③

설의적 표현은 누구나 다 아는 사실이나 물을 필요가 없는 내용을 의문문의 형식으로 제시하여 독자가 스스로 결론을 내리게 하는 표현법으로 대개 강조나 영탄의 효과를 드러낸다. 이 시에 설의적 표현은 나타나지 않는다.

◆ 오답 풀이
① 이 시는 이별의 상황(1~4행 - 기), 이별의 슬픔(5~6행 - 승), 슬픔의 극복과 재회에 대한 믿음(7~8행 - 전), 임에 대한 영원한 사랑(9~10행 - 결)으로 구성되어 있다.
② 임과의 이별을 '~갔습니다', '~날아갔습니다', '~사라졌습니다'로 의미적 점층을 통해 강조하고 있다.
④ '향기로운 님의 말소리'는 청각을 후각으로 표현한 공감각적 심상이다.
⑤ '갔습니다', '믿습니다', '돕니다' 등과 같이 '-ㅂ니다'의 경어체를 사용하여 운율을 형성하고 대상에 대한 공경의 태도를 드러내고 있다.

2 표현 방식 이해 　　　　　　정답 ⑤

ⓜ은 떠난 임을 보내지 않았다고 모순된 진술을 함으로써 대상과의 재회에 대한 의지를 표현하고 있다. 그러므로 〈보기〉에서 설명한 역설적 표현에 해당한다.

◆ 오답 풀이
① ㉠에는 '갔습니다'를 반복한 점층적 반복법이 사용되었다.
④ ㉢은 회자정리(會者定離)와 거자필반(去者必反), 즉 만나면 헤어지기 마련이지만 떠난 사람은 언젠가 다시 만나게 된다

는 불교적 논리를 표현한 것이다. 이를 통해 이별한 임을 다시 만날 수 있다는 화자의 의지를 표현하고 있지만 언어적으로 모순된 표현으로 볼 수는 없다.

3 외적 준거에 따른 감상 　　　　　　정답 ⑤

화자는 임이 완전히 사라진 것이 아니라 침묵하고 있을 뿐이라고 여기고 있다. 즉, '님의 침묵(沈默)'이라는 표현에는 우리나라가 일제에 국권을 완전히 빼앗긴 것이 아니라 잠깐의 시련 뒤에 반드시 되찾을 것으로 여긴 작가의 생각이 반영된 것이다. 그러므로 독립이 멀어지는 현실에 대한 안타까움을 표현한 것과는 거리가 멀다.

◆ 오답 풀이
① '나의 운명의 지침을 돌려놓고'는 임의 존재가 자신의 운명에 중대한 변화를 주었다는 뜻이다. 〈보기〉에 제시된 작가의 삶을 고려해 볼 때, 여기서 말하는 '운명의 지침'은 조국을 위해 일제에 저항하는 삶의 태도를 의미하는 것으로 볼 수 있다.
② 작가의 신분은 승려이다. 그러므로 작가의 삶을 고려하여 작품을 분석하는 표현론적 관점으로 볼 때 '님'은 부처로 볼 수 있고, '향기로운 님의 말소리'는 작가에게 깨달음을 주는 종교적 가르침으로 해석할 수 있다.
③, ④ 〈보기〉에 의하면 작가는 조국의 국권이 상실된 후 독립을 위해 전심을 다해 투쟁하였다. 그러므로 '새로운 슬픔'은 국권 상실 후 민족정신이 위협받는 데 대한 안타까움을, '새 희망의 정수박이'는 국권 회복을 위한 투쟁과 의지를 의미하는 것으로 해석할 수 있다.

pp.17~19

03 향수(鄕愁)_정지용

| 작품 해설 | 이 작품을 통해 우리는 작가가 이상적으로 여기는 고향의 풍경을 발견할 수 있다. 그가 우리에게 보여 주는 고향의 모습은 '얼룩백이 황소가 해설피 금빛 게으른 울음을 우는' 풍요로운 곳이며, '짚베개를 돋아 고이시는', '엷은 졸음에 겨운 늙으신 아버지'가 계신 평화로운 곳이다. 그곳은 '풀섶 이슬에 함추름 휘적시'며 뛰어놀던 유년 시절의 추억이 깃든 곳이고, '검은 귀밑머리 날리는 어린 누이'와 '아무렇지도 않'다고 했지만 실은 사랑스러운 아내가 있는 '고향'이다. 작가는 이러한 고향의 경정을 회상하며 '그곳이 차마 꿈엔들 잊힐 리야.'라고 고향에 대한 그리움을 노래하고 있다.

| 작품 개관 |
◆ 갈래 : 자유시, 서정시
◆ 주제 : 고향을 그리워하는 마음
◆ 특징 : ① 토속적 시어로 향토적 정감을 표현함.
　　　　② 감각적 이미지로 고향의 모습을 생생히 묘사함.
　　　　③ 후렴구를 통해 운율을 형성하고 시 전체에 통일성을 부여하며, 그리움의 정서를 강조함.

화자 후렴구, 그리움　　**시어** 질화로, 아내

표현 공감각적, 청각적, 시각적

정답 1 ⑤　2 ③　3 ②　4 ④

---

1 작품의 종합적 감상　　정답 ⑤

매 연의 말미에 후렴구를 두어 통일성 있는 전개를 보여 주고 있으나, 작품의 처음과 끝이 대칭적인 구조를 보이고 있지는 않다.

◆ 오답 풀이

① 이 시는 가난하지만 평화로웠던 고향의 모습을 회상하며 고향에 대한 간절한 그리움을 노래하고 있다.

② '실개천, 얼룩백이 황소, 질화로, 짚베개' 등의 토속적 시어들을 통해 향토적 정서를 드러내고 있다.

③ 아버지, 자신의 유년 시절, 누이, 아내를 회상하며 시상을 전개하고 있다.

④ 후렴구에서 '~잊힐 리야.'라는 설의적 표현을 사용하여 고향에 대한 간절한 그리움을 효과적으로 드러내고 있다.

2 표현상의 특징 파악 및 적용　　정답 ③

㉠ '금빛 게으른 울음'에서 드러내고자 하는 이미지는 '울음'으로, 이것을 '금빛'이라고 표현함으로써 '울음'이라는 청각적 이미지를 '금빛'이라는 시각적 이미지로 치환하고 있다. 따라서 이 표현은 청각을 시각화한 공감각적 이미지이다. ③의 '가루가루의 음향' 역시 '음향'이라는 청각적 이미지를 표현하기 위해 시각적 이미지인 '가루'를 동원하고 있으므로 청각의 시각화에 따른 공감각적 이미지를 보여 주고 있다.

◆ 오답 풀이

① '얼음과 눈으로 벽을 짜 올린'은 아버지의 고달픈 삶, 고통과 고난을 상징한다.

② '비애'라는 추상적이고 관념적인 이미지를 '무거운 비애'라고 표현함으로써 관념을 구체화하고 있다.

④ 그대를 생각하는 일을 '사소한 일'이라고 표현한 반어법이 사용되었다.

⑤ 여인의 절망적이고 비애에 찬 심정을 '산꿩'에 이입하여 표현하고 있다.

선지 작품 살펴보기

① 「가정」_박목월

• 주제 : 아버지의 고달픈 삶과 가족에 대한 사랑

• 감상 : 힘겨운 일상 속에서 아버지로서의 책임감을 가지고 살아가는 화자의 모습을 그린 작품으로, 가족에 대한 사랑으로 고달픈 삶을 이겨 내려는 화자의 의지를 노래하고 있다.

② 「와사등」_김광균

• 주제 : 현대인의 고독감과 불안 의식

• 감상 : 현대 문명 속에서 삶의 방향을 잃고 방황하는 현대인의 고독과 비애를 참신한 비유와 감각적 이미지로 형상화한 작품이다.

③ 「종소리」_박남수

• 주제 : 자유의 확산과 그 기세

• 감상 : 구속당한 역사의 굴레에서의 해방을 노래한 작품으로, 관념적 내용을 세련된 감각적 심상으로 표현하였으며 종소리를 의인화하여 자유를 향한 비상과 확신을 노래하였다.

④ 「즐거운 편지」_황동규

• 주제 : 그대에 대한 간절한 사랑과 기다림을 통한 이별의 극복

• 감상 : 간절한 그리움과 변함없는 마음으로 사랑하는 이를 기다리겠다는 의지를 순환하는 자연 현상에 빗대어 표현한 작품이다.

⑤ 「여승」_백석

• 주제 : 여승이 된 한 여인의 비극적인 삶

• 감상 : 비극적인 삶을 산 여인의 한에 대한 공감과 연민이 드러난 작품으로, 화자는 불쌍한 삶을 살다가 결국 여승이 된 여인과 재회한 뒤 슬픔과 서러움을 느끼고 있다.

3 후렴구의 기능 파악　　정답 ②

이 시의 후렴구에서 특정 음보의 반복을 발견할 수 없다. 이 시는 후렴구 자체를 반복하여 운율을 형성하고 시상을 집약하고 있다.

◆ 오답 풀이

①, ⑤ 후렴구를 통해 각 연을 매듭짓고 있으며, 후렴구는 시의 내용과 긴밀히 대응되어 고향에 대한 그리움이라는 화자의 정서를 집약적으로 전달하고 있다.

③ 화자는 고향에 대한 그리움을 노래하고 있으므로 '그곳(고향)이 차마 꿈엔들 잊힐 리야(잊히겠는가).'라는 말은 이 시의 주제 의식을 보여 주는 것이라고 할 수 있다. 또한 각 연에서 이를 반복하여 병렬적으로 제시된 각 연의 내용을 자연스럽게 연결하고 있다.

④ 각 연에 후렴구를 반복하여 시 전체에 형태적 안정감과 통일성을 부여하고 있다.

4 시의 구조 파악　　정답 ④

이 시는 고향 풍경 속에 가족들의 모습을 차례로 형상화하고 있다는 점이 특징이다. 그리운 고향의 풍경과 가족들의 얼굴을 형상화한 후 마지막 연에 이르러서는 가족들이 한 방에 모여 단란하게 대화하는 모습을 보여 주고 있다. '초라한 지붕'이라는 시구에서 가난한 삶을 엿볼 수는 있으나, 작가는 이러한 가족의 모습을 그리워하고 있으므로 안타까운 시선으로 그려 내고 있다는 진술은 적절하지 않다.

◆ 오답 풀이

① '넓은 벌, 실개천' 등을 통해 고향 마을의 풍경을 원경에서 전

체적으로 보여 주고 있다.
② 1연은 고향의 풍경을 보여 줌으로써 고향에 대한 그리움이라는 시상을 전개하는 데에 바탕을 마련하고 있다.
③ 아버지, 유년 시절의 화자, 누이와 아내의 순서로 그리움의 대상들을 보여 주고 있다.
⑤ 이 시에서는 '고향 마을의 풍경(1연) - 가족들의 모습(2~4연) - 단란한 가족 전체의 모습(5연)' 순으로 내용을 형상화하고 있다.

pp.20~21

04 모란이 피기까지는_김영랑

| 작품 해설 | 1930년대 순수시파의 대표적 시인인 김영랑의 유미주의적 경향을 잘 보여 주는 작품이다. 이 시에서 화자는 모란이 피고 지는 것을 통해 봄을 기대하는 마음과 봄을 보내는 서러움을 표현하고 있다. 모란은 화자가 기다리는 '봄'을 알려 주는 실체이며 화자는 모란이 지면 봄이 떠난 설움에 잠긴다. 그러나 화자는 모란이 피어 있는 잠깐의 시간을 위해 기다림과 고통을 감수하겠다는 의지를 보여 주고 있다. 이러한 화자의 태도는 '찬란한 슬픔의 봄'이라는 역설적 표현으로 드러나며 이는 봄의 기다림과 상실, 다시 봄을 기다림이라는 반복과 순환 구조가 바로 삶 그 자체라는 깨달음을 토대로 하고 있다.

| 작품 개관 |
◆ 갈래 : 자유시, 서정시
◆ 주제 : 소망이 이루어지기를 기다리는 마음
◆ 특징 : ① '기다림 – 상실감 – 기다림'의 반복과 순환 구조가 나타남.
　　　② 수미 상관식 구성과 역설적 표현을 통해 기다림의 의지를 강조함.
　　　③ 아름다운 시어, 감미로운 서정, 여성적인 섬세함과 부드러움 등 유미주의적 경향이 잘 드러남.

 작품 핵심 단축키
 화자 모란　 시어 보람　 표현 순환

 정답 1 ③　2 ①　3 ④　4 ③

1 표현상의 특징 파악　정답 ③

이 시에서 자연물은 '모란'이라고 할 수 있다. '모란'은 화자가 추구하는 아름다움이나 소망, 삶의 보람을 상징하며, 청자가 아니라 시적 대상에 해당한다. 전체적으로 볼 때 이 시는 화자의 독백으로 이루어져 있다.

◆ 오답 풀이
① '~테요', '우옵내다'와 같은 경어체, 여성적 어조를 통해 화자의 섬세한 정서를 드러내고 있다.
② 모란이 지면 '한 해'가 다 가고, '삼백예순 날'을 운다고 하는

등의 과장된 표현으로 화자의 정서를 효과적으로 드러내고 있다.
④ 11~12행에서 문장의 서술 순서를 바꾸는 도치법을 사용하여 모란이 피기를 기다리는 화자의 간절한 심정을 드러내고 있다.
⑤ 1~2행과 11~12행에 유사한 시행을 배치하여 수미 상관식 구성을 보여 주고 있다.

2 시어의 의미 파악　정답 ①

모란이 피기까지 봄을 기다리고, 모란이 떨어지면 봄을 여읜다는 표현을 통해 '모란'과 '봄'이 서로 대응함을 알 수 있다. 또한 모란이 지면 보람이 서운케 무너진다는 표현을 통해 모란이 삶의 보람을 의미한다는 것을 알 수 있다.

◆ 오답 풀이
② '슬픔'은 모란이 피는 봄이 지나간 후에 일어나는 것이므로 의미상 대응되지 않는다.
③ '봄'은 모란이 피는 계절로, 화자에게 기쁨을 주는 시기이므로 설움, 슬픔과는 상반된 의미를 지닌다.
④ '모란'은 화자가 추구하는 소망이므로 '슬픔'과는 의미상 대립 관계에 있다고 할 수 있다.
⑤ '천지'는 모란이 사라진 넓고 공허한 공간이므로 '모란'이나 '봄'과 의미상 대응되지 않는다.

3 표현의 효과 파악　정답 ④

'찬란한'은 밝고 화려함을 형용하는 단어이며 이것은 '슬픔'과 논리적으로 모순 관계에 있으므로 '찬란한 슬픔의 봄'은 모순 형용, 즉 역설적 표현이라고 할 수 있다. 이 시의 화자에게 '봄'은 모란이 피는 찬란한 시간이면서 동시에 모란이 지는 슬픈 시간이기 때문에 이러한 감정을 ㉠과 같은 역설적 표현에 담은 것이다.

◆ 오답 풀이
① 반어적 표현은 실제로 의도하는 것과 정반대로 표현하는 것이므로 적절하지 않다.
② 이 시에는 현실의 부조리한 모습을 비판하는 내용은 나타나 있지 않다.
③ 모란이 지는 슬픔을 극복하려는 의지는 ㉠의 앞 시구 '나는 아직 기다리고 있을 테요'에 드러나 있다.
⑤ 화자가 자신의 잘못에 대하여 스스로 뉘우치고 책망하는 심정은 나타나 있지 않다.

4 외적 준거에 따른 감상　정답 ③

〈보기〉에서 이 시의 화자는 모란이 피면 기뻐하고, 모란이 지면 절망에 빠진다고 하였다. 9행에서 '모란이 지고 말면 그뿐, 내 한 해는 다 가고 말아'라고 한 것은 모란을 잃은 섭섭함과 상실감을 표현한 것이다. 여기에 쓰인 부사어 '다'는 모란이 져버린 상황에서 느끼는 화자의 상실감을 강조하는 역할을 한다.

◆ 오답 풀이
① '뚝뚝'은 모란이 질 때 화자가 느끼는 아픔과 답답함을 강조한다.
② '비로소'는 모란이 진 후에 화자가 느끼는 상실감을 강조한다.
④ '하냥'은 모란을 볼 수 없는 화자가 느끼는 슬픔을 강조한다.
⑤ '아직'은 모란이 피기를 계속해서 기다리는 화자의 절실함을 강조한다.

05 우라지오 가까운 항구에서 _이용악

| 작품 해설 | 이 시는 시베리아의 이국땅을 떠도는 화자가 고향과 가족을 그리워하는 내용으로, 일제 강점에 의해 가족이 해체된 우리 민족의 슬픔과 한(恨)을 형상화하고 있다. 화자는 현재 고향을 떠나 '찔레 한 송이'도 찾아볼 수 없는 추위에 시달리며 외로운 삶을 살아 왔다. 화자는 그러한 현실과 당당히 맞서 후회 없는 삶을 살려고 노력한다. 그러다가 화자는 어린 시절 고향에서 어머니에게서 듣고 동경하던 우라지오 가까운 항구에서 고향을 떠올린다. 고향의 가족에 대한 그리움은 점점 깊어만 가고, 화자는 우라지오 가까운 항구의 부두에서 바다를 바라보며, 멧비둘기가 되어 고향으로 날아가는 꿈을 꾼다. 그러나 우라지오의 바다는 두껍게 얼어붙어 드나드는 배가 하나도 없기 때문에 고향으로 돌아갈 수 없다. 결국 화자는 이국땅에서의 절망적인 자신의 처지를 '가도오도' 못한다고 가슴 아프게 토로하고 있다.

| 작품 개관 |
◆ 갈래 : 자유시, 서정시
◆ 주제 : 고향과 가족에 대한 그리움
◆ 특징 : ① '현재 - 과거 회상 - 현재'로 시상을 전개함.
          ② 향토적 시어를 사용함.

 작품 핵심 단축키

[화자] 절망   [시어] 멧비둘기   [표현] 현재, 과거, 현재

정답 1 ④   2 ⑤   3 ⑤   4 ④

1 표현상의 특징 파악   정답 ④

이 시에서 실제와 반대되는 말로 표현하는 반어의 표현 방식이 활용된 부분은 찾을 수 없다.

◆ 오답 풀이
① '눈보라', '섣달 그믐', '하얀 눈' 등 겨울이라는 계절적 이미지를 활용하여 시상을 전개하고 있다.
② '밤'이라는 추상적 대상이 손을 흔든다고 의인화하여 화자의 심리를 드러내고 있다.
③ 시각('하얀 눈'), 청각('삽살개 짖는 소리') 등의 감각적 이미지를 활용하여 시상을 구체화하고 있다.

⑤ '어머니의 입김이 무지개처럼 어질다'라고 하여 어머니에 대한 그리움을 드러내고 있다.

2 시어 및 시구의 의미 파악   정답 ⑤

'등대'는 화자와 '서로 속삭일 수 없는 생각에 잠'긴 존재로 화자와 소통하지 못하는 대상이다. 그러므로 화자와 외로움을 나누며 화자의 마음에 위안을 주는 존재라고 할 수 없다.

◆ 오답 풀이
① '찔레 한 송이'는 화자가 부재를 아쉬워하는 대상이므로 화자가 지향하는 대상이자 화자의 외로움을 심화하는 소재라고 할 수 있다.
② '아롱범'은 반성할 줄 모르는 존재이므로 험난한 삶을 살아온 화자의 내면 의지를 드러낸다고 할 수 있다.
③ '하얀 눈'은 '찔레 한 송이'와 대비되는 소재로 화자의 시련을 상징한다고 할 수 있다.
④ '얼음'은 화자가 우라지오에 가지 못하는 이유에 해당하므로 화자의 소망을 가로막는 방해물을 상징한다고 할 수 있다.

3 작품 간의 비교 감상   정답 ⑤

㉠은 고향에 돌아가고 싶은 화자의 소망을 드러내는 소재이고, ㉡은 임과 함께 정답게 살아가고 싶은 화자의 소망을 드러내는 소재이다. ㉠, ㉡ 모두 화자의 정서와 관련이 있는 객관적 상관물이다.

◆ 오답 풀이
① ㉠도 ㉡과 마찬가지로 화자의 처지와 대조되는 자연물에 해당하며, 화자의 고뇌를 심화하고 있다.
② ㉠, ㉡ 모두 화자가 부러워하는 대상이지만 화자와 동일시된 대상이라고 할 수 없다.
③ ㉠, ㉡ 모두 화자가 부러워하는 존재이지 화자를 의미하는 것은 아니므로 화자의 분신이라고 할 수 없다.
④ ㉠과 ㉡ 모두 화자와 동병상련을 겪는 대상이 아니다.

<보기> 속 작품   유리왕, 「황조가」

• 주제 : 임을 잃은 외로움과 슬픔
• 해제 : 사랑하는 여인을 잃은 유리왕이 정다운 꾀꼬리와 대비되는 자신의 처지에서 느껴지는 외로움을 노래한 고대 가요이다.

4 외적 준거에 따른 감상   정답 ④

'하얀 눈이 무겁지 않고나'는 고향에 대한 화자의 간절한 그리움을 표현한 것이라기보다는 자신의 삶에 대한 화자의 태도를 표현한 것이라고 할 수 있다.

◆ 오답 풀이
① <보기>의 내용 가운데 '화자는 후회 없는 자신의 지난 삶을

돌아보고'라는 말이 있는데, 이 설명에 해당하는 시의 구절은 '걸어온 길가에 찔레 한 송이 없었대도 / 나의 아롱범은 / 자옥자옥을 뉘우칠 줄 모른다'이다. 여기서 '뉘우칠' 것이 없다는 것은 그만큼 화자가 후회 없는 삶을 살아왔다는 것을 드러낸다.

② '우라지오의 이야길 캐고 싶던 밤'에 어머니로부터 '우라지오의 이야기'를 '졸음졸음 귀밝히는 누이 잠들 때꺼정', '등불이 깜빡 저절로 눈감을 때꺼정' 들었다는 것은 그만큼 화자가 '우라지오'라는 곳을 동경했음을 보여 준다.

③ 이 시의 화자는 고향에 가고 싶지만 '우라지오의 바다는 얼음이 두꺼워서 '가도오도 못'하는 절망적인 처지에 놓여 있다. 따라서 화자가 자신의 처지를 비관적으로 인식하고 있음을 알 수 있다.

⑤ 화자는 [B]에서 어머니로부터 이야기를 듣던 과거를 회상하고 있다. 그런데 [C]의 앞부분에서 '나는 그 모두를 살뜰히 담았으니'라고 말하고 있다. 따라서 이 표현에는 [B]에 대한 기억을 소중하게 간직하려는 화자의 모습이 나타나 있다고 할 수 있다.

pp.25~26

06 자화상(自畵像)_윤동주

| 작품 해설 | 이 시의 화자는 우물을 찾아가 들여다본다. 우물에는 달이 밝고 구름이 흐르고 하늘이 펼치고 파아란 바람이 불고 가을이 있다. 이렇게 우물에 비친 아름다운 자연은 한 사나이의 초라한 모습과 대조를 이룬다. 자신의 모습을 미워한 화자는 우물을 떠나 버린다. 그러나 곧 그런 자신의 모습에 연민을 품는다. 그래서 다시 우물을 들여다보고 다시 미워져서 돌아서 가는, 그런 자신을 그리워하게 된다. 무력한 자신이 나약하게 사는 모습이 싫지만 그렇게밖에 살 수 없는 자신을 들여다보는 작업을 멈추지 않는다. 마지막 연에서 우물 속의 아름다운 배경을 묘사하고 그곳에 사나이가 추억처럼 있다고 했다. 즉, 이상(理想)으로 생각하는 자신의 모습을 상정(想定)해 본 것이다. 두 자아의 갈등을 극복하고 화해하는 장면이다.

| 작품 개관 |
◆ 갈래 : 자유시, 서정시
◆ 주제 : 자아 성찰과 자신에 대한 애증
◆ 특징 : ① 평이한 구어체의 산문적 표현을 사용함.
　　　　② 자아에 대한 긍정과 부정을 반복하며 시상을 전개함.

작품 핵심 단축키

화자 해소　　시어 사나이　　표현 행동

정답 1 ⑤　2 ①　3 ④

1 표현상의 특징 파악
정답 ⑤

이 글에서는 화자의 과거와 현재를 대비한 부분은 찾을 수 없다.

◆ 오답 풀이
① 산모퉁이에서 우물, 그리고 우물 주변 등의 공간 이동에 따라 시상이 전개되고 있다.
② '−다'라는 평서형 종결 어미를 활용하여 리듬감을 형성하고 있다.
③ '그 사나이가 미워져 돌아갑니다', '돌아가다 생각하니 그 사나이가 ~집니다.'와 같은 시구를 반복하여 '사나이'로 표현된 화자 자신의 심리를 드러내고 있다.
④ '파아란 바람'과 같은 표현에서 색채 이미지를 활용하여 대상을 시각적으로 형상화하고 있다.

2 시어의 의미 파악
정답 ①

'홀로'는 '자기 혼자서만'의 의미이지만 이는 자신을 성찰하기 위한 설정일 뿐 화자의 외로움을 부각하려는 의도로 사용된 것이라고 할 수 없다.

◆ 오답 풀이
② '가만히'는 조용하고 은은하게라는 의미로 우물을 들여다보는 화자의 조심스러운 자세를 드러낸다고 할 수 있다.
③ '어쩐지'는 어떤 까닭인지라는 의미이므로 화자의 갑작스러운 감정 변화를 드러내는 것으로 볼 수 있다.
④ '다시'는 하던 것을 되풀이한다는 의미이므로 화자의 정서가 가여움에서 다시 미움으로 되돌아갔다는 것을 드러낸다고 할 수 있다.
⑤ '추억처럼'은 과거의 기억을 의미하므로 사나이가 화자의 과거 기억과 관련이 있다는 것을 드러낸다고 할 수 있다.

3 외적 준거에 따른 감상
정답 ④

6연에서 화자는 우물에 비친 자연에서 추억과도 같은 과거의 자기를 발견하고 있다. 과거의 순수한 자아는 곧 자신의 이상적인 모습이기도 할 것이다. 이렇게 볼 때, 6연을 자신에 대한 화자의 존재 탐구가 끝난 것으로 이해하는 것은 적절하지 않다. 오히려 우물이라는 모태와도 같은 공간 속에서 과거의 이상적 자아를 발견하고 그런 모습으로 살아갈 수 있기를 바라며 지금까지의 내적 갈등이 극복되고 마무리되는 것으로 이해할 수 있다.

◆ 오답 풀이
① '외딴', '홀로', '가만히', '들여다봅니다'는 1연에 나타나 있는 화자의 행위가 우물이라는 공간에 화자 자신의 내적 모습을 투영해 보는 행위임을 의미한다.
② 2연에서 우물에 비친 자연은 아름다운 모습으로서, 화자가 지향하는 순수한 세계를 상징한다.
③ 3~5연에 나타나 있는 '미워져 돌아갑니다 → 가엾어집니다 → 미워져 돌아갑니다 → 그리워집니다'라는 심경의 변화는

모두 화자 자신에 대한 반응이므로 자아 성찰의 과정을 나타
내고 있는 것으로 볼 수 있다.
⑤ '추억처럼'에는 동경의 의미가 포함되어 있다고 할 수 있다.
화자는 고향과 같은 모태를 떠올리게 하는 우물을 들여다봄
으로써 자신의 존재를 확인하고 있다.

pp.27~28

07 광야(曠野)_이육사

| 작품 해설 | 암흑에 처한 민족의 울분을 노래하고 일제의 압박에 항
거한 시로 이육사의 대표작이자 저항시의 걸작이다. 억압된 현실을 극
복하고 꿈을 실현하고자 하는 굳은 의지와 신념이 작품에 담겨 있다.
시제(時制)의 설정이 1연에서 3연까지는 태초를 포함한 과거, 4연은
현재, 5연은 미래로 되어 있어 시상 전개의 질서가 정연하다.

| 작품 개관 |
◆ 갈래 : 자유시, 서정시
◆ 주제 : 이상의 실현(광복)에 대한 신념과 의지
◆ 특징 : ① 시간 순서에 따라 시상을 전개함.
　② 상징적 시어와 희생양 모티프를 통해 주제를 형상화함.
　③ 독백적 어조와 명령형 어미를 통해 현실 극복 의지를 드러냄.

작품 핵심 단축키

화자 의지　　시어 눈　　표현 활유법

정답 1 ①　2 ①　3 ④

1 작품의 종합적 감상

정답 ①

1~3연은 '과거', 4연은 '현재', 5연은 '미래'의 시간으로, 시간의
흐름에 따라 시상을 전개하고 있다.

◆ 오답 풀이
② 조국 광복에 대한 의지와 염원이 드러나 있을 뿐, 부재하는
대상에 대한 그리움은 찾을 수 없다.
③ 문장 성분의 순서를 바꾸어 제시한 부분은 나타나지 않는다.
④ 4연에 '눈'과 '매화 향기'의 대비가 드러나 있으나, 이것은 암
울한 시대 현실 속에서 조국 광복을 위한 삶을 살겠다는 의
지를 상징적으로 형상화한 것일 뿐, 자연과 인간사의 대비를
통해 정서를 심화한 것은 아니다.
⑤ 이 시에서 유사한 통사 구조의 반복은 나타나지 않는다.

2 외적 준거에 따른 감상

정답 ①

'매화'는 지조, 절개를 상징하는 꽃이다. 따라서 '매화 향기'는 암
울한 시대 상황을 드러낸 것이 아니라, 이어지는 '홀로 아득하

니'와 관련지어, 조국의 암울한 현실 속에서도 굴하지 않는 강인
한 기상을 드러내는 것으로 이해하는 것이 적절하다. 이 시에서
일제 강점기 조국의 암울한 현실을 상징하는 것은 '눈'이다.

◆ 오답 풀이
② '가난한 노래의 씨'는 조국의 광복을 위한 화자의 노력을 의미하
는 것으로, 조국 광복의 밑거름이 되어 선구자적인 삶을 살겠
다는 화자의 의지를 상징적으로 형상화한 것으로 볼 수 있다.
③ '천고(千古)'는 매우 오랜 세월이라는 뜻으로, 이 시에서는 일제
강점기라는 고통스러운 현실이 끝나는 먼 훗날을 의미한다.
④, ⑤ '목 놓아 부르게 하리라.'는 4연의 '가난한 노래의 씨'가 결
실을 맺은 것으로 조국 광복의 기쁨을 구가하는 모습으로 볼
수 있다. 따라서 기다림의 대상인 '백마 타고 오는 초인'은 조
국 광복을 성취할 수 있는 위대한 인물로 볼 수 있다.

3 작품 간의 비교 감상

정답 ④

ⓐ는 '인류의 역사'나 '문명'을 상징적으로 표현한 것이고, ⓑ는
'내 마음의 어딘 듯 한편에' 흐르는 것이므로 '화자의 내면 상태'
를 의미한다.

◆ 오답 풀이
① 3연의 마지막 행은 인류의 역사가 시작되었다는 것을 표현한
것이므로, ⓐ는 '슬픔'의 정서와는 무관하다. 한편 ⓑ는 평화
롭고 아름다운 마음의 상태와 관련 있는 것이므로 '기쁨'의 정
서라기보다는 평온한 정서를 나타내는 것으로 보는 것이 적
절하다.
② ⓐ와 ⓑ 모두 '지속'의 의미를 함축하고 있다.
③ ⓐ와 ⓑ 모두 하강적 이미지나 상승적 이미지와 연결 짓기는
어렵다.
⑤ 3연은 문명이 태동되던 시절의 모습을 상상한 것이므로 ⓐ에
부정적 현실 인식이 깔려 있다고 보기 어렵고, ⓑ도 마음의
상태를 드러내고 있을 뿐 현실 인식과는 거리가 있다.

〈보기〉 속 작품　　　　김영랑, 「끝없는 강물이 흐르네」

• 주제 : 고요한 내면세계의 평화와 아름다움
• 해제 : '내 마음'을 '강물'에 비유하여 평화롭고 아름다운 마음의
세계를 그려 낸 시이다. 부드러운 느낌을 주는 비음과 유음을 사
용하여 시의 음악적 효과를 높이고 있으며, 수미 상관의 구성 방
식을 통해 주제를 강조하면서 형태적 안정감을 부여하고 있다.

pp.29~31

08 남신의주 유동 박시봉방 (南新義州柳洞朴時逢方)_백석

| 작품 해설 | '남신의주 유동에 사는 박시봉 씨네'라는 뜻의 제목을 가

진 이 시에는 곤궁하고 힘든 시절을 만나, 가족들과 뿔뿔이 흩어지고 살아갈 터전을 잃은 화자의 심사와 그와 같은 난국을 벗어나려는 정신적 노력이 잘 드러나 있다. 화자는 삶의 비애와 어리석음에 대한 지독한 번민을 겪으면서 문득 운명이라는 것을 떠올린다. 그리하여 운명에 자신을 내맡김으로써 슬픔과 한탄을 스스로 가라앉히고 마음을 정화한다. 이런 의미에서 '굳고 정한 갈매나무'는 화자가 꿈꾸는 굳세고 정결한 삶의 태도, 스스로 기대하는 미래의 또 다른 자신이라고 할 수 있다.

| 작품 개관 |
- ◆ **갈래** : 자유시, 서정시
- ◆ **주제** : 일제 강점하의 무기력한 지식인의 삶
- ◆ **특징** : ① 편지의 형식을 빌려 화자의 근황을 드러냄.
  ② 절망적 상황에서 희망적 상황으로 시상이 전환됨.
  ③ 산문적 서술 형태이나, 쉼표의 적절한 사용을 통해 내재율을 획득함.
  ④ '샷', '딜옹배기', '북덕불', '나줏손' 등 토속적인 고유어를 사용하여 향토성을 드러냄.

작품 핵심 **단축키**

| 화자 | 아내 | 시어 | 동일시 | 표현 | 그러나 |

정답 **1** ③ **2** ④ **3** ⑤ **4** ③

1 표현상의 특징 파악
정답 ③

이 시는 무기력하게 살아온 화자가 자신의 모습을 돌아보며, 자신이 지향해야 할 삶의 모습을 깨닫는 과정을 그리고 있다. 그러한 화자의 내면을 산문적 서술 형태로 드러내고 있으나 역설적 표현은 사용되지 않았다.

◆ **오답 풀이**
① 시의 제목은 '남신의주'의 '유동(버드나뭇골)'에 사는 '박시봉'이라는 사람의 '집(방)'이라는 의미로, 편지 봉투의 발신인 주소 형식을 취하고 있다.
② '딜옹배기', '북덕불' 등의 토속적 소재와 '나줏손', '바우 섶' 등의 평안도 방언을 사용해 향토적 정서를 불러일으키고 있다.
④ 자연물인 '갈매나무'를 통해 어려운 상황 속에서도 굴복하지 않고자 하는 화자의 의지를 드러내고 있다.
⑤ 산문적 서술 형태이나 행을 구분하면서 쉼표를 사용하여 내재율을 획득하고 있다.

2 공간적 배경의 의미 파악
정답 ④

화자가 객지에서 셋방살이하는 공간인 '방'은 이 시의 시적 배경으로 화자의 인식을 드러내는 역할을 한다. [D]에서 화자는 문창이나 천장을 바라보며 '더 크고, 높은 것이 있어서, 나를 마음대로 굴려 가는 것'이라고 생각하는 운명론적 인식을 보여 주고 있다. 따라서 화자의 운명론적 인식이 방에서 형성되는 것은 맞지만, 화자가 타인에 대한 책임감을 느끼는 모습은 나타나지 않는다.

◆ **오답 풀이**
① 화자는 '아내도 없고', '부모며 동생들과도 멀리 떨어져서' 살아가고 있다. 따라서 [A]에서 '방'이 외롭게 지내는 자신의 처지를 확인하는 공간이라는 설명은 적절하다.
② 화자는 방에 혼자 누워서 자신의 슬픔과 어리석음을 계속해서 되새김질하고 있다. 따라서 [B]에서 '방'이 자신의 삶에 대해 끊임없이 고뇌하는 공간이라는 설명은 적절하다.
③ 화자는 삶에 대한 회한과 비애에 사로잡혀 '슬픔과 어리석음에 눌리어 죽을 수밖에 없'다고 생각한다. 따라서 [C]에서 '방'이 화자의 절망감이 심화되는 공간이라는 설명은 적절하다.
⑤ 화자의 슬픔과 한탄이 차츰 가라앉을 무렵, 화자는 '무릎을 꿇어 보며' '굳고 정한 갈매나무'를 생각한다. 이는 지나온 삶을 반성하고 갈매나무와 같이 굳고 밝은 삶을 살겠다고 다짐하는 것으로 이해할 수 있다. 따라서 [E]에서 '방'이 현실 극복의 의지를 드러내는 공간이라는 설명은 적절하다.

3 시구의 의미 파악
정답 ⑤

'그러나' 이전에 느꼈던 화자의 갈등과 고뇌는 후반부로 오면서 운명의 발견과 더불어 희망과 순응의 태도로 바뀌어 가는데, 그러면서 하나의 계시처럼 문득 '갈매나무'를 떠올리게 된다. 따라서 ⓜ은 화자가 자신의 운명을 수용하고 지나온 삶을 반성하는 모습이 나타나는 부분이지, 화자의 지나온 삶에 대한 후회와 절망이 나타난 부분이라고 볼 수 없다.

◆ **오답 풀이**
① 쓸쓸한 거리를 헤매는 것은 객지에서 홀로 지내는 화자의 처지를 드러낸다.
② 아내도 없고 살던 집도 없고 부모와 동생들과도 떨어져 홀로 지내는 화자는, '나 혼자도 너무 많은 것같이 생각하며' 자신의 몸 하나 추스르기 어려운 상황에 처해 있음을 드러내고 있다.
③ 화자가 방 안에 틀어박혀 소처럼 과거를 새김질한다는 것은 지나온 삶을 되돌아보는 행위로 볼 수 있다.
④ 화자가 느끼는 슬픔, 한탄의 감정이 '앙금이 되어 가라앉'는다고 하였으므로 이는 화자의 내면이 차츰 진정되고 있다는 의미로 이해할 수 있다.

4 작품 간의 비교 감상
정답 ③

ⓐ는 화자가 삶에 대한 긍정적 의지를 다지게 하는 표상이다. 눈을 맞으면서도 굳고 정한 이미지를 그대로 유지하며 서 있는 '갈매나무'는 화자가 앞으로 살아갈 삶의 지표로서의 의미를 지니게 되는 것이다. ⓑ의 '청산' 역시 '남루'에 지나지 않는 가난을 수용하며 살아야 한다는, 삶에 대한 긍정적 인식을 깨우치게 하는 소재이다.

◆ **오답 풀이**
① 두 시 모두 화자가 초월적 존재를 추구하고 있지 않다.

② 두 시 모두 삶에 대한 화자의 깨달음을 고백하고 있는 시이지, 현실의 모순을 깨닫는 내용이 아니다.

④ '갈매나무'는 화자에게 삶에 대한 미래 지향적인 의지를 다지게 하는 마음속의 표상이지, 화자를 심리적으로 위로하는 대상은 아니다. 또한 〈보기〉의 화자는 슬픔을 느끼고 있지 않다.

⑤ '갈매나무'는 화자가 동일시하는 대상이다. 하지만 〈보기〉의 화자가 '청산'에 대해 이질감을 느끼고 있는 것은 아니다.

〈보기〉 속 작품　　　　　서정주, 「무등을 보며」

- **주제** : 삶의 어려움을 이겨 내는 여유 있고 넉넉한 정신, 본질적 가치에 대한 긍지와 신념
- **해제** : 6 · 25 전쟁 직후 작가가 교수 생활을 할 때 지은 총 5연의 시이다. 무등을 의인화하여 인간의 삶에 투영함으로써 고난을 참고 의연하게 살아가는 삶의 자세를 강조하고 있다.

▶▶ 광복~1950년대

pp.32~33

09 해 _박두진

| **작품 해설** | 이 작품은 해방 직후인 1946년에 발간된 박두진의 첫 시집 『해』의 표제 작품으로서, '해'가 상징하는 평화와 광명의 세계가 오기를 바라는 간절한 소망을 담고 있다. 이 시에서 '해'는 자연물로서의 해가 아니라 화자가 소망하는 새롭고 밝은 세계이다. 화자는 이러한 '해'가 떠오른 새로운 세계를 '청산'으로 구체화하여 표현하고 있는데, 청산에서의 화합과 평화 공존의 삶의 모습을 그리며 앳되고 고운 날이 오기를 소망하고 있다.

| **작품 개관** |

- **갈래** : 산문시, 서정시
- **주제** : 화합과 평화의 세계에 대한 소망과 의지
- **특징** : ① 대립적 이미지를 사용하여 주제 의식을 효과적으로 드러냄.
  ② 4음보의 급박한 리듬, 잦은 쉼표, 음성 상징어의 사용을 통해 운율을 형성함.
  ③ 동일한 통사 구조를 반복하여 화자가 소망하는 바를 간절하게 드러냄.

작품 핵심 **단축키**

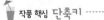 화합　　 청산　　**표현** 달밤

정답 1 ③　2 ①　3 ⑤

---

1 표현상의 특징 파악

정답 ③

이 시에서는 부정적 현실을 극복하고 화합과 공존의 시대가 도래할 것에 대한 믿음과 소망을 나타내고 있다. 이 과정에서 과거와 현재의 대비는 나타나지 않으며, 과거에 대한 그리움의 정서도 나타나지 않는다.

◆ 오답 풀이

① 이 시는 '말갛게∨씻은 얼굴∨고운 해야∨솟아라.'와 같이 4음보의 율격을 통해 리듬감을 느끼게 한다.

② 이 시에서는 '밝음'과 '어둠'의 이미지를 대립적으로 배치하여 어둠의 세계는 가고, 밝고 평화로운 세계가 오기를 바라는 소망을 선명하게 드러내고 있다.

④ 이 시에서 화자는 '해가 솟은' 가정적 상황을 설정하여 부정적 현실을 극복하고 대화합을 이룬 사랑과 평화가 가득한 세계의 모습을 구체적으로 그리고 있다.

⑤ '해야 솟아라', '~을 따라, ~과 놀고'와 같은 동일한 통사 구조를 반복하여 화자가 지향하는 화합과 공존의 삶의 모습을 강조하여 드러내고 있다.

2 시구의 의미 파악

정답 ①

'이글이글 앳된 얼굴'에서 '이글이글'은 현실에 대한 분노가 아니라, 부정적 현실을 상징하는 어둠을 불태워 없애 버리고자 하는 강렬한 소망을 해의 이미지에 투영한 것으로 보아야 한다.

◆ 오답 풀이

② ㉡에서는 절망과 비애의 세계에 대한 강한 증오와 거부를 드러내고 있다.

③ ㉢에서 '청산'은 화자가 지향하는 이상향으로, 화합과 공존의 세계를 상징한다. 이 같은 이상향인 청산이 '훨훨훨' 깃을 친다고 표현하여 역동적인 생동감을 주고 있다.

④ ㉣에서는 '꽃, 새, 짐승' 등의 자연물들이 한자리에 앉아 평화롭게 공존하는 삶의 모습을 형상화하고 있다.

⑤ ㉤에서는 '-리라'라는 종결 어미를 사용하여 밝은 미래에 대한 의지를 드러내고 있다.

3 시어의 의미 파악

정답 ⑤

'칡범'은 문맥상 '사슴'과 대비되며 '강자'를 상징하는 존재로 그려져 있다. 따라서 광복 후를 창작 시기로 볼 경우 이는 혼란스러운 이념적 대립의 상황 속에서 주도적 권력을 쥐고 있는 존재나 집단, 혹은 그러한 권력 자체를 상징하는 것으로 볼 수 있다.

◆ 오답 풀이

이 시의 창작 시기가 광복 이전이라면 '어둠'은 일제 강점하의 암담한 현실을, '청산'은 조국의 광복을 의미한다. 창작 시기가 광복 이후라면 '어둠'은 이념 대립으로 혼란한 현실을, '청산'은 갈등이 해소된 화합된 조국의 의미한다.

10 꽃덤불_신석정

| 작품 해설 | 광복 직후 우리나라에서 벌어진 좌우익의 극한 대립을 보며 안타까움을 느낀 작가가 광복의 기쁨과 새로운 민족 국가 수립을 소망하는 마음을 드러낸 작품이다. 작가는 일제 강점기에 독립을 갈망하며 노력했던 지난날을 회상하고, 극한 대립 속에서 혼란에 빠진 민족의 현실을 비판하며, 미래에는 완전한 민족의 독립과 화합이 이루어지기를 바라고 있다.

| 작품 개관 |
◆ 갈래 : 자유시, 서정시
◆ 주제 : 광복의 기쁨과 새로운 민족 국가 수립에 대한 염원
◆ 특징 : ① 밝음과 어둠의 대립적 이미지를 통해 시적 의미를 형상화함.
　② 반복적 표현을 사용하여 비극적 상황을 강조하고 운율을 형성함.

 작품 핵심 단축키

[화자] 광복　　[시어] 꽃덤불　　[표현] 밝음, 어둠

[정답] 1 ②　2 ④　3 ④

1 표현상의 특징 파악　　[정답] ②

이 시는 공간의 이동이 아닌 시간의 흐름에 따라 시상을 전개하고 있다.

◆ 오답 풀이
① '태양'과 '밤', '겨울'과 '봄' 등의 대조적인 시어를 통해 주제 의식을 드러내고 있다.
③ 3연에서 '그러는 동안에 ~ 벗도 있다.'라는 통사 구조를 반복하여 운율을 형성하고 있다.
④ 2연의 '가슴을 쥐어뜯으며 이야기하며 이야기하며 / 가슴을 쥐어뜯지 않았느냐?'에서 반복법과 설의법을 사용하여 광복을 염원하는 간절한 심정을 드러내고 있다.
⑤ 4연에서 한 행을 하나의 연으로 구성하여 조국 광복이라는 시적 상황을 강조하고 있다.

2 시구의 의미 파악　　[정답] ④

'영영 잃어버린'은 죽음을, '멀리 떠나버린'은 유랑을, '몸을 팔아버린'은 변절(지조를 지키지 않고 바꿈)을, '맘을 팔아버린'은 전향(사상이나 이념을 바꿈)을 의미한다. '무지'를 의미하는 시구는 드러나 있지 않다.

3 외적 준거에 따른 감상　　[정답] ④

'달'은 보통 밝음의 이미지로 이용되어 '밤'이라는 암울한 현실 속에서의 희망을 뜻하는 경우가 많다. 그러나 이 시에서 '달'은

'차거니'라는 시어와 어울려 만족스럽지 않은 현실을 상징적으로 드러내고 있다. 그러므로 이를 광복 후 우리 민족 앞에 놓인 밝은 현실을 상징한다고 해석하는 것은 적절하지 않다.

◆ 오답 풀이
① '태양을 등진 곳'은 '어둠'의 이미지로, 일제 강점기의 암담함을 드러낸다.
② '태양'은 '밝음'의 이미지로 조국 광복을 의미한다.
⑤ '꽃덤불'은 '봄'이라는 이미지와 어울려 민족의 밝은 미래를 암시한다.

11 견우의 노래_서정주

| 작품 해설 | 이 작품은 우리나라의 전통 설화인 「견우와 직녀」의 내용을 차용하여 창작되었다. '견우'를 시적 화자로 하고 '직녀'를 청자로 하여 삶에 대한 역설적 인식을 바탕으로 이별과 시련을 이겨 내야 성숙한 사랑을 이룰 수 있음을 강조하고 있다.

| 작품 개관 |
◆ 갈래 : 자유시, 서정시
◆ 주제 : 시련 끝에 완성되는 참된 사랑
◆ 특징 : ① 특정 시구의 반복을 통해 운율을 형성함.
　② 비유적 표현을 이용하여 시적 의미를 형상화함.
　③ 설화를 차용하여 사랑의 참된 의미에 관한 역설적 인식을 드러냄.

 작품 핵심 단축키

[화자] 사랑　　[시어] 은핫물　　[표현] 견우와 직녀

[정답] 1 ②　2 ①　3 ①　4 ③

1 표현상의 특징 파악　　[정답] ②

이 시에는 의성어나 의태어와 같은 음성 상징어가 사용되지 않았다.

◆ 오답 풀이
① '있어야 하네'라는 시구를 반복하여 운율을 형성하고 있다.
③ 명령형 어미('북을 놀리게')와 청유형 어미('비단을 짜세')를 통해 이별의 시련을 견뎌 내며 각자의 본분에 충실한 삶을 다짐하는 화자의 의지를 드러내고 있다.
④ 3연에서 '오ー'라는 감탄사를 통해 화자의 간절한 마음을 표현하고 있다.
⑤ '물살, 바람, 은핫물' 등은 사랑을 방해하는 장애물의 의미를 지니고 있다. 이와 같은 유사한 의미를 지닌 시어를 사용하여 시적 의미를 강조하는 효과를 거두고 있다.

2 시구의 의미 파악   정답 ①

㉠은 사랑을 실현하기 위해서 이별의 고통을 겪어야 함을 말한 것이다. 따라서 화자의 애정이 변하고 있음을 나타낸다고 볼 수 없다.

◆ 오답 풀이

② '푸른 은핫물'은 견우와 직녀 사이에 놓인 것으로, 둘의 만남을 방해하는 역할을 한다.

③ '불타는 홀몸'은 사랑하는 임과의 재회를 꿈꾸며 고통을 참아 내는 모습을 형상화한 표현으로 볼 수 있다.

④ '돋아나는 풀싹'을 세는 행위는 견우가 자신의 본분을 다하면서 이별의 고통을 견디는 모습으로 볼 수 있다.

⑤ '비단'을 짜는 일은 직녀의 본분에 해당한다. 견우는 직녀에게 주어진 일에 충실하며 재회를 기다릴 것을 권하고 있다.

3 작품 간의 비교 감상   정답 ①

〈보기〉와 이 시 모두 화자인 견우가 직녀에게 말을 건네며 명령이나 권유를 하고 있으므로 독백적 어조라 할 수 없다.

◆ 오답 풀이

② 〈보기〉와 이 시 모두 견우가 직녀에게 말을 전하는 방식을 취하고 있다.

③ 〈보기〉와 이 시의 화자 모두 직녀와의 재회를 간절히 바라고 있다.

④ 〈보기〉에서는 '이별은 이별은 끝나야 한다.'라며 이별을 거부하고 있고, 이 시에서는 '이별이 있어야 하네.'라며 이별을 받아들이고 있다.

⑤ 〈보기〉의 '말라붙은 은하수 눈물로 녹이고 / 가슴과 가슴을 노둣돌 놓아'에서 이별을 극복하기 위한 능동적인 노력을 강조하고 있다.

〈보기〉 속 작품   문병란, 「직녀에게」

• 주제 : 이별(분단)의 슬픔과 극복 의지
• 해제 : 「견우와 직녀」 설화에서 모티프를 얻어 우리가 처한 분단의 고통을 극복하고자 하는 의지를 드러낸 작품이다. 시구의 반복을 통해 내용을 강조하며 비장한 어조로 화자의 의지를 호소력 있게 전달하고 있다.

4 외적 준거에 따른 감상   정답 ③

〈보기 2〉의 설화에 있는 '하느님의 노함', '혼인' 등의 사건이 이 시에 반영되지 않은 것은 서사 장르의 내용을 취사선택함으로써 특정 의미를 강조하기 위한 것이며, 이는 내용의 압축이나 요약과 관련이 있을 뿐, 율격화와는 거리가 멀다.

◆ 오답 풀이

② 설화에서 '은하수'는 인용하고 '오작교'를 배제한 것은 '시련'을 강조하기 위한 의도이다.

④ 설화에는 어쩔 수 없이 이별을 받아들인 것으로 되어 있으나 시에서는 '이별이 있어야 하네.'라고 하며 시련을 통한 참다운 사랑이라는 주제를 전달하고 있다.

pp.39~40

12 꽃_김춘수

| 작품 해설 | 꽃을 소재로 하여 존재들 사이의 진정한 관계를 소망한 작품이다. 어떤 사물에 이름을 붙이는 행위는 그 사물의 존재를 인식하고 의미를 부여하는 행위로, 서로 이름을 불러 줌으로써 우리 모두가 진정한 관계를 맺기를 소망하고 있다. 화자는 타인에게 의미 있는 존재가 되고 싶다는 자신의 소망을 드러내면서, 이것을 '우리들은 모두'라고 함으로써 보편적인 차원으로 확대하고 있다.

| 작품 개관 |

◆ 갈래 : 자유시, 서정시
◆ 주제 : 의미 있는 존재에 대한 소망
◆ 특징 : ① 소망을 나타내는 간절한 어조를 사용함.
　　　　② 반복과 변주를 통해 주제를 점층적으로 강화함.

🍹 작품 핵심 **단축키**

화자 이름　　　**시어** 몸짓, 눈짓　　　**표현** 소망(희망)

정답 **1** ②　　**2** ④　　**3** ⑤

1 작품의 종합적 감상   정답 ②

'내가 그의 이름을 불러 ~', '~이 되고 싶다'라는 시구를 반복하면서 변화를 주어 의미 있는 존재가 되고 싶은 소망을 강조하고 있다.

◆ 오답 풀이

① '꽃'이라는 자연물이 등장하나, 인간과 대비되고 있지는 않다.

③ 공간의 이동이 나타나지 않고, 화자의 정서가 변하는 것도 아니다.

④ 설의적 표현이 쓰이지 않았다.

⑤ '꽃'이 특정한 계절감을 나타내고 있지 않다.

2 시어 및 시구의 의미 파악   정답 ④

[D]의 '눈짓'은 '나'와 '너'가 '우리'가 되어 서로의 존재를 인정하고 인정받은 상태를 의미한다. 따라서 서로의 본질을 인식하기 이전이 아니라 인식한 후의 상태를 의미한다.

◆ 오답 풀이

① '이름을 불러 주'는 것은 사물의 존재를 인식하고 의미와 가치를 부여하는 행위이다. 따라서 '이름을 불러 주기 전'의 존

재인 '몸짓'은 '나'에게 의미가 없는 존재이다.

② '꽃'은 이름을 불러 주는 행위를 통해 의미를 부여받은 존재이다.

③ '빛깔과 향기'는 '나'의 진정한 가치를 드러내는 것이므로 '나'의 본질적인 모습이라 할 수 있다.

⑤ 이 시는 진정한 관계 형성을 통해 서로에게 의미 있는 존재가 되고 싶은 소망을 드러내고 있다.

3 작품 간의 비교 감상　　　정답▶ ⑤

이 시는 화자가 타자(他者)와의 진정한 관계를 소망하는 것이지, 타자에게 다가갈 수 없다는 인식을 드러내고 있지는 않다. 따라서 타자에게 다가갈 수 없다는 심정을 그대로 살리자는 진술은 적절하지 않다.

◆ 오답 풀이

① 〈보기〉는 사랑마저도 편리하고 일회적이기를 바라는 현대인들의 소외된 인간관계('끄고 싶을 때 끄고 켜고 싶을 때 켤 수 있는 / 라디오가 되고 싶다')를 풍자하고 있다.

② 이 시는 시대적 배경을 짐작하기 어려운데, 〈보기〉는 '라디오'를 통해 현대 산업 사회를 배경으로 하고 있음을 짐작할 수 있다.

③ '~하고 싶다'라는 소망하는 어조가 두 시 모두에 나타난다.

④ 이 시에서는 무겁고 진지한 분위기가 느껴진다면, 〈보기〉에서는 가볍고 유희적인 분위기를 느낄 수 있다.

장정일, 「라디오와 같이 사랑을 끄고 켤 수 있다면」

〈보기〉속 작품

• 주제 : 쉽게 만나고 헤어지는 현대인의 사랑에 대한 비판

• 해제 : 김춘수의 「꽃」을 패러디하여 재창작함으로써 현대인들의 가벼운 사랑의 행위를 비판한 시이다. 현대인의 사랑을 '끄고 싶을 때 끄고 켜고 싶을 때 켤 수 있는' 일회적인 것으로 표현함으로써 현대 사회에서 이루어지는 즉각적이고 간편한 사랑을 비판적으로 바라보고 있다.

pp.41~43

13 초토(焦土)의 시 8
- 적군 묘지 앞에서_구상

| 작품 해설 | 이 시는 시인이 6·25 전쟁 참전 체험을 바탕으로 쓴 연작시 「초토의 시」 15편 중 8번째 작품이다. 화자는 전쟁의 현장에 만들어진 북한군 묘지를 보고 적국 병사의 죽음을 애도하면서 분단의 비극에 대한 인식과 민족 동질성 회복의 열망을 드러내고 있다.

| 작품 개관 |

◆ 갈래 : 자유시, 서정시

◆ 주제: 분단 현실에 대한 비극적 인식과 통일에 대한 염원

◆ 특징: ① 인도주의에 바탕을 둔 인간애를 다룸.
　　　② 평범한 시어들을 통해 화자의 상황과 정서를 직설적으로 표현함.

작품 핵심 **단축키**

화자 애도　　시어 사랑　　표현 전쟁

정답 1 ④　　2 ⑤　　3 ①　　4 ⑤

1 표현상의 특징 파악　　　정답▶ ④

이 시에서는 '나의 가슴을 억누르는데', '목 놓아 버린다.' 등 고통스러운 심정을 비유나 상징을 활용해 표현하지 않고 평범한 시어들을 통해 직접적으로 드러내고 있다.

◆ 오답 풀이

① 이 시에서는 대화체가 아니라 독백체를 구사하고 있다.

② 유사한 시구의 반복은 나타나지 않는다.

③ 이 시에 기도하는 듯한 말투는 나타나지 않는다. 화자는 동족 상잔의 역사적 비극 앞에서 자신의 심정을 격정적 어조로 토로하고 있다.

⑤ 이 시에 반어적 표현은 사용되지 않았다.

2 시구의 의미 파악　　　정답▶ ⑤

ⓒ의 '나와 너희의 넋들이 / 돌아가야 할 고향'이라는 구절을 통해 화자와 '너희'의 고향이 모두 북쪽임을 알 수 있다.

◆ 오답 풀이

① 감탄사 '오호'를 사용하여 슬픔을 영탄적으로 드러내며, 묘지에서 눈도 감지 못하고 누워 있을 한 맺힌 넋들을 위로하고 있다.

② '썩어 문드러진 살덩이와 뼈' 같은 참혹한 죽음의 이미지를 직접 제시함으로써 전쟁의 비극성을 실감 나게 드러내고 있다.

③ 정성을 다해 시신을 거두어 무덤을 만들어 줌으로써 이념과 감정을 초월한 동족애를 드러내고 있다.

④ 죽음을 통해 과거의 감정(이념적 대립으로 인한 미움, 갈등)을 초월할 수 있음을 드러내고 있다.

3 소재의 역할 파악　　　정답▶ ①

마음대로 북으로 흘러갈 수 있는 '구름'은 분단으로 인해 고향에 갈 수 없는 화자의 처지와 대비를 이룬다.

◆ 오답 풀이

② '구름'이 통일에 대한 화자의 염원을 상징하기는 하지만, 남북 분단이라는 문제를 해결해 주지는 못한다.

③ 화자의 자아 성찰을 담고 있는 시가 아니다. 이 시는 6·25 전쟁 때의 종군 체험을 바탕으로 쓴 작품으로, 분단 현실에

대한 통한과 통일에 대한 염원을 노래하고 있다.

④ 연민이 아니라 부러움의 감정이 투영되어 있다.

⑤ '구름'은 자유롭게 남북을 넘나드는 자연물일 뿐, 과거와 현재를 연결하고 있지 않다.

4 외적 준거에 따른 감상
정답 ⑤

'목 놓아 버린다.'는 분단 현실에 대한 슬픔으로 화자가 통곡하고 있는 부분이다. 그 밑바탕에는 민족의 동질성 회복에 대한 열망이 담겨 있는 것으로 볼 수 있으나, 화자가 자신을 희생하겠다고 생각하는 것은 아니다.

◆ 오답 풀이

① 화자는 북한군 묘지를 바라보며 느낀 감회를 표현하고 있다.

② '삼십 리'와 '천만 근'은 고향 땅이 가까워도 가지 못하는 안타까움과 고향 땅에 갈 수 없는 답답함을 강조하기 위한 표현이다.

③ '너희의 / 풀지 못한 원한'이 '나의 바람' 속에 깃들어 있다는 것에서 분단의 비극이 민족의 통일로 극복되기를 바라는 화자의 마음을 알 수 있다.

④ '포성 몇 발'은 아직도 남과 북이 대치하고 있는 전쟁의 상황임을 암시한다.

pp.44~45

14 폭포(瀑布)_김수영

| 작품 해설 | 폭포의 모습을 통해 화자가 지향하는 정신적 가치를 형상화한 시이다. 계절과 밤낮을 가리지 않고 곧게 떨어지는 폭포의 형상에서 화자는 부정적인 현실과 타협하지 않는 삶의 태도를 읽어 내고, 일체의 억압에서 벗어난 자유를 지향하고 있다. 그리고 이러한 삶의 태도가 다른 사람을 각성시킬 수 있다고 믿고 있다.

| 작품 개관 |

◆ 갈래 : 자유시, 서정시

◆ 주제 : 부정적인 현실에 타협하지 않는 삶의 자세

◆ 특징 : ① 시어의 반복을 통해 의미를 강조하고 운율을 형성함.
　　　　② 자연물을 통해 바람직한 삶의 자세를 표현함.

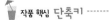 작품 핵심 단축키

| 화자 | 부정적 | 시어 | 나타, 안정 | 표현 | 떨어진다 |

 정답　1 ①　2 ④　3 ②

1 표현상의 특징 파악
정답 ①

'떨어진다', '곧은 소리' 등의 어구를 반복하여 폭포가 떨어지는 상황을 부각하고 있다.

◆ 오답 풀이

② 감탄사나 감탄 조사, 감탄형 종결 어미 등을 이용하여 기쁨·슬픔·놀라움과 같은 감정을 강하게 나타내는 영탄법은 사용되지 않았다.

③ 색채어가 두드러지지 않고, 대조적인 색채어가 쓰이지도 않았다.

④ '~라'와 같은 명령형 어조가 사용되지 않았다. 이 시는 '떨어진다', '부른다'와 같은 평서형 종결 어미를 활용해 폭포의 모습을 표현하고 있다.

⑤ 문장의 어순을 뒤바꾸어 표현하는 도치의 표현 방식은 사용되지 않았다.

2 시상 전개 방식 파악
정답 ④

[A]와 [C]는 서로 상응하는 수미 상관의 구조로 되어 있지 않다. [A]에서는 고매한 정신을 지닌 폭포의 모습을, [C]에서는 나타와 안정을 뒤집는 폭포의 모습을 나타내고 있다.

◆ 오답 풀이

① [A]에서는 '곧은 절벽을 무서운 기색도 없이 떨어진다', '규정할 수 없는 물결' 등의 표현을 통해 시각적 이미지에 주목하고 있다. [B]에서는 '곧은 소리'의 반복을 통해 통해 청각적 이미지에 주목하고 있다.

② [A]에서는 '계절과 주야를 가리지 않고' 떨어지는 폭포의 모습을 강조함으로써 긴 시간의 흐름 속에서 그침이 없는 폭포의 모습을, [B]에서는 밤이라는 시간 속에서의 폭포의 모습을 부각하고 있다.

③ [A]에서는 '무서운 기색도 없이 떨어진다', [C]에서는 '번개와 같이 떨어지는 물방울' 등을 통해 대상을 역동적으로 형상화하고 있다.

⑤ [A]~[C]에서 일관되게 곧게 떨어져 내리는 폭포의 하강적 이미지에 주목하고 있다.

3 외적 준거에 따른 감상
정답 ②

'계절과 주야를 가리지 않고'는 변함없이 떨어지는 폭포의 모습을 형상화한 것이다. 이러한 모습은 충분히 예상할 수 있는 폭포의 외형으로 그 물질적 조건과 형태에서 벗어난 것이라고 보기는 어렵다. 또한 역설적인 표현이 사용되지도 않았다.

◆ 오답 풀이

① '규정할 수 없는'은 내용, 성격, 의미 등을 정확히 정할 수 없음을 의미하므로 '규정할 수 없는 물결'은 자유로운 이미지를 지니고 있다고 볼 수 있다.

③ '폭포'가 '고매한 정신처럼' 떨어진다고 한 것에서 화자가 폭포에 정신적 의미를 부여하고 있다고 볼 수 있다.

④ '곧은 소리'가 다른 '곧은 소리'를 불러오는 모습은 선구적인 '곧은 삶'이 다른 삶을 각성하는 것으로 해석할 수 있다.

⑤ '나타와 안정'은 게으름과 안이한 삶의 태도이므로, 이것을 뒤집는 폭포의 모습은 현실과 타협하지 않는 삶과 관련이 있다고 볼 수 있다.

▶▶ 1960~1970년대

pp.46~48

15 성북동 비둘기_김광섭

| 작품 해설 | 1960년대의 급속한 산업화, 도시화로 인한 자연의 파괴와 함께 소외된 사람들의 모습을 보여 주는 작품이다. 인간에 의한 자연 파괴로 삶의 터전을 상실한 비둘기의 비극적 모습은 개발만을 앞세우는 인간들에 의해 파괴되고 훼손되어 가는 자연을 상징하기도 하지만, 개발에서 밀려나 도시 변두리에서 살아가는 소외 계층을 상징하기도 한다. 작가는 급격하게 진행되는 산업화 속에서 개발로 인해 살 곳을 잃은 소외된 사람들을 '비둘기'로 표현함으로써, 자연이 파괴되고 인간성이 상실된 사회의 모습을 비판적 시각으로 바라보고 있다.

| 작품 개관 |
◆ 갈래 : 자유시, 서정시, 상징시
◆ 주제 : 자연 파괴와 인간성 상실에 대한 비판
◆ 특징 : ① 비둘기를 의인화하여 우의적으로 주제를 드러냄.
　　　　② 감각적 이미지를 사용하여 자연의 파괴를 생생하게 표현함.

🥤 작품 핵심 단축키

[화자] 비판적　　[시어] 자연　　[표현] 의인화

[정답] 1 ④　　2 ③　　3 ④　　4 ⑤

1 표현상의 특징 파악　　[정답] ④

이 시에서는 시각과 청각, 촉각 등 다양한 감각적 이미지를 활용하고 있으나 공감각적 이미지는 쓰이지 않았다.

◆ 오답 풀이
① 비둘기를 의인화하여 자연 파괴와 인간성 상실을 우의적으로 비판하고 있다.
② '성북동 비둘기', '사람과 같이' 등의 시구를 반복하고 있다.
③ '하느님의 광장 같은 새파란 아침 하늘'에서 직유법을 활용하여 넓고 평화로운 공간이라는 의미를 드러내고 있다.
⑤ '번지가 없어졌다.', '쫓기는 새가 되었다.'와 같이 과거형 어미를 활용한 표현을 통해 비둘기가 처한 상황을 단정적으로 제시하고 있다.

2 창작 의도 파악　　[정답] ③

여운을 남기는 결말이란 작품의 결말이 명확히 제시되지 않아 독자가 다양하게 해석할 가능성이 있는 결말 방식을 말한다. 이 시에서는 비둘기가 처한 비극적 상황이 명확하게 제시되어 있으므로 여운을 남기는 결말이라고 할 수 없다.

◆ 오답 풀이
① 비둘기를 통해 인간을 소외시키는 현대 사회를 비판하고 있으므로 적절하다.
② 성북동 산에 번지가 생기면서 본래 거주하던 성북동 비둘기만 번지가 사라졌다는 모순적 상황을 제시하고 있으므로 적절하다.
④ 이 시의 제목 「성북동 비둘기」에서 '성북동'은 도심, '비둘기'는 자연을 의미하므로 적절하다.
⑤ 1연의 배경인 '성북동 산'이, 2연에서 '성북동 메마른 골짜기'로 바뀌고 있으므로 적절하다.

3 외적 준거에 따른 감상　　[정답] ④

〈보기〉는 가난한 사람들의 생존 공동체였던 달동네가 재개발되면서 그곳에 살던 주민들이 뿔뿔이 흩어져서 살게 되었다는 내용을 담고 있다. 이 시에서 성북동 비둘기는 새로 생긴 번지로 인해 삶의 터전을 잃고 쫓기는 새가 되었으므로 달동네의 주민과 유사한 처지라고 할 수 있다. 성북동 비둘기가 채석장 포성을 피해 피난하듯이 올라앉은 지붕은 성북동 산에 있는 건물 지붕으로 도시 빈민층이 흩어져 사는 옥탑방, 비닐하우스와 같은 공간이 아니라 파괴되어 가는 달동네의 남은 자취를 의미한다고 볼 수 있다.

◆ 오답 풀이
② 〈보기〉에서 달동네가 값싼 주거지인 동시에 생존의 공동체라고 하였으므로 적절하다.
③ 〈보기〉에서 달동네가 농촌의 이웃 관계가 지속되는 공동체라고 하였으므로 적절하다.
⑤ 〈보기〉에서 달동네가 도시 생활에 적응하기 위한 기착지라고 하였으므로 적절하다.

4 작품 간의 비교 감상　　[정답] ⑤

이 시의 '비둘기'는 문명으로 인해 삶의 터전을 상실하고 방황하는 존재인 반면, 〈보기〉의 '비둘기'는 인간의 문명에 길들여진 이기적이고 기회주의적인 존재라고 할 수 있다.

◆ 오답 풀이
① 이 시의 '콩알'은 자연적인 속성을 갖고 있지만, 〈보기〉의 '팝콘'은 문명의 산물이라고 할 수 있다.
②, ③ '채석장'이 사라진 현실은 문명에 대한 반성적 성찰의 결과가 아니라, 문명이 지속되어 개발할 공간조차 사라진 도시

를 의미한다고 할 수 있다. 성북동 비둘기가 원래 살던 '번지'는 문명에 의해 파괴되기 이전의 자연적인 공간이다.

④ 겁 없이 인간의 손에 오르는 '비둘기'는 사랑과 평화를 낳는 새가 아니라, 먹이라는 욕망만을 충족하려는 존재라고 할 수 있다.

---

pp.49~51

16 농무(農舞) _신경림

| 작품 해설 | 이 시는 산업화 과정에서 피폐해진 1970년대 초반의 농촌 현실을 배경으로 농민들의 비애와 한을 서사적 구성으로 노래한 작품이다. '농무'라는 흥겨운 소재를 동원하여, 절망감에 빠진 농민들이 집단적인 신명을 느끼게 함으로써 농촌 현실의 비극성과 농민의 울분을 역설적으로 드러내고 있다.

| 작품 개관 |
◆ **갈래** : 자유시, 서정시
◆ **주제** : 산업화 시대에 소외된 농민들의 한과 울분
◆ **특징** : ① 직설적 표현을 통해 부조리한 시대 현실을 고발함.
　　　　② 역설적 상황을 설정하여 분노와 서글픔, 한을 표출함.
　　　　③ 공간의 이동과 시간의 흐름에 따른 서사적 구성으로 이루어짐.

작품 핵심 **단축키**

 농민　　 한　　 소줏집, 장거리

정답 1 ⑤　2 ③　3 ②　4 ③

1 표현상의 특징 파악　　　　　　정답 ⑤

이 시에 명령형 어미는 쓰이지 않았다. 직설적 표현으로 화자의 정서를 드러내고, 농촌 현실에 대한 분노와 한을 신명 나는 '농무'를 통해 표출하는 역설적 상황을 보여 줌으로써 주제를 부각하고 있다.

◆ 오답 풀이
① 이 시는 농민들의 삶의 비애를 서사적 구조로 노래하고 있으므로 이야기 형식의 산문적 어조를 띠고 있다고 할 수 있다.
② 이 시는 '운동장 → 소줏집 → 장거리 → 쇠전 → 도수장'으로 장소를 이동하며 시상을 전개하고 있다.

③ '답답하고 고달프게 사는 것이 원통하다'와 같은 표현에서 화자의 정서를 직설적으로 드러내고 있다.
④ '산 구석에 처박혀 발버둥 친들 무엇하랴'에서 설의적 표현을 활용하여 현실에 대한 부정적 인식을 드러내고 있다.

2 작품의 내용 파악　　　　　　정답 ③

'따라붙어 악을 쓰는 건 조무래기들뿐 / 처녀애들은 ~ 킬킬대는구나'에서 젊은 남자들은 도시로 떠나고 여자와 아이들만 남은 농촌의 현실을 보여 주고 있으므로, 장거리에서 벌이는 농무에 젊은 청년들이 호응하는 모습을 교차 편집하는 것은 적절하지 않다.

◆ 오답 풀이
① '구경꾼이 돌아가고 난 텅 빈 운동장'을 롱 숏으로 보여 주면 농무가 끝난 쓸쓸한 상황과 그로 인한 공허감을 부각할 수 있으므로 적절하다.
② '분이 얼룩진 얼굴'로 '소줏집에 몰려 술을 마신다'라고 하였으므로 농무가 끝나고 분장이 얼룩진 모습으로 술을 마시며 답답한 마음을 달래는 농민들의 상황을 보여 주는 것은 적절하다.
④ '보름달은 밝아 어떤 녀석은 / 꺽정이처럼 울부짖고'라고 하였으므로 농무를 추는 무리 가운데 울부짖는 한 농민의 모습을 클로즈업하여 보여 주는 것은 적절하다.
⑤ '쇠전을 거쳐 도수장 앞에 와 돌 때'는 점점 신명이 난다고 하였고, '날라리'를 불겠다고 했으므로 소리가 점점 빨라지며 분위기가 고조되는 모습을 화면에 담는 것은 적절하다.

3 시어의 의미 파악　　　　　　정답 ②

'어떤 녀석은 / 꺽정이처럼 울부짖고'는 농촌의 비극적 현실에 대한 농민의 저항과 울분을 조선 시대의 의적 임꺽정의 울부짖음으로 표현한 것이다. 즉 산업화 과정에서 소외된 농민들의 울분과 분노를 토로한 것으로 볼 수 있다.

4 외적 준거에 따른 감상　　　　　정답 ③

〈보기〉에서 '농무'는 1970년대 당시 농촌 현실의 암울함을 역설적으로 드러내는 역할을 한다고 하였다. 따라서 '농무'가 농촌 현실의 문제를 극복하고자 하는 농민들의 태도를 보여 준다는 것은 적절하지 않다.

◆ 오답 풀이
① '답답하고 고달프게 사는 것이 원통하다'라는 시구에서 화자가 느끼는 무력감이 잘 드러나 있다.
② '악을 쓰는', '킬킬대는구나', '울부짖고', '해해대지만' 등의 시어에는 화자가 느끼는 부정적인 정서가 반영되어 있다고 볼 수 있다. 이는 화자가 농무를 흥겨운 축제로 대하지 못하고 있음을 드러낸다.

④ ⓐ는 현실에 대한 농민들의 정서를, ⓑ는 농민들의 암담한 현실을 보여 주고 있다. 이를 통해 1970년대 농민들이 도시로 떠날 수밖에 없었던 사정을 짐작할 수 있다.

⑤ ⓒ는 암담한 농촌의 현실 속에서 희망을 찾지 못하는 화자가 던지는 냉소적인 질문에 해당한다고 볼 수 있다.

pp.52~53

17 저문 강에 삽을 씻고_정희성

| 작품 해설 | 도시 노동자의 고단하고 궁핍한 삶의 비애를 그린 작품이다. 구체적인 상황의 묘사와 더불어 상징적 소재, 절제된 어조 등을 통해 개선의 여지 없이 반복되는 고달픈 삶을 살아가는 노동자의 암담한 심리와 체념적 태도를 효과적으로 드러내고 있다. '흐르는 물'은 시간의 흐름을 의미하는데, 화자로 하여금 자신의 삶을 돌아보게 하는 동시에 노동의 도구인 '삽'을 씻는 것과 같이 노동의 삶에 깃든 슬픔을 씻어 내는 정화(淨化)의 의미를 갖는다.

| 작품 개관 |

◈ 갈래 : 자유시, 서정시
◈ 주제 : 노동자의 고달픈 삶의 비애
◈ 특징 : ① 삶의 모습을 자연물에 빗대어 형상화함.
　　　　② 차분하고 절제된 어조로 비애와 한을 표현함.

 작품 핵심 **단축키**

 화자 노동자　　　**시어** 삽, 썩은 물　　　**표현** 흐르는 물, 달

정답 1 ④　2 ⑤　3 ⑤

1 표현상의 특징 파악

정답 ④

이 시에는 논리적으로 모순된 표현, 즉 역설적 표현이 쓰이지 않았다.

◆ 오답 풀이

① 날이 저물어 노동을 마친 화자가 흐르는 강물에 삽을 씻고 달이 뜬 뒤 마을로 돌아가는 시간의 흐름에 따라 시상을 전개하고 있다.

② 화자는 자신의 감정을 직설적으로 표출하기보다는 차분한 어조로 절제하여 표현하고 있다.

③ '삽'은 '노동자로서의 고달픈 삶'을, '샛강 바닥 썩은 물'은 '암담한 삶의 현실'을 상징한다.

⑤ '우리'라는 1인칭 대명사를 써서 산업화 과정에서 소외된 도시 근로자의 상황이 개인의 문제가 아니라 공동체의 문제임을 나타내고 있다.

2 시구의 의미 파악

정답 ⑤

ⓛ은 노동할 때 사용한 연장을 씻는 행위로, 신성한 노동을 예비하는 제의적 행위이면서 동시에 자신의 인생과 같은 흐르는 강물에 삽을 씻음으로써 삶의 청정을 지향하는 자아 성찰적인 행위라고 볼 수 있다.

◆ 오답 풀이

① ㉠은 인생을 흐르는 강물에 비유한 것으로, 노동자의 삶도 흐르는 물과 같다는 의미를 지닌다.

② 화자의 슬픔을 강물에 퍼다 버린다는 것에서 강은 노동자의 고뇌를 해소해 주는 곳임을 알 수 있다.

③ 화자는 자신(노동자)의 처지를 '강물'에 비유하고 있으므로 ㉢은 강물이 깊어 가는 것처럼 노동자들의 비애도 더욱 깊어 감을 표현한 것이다.

④ ㉣은 산업화 과정에서 공장 폐수로 인해 오염된 물을 표현한 것으로, 화자가 처한 암담한 노동 현실을 나타낸다.

3 외적 준거에 따른 감상

정답 ⑤

'다시 어두워 돌아가야 한다.'는 가난하고 누추한 곳으로 다시 돌아가야 하는 화자의 서글픈 모습을 보여 준다. 이는 어쩔 수 없이 현실에 수긍해야 하는 체념적 태도가 드러난 것으로, 도시 노동자 계층의 실상을 세상에 알려 노동자들이 처한 문제를 해결하려는 의지로 볼 수 없다.

◆ 오답 풀이

① '쭈그려 앉아 담배나 피우'는 모습에서는 현실에 정면 대응할 결단이나 용기가 없는 화자의 무기력함과 체념이 드러난다.

② '삽'은 노동자로서의 삶을 상징하는 시어로, '삽자루에 맡긴 한 생애'는 화자가 평생을 노동에 바친 중년의 노동자임을 나타낸다.

③ '이렇게 저물고, 저물어서'는 아무리 열심히 일해도 화자의 삶이 결국 제자리였음을 암시하는 표현으로, 발전 없이 반복되는 노동자의 희망 없는 삶을 나타낸 것이다.

④ '먹을 것 없는 사람들의 마을'은 산업화의 혜택을 받지 못한 노동자들의 가난하고 누추한 삶의 터전을 나타낸 것이다.

pp.54~56

18 슬픔이 기쁨에게_정호승

| 작품 해설 | '슬픔'과 '기쁨'에 새로운 의미를 부여하여 일반적인 인식을 뒤집으면서 이기적인 삶의 자세에 대한 반성을 촉구하는 시이다. 화자인 '슬픔'은 소외된 자의 아픔에 공감하며 애정을 갖는 긍정적인 존재인데 비해, 청자인 '기쁨'은 소외된 자에 무관심한 부정적 존재이다. 결국 청자인 '기쁨(너)'은 이기적으로 살면서 소외된 자에게 무관

심한 우리들의 모습이라는 점에서, 이 시는 우리들에게 가난과 소외로 힘겹게 살아가는 사람들에 대한 관심과 애정을 촉구하고 있다.

| **작품 개관** |
- ◆ 갈래 : 자유시, 서정시
- ◆ 주제 : 이기적인 삶에 대한 반성과 더불어 사는 삶의 추구
- ◆ 특징 : ① 역설적 표현을 통해 슬픔의 의미와 가치를 되새김.
  ② '~겠다'의 반복을 통해 운율을 형성하고 의지적 태도를 드러냄.

작품 핵심 **단축키**

[화자] 너   [시어] 슬픔   [표현] 사랑

[정답] 1 ④ 2 ② 3 ③ 4 ③

1 표현상의 특징 파악 [정답] ④

'나는 ~ 주겠다.'라는 문장 구조를 반복함으로써 이웃에 무관심한 사람들을 깨우치려는 의도를 강조하고 있다.

◆ 오답 풀이
① 이 시는 겨울을 배경으로 하고 있을 뿐, 계절의 변화에 따라 시상을 전개하고 있지 않다.
② 일관되게 의지적 어조를 사용하고 있을 뿐, 어조의 변화가 나타나지 않는다.
③, ⑤ 반어적 표현과 공감각적 표현은 쓰이지 않았다.

2 감상의 적절성 판단 [정답] ②

'슬픔의 평등한 얼굴'은 '너(기쁨)'의 '평등하게 웃어 주질 않'은 얼굴과 대비된다. 즉, '기쁨'은 소외된 이웃을 평등한 존재로 바라보지 않는 데 비해, '슬픔'은 소외된 사람에게도 평등한 시선을 갖는 것임을 표현하고 있다. 따라서, '슬픔'이 '기쁨'보다 인간의 보편적인 감정임을 강조하고 있다는 표현은 적절하지 않다.

◆ 오답 풀이
① 화자는 '슬픔'을 '사랑'보다 소중한 존재라고 함으로써 일반적인 사람들의 인식과 달리 '슬픔'을 가치 있고 필요한 존재로 표현하고 있다.
③ 화자는 '너'가 눈물을 흘릴 줄 모른다고 비판하고 있다. '눈물'은 타인의 슬픔에 공감할 때 흘리는 것이므로 결국 '너'가 타인의 슬픔에 공감하지 않는다고 비판하고 있는 것이다.
④ '추워 떠는 사람들의 슬픔'에게 다녀오겠다는 것은 고통을 겪고 있는 사람들에게 관심과 애정을 보이는 행위이다.
⑤ 화자는 '슬픔의 힘'에 대한 이야기를 하면서 '너'가 '슬픔의 힘'을 깨우칠 때까지 기다리겠다는 마음을 표현하고 있다.

3 시어 및 시구의 의미 파악 [정답] ③

ⓒ은 고통받는 사람들에게 기울이는 최소한의 관심과 사랑을 의미한다.

◆ 오답 풀이
① 할머니는 장사를 위해 거리에 있는 것이기 때문에, 판매물인 귤에 따뜻한 인심이 들어 있다고 판단할 근거는 없다.
② '어둠'은 고통스러운 상황이나 현실을 의미한다.
④ '너'는 고통을 겪고 있는 사람을 외면함으로써 자신만을 위하는 이기적인 태도를 취할 뿐이다. 따라서, 자연을 소홀히 한다고 판단할 근거는 없다.
⑤ '나'는 소외된 이웃에 대한 사랑을 실천하고자 할 뿐, 지조 있는 삶에 대해서는 언급하고 있지 않다.

4 작품 간의 비교 감상 [정답] ③

ⓐ는 가난하고 소외된 사람들에게 시련이나 고통을 주는 존재인 반면, ⓑ는 그러한 사람들에게 위로와 힘이 되는 존재이다.

◆ 오답 풀이
① ⓑ는 화자가 되고 싶은 존재이므로 거리감을 느끼는 대상이 아니다.
② ⓑ는 화자가 추구하는 가치를 함축하고 있지만, ⓐ는 부정적인 존재일 뿐이다.
④ 화자가 ⓐ 때문에 시름을 느끼고 있지는 않다. 〈보기〉의 ⓑ도 화자의 성찰을 유발하는 것은 아니다.
⑤ 화자가 ⓐ를 미워하는 감정을 표현하고 있지는 않다. 〈보기〉에서 화자가 ⓑ 덕분에 과거를 잊는 것도 아니다.

〈보기〉 속 작품   안도현, 「**우리가 눈발이라면**」

- **주제** : 어려운 이웃을 사랑하며 위로와 희망을 주는 존재로 살고 싶은 소망
- **해제** : 가난하고 소외된 사람들에게 위로와 힘이 되는 존재로 살고 싶은 소망을 노래하고 있다. 힘들고 지친 사람을 더욱 어렵게 하는 존재를 의미하는 '진눈깨비'와 어려운 사람에게 위로와 힘을 주는 존재를 의미하는 '함박눈'을 대비하여 이웃에게 위안을 주는 존재가 되자는 의미를 부각하고 있다.

▶▶ **1980년대 이후**

pp.57~58

19 새들도 세상을 뜨는구나_황지우

| **작품 해설** | 이 시는 1980년대의 억압적 현실 상황에 대한 환멸과 극도의 좌절감을 풍자적 수법으로 형상화한 작품이다. 1980년대 중반

까지 영화관에서 애국가가 상영되면 모든 관객들은 기립하여 애국가를 경청해야 했는데, 작가는 이를 억압적 시대를 표상하는 것으로 그려 내고 있다. 그러한 세상을 새 떼들도 조롱하듯 세상 밖으로 날아가는데, 우리도 그렇게 하고 싶지만 그러지 못하고 주저앉아 버린다는 표현 속에서 새로운 세상에 대한 강력한 소망과 함께 현실적 한계로 인한 깊은 절망감이 드러난다.

| 작품 개관 |
◆ 갈래 : 자유시, 서정시
◆ 주제 : 억압적 현실에서 벗어나고자 하는 소망과 좌절
◆ 특징 : ① 반어적 표현을 통해 부정적 현실 상황을 드러냄.
　② 대조적인 상황 설정으로 암울한 현실을 상징적으로 형상화함.
　③ 의성어를 통해 현실에 대한 냉소적, 비판적 태도를 드러냄.
　④ 대상을 의인화하여 시적 의미를 강조하여 드러냄.

 작품 핵심 단축키

[화자] 흰 새 떼들　　[시어] 이 세상 밖 어디

[표현] 삼천리 화려 강산

[정답] 1 ㄱ, ㄷ, ㄹ　2 ①　3 ③

1 표현상의 특징 파악
[정답] ㄱ, ㄷ, ㄹ

ㄱ. 이 시에서는 애국가 화면에 등장하는 '새'를 자기들끼리 낄 낄대면서 세상 밖으로 날아오르는 모습으로 의인화하여 표현하고 있다. 자유롭게 비상하는 이러한 새들의 모습은 암울한 현실에서 떠나고 싶지만 주저앉고 마는 '우리'의 모습과 대조를 이루면서 시적 의미를 부각한다.

ㄷ. 이 시에서는 '애국가를 경청한다'라고 표현하고 있는데 시적 상황을 보면 애국가를 경청하는 것이 아니라 조국애를 느끼도록 강요받으며 듣고 있다는 것을 알 수 있다. 또한 '삼천리 화려 강산'은 더 이상 아름답지 않은 조국을 냉소적으로 표현한 것이다. 이와 같은 반어적 표현을 통해 현실 비판적인 화자의 정서가 표출되고 있다.

ㄹ. '낄낄대면서'와 같은 음성 상징어를 사용하여 냉소적인 화자의 태도를 드러내고 있다.

◆ 오답 풀이
ㄴ. 이 시에서는 감각의 전이가 일어나는 공감각적 표현이 쓰이지 않았다.

2 시어의 의미 파악
[정답] ①

㉠은 '자리에 앉는다'에 이어 다시 '주저앉는다'라고 표현한 것으로, 이는 현실에 대한 화자의 깊은 좌절감을 드러낸 표현이다. 새들은 하늘을 향해 마음껏 날아오르지만 화자는 억압된 세상에서 벗어나지 못하고 현실에 순응할 수밖에 없음을 알고 좌절감을 느낀 것이다.

◆ 오답 풀이
② 영화 시작 전 애국가를 경청하고 주저앉는 화자의 모습에서 부정적 현실 속에서 무기력하게 살아가는 삶을 엿볼 수 있다. 이는 무슨 일을 당하여 어찌할 바를 모르는 감정인 '당혹감'과는 거리가 멀다.

③ 화자는 애국가를 들으면서 조국애를 느끼도록 강요하는 시대 상황을 냉소적 태도로 비판하고 있다.

④ 화자는 자유롭게 비상하는 새들의 모습을 보며 자유를 꿈꾸지만 무기력하게 주저앉을 수밖에 없는 자신의 현실에 대해 절망감을 느끼고 있다.

⑤ 세상 밖으로 떠나고 싶으나 어쩔 수 없이 자리에 주저앉는 것은 현실에 저항하지 못하고 굴복하는 것이라 할 수 있다. 이 같은 태도는 현재의 상황이나 처지에 만족하는 '안주'와는 거리가 멀다.

3 외적 준거에 따른 감상
[정답] ③

획일화된 삶을 강요하는 정권에 대한 비판 의식이 담겨 있는 구절은 '일제히 일어나', '일렬 이열 삼렬 횡대' 등이다. '우리도 우리들끼리'에는 억압이 없는 자유로운 곳으로 떠나고 싶은 화자의 소망이 담겨 있다.

pp.59~60

20 상한 영혼을 위하여_고정희

| 작품 해설 | 이 시는 바람에 흔들리면서도 생명력을 유지하고 있는 '갈대'와 '부평초'에서 떠올린 삶의 가치를 표현하고 있다. '갈대'와 '부평초'가 바람을 맞으며 그 생명력을 이어 나가듯 부정적인 현실 공간에서 고통을 겪고 있는 '상한 영혼'들도 고통을 수용하여 그것을 견뎌 냄으로써 더욱 견고한 삶을 영위할 수 있다는 미래에 대한 낙관적 인식을 담고 있다.

| 작품 개관 |
◆ 갈래 : 자유시, 서정시
◆ 주제 : 고통을 수용하는 성숙한 삶의 자세와 의지
◆ 특징 : ① 자연물에 상징적 의미를 부여하여 주제를 형상화함.
　② 청유형 문장을 사용하여 화자의 의지와 설득적인 의도를 드러냄.
　③ 설의적 표현을 사용하여 화자의 태도를 강조함.
　④ 고통을 수용할 때 오히려 고통을 극복할 수 있다는 역설적 인식이 드러남.

작품 핵심 단축키

[화자] 극복　　[시어] 새순, 등불　　[표현] 적극적

[정답] 1 ①　2 ④　3 ④

1 표현상의 특징 파악
정답 ①

'대구'는 비슷한 어조나 어세를 가진 어구를 짝 지어 표현하는 것을 말한다. 이 시는 2연의 '이 세상 어디서나 개울은 흐르고 / 이 세상 어디서나 등불은 켜지듯', '외롭기로 작정하면 어딘들 못 가랴 / 가기로 목숨 걸면 지는 해가 문제랴', 3연의 '영원한 눈물이란 없느니라 / 영원한 비탄이란 없느니라'에서 비슷한 어조를 가진 구절을 짝 지어 제시하여 시상을 강조하고 있다.

◆ 오답 풀이
② '새순'이나 '꽃' 등의 시어가 등장하지만, 계절의 흐름이 드러나는 것은 아니다.
③ 사물을 의인화한 표현은 나타나지 않으며, 화자의 냉소적 태도 또한 드러나지 않는다.
④ '영혼', '고통' 등 관념적 대상은 드러나지만, 공감각적 심상은 제시되어 있지 않다.
⑤ 과거를 회상하는 내용이 아니며, 자기를 반성하는 태도 또한 드러나지 않는다.

2 소재의 기능 파악
정답 ④

화자는 '갈대'를 보며 삶의 고통을 극복하는 바람직한 가치를 이끌어 내고 있다. 따라서 '상한 갈대'는 화자가 지향하는 의미 있는 삶의 태도를 떠올리게 하는 기능을 한다고 볼 수 있다.

◆ 오답 풀이
① 화자가 과거의 삶을 떠올리거나 그에 대해 성찰하고 있지는 않다.
② 화자가 삶의 무상감(덧없음)을 느끼고 있는 상황은 아니다. 화자는 고통에 적극적으로 맞서서 극복해 내자는 의지를 드러내고 있다.
③ 화자는 현실 대응 태도에 대해 노래하고 있지만 그 내용을 세속적인 욕망을 경계하는 것으로 볼 수 없다.
⑤ 화자의 내적 다짐이 형상화되어 있지만 자신을 불쌍하게 여기는 자기 연민의 태도는 나타나지 않는다.

3 외적 준거에 따른 감상
정답 ④

'두 팔로 막아도 바람은 불듯'은 '바람(역경)'을 뛰어넘은 상황이 아니라 바람을 피할 수 없는 운명적인 것으로 인식하는 화자의 태도를 드러낸다.

◆ 오답 풀이
① '충분히 흔들리며 고통에게로 가자'라는 표현을 고려할 때, '충분히 흔들리자'는 고통을 직시하고 대면해야 한다는 화자의 현실 대응 태도를 나타낸다고 할 수 있다.
② '등불'은 '캄캄한 밤'에도 빛나는 것이라는 점에서 다가올 미래의 희망을 의미한다고 할 수 있다.
③ '지는 해'는 '캄캄한 밤'을 예고한다는 점에서 상한 영혼이 겪

고 있는 부정적인 현실 상황을 상징한다고 할 수 있다.
⑤ '마주 잡을 손'은 고통을 함께 극복할 존재라는 점에서 위안을 줄 대상을 의미한다고 할 수 있다.

---

pp.61~63

21 상행(上行)_김광규

| **작품 해설** | 이 작품은 반어법의 묘미를 느끼게 하는 작품이다. 즉 해야 할 것을 '말아 달라'라고 하고, 하지 말아야 할 것을 '해 다오'라고 하는데, 이는 긍정적인 것과 부정적인 것을 역전시켜 말한 것이다. 이를 통해 현대인들이 추구해야 할 삶과 버려야 할 삶이 무엇인지를 제시하고 있다. 즉 '낯익은 얼굴(근대화의 폐해에 순응하며 사는 인간)'이 아니라, '낯선 얼굴(비판적 의식을 갖고 사는 인간)'로 살아갈 것을 촉구하고 있다.

| **작품 개관** |
◆ 갈래 : 자유시, 서정시
◆ 주제 : 소시민적 삶에 대한 반성과 비판적 의식의 촉구
◆ 특징 : ① '말아 다오', '다오' 등의 요구하는 형식을 활용함.
② 반어적 표현으로 참다운 삶의 모습을 제시함.
③ 도치법을 통해 주제를 강조함.

작품 핵심 단축키

| **화자** 상행 열차, 차창 | **시어** 비판 | **표현** 말아 다오, 다오 |

정답 1 ② 2 ④ 3 ① 4 ④

1 표현상의 특징 파악
정답 ②

시상 전개에 따라 화자의 어조는 변하지 않고, 처음부터 끝까지 화자는 '너'에게 요구하는 목소리로 바람직한 삶의 태도를 일깨워 주고 있다.

◆ 오답 풀이
① '황혼 속에 고함치는 원색의 지붕들', '잠자리처럼 파들거리는 TV 안테나들', '확성기마다 울려 나오는 힘찬 노래', '고속도로를 달려가는 자동차 소리' 등은 근대화된 현대 사회를 비유적으로 표현한 것이다.
③ 화자가 '너'에게 '말아 다오', '다오' 하면서 직접 요구하는 형식을 취하고 있다.

④ '황혼 속에 고함치는 원색의 지붕들', '심야 방송이 잠든 뒤의 전파 소리', '확성기마다 울려 나오는 힘찬 노래', '고속도로를 달려가는 자동차 소리' 등에서 청각적 심상을 활용하고 있다.

⑤ '너를 위하여 그리고 나를 위하여 ~ 다오.'라고 해야 일반적인 어순인데, 이 시의 25~30행에서는 어순을 바꾸어 표현함으로써 주제 의식을 강조하고 있다.

2 외적 준거에 따른 감상　　　　정답 ④

'맥주와 콜라'는 당시 사회의 문제점을 집약적으로 제시하는 것이 아니라 많은 문제점 중 하나이다.

◆ 오답 풀이

① 〈보기〉에서 전시 행정에만 급급했던 '지붕 개량화 사업'과 같은 정책들은 실질적인 서민들의 삶과 유리되어 있었다고 하였으므로 적절하다.

② '흥미 있는 주간지'는 현실을 잊게 하는 대중 매체로서, 삶에 대한 진지한 성찰의 자세를 잃어 버린 사람들의 모습을 드러낸다.

③ '풀벌레의 울음'은 무분별한 성장 추구로 인해 환경이 오염된 예에 해당한다.

⑤ '가문 날씨', '아르헨티나의 축구 경기', '성장하는 GNP와 증권 시세' 등은 사회 문제를 외면한 소시민들의 일상을 나타낸다.

3 시어 및 시구의 의미 파악　　　　정답 ①

'가을'과 '저녁'은 '나'로 하여금 일상적 삶을 성찰할 수 있게 하는 시간적 배경이다.

◆ 오답 풀이

② '상행 열차'는 '나'가 있는 공간으로, 화자는 열차를 타고 가는 중에 자아의 삶을 성찰하고 있다.

③, ④, ⑤ '차창'에 비친 것은 '낯선 얼굴'로서, 현대인들이 상실한 자아이다. 화자는 또 하나의 얼굴을 말하고 있는데, 바로 일상 속에 살아가는 자아로서의 '낯익은 얼굴'이다. 이 둘은 이질적인 자아들로, '차창'은 그 두 자아를 떠올리게 하는 매개체이다.

4 작품 간의 비교 감상　　　　정답 ④

〈보기〉는 짧은 문장으로 행과 연을 구성함으로써 간결하고 강렬한 시적 분위기를 만들어 내고 있다.

◆ 오답 풀이

① 이 글에는 시적 화자인 '나'와 청자인 '너'가 겉으로 드러나 있다.

② 이 글에서는 '말아 다오', 〈보기〉에서는 '껍데기는 가라'라는 시구를 반복하여 운율감을 느끼게 하고 있다.

③ 이 글과 〈보기〉 모두 '다오', '-라'와 같은 명령형의 종결 어미를 반복 사용하여 시적 의미를 전달하고 있다.

⑤ 〈보기〉에서는 긍정적인 '알맹이', '동학년 곰나루의, 그 아우성', '향그러운 흙가슴'은 남고, 부정적인 '껍데기, 쇠붙이'는 가라고 직접적으로 말하고 있지만 이 글에서는 해야 할 것과 하지 말아야 할 것을 역전시켜 말함으로써 풍자의 효과를 높이고 있다.

> **〈보기〉 속 작품**　　　　신동엽, 「껍데기는 가라」
>
> - **주제** : 진정하고 순수한 민족의 삶 추구, 순수함이 전제된 민주 사회에 대한 열망
> - **해제** : 1960년대라는 구체적 시대 상황을 배경으로, '껍데기'와 '알맹이'라는 이분법적인 대비 구도를 통해 순수에 대한 옹호를 직접적으로 드러낸 작품이다. 4 · 19 혁명과 동학 혁명을 통해 민중의 끈질긴 생명력과 민주주의에 대한 열망을 확인하고 이를 억압하는 모든 비본질적 요소들이 사라지기를 희망하고 있다.

pp.64~66

22 머슴 대길이 _고은

| **작품 해설** | 이 작품은 어린 시절 자신에게 큰 영향을 준 대길이 아저씨를 회상하는 형식으로 쓴 시이다. 대길이 아저씨는 성실하고 따뜻한 인간성을 지닌 인물로, 화자에게 한글을 가르쳐 주고, 더불어 살아가는 삶의 소중함을 깨우쳐 준 사람이다. 화자는 이런 대길이 아저씨가 자신의 삶의 본보기였다고 고백하면서 어른이 된 지금, 그가 전해 준 삶의 진리를 되새겨 보고 있다. 이 작품은 또한 토속적인 시어를 사용하여 향토적인 정서와 분위기를 형성하며, 구어체를 사용하여 화자가 자신의 유년 시절 이야기를 들려주는 듯한 느낌을 준다.

| **작품 개관** |
✦ **갈래** : 자유시, 서정시
✦ **주제** : 민중의 건강성과 공동체적 삶의 아름다움
✦ **특징** : ① 이야기 투의 어조로 친근한 분위기를 형성함.
　　　② 구체적 지명을 제시하여 사실성을 강조함.
　　　③ 토속적 시어를 사용하여 향토적 정서를 표현함.
　　　④ 인물의 말을 인용하여 주제 의식을 드러냄.

작품 핵심 단축키

화자 공동체적　　**시어** 먹눈　　**표현** 불빛

정답　1 ⑤　2 ④　3 ④　4 ②　5 ⑤

1 표현상의 특징 파악　　　　정답 ⑤

'~지요'와 같은 구어체적 표현을 사용하여 화자가 직접 자신의 이야기를 들려주는 듯한 느낌을 주어 친근한 분위기를 형성하고 있다.

◆ 오답 풀이

① 이 시에서 하나의 감각이 다른 감각을 불러일으키는 공감각적 표현은 제시되지 않았다.

② 대길이 아저씨의 모습을 긍정적인 시각으로 그려 내고 있으며, 어조의 전환과 정서의 변화는 드러나지 않는다.

③ 이 시에서 대구의 표현 방식은 활용되지 않았다.

④ 화자가 어린 시절 자신에게 영향을 준 대길이 아저씨를 떠올리며 쓴 시로, 과거와 현재 상황의 대비는 드러나지 않는다.

2 내용의 적절성 판단 　　　　정답 ④

3연에서는 대길이의 가난한 처지를 드러내고, 대길이의 말을 인용하여 공동체적 가치를 지향했던 대길이의 사람됨을 전하고 있다. 대길이가 혹독한 현실에 저항했는지 여부는 알 수 없으며, 사람들을 설득하는 모습도 드러나 있지 않다.

◆ 오답 풀이

① 1연에서 '어둠에 빛나는 먹눈'은 대길이의 총명함과 깨어 있는 의식을 드러낸 표현으로, 대길이의 '눈'을 클로즈업하여 대길이의 총명함을 드러낼 수 있다.

② 2연의 '먼 데 바다'는 대길이가 동경하는 대상으로, 대길이가 생각에 잠겨 멀리 먼 바다를 바라보는 모습을 롱 숏으로 촬영하는 것은 적절하다.

③ 1연에서 대길이가 누룩 돼지를 우리 안으로 넘기는 모습에서는 '돼지 울음소리'를, 2연에서 대길이가 바다를 보고 있는 모습에서는 '우르르르 달려가는 바다 울음소리'인 '파도 소리'를 효과음으로 넣으면 그 장면의 현장감을 높일 수 있다.

⑤ 4연에서 대길이 아저씨가 자신에게 불빛이었다고 말하는 부분은 현재의 화자가 어린 시절 자신에게 큰 영향을 준 대길이 아저씨를 회상하며 하는 말이므로 내레이션으로 처리할 수 있다.

3 작품 간의 비교 감상 　　　　정답 ④

ⓐ는 더 큰 세상을 향한 대길이의 동경과 포부를 의미하며, ⓑ는 순수하고 연약한 흰나비가 지쳐서 돌아오게 하는 냉혹한 현실을 의미한다.

◆ 오답 풀이

① ⓐ, ⓑ 모두 슬픈 감정을 억눌러 씩씩한 태도를 갖게 하는 곳으로 볼 수 없으므로 비장함과는 거리가 멀다.

② ⓐ는 이상과 관련된 공간으로, 자신의 처지를 확인하는 공간이라고 보기 어렵다.

③ ⓐ는 포부, 동경, 이상과 관련된 공간으로 추억이 있는 공간으로 보기 어려우며, ⓑ도 현실의 공간이지 미래의 공간으로 보기 어렵다.

⑤ ⓑ는 흰나비에게 냉혹한 현실로, '어린 날개가 물결에 절어서 / 공주처럼 지쳐서 돌아온다.'라는 표현으로 볼 때, 시련의 극복을 상징하는 공간으로 볼 수 없다.

4 시어 및 시구의 의미 파악 　　　　정답 ②

ⓛ은 일제의 탄압 속에서도 몰래 한글을 가르쳤던 대길이의 의식을 엿볼 수 있는 부분으로, 한글을 배우지 못하게 했던 일제의 탄압을 확인할 수 있다.

◆ 오답 풀이

① ㉠은 사려 깊고, 배려심이 있는 무던한 대길이의 성격이 드러나는 부분이다.

③ ㉢은 마을 처녀에게 눈길을 주지 않는 대길이의 모습으로, 대길이가 이성에게 큰 관심이 없었다는 것을 알 수 있는 부분이다.

④ 겨울 바람이 겨드랑이 밑으로 드나들었다는 것에서, 옷을 제대로 해 입을 수 없었던 대길이의 가난한 상황이 드러난다.

⑤ ㉺은 대길이가 화자에게 삶의 본보기로서 존경의 대상이었음을 알 수 있게 하는 부분이다.

5 외적 준거에 따른 감상 　　　　정답 ⑤

'나'가 '장화홍련전을 주룩주룩 비 오듯' 읽었다는 것은 일제의 감시하에서도 대길이 아저씨가 '나'에게 한글을 가르쳐 준 것을 나타내는 부분이다. 이는 과거로의 회귀와는 관련이 없다.

◆ 오답 풀이

① 1연의 '일제 36년 지나간 뒤 가갸거겨 아는 놈은 나밖에 없었지요'는 우리 민족이 한글을 제대로 배울 수 없을 만큼 일제의 탄압이 극심했음을 보여 준다.

② 대길이는 머슴이었지만 근면하고 성실한 사람으로, 건강한 민중을 대표하는 인물이라 할 수 있다.

③ 역사적 영웅이 아닌 머슴 대길이를 주인공으로 다룬 데에서 이름 없는 민중에 대한 시인의 애정을 알 수 있다.

④ '저밖에 모른단다'는 이기적으로 살아가는 사람들에 대한 비판이며, '남하고 사는 세상이란다'는 공동체적 삶, 더불어 사는 삶이 중요하다는 것을 드러낸 표현이므로 공동체적 미덕을 중시한 시인의 생각이 반영되었다고 할 수 있다.

23 우리가 물이 되어 _강은교

| 작품 해설 | 이 시는 충만한 생명력과 조화로운 합일에 대한 추구를 '물'과 '불'의 상징적 이미지를 통해 형상화한 작품이다. 화자는 인간성이 메마른 현대 사회에서 순수한 마음으로 원시적인 생명력과 만나기를 염원하고 있다. 이 시에서 '물'은 '나'와 '그대'라는 고립된 개체들을 '우리'로 합일시킬 수 있는 매개체이며, '죽은 나무뿌리'를 적실 수 있는 생명력의 근원이다.

| 작품 개관 |
◆ 갈래 : 자유시, 서정시
◆ 주제 : 충만한 생명력과 조화로운 합일에 대한 추구
◆ 특징 : ① '물'과 '불'의 대립적 이미지를 이용하여 주제 의식을 강조함.
② 가정법을 활용하여 화자의 간절한 소망을 드러냄.
③ 명령형 어미를 통해 현실 극복 의지를 강조함.

작품 핵심 **단축키** ----------------------------------

 하늘   바다, 물   조화

정답 1 ①   2 ④   3 ⑤   4 ③

1 표현상의 특징 파악   정답 ①

이 시에 실제의 뜻과 반대로 말하는 반어적 표현은 쓰이지 않았다.

◆ 오답 풀이
② 1연 4행에서 의성어인 '우르르 우르르'를 사용하여 비가 오는 소리를, 4연 4행에서 의성어인 '푸시시 푸시시'를 사용하여 불이 꺼지는 소리를 표현하였다.
③ 이 시에서는 '물'과 '불'의 상반된 이미지를 통해 충만한 생명력과 조화로운 합일에 대한 추구를 드러내고 있다.
④ 1연, 2연에서 어떠한 사실을 가정하여 조건으로 삼는 뜻을 나타내는 연결 어미인 '-다면'을 사용하여 화자의 간절한 소망을 드러내고 있다.
⑤ 2연의 '아직 처녀인 / 부끄러운 바다'와 4연의 '넓고 깨끗한 하늘'은 화자가 지향하는 이상향을 의미한다.

2 내용의 종합적 이해   정답 ④

[A]의 '바다'와 [C]의 '하늘'은 이상적인 세계를 상징한다. 하지만 [B]에는 이상적인 세계를 상징하는 시어가 제시되지 않았다.

◆ 오답 풀이
① [A]에서는 가정법을 사용하여 미래에 대한 소망을, [C]에서는 화자가 지향하는 세계에서 만나고자 하는 소망을 그리고 있다. 이와 달리, [B]에서는 '지금'이라는 부사어를 사용하여 현재의 모습을 그리고 있다.

② [A]에는 화자의 간절한 소망이 드러나 있으나, [B]에서는 그러한 화자의 소망과 달리 부정적인 현실의 모습을 노래하며 안타까움의 정서를 드러내고 있다.
③ [B]에서는 부정적인 현실에 대한 안타까움의 정서를 드러내고 있으나, [C]에서는 청유형 어미와 명령형 어미를 사용하여 현실 극복의 의지를 드러내고 있다.
⑤ [A]에서 화자는 황폐하고 메마른 현실을 물로 적셔 생명력 넘치는 세상으로 만들자는 소망을 드러내고 있다. 그러나 [B]에서는 이와 대조적으로 불로 인해 파괴된 세상을 묘사하고 있다.

3 핵심 시어의 의미 파악   정답 ⑤

'푸시시 푸시시 불 꺼지는 소리'는 대립과 갈등이 사라지기 시작하는 것을 의미하는 표현으로, 여기에서의 '불'은 '욕망'과 '열정'이 아니라 '대립'과 '갈등'의 의미를 지니고 있다.

◆ 오답 풀이
① 물이 비 오는 소리로 흐르고 있으므로 '물'은 '순환'의 의미를 지니고 있는 것으로 볼 수 있다.
② 물이 죽은 나무뿌리를 적시면 죽은 나무가 살아날 수 있을 것이라는 의미이므로 '물'은 '생명'의 의미를 지니고 있는 것으로 볼 수 있다.
③ 불이 사물을 태워 황폐하게 만든다는 점에서 '불'은 '파괴'의 의미를 지니고 있는 것으로 볼 수 있다.
④ '저 불 지난 뒤에 / 흐르는 물로 만나자'는 것은 갈등과 대립이 끝난 조화로운 세상이 오기를 바라는 것이므로 '물'은 '조화'와 '융합'의 의미를 지니고 있는 것으로 볼 수 있다.

4 시구의 의미 파악   정답 ③

ⓒ은 화자가 지향하는 세계인 '바다'에 닿는 것을 노래할 때 나온 감탄사이므로 비애가 아닌 소망과 기대감이 담긴 것으로 이해할 수 있다.

◆ 오답 풀이
① ㉠의 '어느 집'을 현대 사회로 확장시켜 이해하면 '가문'은 현대 사회가 메마르고 비정한 모습을 지니고 있는 것을 나타낸 표현으로 볼 수 있다.
② ㉡에서 '깊어지는'은 성숙해지는 모습으로, '저 혼자 깊어지는'은 강물이 스스로 성찰하는 모습으로 볼 수 있다.
④ ㉣은 부정적인 것들이 사라진 후 남은 새로운 생명력을 함축하고 있다고 할 수 있다.
⑤ ㉤은 굉장히 멀리 떨어진 곳에 '그대'가 있다는 의미이므로 정서적 거리감을 표현한 것으로 볼 수 있고, 그렇게 멀리 떨어져 있기 때문에 '그대'와 '물'로 만나는 것이 쉽지 않으며 만남이 이루어지기 위해서는 오랜 시간이 필요함을 암시하고 있다.

24 성에꽃_최두석

| 작품 해설 | 1980년대 군부 독재의 폭압 속에서도 삶의 생명력을 잃지 않고 살았던 민중들을 '성에꽃'으로 표현하고, '찬란한 치장', '기막힌 아름다움', '차가운 아름다움', '막막한 한숨', '정열의 숨결' 등으로 비유하며 예찬하고 있는 시이다. 민중에 대한 화자의 애정은 '무슨 전람회에 온 듯 / 자리를 옮겨 다니며 보'는 행동으로 나타난다. 또한 화자는 성에꽃을 통해 투옥된 친구의 모습을 떠올리며 그리움을 드러내고 있다.

| 작품 개관 |
◆ 갈래 : 자유시, 서정시
◆ 주제 : 민중들의 삶에 대한 예찬과 친구에 대한 그리움
◆ 특징 : ① 자연 현상에 상징적인 의미를 부여함.
　　　　② 감각적 이미지를 비유적으로 활용하여 대상을 표현함.
　　　　③ 화자의 행동 묘사를 통해 대상에 대한 애정을 표현함.

작품 핵심 단축키

[화자] 옮겨 다니며, 취한다　　[시어] 파출부　　[표현] 성에

정답　1 ③　2 ④　3 ⑤　4 ①

1 표현상의 특징 파악　　　　　　　　정답 ③

'엄동 혹한에 선연히 피는 성에'는 자연 현상이지만, 그것과 인간 세계의 대립을 보여 주는 시구는 없다.

◆ 오답 풀이
① '어느 누구의 막막한 한숨이던가 / 어떤 더운 가슴이 토해 낸 정열의 숨결이던가'에서 의문문의 형식을 활용하여 시적 의미를 강조하고 있다.
② '성에'는 차가운 날 수증기가 얼어 생기는 자연 현상이며, 화자는 이를 '민중의 삶'이라고 상징적으로 표현하고 있다.
④ 화자는 '무슨 전람회에 온 듯 / 자리를 옮겨 다니며 보'자는 신의 행동 묘사를 통해 '성에꽃'에 대한 애정을 드러내고 있다.
⑤ 마지막 행에서 '지금은 면회마저 금지된 친구여.'라고 하면서 부름의 형식을 활용하여 친구에 대한 그리움을 표출하고 있다.

2 내용의 종합적 이해　　　　　　　　정답 ④

화자가 성에꽃을 정성스레 지우는 것은 민중들의 삶에 대한 애정을 지녔던 친구의 얼굴을 떠올리기 위한 행위이다. 따라서 현실의 벽에 부딪혀 무력감을 느낀다는 것은 적절하지 않다.

◆ 오답 풀이
② '엄동 혹한일수록' 더 아름답게 피어나는 성에꽃의 속성을 드러내고 있다.

② '어제 이 버스를 탔던 / 처녀 총각 아이 어른 미용사 / 외판원 파출부 실업자'의 '입김과 숨결'이 만나 이루어 낸 성에꽃에서 '번뜩이는 기막힌 아름다움'을 발견하고 있다.
④ '어느 누구의 막막한 한숨이던가 / 어떤 더운 가슴이 토해 낸 정열의 숨결이던가'에서 서민들에 대한 따뜻한 시선이 드러난다. 이를 바탕으로 화자는 '전람회에 온 듯 / 자리를 옮겨 다니며' 성에꽃에서 '차가운 아름다움'을 발견하고 있다.
⑤ '오랫동안 함께 길을 걸었으나 / 지금은 면회마저 금지된 친구여'에서 친구에 대한 안타까움을 느낄 수 있다.

3 시구의 의미 파악　　　　　　　　정답 ⑤

'성에'를 비유한 것이 아닌 말을 찾는다. '찬란한 치장', '번뜩이는 기막힌 아름다움', '차가운 아름다움', '막막한 한숨' 등은 '성에'를 비유한 시구들이다. 그러나 '푸석한 얼굴'은 성에를 통해 떠올린 친구의 모습이다.

4 외적 준거에 따른 감상　　　　　　　정답 ①

'새벽 시내버스'는 서민들이 타고 다니는 것이므로, 민중의 삶의 공간이라고 해석하는 것이 적절하다.

◆ 오답 풀이
② '엄동 혹한'은 강한 추위를 나타내는 감각적 표현으로 극에 달한 군부 독재 정권의 폭압을 상징한다.
④ '정열의 숨결'은 민중에 대한 애정을 바탕으로 그들의 삶이 건강하다는 믿음에서 나온 표현이다.
⑤ '친구'는 '오랫동안 함께 길을 걸었으나 / 지금은 면회마저 금지된' 사람이다. 시대 상황을 고려하면 군부 독재 정권에 저항하다가 투옥된 사람이라고 할 수 있다.

▶ 일제 강점기

pp.80~83

25 무정(無情)_이광수

| 작품 해설 | 봉건적 도덕 의식을 가진 박영채와 근대적 인간형인 이형식을 비롯한 여러 유형의 과도기적 인물을 설정하여 봉건 사회에서 근대 사회로 옮아가는 시대의 가치관을 집약적으로 표현한 소설이다. 서술자의 격앙된 영탄과 우연적 사건 전개가 부분적으로 나타나 있지만, 참신한 구어적 문체와 치밀한 구성, 생생한 인물의 창조 등으로 인하여 최초의 근대 소설로 인정받는 작품이다. 민족주의 사상을 바탕으로 한 근대 문명에 대한 동경, 신교육, 자유연애, 기독교적 신앙 등 다양한 주제 의식을 다루고 있다.

| 작품 개관 |
◆ 갈래 : 장편 소설, 계몽 소설
◆ 성격 : 계몽적, 민족주의적, 설교적
◆ 배경 : 시간 – 1910년대 / 공간 – 서울, 평양, 삼랑진
◆ 시점 : 전지적 작가 시점
◆ 주제 : 민족 현실의 자각과 새로운 사회에 대한 열망
◆ 특징 : ① 근대화한 현실과 인간의 심리를 세밀하게 묘사함.
② 인물의 대화를 직접 인용하는 구어체 문장을 사용함.

작품 핵심 단축키

| 인물 | 유학, 계몽 | 사건·갈등 | 자선 음악회, 민족 | 서술 | 대화 |

정답 1 ① 2 ⑤ 3 ② 4 ④

1 서술상의 특징 파악

정답 ①

이 글에서는 '~이다, 없다, 같다, 보인다, 본다, 거닌다' 등의 현재형 시제를 사용하여 현장감을 살리고 있다.

◆ 오답 풀이
② 등장인물들은 모두 사투리를 사용하고 있지 않다.
③ 작품의 배경은 '삼랑진'으로 수재가 일어난 곳인데, 주제와 관련된 상징적인 배경으로 보기 어렵다.
④ 처음부터 끝까지 단일한 서술자가 전지적 작가 시점으로 서술하고 있다.
⑤ 인물의 외모를 구체적으로 묘사한 부분은 제시되지 않았다.

2 지시적 의미 파악

정답 ⑤

'방금 눈에 보는 사실이 그네에게 산 교육을 주었다.'에서 ⓔ의 '그네'는 지금 막 깨달음을 얻은 '영채와 선형'을 가리키고 있음

을 확인할 수 있다. ⓐ~ⓓ는 모두 수재를 당한 삼랑진 사람들을 가리킨다.

3 인물의 성격 파악

정답 ②

형식은 삼랑진 수재민들을 보면서 미개한 상태에 머물러 있는 조선 민중을 교육하기 위해 유학길에 올라 신학문을 배워 오자고 역설한다. 유학을 통해 형식이 궁극적으로 추구하고자 하는 바는 부국강병이다. ②에서 '깊은 잠을 어서 깨어 부국강병 진보하세'라는 부분은 미개한 상태에서 벗어나 교육을 통해 부국강병을 이룩하자는 것이고, 이는 형식이 추구하는 바와 통하므로 형식이 병욱, 영채, 선형에게 들려줄 노래로 적절하다.

◆ 오답 풀이
① 「독립군가」는 광복을 위해 맞서 싸우자는 내용을 담고 있는데, 형식은 민중 계몽에 뜻을 두고 있으므로 거리가 멀다.
③ 군대에서 해산당한 병사들을 위로하는 내용이다.
④ 힘차고 빠른 기차의 모습을 예찬하는 내용이다.
⑤ 의병으로 활동하기를 권유하는 내용이다.

4 외적 준거에 따른 감상

정답 ④

형식과 병욱은 조선 민중을 구제할 수 있는 방법으로 문명과 교육의 중요성에 대해 서로 문답을 주고받는다. 이를 두고 '이러한 큰 문제를 논란하는 형식과 병욱은 매우 큰 사람같이 보였다.'라고 말하는 것에서 영채가 이들의 가치관에 대해 정확하게 이해하지는 못하지만, 그 중요성은 인식하게 되었다는 사실이 드러난다.

pp.84~87

26 만세전(萬歲前)_염상섭

| 작품 해설 | 3·1 만세 운동 직전의 조선의 실상을 여로형 구조를 통해 사실적으로 형상화한 소설이다. 당대의 사회상을 총체적으로 그려 내는 것을 목표로 했던 작가의 정신이 투철하게 담겨 있다. 주인공 '나'는 민족의 현실을 바라보는 나약하고 무기력한 지식인으로, 작가는 이러한 인물을 주인공으로 내세워 암담한 현실을 이해하고 울분을 느끼지만, 개선을 위한 노력은 보이지 않는다는 점에서 당대 지식인들의 한계를 보여 주고 있다.

| 작품 개관 |
◆ 갈래 : 중편 소설, 사실주의 소설, 여로형 소설
◆ 성격 : 사실적, 현실 비판적
◆ 배경 : 시간 – 1918년 겨울(3·1 운동 직전) / 공간 – 동경, 서울
◆ 시점 : 1인칭 주인공 시점
◆ 주제 : 지식인의 눈으로 본 식민지 조선의 암담한 현실

◆ **특징** : ① 여로형 구조 속에서 주인공이 체험하게 되는 조선의 식민지 현실을 사실적으로 묘사함.

② 여행이 진행됨에 따라 주인공이 현실을 새롭게 인식하고 자아를 각성해 가는 과정을 담아냄.

작품 핵심 **단축키**

인물 유학생　　사건·갈등 무덤, 공동묘지　　서술 변화

정답 1 ②　2 ⑤　3 ③　4 ③

---

1 서술상의 특징 파악
정답 ②

이 글에서 '나'는 기차가 대전에 도착하여 정차 중일 때 내려서 본 사람들의 모습을 관찰하고 있다. 하나같이 비참한 조선 사람들의 모습을 보며 처량함과 혐오감을 느낀 '나'는 조선의 현실이 공동묘지 같다고 인식한다. 따라서 이 글은 주변의 상황을 관찰하고 그 속에서 벌어지는 일들에 대한 주인공의 내면 심리를 드러내며 전개된다고 할 수 있다.

◆ 오답 풀이

① 이 글에서 서술자가 교체되는 부분은 나타나지 않는다.

③ 이 글에는 자연적 배경이 뚜렷하게 드러나지 않으며, 이를 통해 사건 전개 방향을 암시하고 있지도 않다.

④ 이 글에서 장면이 자주 전환되는 부분은 나타나지 않으며, 상황을 속도감 있게 전개하고 있지도 않다.

⑤ 이 글에는 '나'의 독백적 발화가 제시되어 있지만, 이를 통해 '나'는 자기 생각을 주관적으로 드러내고 있다.

2 구절의 의미 파악
정답 ⑤

㉤에서 '나'가 코를 막지 않은 것은 조선의 비참한 현실을 인식하고도 이를 개선하기 위한 실천적 행동이나 노력은 하지 않는 모습을 상징적으로 보여 주는 행위라고 할 수 있다. 따라서 이를 현실 극복을 위한 결의가 드러난다고 설명하는 것은 적절하지 않다.

◆ 오답 풀이

① 뼈에 저린 밤바람으로 인해 자라목을 하며 몸을 움츠린 모습을 묘사한 것이다.

② 결박당한 여인의 등 뒤에 아이가 업혀 있다는 사실에 충격을 받은 모습이 나타나 있다.

③ 일차적으로는 승객들 즉, 희망 없는 조선인들을 향한 욕설이지만 결국은 그들과 다를 것 없는 자신에게 하는 욕설이다.

④ 흐릿하고 쌀쌀한 찻간 안은 일제의 폭압에 짓눌린 우리 민족의 암울한 현실을 상징한다.

3 작품 간의 비교 감상
정답 ③

〈보기〉의 서술자와 이 글의 서술자 모두 현실에 대한 부정적인 인식을 상징적 단어를 통해 드러내고 있다. 〈보기〉에서는 '최면술에 걸린 송장'을 통해, 이 글에서는 '무덤, 공동묘지, 구더기'라는 단어를 통해 이를 확인할 수 있다.

◆ 오답 풀이

① 〈보기〉의 서술자는 자신을 '송장'으로, 이 글의 서술자는 자신을 '구더기'로 표현하며 부정적으로 인식하고 있다.

② '송장'은 죽은 시신이고, '구더기'는 송장 위를 기어 다니는 존재로, 모두 의식 없는 조선인들을 상징한다고 볼 수 있다.

④ 〈보기〉의 '나는 나에게 최면술을 걸려는 무리를, 험악한 이 공기의 원류를 쳐부수려고 하는 것이다.'라는 표현을 통해 서술자는 자신이 살기 위해 부정적 현실에서 벗어나려 하고 있음을 알 수 있다.

⑤ 이 글과 〈보기〉의 서술자는 일제 강점기 조선의 현실을 생기 없고 무기력한 상태로 보고 있으므로 당시 조선 사회의 모습을 '공동묘지'라고 하는 것에 둘 다 동의할 것이다.

〈보기〉 속 작품　　　최서해,「탈출기」

• **주제** : 일제 강점기의 비참한 삶과 부조리한 현실에 대한 저항

• **해제** : 1920년대 일제 강점기의 우리 민족의 비참한 삶의 모습을 작가의 체험을 바탕으로 그려 낸 자전적 소설이다. 단순히 빈궁한 삶 자체를 사실적으로 묘사하는 데 그친 여타 사실주의 작품과 달리, 그러한 빈궁함에 항거하는 반항적인 태도를 내세운 것이 특징이다. 제시된 부분에서는 이 작품의 주인공인 '나(박 군)'가 극도의 가난에 시달리는 가족을 뒤로하고 사회주의 운동을 하게 된 이유를 친구인 김 군에게 고백하며 자신이 만주로 탈출하는 것에 대해 해명하고 있다.

---

4 외적 준거에 따른 감상
정답 ③

〈보기〉에 따르면 이 작품은 공간적 배경이 '동경 → 서울 → 동경'으로 이어지는 여로형 소설에 해당한다. 이 글의 서술자 '나'는 기차로 이동을 하는 중에 조선의 현실에 대해 인식하게 되고, 그러한 인식을 '무덤'과 '구더기' 등으로 표현하고 있다. 이를 통해 '나'가 공간의 이동에 따라 현실을 인식하는 모습을 확인할 수 있다.

◆ 오답 풀이

① 이 글과 〈보기〉의 내용만으로는 동경이라는 공간의 의미에 대해 알 수 없다.

② 이 글의 서술자 '나'는 현실 문제를 해결하려는 의지를 보이지 않는다.

④ '묘지'는 일제 강점하의 비참한 현실 또는 그러한 현실 속에서 저항하지 못하고 무기력하게 살아가는 우리 민족의 모습을 상징한다.

⑤ 이 글의 주제를 삶의 허무함, 즉 '인생무상'으로 보는 것은 적절하지 않다.

27 소설가 구보 씨의 일일_박태원

| 작품 해설 | 1934년 『조선중앙일보』에 연재된 중편 소설이자 모더니즘 소설이다. 소설가 구보가 1930년대 서울 거리의 풍물과 사람들의 모습을 관찰하며 느낀 생각과 고뇌를 보여 주고 있는데, 변화해 가는 내면 의식을 의식의 흐름 기법으로 그리고 있다. 구보의 관찰과 생각 속에는 1930년대라는 어두운 식민지 현실 속에서 아무것도 할 수 없었던 지식인들의 무기력함과 속물적 가치를 추구했던 당시 세태에 대한 비판이 담겨 있다.

| 작품 개관 |
- ◆ **갈래** : 중편 소설, 세태 소설, 심리 소설, 모더니즘 소설
- ◆ **성격** : 관찰적, 심리적, 묘사적, 사색적
- ◆ **배경** : 시간 – 1930년대의 어느 날 / 공간 – 경성(서울) 시내
- ◆ **시점** : 전지적 작가 시점
- ◆ **주제** : 무기력한 소설가의 눈에 비친 1930년대 도시의 일상과 그의 내면 의식
- ◆ **특징** : ① 의식의 흐름 기법을 사용함.
  ② 여로형 구조(주인공의 외출에서 귀가까지)로 전개됨.

🥤 작품 핵심 **단축키**

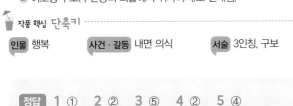

인물 행복 사건·갈등 내면 의식 서술 3인칭, 구보

정답 1 ① 2 ② 3 ⑤ 4 ② 5 ④

1 서술상의 특징 파악 정답▶①

이 글은 전지적 작가 시점으로 서술되어 있으나, 주인공 '구보'의 시각에서 바라본 풍경, 주변 인물들의 모습, 개인적인 생각 등을 중심으로 사건이 전개되어 결국 구보가 서술자의 역할을 대신하고 있음을 확인할 수 있다.

◆ 오답 풀이
② 서술자의 서술로만 사건이 전개될 뿐 대화는 거의 드러나 있지 않다.
③ 자신의 삶에 대한 반성은 나타나 있으나 부조리한 현실에 대한 비판은 나타나지 않는다.
④ 주변의 풍경, 인물들의 모습 등 여러 대상에 대한 구보의 감회를 보여 주고 있다.
⑤ 구보의 시각에서 바라본 풍경, 주변 인물들의 모습을 서술하고 있으므로 시각 이외의 다른 감각은 활용하지 않았음을 알 수 있다.

2 내용 전개상의 특징 파악 정답▶②

이 글은 특정한 목적지 없이 서울 시내를 방황하는 구보의 내면 의식을 중심으로 내용이 전개되고 있다. 특정한 사건도 없고,

갈등 관계도 없는 상태에서 즉흥적으로 떠오르는 주인공의 의식을 보여 주는 의식의 흐름 기법이 나타난다.

◆ 오답 풀이
① 이 글은 전체적으로 현재형 어미를 많이 활용하여 현장감을 불러일으키면서 구보의 생각을 생생하게 전달하는 효과를 얻고 있다.
③ 구보의 내적 갈등이 나타날 뿐, 인물 간의 갈등이 드러나지는 않는다.
④ 당대 사회상이 그려지기는 하지만 그에 대한 문제의식을 드러내지는 않았다.
⑤ 구보의 의식의 흐름에 따라 내용이 전개되고 있을 뿐 인물의 정신적 공황 상태나 풍자적 태도는 드러나지 않는다.

3 작품의 내용 파악 정답▶⑤

구보는 우연히 백화점 안으로 들어섰다가 행복해 보이는 젊은 내외와 그들의 아이를 보게 된다. 그들을 본 구보는 이러저러한 추측을 하면서 자신의 행복에 대해 생각하게 된다. 이들은 구보에게 부러움의 대상일 뿐, 구보가 자신의 모습을 발견하는 대상으로 그려지지는 않는다.

◆ 오답 풀이
① [A]의 바로 뒤에서 구보는 '자기는 어디 가 행복을 찾을까 생각한다.'라고 하였다.
② 구보는 행복해 보이는 가족에게 부러움을 느끼며 이들을 축복하는 모습을 보이고 있다.
③ 구보는 부부와 아이를 보며 '부러움을 느끼게 하였는지도 모른다.'라고 하였다.
④ 구보가 백화점에 우연히 들어섰다가 보게 된 장면이다.

4 서술상의 특징 파악 정답▶②

이 글에는 처음부터 끝까지 쉼표가 많이 사용되고 있다. [B]에서는 쉼표가 필요하지 않은 부분에까지 쉼표를 사용하여 독자의 읽기 속도에 변화를 주고, 이로 인해 쉼표가 있는 부분에 주목하게 하는 효과를 얻고 있다.

◆ 오답 풀이
① 한자어를 사용하고 있으나 생각을 간결하게 전달하는 것과는 거리가 멀다.
③ '그 색시'를 전차에서 만난 일을 말했을 때의 어머니의 반응을 상상하여 말하고 있으나, 이를 통해 자신의 내면 의식을 간접적으로 표현한다고 보기는 어렵다.
④ 말줄임표는 구보가 상상하는 어머니의 말씀 부분에 사용되고 있다는 점에서 구보의 의식을 보여 준다고 보기 어렵고, 내면 의식을 강조하는 것으로 보기도 어렵다.
⑤ 어순을 뒤바꾼 의도적인 비문(非文)은 사용되지 않았다.

5 작품 간의 비교 감상 정답▶ ④

〈보기〉에는 자신이 의도하지 않았음에도 뒤틀리고 왜곡된 삶을 살아갈 수밖에 없는 철호의 방향 상실감과 아내를 잃은 극도의 절망감이 나타난다. 이러한 점에서 철호는 6·25 전쟁 이후의 시대가 낳은 불행한 삶을 대표한다고 할 수 있다. 그러나 구보의 모습이 1930년대의 불행한 삶을 대표한다고 보기는 어렵다.

◆ 오답 풀이

① 두 사람은 삶에 대한 기쁨이나 희망이 없는 상태에서 막연히 어디론가 가는 상황에 처해 있다.

② 두 사람은 모두 어디로 가야 할지 목적지를 정하지 못하는 모습을 보여 주고 있다.

③ 구보도 다소의 불안 의식을 보이고 있으나, 〈보기〉의 철호는 극도의 불안 의식을 드러내며 행선지를 바꾸고 있다.

⑤ 이 글에서는 구보의 공간 이동에 따라 그의 눈에 비친 대상에 대한 내면 의식을 서술하고 있으나, 〈보기〉에서는 죽은 아내에 대한 철호의 의식을 단편적으로 드러내고 있다.

〈보기〉 속 작품 이범선, 「**오발탄**」

- **주제** : 양심적 인물이 제대로 살지 못하는 부조리한 전후 현실에 대한 비판
- **해제** : 6·25 전쟁 이후 월남한 실향민 일가의 비극적인 삶의 모습을 통해 전후 우리 민족의 가난과 고통, 비정한 현실을 심도 있게 그린 작품이다.

pp.92~95

28 봄봄 _김유정

| 작품 해설 | 강원도 산골을 배경으로 하여 어리숙한 '나'와 교활한 장인이 혼례를 두고 벌이는 갈등을 해학적으로 그린 소설이다. 데릴사위라는 소재를 통해 마름이 머슴을 착취하던 당대의 농촌 상황을 비판적으로 드러내고 있다. 순박하고 어수룩한 인물의 모습과 비속어 및 토속어 사용 등을 통해 웃음을 유발한다.

| 작품 개관 |

◆ **갈래** : 단편 소설, 농촌 소설
◆ **성격** : 해학적, 토속적
◆ **배경** : 시간 – 1930년대 어느 봄 / 공간 – 강원도 산골
◆ **시점** : 1인칭 주인공 시점
◆ **주제** : 교활한 장인과 어수룩한 데릴사위 사이의 해학적 갈등
◆ **특징** : ① 절정 속에 결말이 삽입되어 있음.
　　　　　② 익살스러운 표현과 비속어, 토속어를 사용하여 해학적인 분위기를 형성함.

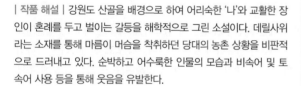

 이중적　　 몸싸움　　 회상

정답 1 ⑤　2 ④　3 ④　4 ④

1 서술상의 특징 파악 정답▶ ⑤

이 글은 나중에 일어난 사건인 결말('나'와 장인의 화해)을 결말보다 이전에 일어난 사건인 절정('나'와 장인의 싸움) 안에 삽입하여 '나'와 장인의 해학적 활극을 부각하고 있다.

◆ 오답 풀이

① 이 글에 배경을 상세하게 묘사한 부분은 나타나지 않는다.

② 구장에게 다녀온 일이 과거 사건인데 이를 점순이와 '나'의 대화를 통해 언급하고 있을 뿐 요약적으로 제시하지는 않았다.

③ 주된 장면은 장인과 '나'의 싸움 장면으로, 빈번한 장면 전환은 이루어지지 않았다.

④ 1인칭 주인공 시점으로 서술하고 있을 뿐, 서술자가 달라지지는 않았다.

2 인물의 심리 파악 정답▶ ④

ㄹ은 이마에 진땀이 솟고, '죽나 보다'라고 생각할 정도로 아파하며 소리를 지르는 부분이므로 장인에게 일부러 져 주는 척하고 있다고 볼 수 없다.

◆ 오답 풀이

① ㄱ : 점순이가 좀 더 적극적으로 자신과의 성례를 주장하지 못하는 '나'를 답답해하며 하는 말이다.

② ㄴ : 점순이가 자신을 병신으로 본다면 죽느니만 못하다고 생각하며 자기가 일하지 않으면 장인이 농사를 못 짓게 될 것이라는 계산에서 한 말이다.

③ ㄷ : 싸움의 근본 원인을 두고 더 이상 물러설 수 없다고 느낀 '나'가 장인에게 한 말이다.

⑤ ㅁ : 점순이는 '나'와 혼례를 올리고 싶은 마음에 '나'를 충동질하지만 이 때문에 자신의 아버지가 봉변을 당하자 당황하며 아버지 편을 들고 있다.

3 외적 준거에 따른 감상 정답▶ ④

이 작품에 등장하는 인물은 '나', 점순이, 장인이다. '나'는 어수룩하고 우직한 인물로, 점순이는 외향적이며 당돌한 인물로, 장인은 교활한 인물로 그려져 있다. 그러나 이해타산적인 건달형 인물은 등장하지 않는다.

◆ 오답 풀이

① ⓐ : '병신', '～지유' 등의 비속어와 사투리를 통해 해학적인 분위기를 형성하고 있다.

② ⓑ : '나'와 장인이 혼례 문제를 두고 서로 바짓가랑이를 잡으며 싸우는 장면을 과장되고 희극적인 상황으로 그리고 있다.

③ ⓒ : 소박하고 우직한 인물은 '나'로, '나'의 성품은 점순이와 성례를 시켜 준다는 장인의 말만 믿고 3년 7개월째 돈 한 푼

받지 않고 일하고 있는 상황이나 점순이의 의도를 파악하지 못하는 모습을 통해 잘 드러난다.

⑤ ⓔ : 교활하고 약삭빠른 인물은 '장인'으로, 점순이와 성례를 시켜 준다며 '나'를 돈 한 푼 주지 않고 부려 먹는 모습, 결말 부분에서 또다시 '나'를 감언이설로 회유하여 일을 시키는 모습에서 그의 성격을 확인할 수 있다.

4 원작의 재구성　　　　　　　　　정답 ④

[A]는 장인이 '나'를 감언이설로 회유하여 또다시 일터로 보내려 하고, '나'는 그런 장인의 의도를 파악하지 못하고 고마움을 느끼는 장면이다. 따라서 ㉮에는 위로하거나 달래는 듯한 행동과 어조가 들어가는 것이 어울리며, ㉯에는 고마움을 느끼며 감격에 겨워 용서를 비는 듯한 행동과 어조가 어울린다.

◆ 오답 풀이

①, ③, ⑤ [A]에서 '나'는 장인의 의도를 파악하지 못하고 눈물을 흘리며 감격하고 있으므로, 의심스러워하거나, 화를 참거나, 고마워하는 척하는 태도는 어울리지 않는다.

② 장인은 사위를 달래고 있으므로 윽박지르는 어조로 말하는 것은 적절하지 않다.

---

pp.96~99

29 태평천하(太平天下)_채만식

| 작품 해설 | 1938년 1월부터 『조광』에 연재되었던 채만식의 장편 소설이다. 대다수의 민중이 절대적 궁핍 속에 고난을 겪는 지옥과 같은 일제 강점기를 '태평천하'라고 외치는 윤 직원의 부정적이고 타락한 모습에 대한 풍자가 핵심을 이루는데, 이는 반어적 수법을 통한 희화화에 의해 실현되고 있다. 작가는 이러한 부정적 인물을 통해 역사 현실을 외면하고 근대정신을 망각한 지주 계급들을 비판함으로써, 당시의 왜곡된 세태를 풍자하고 있다.

| 작품 개관 |

◆ **갈래** : 장편 소설, 사회 소설, 풍자 소설, 가족사 소설
◆ **성격** : 비판적, 풍자적
◆ **배경** : 시간 – 1930년대 일제 강점기 / 공간 – 서울
◆ **시점** : 전지적 작가 시점
◆ **주제** : 윤 직원 일가의 타락상과 몰락 과정
◆ **특징** : ① 반어적 표현을 통해 부정적 인물을 풍자함.
　　　　　② 서술자가 인물을 희화화하여 비판적 태도를 드러냄.

작품 핵심 **단축키**

인물 태평천하　　　사건·갈등 사회주의　　　서술 판소리 사설

정답 　1 ⑤　2 ②　3 ③　4 ④　5 ⑤

---

1 작품의 내용 파악　　　　　　　　정답 ⑤

인력거꾼은 계동의 이름난 장자(富者) 윤 직원 영감을 태우고 온 후 인력거 삯을 받기 위해 허리를 굽히고 있는 것이지 양반에게 위압감을 느끼고 있는 것은 아니다. 또한 윤 직원 영감이 양반이라는 정보는 이 글에 제시되어 있지 않다.

◆ 오답 풀이

① 윤 직원은 계동의 이름난 장자(부자)지만 인력거 삯을 주지 않으려고 억지를 부리고 있다. 그러므로 매우 인색하고 몰인정한 인물이라는 것을 알 수 있다.

② '그놈이 경찰 서장 허라닝개루'라는 표현을 통해 윤 직원은 손자 종학에게 큰 기대를 걸고 있었음을 알 수 있다.

③ 종학이 사회주의에 참여하여 경시청에 붙잡혔다는 것으로 보아 당시 일본이 사회주의 사상을 용인하지 않았다는 것을 알 수 있다.

④ 윤 직원의 호통에 가족들은 아무도 숨을 크게 쉬지 못하였다는 것으로 보아 화가 난 윤 직원의 눈치를 살피고 있다는 것을 알 수 있다.

2 서술자의 태도 파악　　　　　　　정답 ②

이 글의 서술자가 '성난 황소가 영각을 하듯 고함을 지릅니다.', '방금 발광이 되는가 싶습니다.' 등의 희화화한 표현으로 윤 직원의 모습을 제시하고 있는 것으로 보아, 풍자적 기법을 통해 윤 직원의 모습을 우회적으로 비판하고 있음을 알 수 있다.

◆ 오답 풀이

① 서술자는 윤 직원의 모습을 희화화하며 우회적으로 비판하고 있다. 그러므로 연민의 정서를 직접적으로 표출하고 있다고 볼 수 없다.

③ 이 글에서 서술자는 단순히 사건을 전달하는 것에 그치지 않고 인물과 사건에 대한 자신의 주관적인 생각을 드러내고 있는데, 이는 객관적인 태도를 유지하는 것이라고 볼 수 없다.

④ 이 글에서 사용하고 있는 경어체는 독자와 서술자의 거리를 가깝게 만들어 주는 소설적 장치라고 할 수 있다. 하지만 서술자가 소설 속 인물인 윤 직원을 우호적으로 바라보는 태도는 드러나지 않는다.

⑤ 이 글에서 서술자는 윤 직원의 심리를 중점적으로 서술하고 있을 뿐 다른 인물을 통해 윤 직원에 대한 냉소적인 태도를 드러내고 있지는 않다.

3 소재의 기능 파악　　　　　　　　정답 ③

'호해'는 진시황의 아들로, 이 글에서는 윤 직원의 손자 '종학'에 대응되는 역사적 인물이다. 그러므로 일제 강점기의 사회 모습을 드러내는 소재라고 볼 수 없다.

◆ 오답 풀이

ⓐ'인력거꾼', ⓑ'경시청', ⓓ'순사', ⓔ'수십만 명 동병(動兵)'은

바른답 알찬풀이　29

일제 강점기와 관련이 있는 소재들이므로 독자는 이 소재들을 접하면서 당대 현실을 체험한 것 같은 현장감을 느끼게 된다.

4 서술상의 특징 파악

정답 ④

이 글은 경어체를 사용하여 독자와의 친근감을 드러내면서 서술자의 목소리가 직접 등장하는 편집자적 논평을 사용하였는데, '진나라를 망할 자 ~ 오히려 행복이라 하겠습니다.'처럼 편집자적 논평을 통해 윤 직원이 처한 상황을 서술자가 직접 평가하고 있다.

◆ 오답 풀이

① 이 글은 일부 장황한 해설과 세심한 묘사가 보이지만 열거 등의 방법으로 장면을 길게 제시한 장면의 극대화는 보이지 않는다.
② 전기적(傳奇的) 요소는 현실에서 일어날 수 없는 비현실적 요소를 말한다. 이 글에서 이러한 전기적 요소는 등장하지 않는다.
③ 윤 직원을 악인으로 설정할 수는 있지만, 악인과 선인의 대립을 바탕으로 권선징악적 주제를 드러내지는 않았다.
⑤ 이 글에는 윤 직원의 성격을 설명해 줄 수 있는 두 개의 이야기가 제시되어 있다. 하지만 동일한 시간에 일어난 서로 다른 사건을 병치시키고 있지는 않다.

5 외적 준거에 따른 감상

정답 ⑤

윤 직원은 손자 종학이 과거에 자신의 삶을 위협했던 세력과 비슷한 무리에 참여한 것에 대해 배신감과 분노를 느끼고 있다. 따라서 손자가 겪을 힘겨운 삶을 생각하며 속상해하는 것이라고 볼 수 없다.

◆ 오답 풀이

① 〈보기〉를 통해 윤 직원이 부자인 것은 시류에 영합하여 자신의 이익만을 추구했기 때문이라는 사실을 알 수 있다.
② 종학은 일본에서 사회주의 운동을 하다가 경시청에 피검되었다. 따라서 종학은 〈보기〉에 제시된, 불의에 맞서 일제에 저항한 인물에 해당한다는 것을 알 수 있다.
③ 윤 직원은 일제 강점기의 강압적 통치에 대해 '골골마다 공명헌 정사'라고 평가하고 있다. 이를 통해 윤 직원은 〈보기〉에 제시된 바와 같이 국권 의식 없이 시류에 영합해 자신의 이익만을 추구했던 이기적인 존재라는 것을 알 수 있다.
④ 부정적 인물인 윤 직원이 칭찬하는 사회는 올바른 사회가 아니므로 이 글은 반어라는 우회적인 방법을 통해 일제 강점기를 비판하고 있음을 알 수 있다. 〈보기〉에서는 문학에 대한 일제의 검열이 있었다고 말하고 있으므로 작가가 검열을 피하기 위하여 우회적인 방법을 사용한 것임을 유추할 수 있다.

---

30 토막(土幕)_유치진

| 작품 해설 | 1920년대 농촌의 현실과 일본의 수탈상, 농민들의 저항 의식을 실감 나게 담아낸 최초의 본격적인 사실주의 희곡이다. 명서 가족의 음습하고 어두운 분위기와 가난하고 병든 삶은 1920년대 민중들의 모습을 대변하고 있다. 가난한 농촌을 배경으로 하여 식민지 정책의 구조적인 모순에 대한 비판 의식을 드러내고 있는 작품이다.

| 작품 개관 |
◆ 갈래 : 희곡, 비극, 장막극, 사실주의극
◆ 성격 : 현실 고발적, 비판적, 사실적
◆ 배경 : 시간 – 1920년대 일제 강점기 / 공간 – 어느 빈곤한 농촌
◆ 주제 : 일제의 수탈로 황폐해져 가는 농촌의 현실과 극복 의지
◆ 특징 : 사실적인 대사, 상징적인 소재를 통해 당시 농촌의 비참한 상황을 효과적으로 드러냄.

작품 핵심 단축키

인물 분노, 위로   사건·갈등 해방 운동   서술 사실적

정답 1 ②   2 ③   3 ⑤   4 ③

1 인물의 심리 및 역할 파악

정답 ②

명서는 아들 명수가 '백골'이 되어 돌아오자 분노와 절망감에 몸부림치고 있다. 그러한 명서에게 딸 금녀는 '오빠는 우릴 저버리진 않을 거예유. ~꾹 참구 살아가유.'라며 인내의 태도로 위로하고 있다. 이는 주변의 상황이나 세속의 일에 얽매이지 않는 달관의 태도가 아니라 암담한 현실 속에서도 미래에 대한 희망을 잃지 않는 의지적인 태도로 볼 수 있다.

◆ 오답 풀이

① 배달부는 '무식해도 분수가 있지.'라고 말하면서 명서를 무시하는 태도를 보이고 있다.
③ 명서 처는 아들 명수가 소포를 보냈다고 생각하여 기대감을 드러내었으나 그것이 명수의 백골이라는 것을 알고 절망하며 한탄하고 있다.
④ 명서는 '나는 여태 개돼지같이 살아오문서, ~육실헐 놈들!'이라고 소리치면서 현실 상황에 대한 분노를 표출하고 있다.
⑤ 명서네 가족은 삼조의 소포를 받고 일본에서 일하던 명수의 죽음을 알게 된다. 그러므로 작품에 직접 등장하지는 않지만 삼조가 인물들에게 정보를 전달하는 역할을 하고 있음을 알 수 있다.

2 배경의 의미와 기능 파악

정답 ③

이 글의 제목이기도 한 '토막(土幕)'은 이 글의 공간적 배경이다. '외양간처럼 음습한 토막집'의 내부는 인물들의 가난하고 불행

한 삶을 암시하는 역할을 한다. 적막을 찢는 '바람 소리' 역시 명수의 죽음으로 인해 비극으로 마무리되는 마지막 부분에 제시된 배경이므로 인물들이 처한 불행한 삶을 암시하는 것으로 볼 수 있다.

◆ 오답 풀이
① ㉠은 인물들의 삶이 가난하다는 것을 보여 주지만, ㉡은 인물들의 삶이 가난하다는 것을 보여 주지 않는다.
② 토속적 분위기는 우리나라 특유의 시골의 정취를 말한다. ㉠은 가난하고 초라한 분위기를 드러내며, ㉡은 토속적 분위기와는 거리가 멀다.
④ 이 글에서 비극적 삶을 초래하는 가장 큰 원인은 명수의 죽음이다. '토막(土幕)'과 '바람 소리'는 비극의 원인으로 작용하는 것이 아니라 비극적 삶의 모습을 암시적으로 드러내는 역할을 한다.
⑤ ㉠은 가난한 삶을 드러낼 뿐 명수의 죽음에 대한 복선으로 작용하지 않으며, ㉡은 명수의 죽음 이후에 제시되고 있으므로 등장인물의 심리적 고통을 암시할 뿐 복선의 역할을 하고 있지 않다.

3 인물의 태도 파악
정답▶ ⑤

금녀의 어머니가 명수의 백골을 안치하여 놓고 열심히 무어라고 중얼거리는 것은 억울하게 죽은 아들에 대한 간절한 그리움의 표현이자 아들의 영혼을 위로하기 위한 행동으로 볼 수 있다. 이를 종교적 깨달음이나 자식에 대한 집착이라고 해석하는 것은 적절하지 않다.

◆ 오답 풀이
① 배달부가 묻는 말에 모녀가 말이 없는 것은 명수가 왔을 것이라는 기대와 함께 불길한 감정이 교차되었기 때문이다.
② 명서는 아들 명수에 대한 걱정으로 인해 떨리는 손으로 소포를 받아들지만, 그 소포가 아들이 아닌 삼조에게서 온 것이라는 사실을 알게 되고, 아들이 보낸 것이 아니라는 것에서 실망감을, 걱정했던 아들의 나쁜 소식이 아니라는 것(소포를 열어 보기 전이므로 명수의 백골이 담겨 있음을 아직 모르고 있음.)에서 안도감을 느끼고 있다.
③ 명수의 백골이 들어 있는 상자를 꽉 안는 행동은 죽은 아들에 대한 그리움과 더불어 아들이 죽었다는 것에 대한 고통의 표현으로 해석할 수 있다.
④ 금녀는 눈물을 씻고 나서 슬픔과 분노에 찬 아버지를 위로하면서, 고통스러운 삶을 견디며 살아가자는 의지를 다지고 있다.

4 외적 준거에 따른 감상
정답▶ ③

명서는 아들 명수의 죽음에 대해 분노하고 있지만 이는 단순한 분노일 뿐 저항의 의지를 드러내는 것은 아니다. 비참한 삶을 극복하려는 모습은 금녀를 통해 드러나고 있다.

◆ 오답 풀이
① 〈보기〉를 통해 명수는 가난 때문에 일본으로 일을 하러 간 젊은이라는 것을 알 수 있다.
② 명수는 가난 때문에 일본으로 일을 하러 갔고, 해방 운동을 하다가 죽음을 맞이한 것으로 추측할 수 있다. 그러므로 '최 명수의 백골'은 일제 강점기 농민들의 비극적인 삶을 집약적으로 보여 주는 소재임을 알 수 있다.
④ 음습하고 초라한 공간인 '토막'을 배경으로 삼은 것은 민중들의 비극적인 삶을 상징적으로 보여 주려는 작가의 의도로 볼 수 있다.
⑤ '오빠는 우릴 저버리진 않을 거예유.'라는 말을 통해 금녀가 현실의 고통을 이겨 내려는 희망을 지닌 인물임을 알 수 있다.

pp.104~106

31 권태(倦怠)_이상

| 작품 해설 | 글쓴이가 일제 강점기의 답답한 조선의 현실에서 벗어나기 위해 갔던 일본 동경에서 쓴 수필이다. 글쓴이는 여름날 벽촌의 단조로운 풍경과 변함이 없는 일상 속에서 느끼는 권태를 형상화하고 있는데, 일상에 대한 사실적인 관찰을 바탕으로 하여 외부 세계에 대한 글쓴이의 자의식과 내면 심리를 표현하고 있다. 결국 이 작품은 현대인의 삶을 채우고 있는 무의미성에 대한 성찰을 담고 있다고 볼 수 있다.

| 작품 개관 |
◆ **갈래** : 경수필
◆ **성격** : 지적, 묘사적
◆ **주제** : 단조로운 환경과 일상적인 생활의 연속에서 느끼는 권태
◆ **특징** : ① 무의미한 하루 동안의 일과가 순차적으로 나열됨.
② 현재형 시제를 사용하여 글쓴이의 내면 심리를 생생하게 보여 줌.
③ 자연과 외부 대상에 대한 글쓴이의 심리를 만연체로 서술함.

작품 핵심 **단축키**

인물 권태   사건·갈등 장기   서술 시간

정답 1 ③ 2 ④ 3 ⑤ 4 ②

1 서술상의 특징 파악
정답▶ ③

대상에 인격을 부여하는 의인법을 사용하여 부정적인 세태를 풍자하는 내용은 찾아볼 수 없다.

◆ 오답 풀이
① 아침을 먹고, 최 서방네에 가고, 최 서방의 조카와 장기를 두는 '하루의 일과'가 시간의 흐름에 따라 전개되고 있다.

② '동에 팔봉산~그것같이 똑같다.'와 같이 단조로운 농촌 풍경을 나열하고 있다.

④ 백지 같은 '오늘'이라는 비유를 통해 '아무것도 할 일이 없는 상황'을 효과적으로 전달하고 있다.

⑤ '-ㄴ다', '-이다' 등의 현재 시제로 서술하여 작가의 내면을 생생하게 전달하고 있다.

2 구절의 의미 파악   정답▶④

'으례히 질 것이니까 골치 아프게 수를 보고 어쩌고 하기도 싫다는 사상'에서 최 서방의 조카가 마지못해 건성으로 장기를 두고 있음을 알 수 있다. 따라서 최 서방의 조카가 장기에서 이기려 애쓴다는 진술은 적절하지 않다.

3 외적 준거에 따른 감상   정답▶⑤

마지막 부분에서 자신에게 남아 있는 치사스러운 인간 이욕이 밉다고 말한 것은 '나'가 최 서방의 조카처럼 권태로움조차 인식하지 않는 상황이었으면 하는 바람을 표현한 것으로, 이상 실현의 길을 적극적으로 모색하는 모습으로 볼 수 없다.

◆ 오답 풀이

① '나'는 변함없이 늘 똑같은 자연과 의미 없는 장기 두기 같은 반복적인 일상에 대해 권태를 느끼고 있다.

② '나는 무엇이고 하지 않으면 안 된다. 무엇을 해야 할 것인가 연구해야 된다.'라는 표현에서 '나'가 권태에서 벗어나야 한다는 자의식(강박 관념)에 사로잡혀 있음을 알 수 있다.

③ 일제 강점기 지식인들이 이상을 실현하려 했지만 현실의 벽에 부딪혀 절망감에 빠졌고, 그것이 무기력한 삶으로 이어졌다는 〈보기〉의 내용을 이 글과 관련지어 이해한 감상이다.

④ 이상 실현의 기회를 박탈하는 암울한 현실이 지식인들로 하여금 무의미한 삶을 살 수밖에 없게 만들었다는 〈보기〉의 내용을 이 글과 관련지어 이해한 감상이다.

4 작품 간의 비교 감상   정답▶②

〈보기〉에서 화자는 하루살이의 자유로운 비행을 보며 자신의 무기력한 삶을 반성하게 된다. 즉, 하루살이는 벽을 사랑하며 불로 모여드는 열정을 지니고 있지만 자신은 그렇지 못함을 반성하는 것이다. 따라서 일정한 목표 의식 없이 권태를 느끼고 있는 이 글의 글쓴이와 〈보기〉의 화자가 동일인이라고 가정할 때, 글쓴이가 지향하는 삶은 자유롭게 즐기며 열정적으로 살아가는 삶이라고 할 수 있다.

> ### 〈보기〉속 작품   김수영, 「하루살이」
> • 주제 : 열정적인 삶에 대한 동경
> • 감상 : 열정적인 모습을 보이는 하루살이와 무의미한 일상을 보내고 있는 화자의 삶을 대비한 작품으로, 영탄적 표현의 반복을 통해 하루살이의 열정에 대한 동경의 마음을 드러내고 있다.

pp.107~110

32 역마(驛馬)_김동리

| **작품 해설** | 한곳에 정착하지 못하고 떠돌아다닐 수밖에 없는 '역마살'의 운명을 지닌 인물의 삶을 통해 '인간의 운명'이라는 문제를 다루고 있는 소설이다. 주인공인 성기의 역마살은 자신의 외할아버지인 체장수 영감에게서 비롯된 것으로, 그로 인해 계연과의 사랑과 정착하는 삶은 실패에 이른다. 마지막 장면에서 결국 성기가 유랑하는 삶을 택한 것은 운명에 순응함으로써 구원에 도달할 수 있다는 작가의 세계관이 투영된 것이다.

| **작품 개관** |
◆ 갈래 : 단편 소설, 순수 소설
◆ 성격 : 무속적, 운명적
◆ 배경 : 시간 – 구체적으로 드러나지 않음. / 공간 – 전라도와 경상도의 경계 지역인 화개 장터
◆ 시점 : 전지적 작가 시점
◆ 주제 : 운명에 순응하는 삶과 인간 구원의 문제
◆ 특징 : ① 전통적 운명관과 무속적 세계관이 드러남.
    ② 향토적인 공간을 배경으로 설정함.

작품 핵심 **단축키**

| **인물** 떠돌이 | **사건·갈등** 하동 | **서술** 내면 |

정답   1 ④   2 ②   3 ⑤   4 ②

1 서술상의 특징 파악   정답▶④

[A]에서는 서술자가 인물의 말을 짧게 요약하여 제시하고 있으므로, 사건이 빠르게 전개된다.

2 구절의 의미 파악   정답▶②

'조응(照應)'은 둘 이상의 사물이나 현상 따위가 서로 일치하게 대응하는 것을 의미한다. ⓑ에서 성기는 계연과의 이별로 인해 슬픔과 좌절감에 젖어 있는데, 제시된 자연 풍경은 아름답고 평화로운 모습이다. 따라서 ⓑ에서 자연 풍경은 인물의 내면 심리와 조응하는 것이 아니라, 인물의 의지와 상관없이 진행되는 인간의 운명을 연상하게 한다.

◆ 오답 풀이

① 서로 사랑하지만 이별해야 하는 처지에 놓인 계연과 성기의 외양 묘사를 통해 인물의 안타까움과 분노를 드러내고 있다.

③ 계연과 옥화가 혈연관계임을 드러내는 증거인 왼쪽 귓바퀴 위의 사마귀는 의학적 근거라기보다는 문학적 진실을 드러내는 장치로 볼 수 있다.

④ 명도(무당)의 말을 믿는 모습에서 무속 신앙에 대한 옥화의 믿음을 알 수 있다.

⑤ '엿판'은 떠돌이의 삶을 상징하는 것으로, 자신에게 주어진 운명에 순응하며 살겠다는 성기의 결심을 보여 준다.

3 원작의 재구성   정답 ⑤

[B]에서 옥화는 성기가 떠나겠다는 결심을 말했을 때, 충격을 받지만 아들의 생각을 받아들였다. 따라서 아들을 붙잡아 두려고 만류하는 ⓓ과 같은 발언은 이 글의 내용에 비추어 볼 때 적절하지 않다.

4 외적 준거에 따른 감상   정답 ②

옥화가 악양까지 가서 명도를 불러 점을 친 것은 체 장수 영감이 자신의 아버지가 맞는지를 확인하기 위함이었다. 이는 옥화의 무속적 세계관을 드러내는 장치일 뿐, 성기의 운명을 바꾸기 위한 노력으로 볼 수 없다.

◆ 오답 풀이
① 서로 사랑하면서도 혈연관계라는 운명 때문에 헤어질 수밖에 없는 계연과 성기는 운명에 순응하는 인물들이므로 전통적 삶의 방식을 따르고 있다고 할 수 있다.
③ 성기가 오랫동안 드러누워 있었던 것은 자신의 운명에 대한 고민과 내적 갈등 때문으로 볼 수 있다.
④ 성기가 엿판을 맞춰 달라고 한 것은 방랑하는 삶을 선택한 것을 의미하며, 이는 결국 역마살이라는 자신의 운명에 순응하는 삶을 택한 것이다.
⑤ 성기가 흥겨운 노래를 부를 수 있었던 것은 자신의 운명에 순응함으로써 마음이 홀가분해졌기 때문이다.

pp.111~114

33 독 짓는 늙은이_황순원

| 작품 해설 | 평생을 독 짓는 일에 바쳐 온 한 노인의 집념과 좌절을 통해 한 인간의 비극적인 결말을 감동적으로 그려 낸 소설이다. 송 영감은 아내를 젊은 조수에게 빼앗김으로써 열등감에 빠지고, 독 짓는 일에 있어서도 조수의 독은 그대로 있는데 자신이 지은 독이 가마에서 터짐으로 인해 패배하고 만다. 그러나 이러한 패배에 머물지 않고 예술을 완성하려는 집념으로 독을 대신하여 죽음을 맞이하는 마지막 장면은 숭고한 장인 정신을 보여 준다.

| 작품 개관 |
◆ 갈래 : 단편 소설
◆ 성격 : 토속적, 회고적
◆ 배경 : 시간 – 가을 / 공간 – 어느 시골
◆ 시점 : 전지적 작가 시점
◆ 주제 : 독 짓기에 대한 한 노인의 집념과 좌절

◆ 특징 : ① 인물의 내면 심리 묘사를 중심으로 사건을 전개함.
② 인물의 죽음을 암시하는 결말을 통해 작품의 비극성을 강조함.

 작품 핵심 단축키
인물 독   사건·갈등 죽음   서술 심리

정답   1 ③   2 ②   3 ⑤   4 ③

1 서술상의 특징 파악   정답 ③

이 작품은 송 영감의 행위와 심리를 중심으로 내용이 전개되고 있다. 아내와 함께 도망간 조수를 생각하며 배신감과 분노를 느낀 송 영감이 마지막 독을 만드는 행위와 심리를 자세하게 서술하고 있다.

◆ 오답 풀이
① 어린아이의 시각에서 인물의 행위를 묘사하지는 않았다.
② 하나의 이야기 안에 또 다른 이야기가 진행되는 액자식 구성 방식은 드러나지 않는다.
④ 이 글은 작품 밖의 서술자가 인물들의 행위와 심리를 묘사하고 있다.
⑤ 인물의 심리를 중심으로 이야기가 전개되고 있는 것은 맞지만 사건과 관련이 깊다.

2 구절의 의미 파악   정답 ②

조수가 아내와 함께 도망가 버리자 송 영감은 조수에게 대결 의식을 갖는다. 그러면서 심혈을 기울여 독을 만들지만 터져 버린다. 독 짓기에 실패하면서 자신의 희망도 사라진다. 그래서 마지막 부분에 터진 독을 대신하여 가마 안에서 죽음을 맞이하는 것이다.

3 외적 준거에 따른 감상   정답 ⑤

송 영감이 가마 안에서 단정히 무릎을 꿇고 앉은 것은 터져 나간 독을 대신하기 위한 장인의 모습이자 예술혼을 드러내는 것이다. 근원적인 애정을 억제하려는 행위는 아들 당손이와 헤어지는 상황과 관련된다.

◆ 오답 풀이
① 송 영감은 독을 대신해서 가마 안에서 최후를 맞는데, 이러한 송 영감의 모습은 위대한 장인의 삶에 해당한다.
② 송 영감은 조수에게 자신의 기술을 계승하려고 한다. 하지만 조수가 송 영감의 아내와 함께 도망간다. 이로 인해 전통적 가치의 계승이 좌절된다.
③ 송 영감은 예삿사람으로는 견딜 수 없는 뜨거운 데까지 움직이는데, 이러한 송 영감의 모습은 전통적 가치의 완성을 위한 인간의 집념을 보여 준다.

④ 송 영감이 아들인 당손이를 입양 보내고 자신의 죽음을 준비하는 것은 독을 통해 자신의 예술을 완성하려고 한 것이다.

4 작품 간의 비교 감상

정답 ▶ ③

[A]와 〈보기〉 모두 아들에 대한 송 영감의 안타까움이 부각되어 있다. 아들과 헤어져야 하는 송 영감의 안타까운 심리가 나타나 있는 것이 공통점이다.

◆ 오답 풀이

① [A]와 〈보기〉 모두 송 영감이 죽은 척하고 아들과 헤어지는 기본적인 사건의 전개는 동일하게 유지하고 있다.
② [A]와 〈보기〉 모두 주인공(송 영감)과 공간적 배경(뜸막)은 동일하게 유지하고 있다.
④ [A]와 비교하여 〈보기〉에서는 상황 파악을 위한 아들의 행동이 제시되어 있다. 〈보기〉에서 '돌이'는 송 영감의 상태를 확인해 보려는 듯 조심스럽게 얼굴을 쓸어 보는 모습을 보인다.
⑤ [A]의 '앵두나뭇집 할머니'와 〈보기〉의 '방물장수'는 송 영감의 아들에게 송 영감이 죽었다고 거짓말을 하며 아이를 입양 보내는 등 사건을 진행하는 역할을 하고 있다.

pp.115~118

34 탈향(脫鄉)_이호철

| 작품 해설 | 6 · 25 전쟁 중 같은 고향에서 월남한 네 사람이 부산에서 부두 노동을 하면서 벌어지는 이야기를 다룬 소설이다. 공동체적 유대감을 갖고 친밀한 관계를 유지하던 네 사람의 관계가 점차 벌어지다가 급기야 갈등이 고조되면서 서로 갈라서게 되는 과정을 담고 있는데, 이는 각자 개별화된 삶을 살아가게 된다는 것을 상징한다. 결국 '탈향'이란 단순히 공간의 이동이 아니라 공동체적 삶이 이루어지던 전통 사회로부터 벗어나 개별화된 삶을 살아갈 수밖에 없는 현대 사회로의 이동을 의미하는 것이다.

| 작품 개관 |

◆ 갈래 : 단편 소설, 전후 소설
◆ 성격 : 사실적, 현실 반영적, 실존적
◆ 배경 : 시간 – 6 · 25 전쟁 / 공간 – 부산
◆ 시점 : 1인칭 주인공 시점(부분적으로 1인칭 관찰자 시점)
◆ 주제 : 월남한 실향민들의 애환과 공동체 의식의 붕괴
◆ 특징 : ① 사투리를 사용하여 토속성과 사실성을 높임.
② 간결한 문체를 사용하여 사건을 속도감 있게 진행함.
③ 도덕적 판단과 냉혹한 현실의 대립을 날카롭게 형상화함.

 작품 핵심 단축키

인물 부산   사건 · 갈등 고향   서술 사실

정답 1 ⑤   2 ⑤   3 ⑤   4 ④   5 ③

1 작품의 종합적 감상

정답 ▶ ⑤

'의식의 흐름 기법'은 인물의 내면에 떠오르는 생각을 그대로 적는 것을 말한다. 이는 인물 간의 외적 갈등보다는 내적 갈등이나 상념을 제시하기에 적절한 기법이다. 이 글에서는 이러한 의식의 흐름 기법은 사용되지 않았으며, 인물 간의 갈등인 외적 갈등이 주로 나타나 있다.

◆ 오답 풀이

① 이 글의 뒷부분을 보면 술을 마신 두찬이 비속어를 섞어 가며 광석과 다투고 있다.
② 처음에 친했던 인물들이 부산에 정착하는 과정에서 점차 갈등 양상을 보이고 있다.
③ 이 글에서 네 인물은 같은 고향 출신으로 모두 북쪽 사투리를 쓰고 있고, 두찬과 광석의 다툼에서 두 인물이 비속어를 쓰고 있음을 확인할 수 있다. 소설 속에서 사용하는 이러한 비속어와 사투리는 사실감과 현장감을 부여하는 기능을 한다.
④ 작품 속 인물인 '나'가 서술자가 되어 두찬을 비롯한 인물에 대해 관찰한 바를 전달하고 있다.

2 소재의 기능 파악

정답 ▶ ⑤

'얌생이'는 남의 물건을 훔쳐 내는 행위로, 전쟁으로 인해 겪어야 했던 젊은이들의 가난한 현실과 도덕적 타락을 의미한다. 하지만 이는 화찻간에 살면서 생계를 이어 갈 수밖에 없는 가난한 젊은이들의 생계형 도둑질이므로 일확천금을 꿈꾸는 인물들의 헛된 욕망을 드러내는 소재라고 할 수 없다.

◆ 오답 풀이

① '화찻간'은 인물들이 피란을 와서 임시로 거처하는 공간이다. 그러므로 인물들의 가난하고 불안정한 삶을 상징적으로 보여 주는 공간이라고 할 수 있다.
② '장자골집 형수' 이야기는 전쟁으로 인해 어쩔 수 없이 부산에서 피란 생활을 하는 등장인물들이 고향을 그리워하면서 과거를 추억하는 과정에서 나온 이야기이다.
③ 광석은 '토백이 반원 새끼덜, 우릴 사촌끼리냐구 묻더구나.'라며 토박이 반원들에게 배타적 감정을 드러내며 등장인물들 사이의 결속을 다졌다. 하지만 점차 토박이 단원들과 어울려 지내면서 다른 인물들과 서먹한 사이가 되고 만다. 그러므로 '토백이 반원'은 인물들을 결속시키기도, 분열시키기도 하는 기능을 한다.
④ '부산'은 전쟁으로 인해 피란을 오게 된 인물들이 어쩔 수 없이 머물며 살아가는 공간이다. 인물들은 부산에 살면서도 고향에 돌아갈 날을 고대하고 있다.

3 서술자의 태도 파악

정답 ▶ ⑤

이 글은 '1인칭 주인공(때로는 1인칭 관찰자)' 시점의 작품으로, '나'가 두찬, 광석 등 다른 인물의 행동, 생각, 정서 등을 자신의 시각에서 전달하고 있다. '발길로 화차 벽을 텅텅 내찼다.'는 두

찬의 행동에 대한 객관적 묘사일 뿐 그 행동에 대한 서술자 '나'
의 평가나 감정을 전달하고 있는 것은 아니다.

◆ 오답 풀이

① ㉠ : '꽁치 토막일망정~서로 양보들을 했다.'를 통해 서술자
가 공동체적 유대감에 대한 긍정적인 시각을 지니고 있음을
알 수 있다.

② ㉡ : '~막걸리 사발이나 얻어 마시곤 했고'를 통해 서술자는
광석의 행동을 좋지 않게 보고 있음을 알 수 있다.

③ ㉢ : '그 꼴사나움은 이루 말할 수 없어'를 통해 서술자가 광석
의 행동에 대해 부정적인 태도를 취하고 있음을 알 수 있다.

④ ㉣ : '되잖은 청으로 타령 같은 것을 부르는~'을 통해 두찬이
부르는 노래를 부정적으로 평가하고 있음을 알 수 있다.

4 인물의 심리 파악

[정답] ④

ⓐ는 비속어를 사용하고 있지만 친근감을 표현하는 진술이다.
하지만 ⓑ는 서로 갈등하는 상황에서 건넨 말이기 때문에 두찬
에 대한 광석의 불편함이 담겨 있음을 추측할 수 있다.

◆ 오답 풀이

① ⓐ는 상대에 대한 걱정을 나타낸다고 볼 수 있으나, ⓑ는 상
대의 행동에 대한 불만의 표현일 뿐 불신감을 드러낸다고 할
수 없다.

5 외적 준거에 따른 감상

[정답] ③

전쟁은 우리나라뿐만 아니라 전 세계에서 벌어지는 현상이다.
전쟁 문학이라는 장르까지 있을 만큼 전쟁과 관련된 소설은 외
국의 문학에서도 자주 나타난다. 그러므로 ⓒ의 전쟁으로 인해
겪는 인물들의 심리적 갈등 양상은 우리나라의 특수성이 아니라
우리 문학이 지니고 있는 보편성을 나타낸다. 나머지는 우리 문
학이 지니는 특수성에 해당한다.

◆ 오답 풀이

① 사투리는 우리 민족 고유의 정서를 담고 있다. 그러므로 〈보
기〉에 제시된 한국 문학의 특수성에 해당한다.

② 부산은 6·25 전쟁 당시 남쪽으로 피란을 온 많은 사람들이
모여 북새통을 이루던 곳이다. 당시의 전쟁 상황과 부산이라
는 항구 도시의 특수성을 알아야만 인물들이 겪는 고통을 실
감 나게 느낄 수 있다. 따라서 이 역시 한국 문학의 특수성에
해당한다.

③ '막걸리'는 우리 사회에서 서민들이 즐겨 마시는 술이며 한국
문학에서도 서민들의 삶을 표현할 때 자주 사용되고 있다.
그러므로 번역을 할 때 막걸리에 담겨 있는 고유의 사회적
맥락을 효과적으로 전달할 필요가 있다.

⑤ 두찬이 부르는 '신라의 달밤'과 같은 유행가 가사에는 옛것에
대한 그리움의 정서가 담겨 있다. 그러므로 이를 번역할 때
에는 유행가 가사에 담긴 특수한 정서를 효과적으로 전달해
야 한다.

35 유예(猶豫)_오상원

| 작품 해설 | 6·25 전쟁 때, 인민군의 포로가 되어 처형당하는 극한
상황에 처한 주인공의 내면세계를 '의식의 흐름' 기법으로 서술하면서
전쟁의 비인간성을 고발한 소설이다. 잔인하고 무참하게 인간을 처형
하는 장면을 생생하게 서술하여 인간의 존재 가치를 말살시키는 전쟁
의 참혹함을 부각하고 있다.

| 작품 개관 |

◆ 갈래 : 단편 소설, 전후 소설, 심리 소설
◆ 성격 : 독백적, 실존적, 비판적, 고발적
◆ 배경 : 시간 – 6·25 전쟁 당시의 겨울 / 공간 – 전쟁으로 폐허가
된 어느 마을
◆ 시점 : 전지적 작가 시점(1인칭 주인공 시점과 혼용)
◆ 주제 : 전쟁의 비극성과 인간성 파괴에 대한 고발
◆ 특징 : ① '현재 – 과거 – 현재'의 역순행적 구성을 취함.
② 주인공의 의식의 흐름을 주관적으로 서술함.
③ 주인공의 의식을 짧고 간결한 현재형으로 진술하여 긴박하고 생
생한 분위기를 연출함.

🥤 작품 핵심 단축키 ----------------------------------○

인물 죽음   사건·갈등 의식   서술 1, 3

정답 1 ④   2 ④   3 ②   4 ③

1 서술상의 특징 파악

[정답] ④

이 글은 주인공의 내면 의식의 흐름에 따라 사건이 전개되고 있
을 뿐, 인물 간의 갈등이 특별히 부각되고 있지는 않다.

◆ 오답 풀이

① 외부 상황을 서술할 때는 과거형을 사용하고 있지만 주인공
의 의식이나 시선과 관련된 부분에서는 현재형을 사용하여
현장감을 높이고 있다.

② 이 글에서는 큰따옴표 없이 상대방의 말을 직접 인용하기도
하는데, 이는 화자의 비극적이고 주관적인 체험 속으로 독자
들이 몰입할 수 있도록 돕는 역할을 한다.

③ 이 글의 '흰 눈'은 전쟁의 참혹성과 인간 생명에 대한 무관심
을 상징하는 소재로 활용되고 있다.

⑤ 의식의 흐름 기법을 활용하여 죽음에 임하는 주인공의 의식
과 내면 심리를 서술하고 있다.

2 외적 준거에 따른 감상

[정답] ④

주인공은 죽는 순간까지 인간으로서 자신의 존재 의미를 잃지
않으려는 의지를 보이고 있다. 그리고 아무것도 아니라는 독백
을 반복함으로써 죽는 순간까지 자신의 존재를 확인하며 죽음을
맞이하려는 결연한 모습을 보이고 있다. 이러한 주인공의 모습

에서 인간의 주체적 존재성에 주목하는 실존주의적 경향을 확인할 수 있다.

◆ 오답 풀이

① 주인공이 죽음을 거부하고 있는 것이 아니라 의연하게 받아들이고 있는 상황이므로 적절하지 않다.

② 주인공이 추구해 왔던 이상이 구체적으로 드러나지 않고, 이상 실현의 의지가 인간의 주체적 존재성을 강조하는 실존주의와 연계된다고 볼 수도 없다.

③ 주인공은 죽음을 초월하려는 결연한 태도를 보이고 있으므로 인간적인 두려움을 느낀다는 것은 적절하지 않다.

⑤ 주인공이 죽음을 받아들이고는 있지만 그것에 대해 운명론적 인식을 갖고 있다고 보기는 어렵고, 운명론적 인식이 실존주의적 경향과 관련이 있는 것도 아니다.

3 원작의 재구성 정답 ②

제시된 부분은 과거에서 현재로 사건이 이어지고 있으며 회상 장면이 없으므로 '현재 – 과거 – 현재'의 순서로 장면을 배열하는 것은 적절하지 않다.

◆ 오답 풀이

① 죽음은 외부 세계와의 단절을 의미하므로 인물이 죽어 가는 장면에서 외부 소리를 줄이는 것은 적절하다.

③ 1인칭 화자가 등장하고 있다는 점에서 주인공을 내레이터로 설정하면 주인공의 내면 심리를 효과적으로 전달할 수 있다.

④ 인물의 내면 심리는 주로 얼굴 표정을 통해 드러나므로 표정 연기에 신경을 쓰는 것은 적절한 방법이다.

⑤ '눈'은 한 생명이 무참히 짓밟히는 전쟁의 비극성과 냉혹함을 부각하는 역할을 하므로 화롯불에 손을 녹이는 인민군 병사의 모습과 총에 맞고 눈 덮인 둑길에서 죽어 가는 '나'를 교차 편집하여 '눈'의 냉혹한 이미지를 살리는 것은 원작의 의도를 살리기에 적절한 방법이다.

4 서술상의 특징 파악 정답 ③

[A]에서는 전지적 작가 시점과 현재형 시제를 사용한 반면, 〈보기〉에서는 3인칭 관찰자 시점과 과거형 시제를 사용하고 있다. 따라서 주로 인물의 내면을 다루고 있는 [A]보다는 〈보기〉에서 인물이 처한 상황을 보다 객관적으로 바라볼 수 있게 된다.

◆ 오답 풀이

① 시점이 변화된다 하더라도 극적 긴장감의 정도가 달라지는 것은 아니다.

② 관찰자 시점으로 바뀌면 상황 진술에 초점이 맞추어져 인물의 심리 파악이 더욱 어려워진다.

④ 〈보기〉는 과거형 시제를 사용하고 있으므로 사실감과 현장감이 떨어진다.

⑤ 〈보기〉는 3인칭 관찰자 시점을 취하고 있다. 인물과 서술의 초점이 일치하는 시점은 1인칭 주인공 시점이다.

pp.123~126

36 서울, 1964년 겨울_김승옥

| 작품 해설 | 1964년 겨울의 서울을 배경으로 현실에서 소외된 고독한 세 인물이 서로 무심하게 만나고 헤어지는 사건을 통해 사회적 연대성을 잃은 현대인의 삶을 그린 소설이다. 선술집에서 만난 '나'와 '안'이 자신과 관련된 일은 드러내지 않은 채 무의미한 대화만 주고받는 모습과 '사내'의 죽음을 대하는 태도를 통해 현대인들의 황폐화된 삶과 파편화된 인간관계, 왜곡된 개인주의를 드러내고 있다.

| 작품 개관 |

◆ **갈래** : 단편 소설
◆ **성격** : 현실 고발적, 사실적
◆ **배경** : 시간 – 1964년 겨울 / 공간 – 서울 거리, 선술집, 여관
◆ **시점** : 1인칭 주인공 시점
◆ **주제** : 현대인들의 심리적 방황과 인간적 연대감의 상실로 인한 절망
◆ **특징** : ① 등장인물을 익명화하여 개인주의와 소외 의식을 드러냄.
　② 세 인물의 무의미한 만남과 헤어짐을 통해 현대인의 공허한 삶과 파편성을 형상화함.

작품 핵심 **단축키**

| 인물 | 개인주의 | | 사건·갈등 | 안, 사내 | | 서술 | 여관 |

| 정답 | 1 ⑤　2 ④　3 ③　4 ⑤ |

1 서술상의 특징 파악 정답 ⑤

이 글은 서로 알지 못하는 세 남자('나', '안', '사내')가 우연히 만나 하룻밤을 함께 보내면서 벌어진 사건을 그리고 있다. 이들은 서로 일상적이고 무의미한 대화를 주고받을 뿐이며, 인물의 말과 행동 사이의 괴리를 보여 줌으로써 인물이 처한 갈등 상황을 부각하는 부분은 제시되지 않았다.

◆ 오답 풀이

①, ② 세 남자의 비정상적인 행동과 대화를 통해 각 인물들의 내면 심리를 보여 주는 동시에 현대 사회의 인간 소외와 단절 문제에 대한 비판 의식을 드러내고 있다.

③ 벽으로 나뉘어진 단절된 공간인 '여관'은 현대인의 삶을 상징하며, 이를 통해 주제 의식을 강화하고 있다.

④ 1인칭 서술자인 '나'의 목소리를 통해 '사내'의 죽음이라는 비극적 사건을 무덤덤하게 서술하고 있다.

2 작품의 내용 파악 정답 ④

여관에 들어가게 되었을 때 '나'는 '사내'를 생각해서 모두 한방에 들어가기를 제안하기도 하고 화투라도 사다가 놀자고 말하였

으나, 결국 "나도 피곤해 죽겠습니다."라는 말을 남기고 자신의 방으로 들어가 버린다. 이로 보아 '나' 역시 '사내'를 위로하기 위해 적극적으로 노력한 것은 아님을 알 수 있다.

◆ 오답 풀이
① "혼자 있기가 싫습니다."라는 '사내'의 말로 미루어 알 수 있는 사실이다.
② '사내'는 아내가 죽고 나서 장례를 치를 돈이 없어 아내의 시체를 병원에 팔았다며 괴로워하고 있다.
③ "방을 한 사람씩 따로 잡을까요?"라는 '안'의 말을 통해 알 수 있는 사실이다.
⑤ "난 그 사람이 죽으리라는 걸 알고 있었습니다."라는 '안'의 말을 통해 알 수 있는 사실이다.

3 외적 준거에 따른 감상   정답▶ ③
이 글의 등장인물인 '나', '안', '사내'는 모두 그 호칭이 익명화되어 있다. 이는 현대인의 '자기중심주의, 의사소통 불능, 인간관계의 단절' 등을 암시하기 위한 문학적 장치이다. 또한 그들의 신원만 단편적으로 제시될 뿐 개개인의 개성이 서술되지 않는 것도 현대인의 소외 의식을 심화하는 기능을 한다.

4 인물의 태도 파악   정답▶ ⑤
[A]의 내용을 살펴보면, '안'은 '사내'가 죽을 것이라고 짐작했지만 도리가 없었노라고, 그가 죽지 않게 할 수 있는 최선의 방법은 그를 혼자 두는 것이라고 생각했다고 말하고 있다. 이는 철저히 방관자적인 입장으로, 타인의 불행과 고통에 무관심한 현대인의 모습을 나타낸다고 볼 수 있다. 작가는 이러한 '안'의 태도를 통해 인간적인 유대 관계가 단절된 가운데 나타나는 황폐화된 인간성과 비정함을 보여 주고 있다. ⑤에서는 타인의 죽음을 개인의 불행이라고 인식하고, 그 죽음에 무관심한 태도를 보이고 있으므로 '안'과 유사한 태도가 나타난다고 볼 수 있다.

◆ 오답 풀이
① 삶에 대한 긍정적 인식과 죽음에 대한 달관의 태도를 노래하고 있다.
② 인연에 대한 인식과 그리움의 정서를 노래하고 있다.
③ 존재의 근원적 고독에 대해 노래하고 있다.
④ 더불어 사는 삶에 대한 긍정적 인식을 노래하고 있다.

선지 작품 살펴보기
①「귀천」_천상병
• 주제 : 삶에 대한 긍정적 인식과 죽음에 대한 달관
• 감상 : 화자는 이 세상에서의 삶을 '소풍'에 비유하여 삶과 죽음에 대한 초월적 태도를 보이고 있다. 또한 자신의 삶을 '가서, 아름다웠다고 말하리라'라며 생에 대한 긍정적 시각을 드러내고 있다.
②「이별가」_박목월
• 주제 : 생사를 초월한 이별의 정한

• 감상 : 죽음을 소재로 하여 죽음을 넘어서는 인연과 그리움에 대해 노래하고 있다. 삶의 본질에 대한 끊임없는 질문과 응답, 수긍의 상황이 작품 전체의 시상과 적절하게 조화를 이루고 있다.
③「산유화」_김소월
• 주제 : 존재의 근원적 고독감
• 감상 : 산에 있는 꽃이 피고 지는 자연 현상을 통해 모든 존재의 근원적 고독감을 노래한 작품이다.
④「선제리 아낙네들」_고은
• 주제 : 고달픈 현실 속에서 꿋꿋하게 살아가는 서민들의 모습과 공동체 의식
• 감상 : 선제리 아낙네들의 가난하고 소박한 삶의 모습을 통해 힘든 현실 속에서도 이웃과 정을 나누며 살아가는 서민들의 삶을 그린 작품이다. 화자는 이들을 애정 어린 시선으로 바라보며 연민의 정서를 느끼고 있다.
⑤「안개」_기형도
• 주제 : 산업화로 인해 파괴되는 자연 환경과 불신주의에 대한 비판
• 감상 : 급격한 산업화 과정에 따른 폐해를 고발하고 있는 작품이다. 시인은 산업화의 부정적인 양상을 있는 그대로 묘사할 뿐, 자신의 감정을 직접적으로 드러내지는 않는다. 취객의 동사 사건을 '개인적인 불행'으로 단정 짓는 것은 사람들의 무관심과 무감각을 비판하는 표현이다.

pp.127~130

37 장마 _윤흥길

| 작품 해설 | 6·25 전쟁을 배경으로 서술자인 '나'의 시각을 통해 한 집안에 발생한 이념적 대립과 화해의 과정을 그린 소설이다. 빨치산 아들을 둔 할머니와 국군 아들을 둔 외할머니는 좌우의 이념을 대표하는 자신의 아들들로 인해 대립과 갈등을 겪다가 마지막에는 화해를 하게 되는데, 작가는 이를 통해 이념으로 인해 만들어진 대립 상황은 전통적 정서에 바탕을 두고 극복할 수 있다는 주제를 드러내고 있다.

| 작품 개관 |
◆ 갈래 : 중편 소설
◆ 성격 : 상징적, 사실적, 무속적
◆ 배경 : 시간 – 6·25 전쟁 중 / 공간 – 어느 시골 마을
◆ 시점 : 1인칭 관찰자 시점
◆ 주제 : 전쟁 중에 빚어진 한 가정의 비극과 극복
◆ 특징 : ① 어린아이를 서술자로 내세워 이데올로기 문제를 객관적으로 다룸.
② 전통적 정서를 통해 분단과 전쟁의 상처를 극복하려고 함.

작품 핵심 단축키

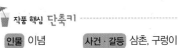

인물 이념   사건·갈등 삼촌, 구렁이   서술 1인칭 관찰자

정답 1 ③   2 ③   3 ④   4 ⑤

1 서술상의 특징 파악 　　　　정답▶③

이 글은 사투리를 사용하여 작품의 토속성과 사실성을 획득하고 있다(ㄴ). 그리고 이 작품의 서술자인 '나'는 인물들의 행동을 관찰하여 전달하는 역할을 하고 있다(ㄷ).

◆ 오답 풀이

ㄱ. 한 인물에 관련된 여러 이야기를 삽화식으로 나열한 것이 아니라 구렁이가 나타난 하나의 사건에 대한 인물들의 행동을 묘사하고 있다.

ㄹ. 과거와 현재의 시간을 교차하지 않았다. 시간의 흐름에 따라 이야기가 진행되고 있다.

2 인물의 말하기 방식 파악 　　　　정답▶③

외할머니는 구렁이를 삼촌의 현신으로 여기고 말을 하고 있다. 상대의 처지에 대해 동정과 연민을 드러내면서 상대를 타이르고 달래듯이 설득하고 있다.

◆ 오답 풀이

① 상대의 잘못된 행동을 낱낱이 지적하지는 않았다.

② 상대를 협박하지 않았다.

④ 상대의 걱정거리를 예상하여 말하고 있지만 해결 방법을 제시하지는 않았다.

⑤ 상대를 정성스럽게 타이르고 있지 상대와 타협을 하고 있는 것이 아니다.

3 구절의 의미 파악 　　　　정답▶④

ㄹ은 '나'가 머리카락을 가져오라는 외할머니의 지시를 이행하는 과정을 묘사한 것이다. 이 글에서 '나'는 외할머니의 행동에 대한 반감을 드러내지 않는다.

4 작품의 구조에 따른 감상 　　　　정답▶⑤

구렁이가 나타나자 외할머니는 할머니의 머리카락을 가져오라고 한다. 이는 구렁이를 삼촌의 현신으로 여긴 외할머니가 할머니의 분신에 해당하는 머리카락을 태움으로써 삼촌의 한을 풀어 주려는 것이다. 즉 할머니의 머리카락은 모성애를 상징하며 삼촌의 원한을 풀어 주는 매개체이다.

---

pp.131~134

38 삼포 가는 길_황석영

| 작품 해설 | 여로형 소설의 구조를 취한 이 작품은 1970년대 급격한 산업화로 인해 소외된 하층민의 애환과 연대 의식, 그리고 고향 상실의 아픔을 그리고 있다. 1970년대 많은 농민들은 급속하게 진행되는 산업화로 인해 고향을 떠나 도시의 밑바닥 생활을 하며 일용직 노동자로 떠돌게 되는데, 당시의 이러한 하층민들을 대변하는 인물들이 '정

씨, 영달, 백화'이다. 이들은 우연한 기회에 동행하게 되면서 점차 서로에 대해 이해하고 연민과 유대감을 느끼게 된다. 마지막 장면에서 삼포가 개발되었다는 소식을 듣고 상실감을 느끼는 정 씨의 모습을 통해 고향을 잃은 하층민의 아픔이 형상화되고 있다.

| 작품 개관 |

◆ 갈래 : 단편 소설, 사실주의 소설, 여로형 소설

◆ 성격 : 현실 비판적, 사실적

◆ 배경 : 시간 – 1970년대, 겨울 / 공간 – 어느 시골 마을, 기차역

◆ 시점 : 전지적 작가 시점

◆ 주제 : 급속한 산업화 과정에서 고향을 상실한 하층민들의 애환과 연대 의식

◆ 특징 : ① 여로형 구조를 취함.
　　　　② 간결한 문장과 대화로 사건을 전개함.

작품 핵심 단축키

인물 산업화　　사건·갈등 삼포　　서술 여운

정답　1 ⑤　2 ③　3 ②　4 ③　5 ③

1 서술상의 특징 파악 　　　　정답▶⑤

이 글에는 감각적인 표현이 두드러지지 않을 뿐 아니라, 서정성보다는 사실적, 현실 비판적 성격이 강하게 드러난다.

◆ 오답 풀이

① 주로 대화와 행동 묘사를 중심으로 사건을 전개하여 극적인 효과를 거두고 있다.

② '삼립빵 두 개와 찐 달걀'은 백화에 대한 영달의 호감을 상징적으로 드러내고 있다.

③ 인물 간 대화 이외의 문장들은 간결하게 서술되어 내용을 압축적으로 전달하고 있다.

④ 대화 속에서 말줄임표를 활용하여 감정의 여운을 남기고 있다.

2 인물의 심리 파악 　　　　정답▶③

ㄷ은 겉으로는 백화에 대해 못마땅하게 여기는 것 같지만, 사실은 그녀를 보낸 아쉬움을 떨쳐 버리기 위해 백화를 비꼬는 듯한 말을 하고 있는 것이다.

3 한자 성어의 이해 　　　　정답▶②

ⓐ는 예전에는 섬이었던 삼포가 지금은 육지로 변했다는 말이므로, '뽕나무 밭이 변하여 푸른 바다가 된다는 뜻으로, 세상일의 변천이 심함을 비유적으로 이르는 말'인 상전벽해(桑田碧海)와 관련이 깊다.

◆ 오답 풀이

① '비단 위에 꽃을 더한다는 뜻으로, 좋은 일 위에 또 좋은 일이 더하여짐을 비유적으로 이르는 말'이다.

③ '같은 사람의 말이나 행동이 앞뒤가 서로 맞지 아니하고 모순됨.'이란 의미이다.

④ '재앙과 화난이 바뀌어 오히려 복이 됨.'을 뜻하는 말이다.

⑤ '효도를 다하지 못한 채 어버이를 여읜 자식의 슬픔을 이르는 말'이다.

4 감상의 적절성 평가 정답 ③

이 글의 마지막 부분에서 정 씨는 삼포가 관광지로 개발되어 예전의 모습을 잃었다는 소식을 듣게 된다. 즉 정 씨가 고향을 상실하게 된 것이다. 따라서 작가는 등장인물들의 귀향을 통한 소외 극복의 가능성을 열어 놓았다기보다는 귀향을 통한 소외의 극복은 불가능하다는 점을 드러내고 있다고 볼 수 있다.

◆ 오답 풀이

① 정 씨와 영달은 공사판 뜨내기 노동자이고, 백화는 술집 작부인데 이들 모두 고향을 떠나 타지에서 일하고 있다. 이들은 모두 1970년대 산업화의 과정에서 뿌리를 잃고 살아가는 소외당한 하층민이라고 할 수 있다.

② 정 씨와 백화는 고향을 찾아가는데, 이것은 고향에서 가족, 친척들 품에 안착하기 위한 것이므로 소외를 극복하기 위한 시도로 볼 수 있다.

④ 정 씨, 영달, 백화는 함께 길을 가는 동안 서로에게 신뢰감을 갖게 되고 유대감을 회복하면서 정 씨와 영달은 동료로, 영달과 백화는 남녀의 정을 느끼는 관계로까지 발전하게 된다.

⑤ 영달이 자신의 여비를 털어 백화에게 빵과 달걀을 사 준 것에서 확인할 수 있다.

5 인물의 심리 파악 정답 ③

[A]에서 백화는 영달을 잊지 않겠다고 하였을 뿐, 인물들이 재회를 기약하지는 않았다.

◆ 오답 풀이

①, ④ 〈보기〉에서는 백화가 자신의 본명을 정 씨와 영달에게 밝히지 않는 것으로 보아 인물 간의 관계가 서로의 속마음까지 드러낼 정도로 깊지 않았음을 알 수 있고, [A]에서는 백화가 자신의 본명을 밝힐 정도로 정 씨와 영달에 대해 신뢰감을 갖게 되었음을 알 수 있다.

② 〈보기〉에 두 사람을 경계하는 백화의 심리가 드러나 있는 것과는 달리 [A]의 '정말, 잊어버리지…… 않을게요.'라는 백화의 말 속에는 두 사람에게 감사하는 마음이, '돌아온 백화는 눈이 젖은 채로 웃고 있었다.'에는 아쉬움의 감정이 드러나 있다.

⑤ 〈보기〉에서는 백화의 삶을 통해 산업화 과정에서 고향을 잃고 떠도는 소외된 삶의 모습을 제시하고 있다. 그리고 이러한 소외 현상은 [A]에서 정 씨, 영달의 배려로 신뢰와 인간애를 회복함으로써 극복되는 모습을 보이고 있다.

39 난쟁이가 쏘아 올린 작은 공 _조세희

| 작품 해설 | 1970년대 산업화 및 도시 재개발로 인해 삶의 터전에서 내몰린 도시 빈민들의 비극적인 삶을 조명하고, 사회적 모순을 비판한 소설이다. '난쟁이'는 사회적으로 소외된 존재를 상징적으로 가리키는 표현으로, 도시 빈민층의 경제적 빈곤과 무력감을 의미한다. 언제나 열심히 일하지만 가난을 면하지 못하는 '난쟁이' 가족의 비극은 소외 계층의 비참한 삶을 보여 줌과 동시에 '가진 자'와 '못 가진 자'의 대립 구도가 심화되는 현대 사회에 대한 비판적 시각을 드러내는 것이라 할 수 있다.

| 작품 개관 |
◆ **갈래** : 중편 소설, 연작 소설
◆ **성격** : 사회 고발적, 비판적
◆ **배경** : 시간 – 1970년대 / 공간 – 낙원구 행복동
◆ **시점** : 1인칭 주인공 시점
◆ **주제** : 도시 빈민들의 고통스러운 삶과 좌절된 꿈
◆ **특징** : ① 상징적 의미의 명명(命名)을 통해 인물의 처지와 상황을 효과적으로 드러냄.
② 서술자를 다양하게 변화시켜 사건에 대한 다양한 시각을 드러냄.

작품 핵심 단축키

인물 난쟁이　　　**사건 · 갈등** 철거 계고장　　　**서술** 행복동

정답 1 ⑤　2 ③　3 ③　4 ①　5 ③

1 작품의 내용 파악 정답 ⑤

(나)에서 아버지는 철거 계고장을 읽은 후, "시에서 아파트를 지어 났다니까 얘긴 그걸로 끝난 거다."라며 체념하는 태도를 보이고 있다. 또한 (다)에서 철거 계고장을 마루 끝에 놓고 책을 읽는 모습은 현재의 상황에서 그 무엇도 할 수 없다는 체념의 심리가 내포된 행동으로 볼 수 있다. 따라서 아버지가 현재 상황에 대한 극복의 의지를 드러낸다고 보는 것은 적절하지 않다.

◆ 오답 풀이

① (가)에서 철거 계고장이 나왔다고 말하는 '나'에게 '어머니'가 "기어코 왔구나!", "우리가 꼭 받아야 할 것 중의 하나가 이제 나온 셈이구나!"라고 말하는 부분에서 확인할 수 있다.

② (가)에서 '아침 일찍 일들을 찾아 나섰다'라고 서술한 대목에서 확인할 수 있다.

③ (가)의 '우리의 생활은 전쟁과 같았다.'라는 서술과 (다)의 '아버지는 그동안 충분히 일했다. 고생도 충분히 했다.'라는 서술을 종합해 보면 알 수 있는 내용이다.

④ (나)에서 "팔긴 왜 팔아!", "여기서 그냥 사는 거야. 이건 우리 집이다."라고 말하는 부분에서 확인할 수 있다.

2 서술상의 특징 파악 　　　　　　　　　　정답▶ ③

이 글에서는 서술자인 '나'가 가족을 둘러싸고 벌어지는 상황을
관찰한 대로 적고, 그에 따른 판단을 덧붙이며 사건을 서술하고
있다. '그밖의 것들은 하나도 옳지 않았다', '누군들 이런 날 일을
할 수 있을까.' 등의 서술을 통해 '나'의 판단을 확인할 수 있다.

◆ 오답 풀이

① 가진 자들을 '천국에 사는 사람'으로, 가난한 다섯 식구가 사
　는 환경을 '지옥'으로 표현하는 등 비유적 표현을 사용하고
　있으나, 이는 도시 빈민들의 고통스러운 삶과 좌절된 꿈을
　나타내는 사회 고발적 성격을 지닌 것으로 작품의 미적 효과
　와는 관련이 없다.

② 이 글에서는 철거 계고장이 날아든 사건을 중심으로 내용이
　전개되고 있다. 삽화 형식에 따라 다양한 체험이 나열되었다
　고 볼 수 없으며 사건의 역사적 의미를 강조하고 있는 것도 아
　니다.

④ 이 글에서 '영희의 얼굴은 발갛게 상기되어 있었다.'와 같은
　인물의 외양 묘사가 일부 나타나기는 하지만 인물의 성격을
　부각하는 데 초점을 둔 것은 아니다.

⑤ 이 글은 시간의 흐름에 따라 사건이 진행되고 있다.

3 구절의 의미 파악 　　　　　　　　　　정답▶ ③

ⓒ에서 어머니는 자식들이 직장을 잃게 되어 그나마 남아 있던
작은 희망마저도 사라지게 되었음을 내비쳤을 뿐, 현재 상황,
즉 삶의 터전을 잃어버리게 된 책임이 자식들에게 있음을 드러
내고자 한 것으로 볼 수 없다. 또한 (다)에서 어머니가 가족의
고생이 자신 때문이라고 말하는 것에서도 자식들에게 책임이 있
다고 생각하는 것이 아님을 알 수 있다.

4 소재의 기능 파악 　　　　　　　　　　정답▶ ①

ㄱ. '철거 계고장'은 난쟁이 가족과 그들을 억압하는 현실 사이
　의 갈등을 유발하는 소재로 볼 수 있다.

ㄴ. '아파트 입주권'은 표면적으로는 새로운 삶의 터전을 얻을
　수 있는 권리이지만, 난쟁이 가족은 형편상 그럴 수 없다는
　점에서 실제로는 난쟁이 가족의 삶의 터전을 빼앗는 역할을
　한다.

◆ 오답 풀이

ㄷ. '철거 계고장'과 '아파트 입주권'은 모두 사건의 반전과는 관
　련이 없다.

ㄹ. '철거 계고장'은 강제적 속성을 지니고 있으며, '아파트 입주
　권' 역시 난쟁이 가족의 처지에 비추어 볼 때, 포기를 강요하
　는 소재로 볼 수 있다.

5 외적 준거에 따른 감상 　　　　　　　　정답▶ ③

(나)에서 어머니가 표찰을 말없이 들여다보는 모습에는 삶의 터

전을 잃어버리게 된 처지에 대한 서글픔이 드러난다. 〈보기〉에
따르면, 이는 자본의 착취로 인한 고통과 연결된다. 따라서 무
기력한 스스로를 돌아보는 모습이라는 설명은 적절하지 않다.

◆ 오답 풀이

① (가)에서 '천국'은 '가진 자의 삶'을, '지옥'은 난쟁이 일가가 경
　험하는 '비극적 삶의 현실'을 상징한다. 이 글에서는 두 상황
　의 대비를 통해 난쟁이 일가의 처지를 부각하고 있다.

② (가)에서 어머니는 철거 계고장을 '꼭 받아야 할 것'이라고 필
　연적으로 받아들이는 모습을 보인다. 이는 〈보기〉에서 말하
　는 가난한 사람들을 향한 자본의 착취와 그에 따른 불행을
　보여 준다고 볼 수 있다.

④ (나)에서 '법'은 그들, 즉 가진 자의 편에 있는 대상이다. 이는
　난쟁이 일가를 억압하는 수단으로 작용할 수 있다는 점에서
　〈보기〉에서 가난한 사람들을 착취하는 '매'와 같은 역할을 한
　다고 볼 수 있다.

⑤ (다)에서 '아버지도 씨종의 자식'이라는 서술은 대물림과 같
　이 아버지의 삶의 고통이 지속되어 왔음을 드러내는 표현이
　다. 이는 〈보기〉의 '불행이 끝나지 않았음을 증명'한다는 말
　과 관련지어 해석할 수 있으므로 적절하다.

pp.140〜144

40 파수꾼_이강백

| 작품 해설 | 우화의 형식과 내용을 빌려 1970년대 안보 논리를 바탕
으로 개인의 자유를 침해했던 권력의 체제 유지 과정을 문학적으로 형
상화한 희곡이다. 실제로는 존재하지 않는 가상의 적인 '이리 떼'는 이
작품에서 마을 사람들에게 공포심을 조장하는 핵심적인 소재로 기능
하면서 권력의 체제를 공고히 해 나가는 매개가 된다. 파수꾼 '가'가
망루에서 흰 구름을 보고 이리 떼라고 외치는 모습이나 파수꾼 '나'가
치는 양철북 소리 등도 권력의 유지에 일조하게 된다. 파수꾼 '다'는
이리 떼가 허상이라는 것을 알고 이를 마을 사람들에게 알리고자 하
지만 촌장의 회유에 넘어가 파수꾼 '가', '나'와 같이 권력의 하수인이 되
고 마는데, 이는 당대 권력이 지니고 있는 위선적 면모를 풍자적으로
드러내기 위한 의도적 장면이라고 볼 수 있다.

| 작품 개관 |

◆ 갈래 : 희곡
◆ 성격 : 상징적, 우화적, 풍자적
◆ 배경 : 시간 - 근대 / 공간 - 황야의 망루와 마을
◆ 주제 : 진실을 향한 열망과 진실이 통용되지 않는 사회의 비극
◆ 특징 : ① 1970년대의 사회 상황을 우의적으로 표현하여 의미의 보
　　　　　편성을 확보함.
　　　　② 다양한 상징적 소재들을 활용하여 주제 의식을 부각함.
　　　　③ 인물의 회유를 통해 진실이 은폐되는 과정을 그림.

1 서술상의 특징 파악 　　정답 ⑤

파수꾼 '다'는 이리 떼가 실제로는 존재하지 않는 가상의 적이라는 것을 알게 되지만, 촌장의 교활하고 능숙한 회유에 설득당하고 만다. 즉, 진실의 공개 여부를 놓고 처음에는 촌장과 대립하나 나중에는 촌장에게 동조하게 된다.

◆ 오답 풀이

① '이리 떼다, 이리 떼! 이리 떼가 몰려온다!'라는 동일한 대사가 글의 처음 부분에서는 파수꾼 '가', 후반부에서는 파수꾼 '다'에 의해 외쳐진다. 하지만 이를 통해 인물 간의 갈등이 고조되는 것은 아니다. 이러한 외침은 마을 사람들로 하여금 이리 떼가 출현했다는 공포심을 조장하는 역할을 할 뿐이다.

② 해설자가 '촌장'이 되어 등장하는 지시문이 제시되어 있으나 해설자와 '촌장' 역할을 맡은 인물이 각각 존재하고 이들이 역할을 교체하는 것은 아니다. 또한 해설자와 인물 모두 무대 안, 즉 작품 안에 위치해 있다고 보아야 한다.

③ '촌장'에 의해 과거의 일이 언급되고 있으나 과거와 현재의 시간적 배경 자체가 교차되고 있는 것은 아니다. 또한 이를 통해 이야기를 전해 들은 파수꾼 '다'의 의문이 해소된다고 볼 수 없다.

④ 파수꾼 '다'를 설득하기 위한 '촌장'의 교활한 회유가 대사로 제시되어 있을 뿐 지시문을 통해 특정 장면을 상세하게 설명하는 부분은 나타나지 않는다.

2 무대 형상화 과정 파악 　　정답 ⑤

파수꾼 '다'는 촌장에게 망루에 올라가 이리 떼가 없다고 외치겠다고 한다. 이에 대해 촌장은 파수꾼 '다'의 행동이 다른 파수꾼들의 희생을 쓸모없게 만들고, 마을의 질서를 위협할 수 있다고 걱정스럽게 말한다. 하지만 자신이 거짓 놀이에 익숙해진 상황을 '웃으며' 이야기하는 것으로 보아 촌장이 파수꾼 '다'에게 이야기를 할 때 걱정하는 태도를 일관되게 유지한다고 볼 수 없다.

◆ 오답 풀이

① 파수꾼 '가'는 이 글의 앞부분에서는 이리 떼의 등장과 퇴장을 알리는 말을 하고, 뒷부분에서는 이리 떼의 퇴장을 알리는 말을 하고 있다.

② 파수꾼 '나'는 글의 초반부에서 이리 떼의 존재를 의심하는 파수꾼 '다'에게 서운하다고 말하고 있고, '촌장'과의 대화에서는 공손한 경어체를 사용하여 말하고 있다.

③ '촌장'이 파수꾼 '다'를 향해 '흰 구름'과 구름의 아름다움에 대해 믿음이 부족하다는 지적을 하자 '다'의 얼굴이 창백해진다는 지시문이 제시되어 있다. 이는 '다'가 이리 떼의 실체라고 여기는 흰 구름에 대해 촌장이 부정적 발언을 하자 당황해하는 것으로 볼 수 있다.

④ '촌장'은 파수꾼 '다'를 자신의 뜻대로 회유하고 나서 마을 사람들에게 이리 떼의 존재에 대한 믿음을 강조하려고 하고 있으므로 마을 사람들에게 이야기할 때 확신에 찬 어조를 사용하는 것은 적절하다.

3 발화의 의도 파악 　　정답 ⑤

⑩에서 '촌장'은 자신의 처지가 위험해질 수 있는 상황을 의도적으로 과장하여 말하면서 흰 구름이 내일이면 사라지는지를 파수꾼 '다'에게 물어보고 있다. 이는 파수꾼 '다'의 어리숙함을 이용하여 회유하기 위한 하나의 절차일 뿐 '다'가 어느 정도까지 정보를 알고 있는지 확인하기 위한 의도와는 거리가 멀다.

◆ 오답 풀이

① ㉠에서 '촌장'은 마을의 안정이 이루어졌다는 긍정적 평가를 내리면서 이러한 상황이 조성되었다면 '없는 걸 좀 두려워한다는 것이 뭐가 그렇게 나쁘다는 거냐?'라고 말하고 있다. 이는 결과가 좋다면 과정상의 잘못은 큰 문제가 되지 않는다는 촌장의 인식을 보여 준다고 할 수 있다.

② ㉡에서 '촌장'은 마을의 안정을 위해 망루, 양철북 등을 이용한 상황들이 잘못되었다고 말하고 있지만 이는 잘못을 인정하는 척하는 것이다. 결국에는 진실을 밝히지 않고 파수꾼 '다'의 의심만 진정시키고 넘어감으로써 위기를 모면하고 있다.

③ ㉢에서 '촌장'은 흰 구름보다는 이리 떼가 더 좋다는 가치 판단을 내리고 있는데, 이러한 이야기를 혼잣말처럼 흘림으로써 파수꾼 '다'의 사고 변화를 유도하고 있다.

④ ㉣에서 '촌장'은 진실을 말하면 오히려 예전에는 일어나지 않았던 살인이 이루어짐으로써 마을의 안정이 파괴되고 비극적인 상황이 펼쳐질 것이라고 말하고 있다. 이는 파수꾼 '다'에게 진실을 말하는 것이 오히려 끔찍한 상황을 불러일으킬 수 있다는 인식을 심어 줌으로써 파수꾼 '다'의 불안감을 증폭시키기 위한 것으로 볼 수 있다.

4 외적 준거에 따른 감상 　　정답 ③

파수꾼 '나'는 이리 떼의 실체를 알지 못하기 때문에 '주체'가 파수꾼 '다'일 때 '협조자'가 될 수 없다.

◆ 오답 풀이

① 파수꾼 '다'는 마을 사람들에게 이리 떼는 없다는 진실을 밝히고자 한다.

② 파수꾼 '다'의 입장에서 촌장은 이리 떼가 없다는 진실을 감추고 있으므로 '반대자'에 해당한다.

④ 촌장은 현재의 상황을 유지하기 위해 파수꾼 '다'를 설득하고 있다.

⑤ 촌장의 입장에서 '성난 사람들'은 마을의 질서를 위협하는 '반대자'라고 할 수 있다.

pp.145~148

41 오발탄 _이범선 원작 / 나소운, 이종기 각색

| 작품 해설 | 이범선의 동명 소설을 각색한 시나리오이다. 6·25 전쟁 직후의 시대를 살아갔던 송철호 가족의 삶을 통해 전후 시대의 모순된 사회상을 상징적으로 보여 주고 있다. 모순된 현실은 어머니의 정신 이상, 동생의 수감, 아내의 죽음 등 가족들의 비극적 삶을 통해 구체화되었으며 양심적이고 성실하게 살아가는 철호가 오히려 가장 절망적인 상태에 놓이는 구도도 전후 사회의 부조리를 고발하는 의미로서 중요한 사건의 축이 되고 있다. 특히, 철호가 자신에게 주어진 삶의 무게를 벗어던지고 부조리한 사회에 항거하는 의미로 앓던 이를 뽑는 모습이나 그 과정에서 정신을 잃어 가는 동시에 삶의 방향성마저 잃어 가는 '오발탄'으로서의 모습이 나타나는 장면은 작품의 주제 의식을 강렬하게 보여 준다고 할 수 있다.

| 작품 개관 |

◆ 갈래 : 시나리오

◆ 성격 : 비판적, 고발적

◆ 배경 : 시간 – 6·25 전쟁 직후 / 공간 – 서울 해방촌 일대

◆ 주제 : 전후의 부조리한 사회 현실과 삶의 방향성을 잃은 인간의 고통과 비극

◆ 특징 : ① 전후 시대의 부조리와 빈곤한 사회상을 반영함.
② 주인공을 둘러싼 인물들의 처지와 의식을 드러내는 데 초점을 둠.
③ 상징적 의미의 소재와 용어를 동원하여 인물이 처한 상황을 효과적으로 보여 줌.

작품 핵심 **단축키**

인물 절망감   **사건·갈등** 영호   **서술** 이, 오발탄

정답 1 ② 2 ④ 3 ④

1 서술상의 특징 파악   정답▶ ②

S#112~S#120은 연속된 장면의 배치이면서도 지속적으로 장소가 이동되며 사건이 진행되고 있다. 특히 S#113~S#119는 공간적 배경의 빈번한 이동을 통해 가족들의 비극으로 인해 절망에 빠지며 삶의 방향성마저 잃어 가는 철호의 처지를 강조하여 보여 주고 있다.

◆ 오답 풀이

① S#120에서 철호의 목소리를 효과음으로 사용하고 있다. 이 부분은 지금까지 철호가 느꼈던 가장으로서의 부담과 삶의 방향 감각을 잃은 채 무기력한 철호의 현재 모습을 드러내고 있을 뿐 미래의 삶에 대한 철호의 예견은 나타나 있지 않다.

③ S#69에 아내의 과거 모습이 등장하고 있을 뿐 과거와 현재가 반복적으로 교차하고 있지는 않다.

④ '널빤지', '휴지' 정도의 소도구가 쓰이고 있으며, 이러한 소도구들이 장면과 장면이 인과적 관계로 이루어져 있음을 보여 주는 기능은 하지 않는다. 인물의 상황을 보조적으로 보여 주는 기능을 할 뿐이다.

⑤ 지시문을 통해 철호가 처한 상황과 행동에 대한 묘사가 나타나 있지만, 철호의 내면을 세밀하게 묘사하고 있다고 보기 어렵다. 또한 방향 감각을 상실한 채 택시 안에 쓰러진 철호의 모습은 갈등이 해소되었다고 볼 수 없으며, 오히려 갈등 해결 방안이 제시되지 않은 결말로 인해 작품의 비극성이 극대화되고 있다.

2 등장인물의 특징 파악   정답▶ ④

S#74에서 영호가 "형님의 어금니만 해도 푹푹 쑤시고 아픈 걸 견딘다고 절약이 되는 건 아니죠."라고 말하는 부분을 통해 철호가 경제적 절약을 위해서 일부러 아픈 이를 치료하지 않아 왔음을 짐작할 수 있다. 그러나 이를 양심과 윤리에 따르는 삶의 가치를 추구하기 위한 것이라고 보기는 어렵다.

◆ 오답 풀이

① S#118에서 명숙이 "오빠는 늘 아이들의 웃는 얼굴이 세상에서 젤 좋으시다고 하셨죠?", "또, 웃도록 우리가 만들어 줘야죠."라고 말하는 부분을 통해 확인할 수 있다.

② S#69에서 아내가 힘들게 고생하는 모습을 보며 철호가 "저걸 저토록 고생시킬 줄이야."라고 말하고 있고, 현재와 대비되는 과거 아내의 모습이 이어지는 부분을 통해 확인할 수 있다.

③ S#74에서 "저도 형님을 존경하지 않는 건 아녜요. 가난하더라도 깨끗이 살자는 형님을……."이라고 말하는 데에서 영호가 철호의 인생관을 존중하고 있음을 알 수 있고, 인생은 '요지경'이 아니라고 말하는 데에서 현실에서는 철호의 인생관처럼 살기 어렵다는 생각을 지니고 있음을 알 수 있다.

⑤ S#74에서 양심과 윤리를 지키며 살고자 하는 철호의 삶과 경제적 빈곤함에 대해 거부감을 보이는 영호의 태도로부터 확인할 수 있다.

3 외적 준거에 따른 감상   정답▶ ④

S#117과 S#120에서 철호가 계속해서 목적지를 바꾸는 것은 삶의 무게를 견디지 못하고 방향 감각을 상실한 절망적 상태를 단적으로 보여 주는 모습에 해당한다. 고통과 불행에 대한 항거는 치통을 유발하는 '이'를 제거하는 행동으로 드러난다.

◆ 오답 풀이

① S#69에서 '널빤지 조각'을 모으는 아내의 모습에 대해 안타까움을 느낄 뿐 적극적으로 행동하지 않는 철호의 모습은 해당 문제를 해결하려는 노력이 부재한다는 측면에서 무기력한 인물로서의 면모를 보여 준다고 볼 수 있다.

② S#74에서 영호가 인생은 '요지경'이 아니라고 하는 것은 자신이 노력한 만큼 보상받을 수 없는 사회에 대한 반감을 드러내는 표현에 해당한다. 사건의 흐름상 이러한 반감은 영호가 은행 강도라는 반사회적 행위를 저지르는 원인이 된다.

③ S#112와 S#113에서 철호는 앓던 '이'들을 빼 버리는데, 이는 고통을 제거하고자 한다는 점에서 단순히 치통을 치료하는 것이라기보다는 심리적 측면에서의 좌절감을 해소하려는 시도로 볼 수 있다.

⑤ S#120에서 운전수는 계속적으로 목적지를 바꾸는 철호를 향해 '오발탄'과 같다고 말한다. 철호는 가장으로서의 책임감과 그 과정에서 느낀 절망과 방황을 바탕으로 자신에게 '오발탄'과 같다고 말한다. 이는 명확한 방향성을 가지지 못한 채 무기력함과 극도의 절망감에 빠진 인물의 모습을 집약적으로 보여 주는 것으로 이해할 수 있다.

▶▶ 1980년대 이후

42 마지막 땅_양귀자

| 작품 해설 | 원미동 토박이인 강노인을 내세워 땅의 본질적 가치에 대해 생각하게 하는 소설이다. 근대화의 바람 속에 땅값이 잘 뛰고 사람들마다 땅을 금전적 가치로 인식하는 분위기 속에서도 강노인은 땅에 대한 마음을 굳게 지키며 살아간다. 땅의 가치를 중요하게 여기며 동네 사람들의 반발에도 불구하고 전통적인 방법으로 농사를 지으며 살아가는 강노인은 '서울 것들'에게 강한 분노와 슬픔을 느끼며, 자신의 땅을 빼앗으려는 세상에 맞서 땅을 지키기 위한 강한 의지를 보여 준다.

| 작품 개관 |

◆ **갈래** : 연작 소설, 세태 소설
◆ **성격** : 현실 비판적
◆ **배경** : 시간 – 1980년대 / 공간 – 원미동 23통 5반
◆ **시점** : 전지적 작가 시점
◆ **주제** : 급속한 도시화로 인한 전통적 가치관의 몰락
◆ **특징** : ① 서민들의 삶을 사실적으로 드러냄.
　　　　② '땅'을 둘러싼 인물들의 태도를 중심으로 내용이 전개됨.

작품 핵심 **단족기**

인물 전통적, 물질적　**사건·갈등** 가치관　**서술** 전지적, 내면 심리

정답 1 ①　2 ④　3 ①　4 ③

1 서술상의 특징 파악　　　　　　　　　정답 ▶ ①

이 글은 이야기에 등장하지 않는 3인칭 서술자가 인물들의 내면 심리를 서술하는 전지적 작가 시점을 취하고 있다. 서술자는 등장 인물 중에서도 특히 '강노인'의 입장과 시각을 중심으로 이야기를 서술하고 있다.

◆ 오답 풀이

② '의식의 흐름 기법'은 인물의 내면에 떠오르는 생각을 그대로 적는 것을 말하는 것으로 인물의 내적 갈등을 제시하기에 적절한 서술 방식이다. 그러나 이 글에서 강노인과 주변 인물들의 갈등은 드러나지만 강노인의 내적 갈등은 드러나지 않는다.

③ 이 글은 땅을 팔지 않으려는 강노인과 그러한 강노인을 이해하지 못하는 주변 인물들이 벌이는 단일한 사건으로 이야기가 전개되고 있다.

④ '세상에 이런 법은 없었다.', '명백히 짐승의 처사였다', '~ 아무리 그렇다 하여도 이런 짓거리까지 해 댈 줄이야 짐작도 못 했던 강노인이었다.' 등과 같이 서술자는 강노인의 내면 심리를 드러내고 있으므로, 작중 세계를 객관적으로 묘사했다는 말은 적절하지 않다.

⑤ 다른 사람의 체험을 듣고 전달하는 것이 아니라, 강노인이 겪는 사건을 중심으로 서술하고 있다.

2 인물의 심리 파악　　　　　　　　　정답 ▶ ④

강노인 부인은 남편이 땅을 팔아 아들의 사업을 도와주기를 기대하고 있다. ㉣에는 어려운 상황에 처한 아들의 처지를 안타까워하는 어머니의 심정이 드러나 있다.

◆ 오답 풀이

① ㉠은 강노인의 내면을 그대로 드러낸 서술이다. 강노인은 생명체가 살아 있는 밭에 해코지를 한 사람들에 대한 격앙된 분노를 표출하고 있다.

② ㉡에는 '풀잎'을 사람과 동등한 생명체로 인식하는 강노인의 심리가 전제되어 있다. 강노인은 자신의 밭과 농작물에 대해 애착을 갖고 있고, 그러한 농작물이 망가지는 것에 대한 안타까움을 드러내고 있다.

③ 강노인 부인은 은행, 병원 등이 지어지면서 본격적으로 도시화가 되기 전에 땅을 파는 것이 유리하다는 복덕방 박씨의 말에 솔깃해하고 있다. 따라서 박씨의 말을 '의미심장한 충고'로 인식하는 것이다.

⑤ 땅의 가치를 중요하게 생각하는 강노인은 원미동이 개발되는 것에 부정적 입장을 보이고 있다.

3 구절의 의미 파악   정답 ①

'강 건너 불구경하듯 한다'라는 것은 남의 일인 듯 무관심한 태도를 두고 말하는 것이다. 강노인은 밭이 연탄재로 망가졌다고 하는데도 '천하태평'인 '마누라'에게 ①과 같이 말했을 것이다.

◆ 오답 풀이

② 이익을 보러 갔다가 오히려 손해만 보게 되는 경우에 사용한다. 강노인이 마누라 때문에 손해를 입는 상황은 아니다.

③ 강노인이 남의 것을 탐하는 인물이 아니므로, '내가 가진 것보다 남이 가진 것이 더 좋아 보인다'라는 의미의 발화는 적절하지 않다.

④ 강노인은 밭이 망가진 것에 관심을 두지 않는 부인에게 어이없어한다. 따라서 '미운 사람일수록 잘해 주어 감정을 품지 않도록 해야 한다'라는 의미의 발화는 적절하지 않다.

⑤ 강노인 부인이 밭에 해코지를 한 것이 아니므로, ⑤와 같은 발화는 적절하지 않다.

4 서사 구조의 흐름 파악   정답 ③

강노인을 제외한 가족들은 땅을 팔고 싶어 하지만 강노인은 땅을 팔고 싶어 하지 않기 때문에 경국이 엄마가 강노인의 입장을 대변하려 했다는 판단은 적절하지 않다.

◆ 오답 풀이

① 은혜 엄마가 '딸이 다니는 에바다 피아노 학원'에서 경국이 엄마를 알게 된 것이므로, Ⓐ는 자식이 연결 고리가 되어 이루어진 것이라 할 수 있다.

② 은혜 엄마는 '이 동네 지주의 큰며느리라 해서' 의심을 하지 않고 경국 엄마에게 돈을 빌려주었던 것이다.

④ 큰며느리인 경국 엄마가 반상회에서 땅을 내놓았다는 이야기를 했다고 강노인에게 전한 것은 청소원 김씨이다.

⑤ 땅을 팔았다는 소문이 퍼지면서 큰아들 용규에게 돈을 빌려 준 동네 사람들이 강노인에게 빚을 받기 위해 몰려온다. 그러자 강노인의 부인은 이판사판의 심정으로 은행 대출로 인해 경고장을 받은 아들의 상황을 실토하게 된다.

---

pp.153~156

43 유자소전(俞子小傳)_이문구

| 작품 해설 | '유재필(유자)'이라는 인물의 일대기를 다루고 있는 소설이다. '전(傳)'이라는 일대기 형식을 빌려 온 점이나, 사투리를 사용하

여 향토적 정서를 느끼게 한 점, 희극적 상황의 설정과 사건 전개 등은 전통적인 서사 방식을 계승한 것으로 평가받고 있다. 더욱이 '유자'라는 인물의 다소 전근대적이고 우스꽝스러운 행동을 통해 사치심과 이기심에 젖어 허황된 삶을 살아가는 현대인의 삶의 자세를 비판하는 방식은 웃음 속에서 현실을 풍자하는 전통적인 미학을 따르고 있다.

| 작품 개관 |

◆ 갈래 : 중편 소설, 풍자 소설
◆ 성격 : 풍자적, 비판적
◆ 배경 : 시간 – 6 · 25 전쟁 ~ 1987년 / 공간 – 서울
◆ 시점 : 1인칭 관찰자 시점
◆ 주제 : 물질 만능주의에 빠진 현대 사회에 대한 비판
◆ 특징 : ① 일화를 통해 인물의 성격을 드러냄.
    ② 작가 특유의 향토적이며 해학적인 문체가 쓰임.
    ③ 실존 인물의 삶을 전(傳)의 양식을 빌려 소설화함.

작품 핵심 **단축키**

인물 총수   **사건 · 갈등** 비단잉어   **서술** 전

정답 1 ⑤   2 ④   3 ④   4 ③

1 서술상의 특징 파악   정답 ⑤

이 글에서 상징적인 배경을 제시하여 주제를 암시적으로 드러낸 부분은 나타나 있지 않다.

◆ 오답 풀이

① 총수의 집에서 일어난 비단잉어와 관련한 사건을 통해 강자의 눈치를 보지 않고 천연덕스럽게 자신의 신념을 말하는 '유자'의 성격과 사치스럽고 위선적인 총수의 성격을 제시하고 있다.

② '유자'와 '나'가 구사하는 구수한 충청도 방언을 통해 인물에 생동감을 부여하고 있다.

③ '유자'와 '나', '유자'와 총수 간의 대화를 제시하고, 등장인물의 행동을 묘사하고 있다.

④ 서술자는 작품 속 등장인물인 '나'로, 1인칭 관찰자 시점에서 사건을 전달하고 있다.

2 속담의 의미 이해   정답 ④

'유자'가 '나'를 민물고기로만 술상을 보는 대폿집으로 불러낸 이유는 죽은 서양 물고기(비단잉어)를 먹은 탓에 자신보다 못한 인간 말종인 총수에게 욕을 먹었기 때문이다. 그러므로 이는 '자기는 더 큰 흉이 있으면서 도리어 남의 작은 흉을 보는 것'을 의미하는 '똥 묻은 개가 겨 묻은 개 나무란'' 상황이라고 할 수 있다.

◆ 오답 풀이

① 팔이 안으로 굽는다는 것은 자기편에게 유리하게 일을 처리한다는 말이므로 총수에게 반감을 가지고 있는 '유자'의 상황

과는 거리가 멀다.

② 우물에 가서 숭늉을 찾는다는 것은 매우 성급하게 일을 처리하는 것을 말하므로 '유자'의 상황과는 거리가 멀다.

③ 자라 보고 놀란 가슴 솥뚜껑 보고 놀란다는 것은 무엇에 대해 몹시 놀란 기억이 있다면 그와 비슷한 물체만 봐도 겁을 낸다는 뜻이므로 '유자'의 상황과는 거리가 멀다.

⑤ 콩 심은 데 콩 나고 팥 심은 데 팥 난다는 것은 인과 관계에 따라 일이 진행된다는 뜻이므로 '유자'의 상황과는 거리가 멀다.

3 작품의 내용 파악 정답 ④

이 글에 제시된 부분은 B(총수의 자택)에서 죽은 비단잉어를 끓여 먹은 일로 인해 총수에게 욕을 먹고 화가 난 '유자'가 '나'를 A(후미진 대폿집)로 불러내어 민물고기를 먹는 상황이다. 즉, '유자'가 '나'를 A로 불러낸 것은 B에서 총수와 있었던 갈등을 해소하지 못했기 때문이다. 그러므로 B에서 발생한 총수와 '유자'의 갈등이 A에서 해소된다는 설명은 적절하지 않다.

◆ 오답 풀이

① B는 부유층의 위선적 공간이며, A는 서민층의 진솔한 공간이라고 할 수 있으므로 서로 대립적 성격을 갖는다.

② A와 B 모두 서술자는 등장인물인 '나'이다.

③ B에서 일어난 비단잉어 사건으로 인해 A에서 민물고기 요리를 먹게 되므로, 물고기라는 소재로 A와 B가 연결된다고 볼 수 있다.

⑤ B에서 일어난 사건이 A에서 일어난 사건보다 시간적으로 앞서 있다.

4 외적 준거에 따른 감상 정답 ③

이 글에서 '유자'는 값비싼 비단잉어를 그냥 버리기가 아까워서 매운탕으로 끓여 먹었다고 하였는데, 이는 허위와 물질 만능주의로 가득 찬 현실을 비판하는 행위로 볼 수 있다. 그러나 자연과 조화를 이루는 삶을 추구하는 모습은 찾을 수 없다.

◆ 오답 풀이

① '유자'가 총수의 눈치를 보지 않고, 자신의 신념과 소신대로 말하는 모습에서 출세를 위해 아첨하는 인물이 아님을 알 수 있다.

② 총수는 사람보다 값나가는 잉어에 더 가치를 두는 속물적인 인물이다. '유자'는 이와 같은 총수를 '말종'이라며 비하하고 있다.

④, ⑤ '그가 자기주장에 완강할 때는 반드시 경험론적인 설득 논리로써 무장이 되어 있는 경우였다.'로 보아 '유자'는 자신이 경험한 것을 바탕으로 세상을 바라보며, 옳다고 생각하는 바에 대해서는 자기주장을 쉽게 굽히지 않는 줏대를 가진 인물임을 알 수 있다.

44 황만근은 이렇게 말했다 _성석제

| 작품 해설 | 농촌 마을에서 반푼이로 취급받는 가난하고 어리석은 농부 황만근의 일대기를 통해 각종 부채로 얼룩진 농촌의 현실과 메말라 가는 인정을 풍자, 비판하고 있는 소설이다. 남의 비웃음과 모멸을 거리끼지 않고 평생 자신의 도리를 다하며 이웃을 돌보다가 갑작스러운 사고사를 당한 황만근의 일생이, 그의 진면목을 알아본 한 외지인의 기림 속에 온전히 살아나면서, 남을 먼저 생각하고 자신의 분수를 지키는 그의 행적을 되새기게 한다.

| 작품 개관 |

◆ 갈래 : 단편 소설
◆ 성격 : 비극적, 해학적
◆ 배경 : 시간 – 1990년대 / 공간 – '신대리'라는 농촌 마을
◆ 시점 : 3인칭 관찰자 시점과 1인칭 관찰자 시점
◆ 주제 : 황만근의 생애와 그의 행적
◆ 특징 : ① '전(傳)' 양식을 창조적으로 재구성함.
② 묘비명 형식을 차용하여 인물의 행적을 명료하게 드러냄.

🧳 작품 핵심 단축키

인물 민 씨, 공평무사   사건·갈등 경운기   서술 행적, 긍정적

정답 1 ① 2 ② 3 ④ 4 ④

1 서술상의 특징 파악 정답 ①

이 글은 묘비명 형식을 취하고 있는데, 인물의 일생을 정리하고 그 의미를 집약적으로 평가하는 방식으로 서술되고 있다. 따라서 황만근의 삶을 회상하며 그 의미에 대해 조명하는 형식을 취하고 있다고 할 수 있다.

◆ 오답 풀이

② 황만근이 사고로 죽음을 맞이하게 되는 사건으로 인해 비극적 분위기가 조성될 뿐 그것이 반전되는 상황은 나타나지 않는다.

③ 묘비명 형식을 취하여 예스러운 어휘를 사용하고 있기는 하지만, 학문이나 지식을 뽐내어 허세를 부리는 현학적 표현은 없으며, 다양한 관점을 드러내고 있지도 않다.

④ 황만근과 관련된 행적을 중심으로 이야기가 전개되고 있다.

⑤ 서술자는 민 씨로, 황만근의 행적을 정리하고 그에 대한 자신의 평가를 서술하고 있을 뿐 새로운 갈등 국면으로 이끌고 있지 않다.

2 구절의 의미 파악 정답 ②

아이들이 물어보나 마나 한 당연한 일을 두고 '만그이도 알 끼다'라고 한 것은, 그만큼 황만근을 무시해서 한 말이므로, 황만

근이 무식하지 않았음을 아이들이 알았다는 판단은 적절하지
않다.

◆ 오답 풀이
① 황만근은 마을에서 '있으나 마나 한 존재'로 사람들에게 인정
을 받지 못했으나, 마을의 어려운 일을 도맡아 하는 '없어서
는 안 되는 존재'였다.
③ 황만근의 죽음을 '돌아왔다', '안고 돌아왔다', '그의 뼈를 담
고 돌아왔다'와 같이 점층적으로 드러내면서 비극적 분위기
를 강화하고 있다.
④ 경운기가 고장이 나서 황만근은 사고사를 당했다. 따라서 약
속을 지키기 위해 경운기로 이동한 것이 황만근을 죽게 만든
사건의 원인이라 할 수 있다.
⑤ 황만근은 '하늘이 낸 사람'임을 반복하여 표현함으로써 의미
를 강조하는 효과를 가져오고 있다.

3 외적 준거에 따른 감상 　　　　　　　　　정답 ④

이 글은 황만근의 행적을 열거하고 그에 대한 서술자의 평가를
제시하는 방식으로 서술되고 있다. 황만근의 출생 및 성장 과정
은 이 글에 드러나지 않는다.

◆ 오답 풀이
① 황만근의 행적과 일화를 통해 인물의 삶이 주는 교훈을 제시
하고 있다.
② 〈보기〉에 제시된 전통적 '전'의 형식과 다르게, 이 글은 묘비
명 형식으로 마무리되고 있다.
③ 황만근이 공평무사하고 성실함을 드러내는 일화와 황만근이
경운기를 끌고 약속을 지키기 위해 군청까지 간 사건을 중심
으로 내용이 전개되고 있다.
⑤ 황만근은 영웅이나 비범한 인물에 해당하지 않는다. 오히려
동네 사람들에게 '바보'라 불릴 정도이고 판단 능력이 없는
듯 보이는 인물이다.

4 제목의 의미 파악 　　　　　　　　　　　정답 ④

황만근은 사람들이 알아주지 않아도 묵묵히 자신이 해야 할 일
을 성실하게 했으며, 남을 배려하는 삶을 살았다. 또한 약속을
지키기 위해 경운기로 백 리 길을 달려갔다. 따라서 남이 알아
주지 않아도 약속을 지키고 자신의 소신을 지키며 산 인물이라
고 평가할 수 있다.

◆ 오답 풀이
① 황만근에게 술은 유일한 낙이 되기는 했지만 황만근이 풍류
를 즐기는 삶을 살았다고 볼 수 없다.
② 이기적인 현실 상황에서 황만근이 고귀하게 살았다기보다는,
자신이 해야 할 일을 하며 성실하게 살았다고 할 수 있다.
③ 황만근이 자존심을 지키며 살려고 사람들의 무시를 견딘 것
은 아니다.

⑤ 이 글에는 농가 빚으로 고통받는 농민들의 고충에 대해서는
서술되어 있지 않다.

45 두근두근 내 인생_김애란 원작 / 최민석 각색

| 작품 해설 | 김애란의 동명의 소설을 시나리오화한 작품이다. 조로
증에 걸려 16세 나이에 80세의 육체를 지니게 되었지만 삶에 좌절하
거나 절망하지 않고 긍정적으로 살아가고자 하는 아름과, 그런 아름을
정성을 다해 보살피는 대수와 미라를 통해 인생의 소중함과 자식을 위
해 헌신하는 부모의 사랑을 드러내고 있다.

| 작품 개관 |
◆ 갈래 : 각색 시나리오
◆ 성격 : 비극적, 사실주의적
◆ 주제 : 조로증 환자의 삶과 죽음
◆ 특징 : 조로증을 겪고 있는 주인공의 육체적, 정신적 상태가 사실적,
구체적으로 잘 표현됨.

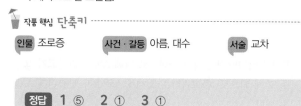

작품 핵심 단축키

인물 조로증　　　사건 · 갈등 아름, 대수　　　서술 교차

정답　1 ⑤　2 ①　3 ①

1 제재의 역할 파악 　　　　　　　　　　　정답 ⑤

아름이 '오늘은 오랜만에 내 어릴 적 얘기를 해 볼까 해.'라고 편
지의 시작 부분에서 말한 내용에 이어지는 '(핸드폰을 두드리던
대수 손이 멈춘다. 아름의 의도를 알아챈 대수)'에서 아름이 서
하에게 보낸 답장은 결국 대수(부모)에게 하고 싶은 말을 대신
한 것임을 알 수 있다. 편지의 마지막 부분에서 아름이 '내가 네
눈에 보이지 않는다고 해도, 까꿍 하고 짓궂게 사라진다고 해도
날 잊지 말아 줄래? 그리고 한 가지 더, 절대로 슬퍼하지 말아
줘.'라고 말한 것을 통해 결국 이 답장은 아름이 자신이 죽은 뒤
에 부모님이 자신을 잊지 않고, 슬퍼하지도 않기를 바라는 심정
을 대수에게 전하는 도구임을 알 수 있다.

◆ 오답 풀이
① 아름은 서하가 가공의 인물임을 이미 알고 있으므로, 답장은
서하와의 교제가 지속되기를 희망하는 심리가 표출된 도구
로 볼 수 없다.
② 아름이 어릴 적 얘기를 해 보겠다고 했으므로 답장이 아름으
로 하여금 어렸을 때 부모님과 자신의 관계가 어떠했는지를
회상하게 한다고 할 수는 있으나, 이것이 답장을 쓴 의도라
고 하기에는 적절하지 않다.

③ 아름은 서하가 가공의 인물임을 이미 알고 있으므로, 답장은 서하에게 고마운 마음을 표현한 수단으로 볼 수 없다.

④ 아름은 자신의 죽음을 예견하고 답장 형식을 빌려 대수에게 자신이 죽은 후에 자신을 잊지도 말고, 슬퍼하지도 말라고 부탁하는 것이므로, 건강을 회복하여 중환자실을 나가야겠다는 의지를 다지게 만드는 계기로 볼 수 없다.

2 인물의 심리 및 태도 파악

정답 ①

㉠에서 미라가 대수를 눈빛으로 나무라는 것은 대수가 아름이의 안부를 걱정하지 않고 선물에 집착하는 것을 못마땅하게 여겨서가 아니라, 두 눈을 실명한 아름에게 통장을 보이며 보라고 말하는 대수의 행동이 잘못되었음을 나무라는 것으로 볼 수 있다.

◆ 오답 풀이

② '야, 아빠 이거 적금 붓느라고 애 많이 썼다.', '대한민국 가장한테 한 달 용돈 7만 원씩 줄이는 거 그거 보통 일 아니야.'라는 말에서 3년 동안 용돈을 아껴 매달 적금을 부은 것에 대한 자부심과 그 일의 대단함을 아름이 알아주기를 바라는 심정이 드러나 있음을 알 수 있다.

③ '코스모스'라는 파일의 인쇄물을 대수가 읽어 보지 못하게 하기 위해 아름은 대수에게 '만약에 몰래 읽어 보면 아빠는 평생 고자가 된다.'라는 내용으로 맹세를 강요한다. 이에 대해 대수는 '잔인한'이라는 관형어를 사용하였는데, 이는 대수가 이런 아름의 태도에 대해 불만의 심정을 드러낸 것으로 볼 수 있다.

④ 아름이 '맞춤법 모르는 거 있으시면 얘기하시구요.'라고 말한 것에 대해 대수가 '체고 나온 아빠 무시하네.'라고 말하며 불러 보기나 하라고 한 것에서 대수가 맞춤법을 잘 모를 것이라고 지레짐작하여 당부하는 아름의 태도에 대해 대수가 불만을 표출하고 있음을 알 수 있다.

⑤ '나는 보이지 않았지만, 아빠가 울고 있다는 걸 알 수 있었다.'라고 말한 것에서 아름이 두 눈을 실명하였지만 아빠의 목소리를 통해 아빠가 울고 있다는 것을 짐작하고 있음을 알 수 있고, 그런 아빠의 태도에 대해 아름이 '착한 우리 아빠'라고 긍정적으로 평가하고 있음을 알 수 있다.

3 원작과의 비교 감상

정답 ①

〈보기〉에는 대수가 아름의 편지를 받아 적는 행동과 어린 아름을 대상으로 까꿍놀이를 했던 행동만 서술되어 있을 뿐 대수의 심리는 드러나 있지 않다. 이에 비해 [A]에서는 '(부러워하는 대수)'에서 알 수 있듯이 운동부의 모습을 부러워하는 대수의 심리가 잘 드러나 있다.

◆ 오답 풀이

② 〈보기〉에서 대수가 아름의 말을 받아 적는 도구는 종이와 연필이다. 이와 달리 [A]에서 대수가 아름의 말을 받아 적는 도구는 휴대폰이다.

③ 〈보기〉에서는 '아버지가 문 뒤에서 '까꿍!' 하고 나타나면 까르르 웃고, 깜쪽같이 사라진 뒤 다시 '까꿍!' 하고 나타나면 더 크게 또 웃었다나 봐.'에서 '까꿍놀이'의 개념을, '나는 처음부터 내가 나인 줄 알았는데, 내가 나이기까지 대체 얼마나 많은 손을 타야 했던 걸까. 내가 잠든 새 부모님이 하신 일들을 생각하면 가끔 놀라워.'에서 그것에 대한 아름의 인식이 잘 드러나 있다. 한편 [A]에서는 '아빠가 문 뒤에서 까꿍 하고 나타나면 / 까르르 웃고. / 슉 사라졌다가 다시 까꿍 하고 / 나타나면 더 크게 웃고. / 그랬대.'에서 '까꿍놀이'의 개념이, '내가 지금 이 나이까지 얼마나 많은 사람들의 사랑을 받아 왔고, / 손을 타 왔는지……. / 이때까지 우리 부모님이 해 오신 일들을 생각하면 / 놀랍고 또 감사해.'에서 그것에 대한 아름의 인식이 잘 드러나 있다.

④ 〈보기〉와 [A] 모두 '~대'라고 하여 자신이 직접 기억하는 내용이 아니라 들은 바를 전달하고 있음을 드러내고 있다.

⑤ 〈보기〉에는 까꿍놀이와 관련 있는 장면만 드러나 있는데 비해, [A]에서는 대수가 벽돌을 나르는 장면, 불을 피워 놓고 서서 간식을 먹는 장면, 2살 아름을 업은 미라가 쇼윈도 앞에서 걸음을 멈추고 쇼윈도 원피스를 부러워하는 장면, 대수가 고깃집에서 불판을 놓는 장면 등 아름이 말하는 내용과 연관이 있는 과거의 다양한 장면을 극적으로 보여 주고 있다.

---

pp.165~167

46 한 그루 나무처럼 _윤대녕

| 작품 해설 | 글쓴이는 북한산을 등산하던 중 약수터 옆에 서 있는 한 그루의 참나무에 녹슨 대못이 박혀 있는 것을 발견한다. 그 대못을 빼준 것을 계기로 글쓴이는 참나무와 인연을 맺게 된다. 글쓴이는 참나무와의 교감을 통해 사소한 일에 마음이 흔들리고, 남을 원망하던 자신을 성찰하며 한 그루 나무처럼 겉모습은 변하더라도 속마음은 변하지 않는 사람이 되고 싶다는 바람을 드러내고 있다.

| 작품 개관 |

◆ 갈래 : 경수필
◆ 성격 : 체험적, 성찰적
◆ 주제 : 변하지 않는 사람이 되고 싶다는 바람
◆ 특징 : ① 일상적인 소재와 개인적인 체험을 통해 삶의 자세를 성찰함.
② 자연물과의 교감을 통해 자신의 생각을 드러냄.

🥤 작품 핵심 단축키

| 인물 | 약수터 | 사건·갈등 | 녹슨 대못 | 서술 | 겉모습, 속마음 |

정답 1 ③ 2 ④ 3 ③

1 서술상의 특징 파악　　　　　　　　　　정답 ③

4문단의 '나무는 언제나 ~ 노력해 봐.', 7문단의 '불과 일주일 만에 ~ 아물지 않은 상태였다.'에서 글쓴이가 자연물인 참나무를 의인화하여 교감하는 태도를 드러내고 있음을 확인할 수 있다.

◆ 오답 풀이

① 나무의 속성을 드러내기 위해 대조와 비교를 활용하고 있지는 않다.

② 일상의 체험을 바탕으로 서술하고는 있으나, 일상에서 보고 들은 바를 객관적으로 전달하고 있지는 않다.

④ 자연과 조화를 추구하는 태도가 어느 정도 나타나고 있다고는 할 수 있으나, 설의적 표현을 사용하고 있지는 않다.

⑤ 글쓴이는 참나무와 교감을 나누고 있으므로 대상과 일정한 거리를 유지하면서 관찰한 바를 체계적으로 서술하고 있다고 할 수 없다.

2 소재의 의미 파악　　　　　　　　　　정답 ④

3문단의 '오래전에 누군가 바가지를 걸어 놓기 위해 박아 놓은 것 같았다.'에서 녹슨 대못이 참나무에 박힌 이유에 대해 추리한 내용이 나와 있을 뿐, 이를 인간의 탐욕과 연관 지어 깨닫는 모습은 나타나 있지 않다.

◆ 오답 풀이

① 4문단의 '그 다음 주말에 나는 배낭에 장도리를 챙겨 넣고 약수터로 올라갔다. 녹슨 못을 빼내고 나니 마음이 그렇게 후련할 수가 없었다. 그 나무와의 인연은 그렇게 시작됐다.'에서 알 수 있다.

② 7문단의 '나는 내가 못을 빼냈던 자리를 찾아보았다. 상처는 아직도 완전히 아물지 않은 상태였다.'에서 알 수 있다.

③ 3문단의 '오래전에 누군가 바가지를 걸어 놓기 위해 박아 놓은 것 같았다.'에서 알 수 있다.

⑤ 4문단의 '여름 한철을 나는 주말마다 새로 사귄 친구를 만나러 가듯 그렇게 설레는 마음을 안고 산으로 올라갔다.'에서 녹슨 대못을 빼기 이전에 등산을 하던 심리와는 달라진 글쓴이의 심리적 변화 양상을 알 수 있다.

3 작품 간의 비교 감상　　　　　　　　　　정답 ③

〈보기〉는 관념적인 태도로 나무의 덕을 예찬하고 있을 뿐, 개인적인 체험을 일반화하여 서술하고 있지 않다. 개인적 체험을 바탕으로 한 것은 〈보기〉가 아니라 윗글이지만, 〈보기〉도 개인적인 체험을 일반화하여 서술하고 있지는 않다.

◆ 오답 풀이

① 윗글에서는 나무를 겉모습은 변하더라도 속마음은 변하지 않는 존재로 서술하고 있고, 〈보기〉에서는 나무를 훌륭한 견인주의자, 고독의 철인, 안분지족의 현인으로 서술하고 있어 두 작품 모두 나무에 긍정적인 의미를 부여하고 있다.

② 〈보기〉는 일반적인 나무를 대상으로 서술하고 있지만, 윗글은 약수터 옆에 서 있는, 녹슨 대못이 박혀 있던 참나무 한 그루를 대상으로 서술하고 있다.

④ 윗글에서는 민간 신앙의 우주나무와 관련지어, 〈보기〉에서는 불교의 윤회설과 관련지어 글쓴이의 심리를 드러내고 있다.

⑤ 윗글에서는 '겉모습은 어쩔 수 없이 변하더라도 속마음은 변하지 않는 사람'의 모습을, 〈보기〉에서는 '훌륭한 견인주의자, 고독의 철인, 안분지족의 현인'의 모습을 나무를 통해 드러내고 있다.

> **〈보기〉 속 작품**　　　　　　　　　　이양하, 「나무」
>
> • **주제** : 나무가 지닌 덕(德)
> • **해제** : 나무를 의인화하여 그 덕을 예찬한 수필이다. 글쓴이는 나무가 지닌 속성을 인간과 비교하여 바람직한 삶의 태도를 이끌어 내고 있다. 즉 글쓴이는 나무를 훌륭한 견인주의자, 고독의 철인, 안분지족의 현인에 비유하며, 자신도 죽어서 그런 나무가 되고 싶다는 심정을 드러내고 있다.

소쉬운

www.mirae-n.com 학습하다가 이해되지 않는 부분이나 정오표 등의 궁금한 사항이 있나요?
미래엔 홈페이지에서 해결해 드립니다.

교재 내용 문의

나의 교재 문의 | 수학 과외쌤
자주하는 질문 | 기타 문의

교재 정답 및 정오표

정답과 해설
정오표

교재 학습 자료

MP3

개념서

비주얼 개념서 ─────────

룩 LOOK

이미지 연상으로 필수 개념을 쉽게 익히는
비주얼 개념서

국어 문학, 문법, 독서
영어 비교문법, 분석독해
수학 고등 수학(상), 고등 수학(하)
사회 통합사회, 한국사
과학 통합과학

내신 필수 개념서 ─────────

개념 학습과 유형 학습으로
내신 잡는 필수 개념서

수학 고등 수학(상), 고등 수학(하), 수학Ⅰ, 수학Ⅱ,
       확률과 통계, 미적분
사회 통합사회, 한국사, 한국지리, 사회·문화, 생활과
       윤리, 윤리와 사상
과학 통합과학, 물리학Ⅰ, 화학Ⅰ, 생명과학Ⅰ,
       지구과학Ⅰ

실전서

기출 분석 문제집 ─────────

**1등급
만들기**

완벽한 기출 문제 분석으로 시험에 대비하는
1등급 문제집

국어 문학, 독서
수학 고등 수학(상), 고등 수학(하), 수학Ⅰ, 수학Ⅱ,
       확률과 통계, 미적분, 기하
사회 통합사회, 한국사, 한국지리, 세계지리,
       생활과 윤리, 윤리와 사상, 사회·문화
       정치와 법, 경제, 세계사, 동아시아사
과학 통합과학, 물리학Ⅰ, 화학Ⅰ, 생명과학Ⅰ,
       지구과학Ⅰ, 물리학Ⅱ, 화학Ⅱ, 생명과학Ⅱ,
       지구과학Ⅱ

핵심 단기 특강서 ─────────

고잉

내신과 수능의 핵심을 빠르게 공략하는 특강서

국어 기본 완성, 문학, 현대 문학, 고전 문학, 언어와 매체,
       화법과 작문
영어 어법편, 구문편, 1등급 유형편
수학 고등 수학(상), 고등 수학(하), 수학Ⅰ, 수학Ⅱ,
       확률과 통계
사회 생활과 윤리, 한국지리, 사회·문화
과학 물리학Ⅰ, 화학Ⅰ, 생명과학Ⅰ, 지구과학Ⅰ

실력 상승 실전서 ─────────

파사쥬

대표 유형과 실전 문제로 내신과 수능을
동시에 대비하는 실력 상승 실전서

국어 국어, 문학, 독서
영어 기본영어, 유형구문, 유형독해, 20회 듣기모의고사,
       25회 듣기 기본 모의고사
수학 고등 수학(상), 고등 수학(하), 수학Ⅰ, 수학Ⅱ,
       확률과 통계, 미적분

수능 기출 문제집 ─────────

N기출

수능N 기출이 답이다!

수학영역 수학Ⅰ+수학Ⅱ 3점 집중,
          수학Ⅰ+수학Ⅱ 4점 집중
          확률과 통계 3점/4점 집중,
          미적분 3점/4점 집중,
          기하 3점/4점 집중

수능 완성 실전서 ─────────

**수능
주도권**

핵심 전략으로 수능의 기선을 제압하는
수능 완성 실전서

국어영역 문학, 독서, 언어와 매체, 화법과 작문
영어영역 독해편, 듣기편
수학영역 수학Ⅰ, 수학Ⅱ, 확률과 통계, 미적분

**N기출
모의고사**

수능의 답을 찾는 우수 문항 기출 모의고사

수학영역 공통과목_수학Ⅰ+수학Ⅱ
          선택과목_확률과 통계,
          선택과목_미적분

평가 문제집 ─────────

**미래엔 교과서
평가 문제집**

학교 시험에서 자신 있게
1등급의 문을 여는 실전 유형서

국어 고등 국어(상), 고등 국어(하), 문학, 독서,
       언어와 매체
사회 통합사회, 한국사
과학 통합과학

내신 대비서 ─────────

**올리드
시험직보
문제집**

학교 시험 1등급 완성을 위한
시험 직전에 보는 실전 문제집

국어 고등 국어(상), 고등 국어(하)

수학 I

실전에서 강력한
유형 완전 학습!

고등 수학(상), 고등 수학(하),
수학 I, 수학 II, 확률과 통계, 미적분

1 **주제별 유형 학습**
한 주제씩 주요 개념과
해결 전략에 집중하며
체계적인 유형 훈련

2 **유형 완전 학습**
기본부터 심화까지
모든 유형을 마스터하며
문제 해결력과 사고력 완성

3 **유형 실전 학습**
고빈출, 수준별,
서술형 문제까지 해결하며
자신있는 실전 대비